U0793404

交通版高等学校土木工程专业规划教材
JIAOTONGBAN GAODENG XUEXIAO TUMU GONGCHENG ZHUANYE GUIHUA JIAOCAI

桥梁工程（下册）

Qiaoliang Gongcheng

彭大文　李国芬　黄小广　主编
郑振飞　主审

人民交通出版社
China Communications Press

内 容 提 要

本书是为高等学校土木工程本科专业交通土建方向教学编写的教材，全书分上、下册，共6篇35章。

本书上册重点介绍了中小跨径混凝土桥梁（包括钢筋混凝土及预应力混凝土梁式桥、圬工拱桥等）的构造原理、设计计算方法和施工要点。下册重点介绍了混凝土斜拉桥、钢—混凝土组合结构桥梁（包括钢管混凝土拱桥）以及轻轨的构造、设计与施工。本书的主要篇后均有实例介绍。

本书除作为教材外，还可作为土木工程专业的工程技术及科研人员的参考书。

图书在版编目（CIP）数据

桥梁工程．下册/彭大文主编．—北京：人民交通出版社，2007.1

ISBN 978-7-114-06349-7

Ⅰ．桥… Ⅱ．彭… Ⅲ．桥梁工程 Ⅳ．U44

中国版本图书馆CIP数据核字（2007）第154728号

书　　名：桥梁工程(下册)
著 译 者：彭大文
责任编辑：张征宇　赵瑞琴
出版发行：人民交通出版社
地　　址：(100011)北京市朝阳区安定门外外馆斜街3号
网　　址：http://www.ccpress.com.cn
销售电话：(010)59757969,59757973
总 经 销：北京中交盛世书刊有限公司
经　　销：各地新华书店
印　　刷：北京牛山世兴印刷厂
开　　本：787×1092　1/16
印　　张：17.75
字　　数：444千
版　　次：2009年1月　第1版
印　　次：2009年1月　第2次印刷
印　　数：3001—5000册
书　　号：ISBN 978-7-114-06349-7
定　　价：32.00元

(如有印刷、装订质量问题的图书由本社负责调换)

交通版

高等学校土木工程专业规划教材

编委会

主任委员：阎兴华

副主任委员：张向东　李幗昌　魏连雨　赵　尘

宗　兰　马芹永　段敬民　黄炳生

委　　员：彭大文　林继德　张俊平　刘春原

党星海　刘正保　刘华新　丁海平

秘书长：张征宇

序

XU

随着科学技术的迅猛发展、全球经济一体化趋势的进一步加强以及国力竞争的日趋激烈，作为实施“科教兴国”战略重要战线的高等学校，面临着新的机遇与挑战。高等教育战线按照“巩固、深化、提高、发展”的方针，着力提高高等教育的水平和质量，取得了举世瞩目的成就，实现了改革和发展的历史性跨越。

在这个前所未有的发展时期，高等学校的土木类教材建设也取得了很大成绩，出版了许多优秀教材，但在满足不同层次的院校和不同层次的学生需求方面，还存在较大的差距，部分教材尚未能反映最新颁布的规范内容。为了配合高等学校的教学改革和教材建设，体现高等学校在教材建设上的特色和优势，满足高校及社会对土木类专业教材的多层次要求，适应我国国民经济建设的最新形势，人民交通出版社组织了全国二十余所高等学校编写“交通版高等学校土木工程专业规划教材”，并于2004年9月在重庆召开了第一次编写工作会议，确定了教材编写的总体思路，于2004年11月在北京召开了第二次编写工作会议，全面审定了各门教材的编写大纲。在编者和出版社的共同努力下，目前这套规划教材已陆续出版。

这套教材包括“土木工程概论”、“建筑工程施工”等31门课程，涵盖了土木工程专业的专业基础课和专业课的主要系列课程。这套教材的编写原则是“厚基础、重能力、求创新，以培养应用型人才为主”，强调结合新规范、增大例题、图解等内容的比例并适当反映本学科领域的新发展，力求通俗易懂、图文并茂；其中对专业基础课要求理论体系完整、严密、适度，兼顾各专业方向，应达到教育部和专业教学指导委员会的规定要求；对专业课要体现出“重应用”及“加强创新能力和工程素质培养”的特色，保证知识体系的完整性、准确性、正确性和适应性，专业课教材原则上按课群组划分不同专业方向分别考虑，不在一本教材中体现多专业内容。

反映土木工程领域的最新技术发展、符合我国国情、与现有教材相比具有明显特色是这套教材所力求达到的，在各相关院校及所有编审人员的共同努力下，交通版高等学校土木工程专业规划教材必将对我国高等学校土木工程专业建设起到重要的促进作用。

交通版高等学校土木工程专业规划教材编审委员会

人民交通出版社

2006年8月

前言

QIANYAN

本教材是根据“交通版普通高等院校土木工程类系列教材编写工作会议纪要”制定的培养目标和课程大纲编写的。教材编写的总体思路是“厚基础，重能力，求创新，以培养应用型人才为主”，可作为土木工程专业交通土建方向学生的专业课教材。

本教材的编写注重于培养学生掌握基本理论和实际操作的能力，书中对桥梁基本知识力求阐述清楚，简化若干复杂理论问题的中间推导过程，通过多给图表，多给实例，使学生能掌握要领，并能自如地解决各种工程计算问题。书中融入了桥梁领域当前的新技术和新进展，并全部按照2004年和2005年交通部新颁布的《公路桥涵设计通用规范》（JTG D60—2004）、《公路钢筋混凝土及预应力混凝土桥涵设计规范》（JTG D62—2004）、《公路圬工桥涵设计规范》（JTG D61—2005）和《公路桥梁抗风设计规范》（JTG/T D60—01—2004）中的有关内容进行编写。

按照教学大纲的要求，学生在学习了《结构力学》、《结构设计原理（含钢结构）》、《土力学》等必修课程的基础上，通过对本门课程的学习，掌握我国常用的大、中型混凝土桥梁的设计和构造原理、计算理论和方法；熟悉有关桥梁施工方面的基本知识；初步具有解决大跨、较复杂桥梁问题的能力。

本教材共6篇35章。第一篇介绍了桥梁工程的基本知识和发展动态，以及规划设计的方法和程序；第二篇重点介绍了简支、悬臂和连续体系混凝土桥梁的设计计算方法和施工要点，而对刚架桥和斜弯桥仅作简介；第三篇介绍拱桥的设计计算和施工方法；第四篇介绍混凝土斜拉桥的设计计算和施工方法；第五篇介绍了组合结构桥梁的设计计算和施工；第六篇阐述了轨道桥梁工程的一般设计原理。各章内容相对独立，可根据需要灵活选学，全书可用80学时讲授。本教材中篇头带*符号的章节，是为了保持内容的完整性，以及适合部分学习比较突出的同学能够通过自学掌握更多的知识，教师可根据具体情况，有选择进行教学。

本教材第一篇、第四篇和第五篇由上海应用技术学院彭大文编写，第二篇由南京林业大学李国芬编写，第二篇第一、第二和第五章由河南理工大学黄小广编写，第三章由戎涛编写，第四章由张川编写；第六篇以及第五篇的实例由福州大学林国华编写。全书由彭大文教授统稿，并对各篇内容作了适当增、减和调整。

本书由福州大学郑振飞教授审阅，并提出了许多宝贵的修改意见，使本书增色不少，在此表示衷心的感谢。

由于作者水平有限，书中定有差错和不当之处，敬请读者批评指正。

编　者

2006年10月

目录 MULU

上　　册

第一篇　总　　论

第二篇　混凝土梁桥和刚架桥

第三篇　拱　　桥

下　册

第四篇　混凝土斜拉桥

第五篇　钢—混凝土组合结构桥梁

第六篇　轻　　轨

第四篇　混凝土斜拉桥

第一章 总体布置与结构体系

DIYIZHANG

第一节 概　　述

斜拉桥主要由主梁、索塔和斜拉索3大部分组成。它是一种主梁受轴向力（密索体系）或受弯（稀索体系）为主、支承体系（斜拉索）受拉和索塔受压为主的桥梁。混凝土斜拉桥的主梁采用钢筋混凝土或预应力混凝土，索塔采用混凝土结构，而斜拉索则采用高强钢丝或钢绞线制成。

斜拉桥中荷载作用的传递路径是：斜拉索的两端分别锚固在主梁和索塔上，将主梁的自重作用和车辆作用传递至索塔，再通过索塔传至地基。因而主梁在斜拉索的支承下，如多跨弹性支承的连续梁一样，使弯矩值得以大大地降低，这不但可以使主梁尺寸大大地减小（梁高一般为跨度的1/50～1/200，甚至更小），而且由于结构自重显著减轻，既节省了结构材料，又能大幅度地增大桥梁的跨越能力。

斜拉桥属高次超静定结构，与其它体系桥梁相比，包含更多的设计变量，全桥总的技术经济合理性不能单从结构体积小、用料省、或者满足应力强度等概念来衡量，这给选定合理的桥型方案和经济合理的设计带来一定困难，同时，拉索与主梁和索塔的连接构造较复杂，施工技术要求高。拉索索力的调整工序也较复杂。

20世纪30年代，第一座现代斜拉桥为主跨182m的斯特雷姆伍特桥（Stromsund）于1955年在瑞典建成，如图4-1-1所示。接着在德国建成了主跨260m的杜塞尔道夫北莱茵河桥(Theoder Heuss)，它们都采用稀索和钢主梁结构，这是早期现代斜拉桥的共同特点。此后，斜拉桥得到迅速发展至今，全球已建成各类斜拉桥300余座，遍布30多个国家和地区。

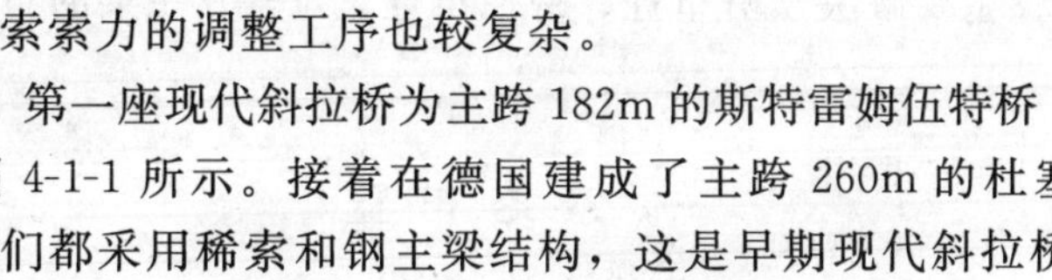

图4-1-1　Stromsund桥

1992 年挪威建成的斯卡恩圣特桥，其主跨为 530m 的混凝土斜拉桥，梁高仅 2.15m，至今仍保持混凝土斜拉桥最大跨径的纪录。1995 年法国建成的诺曼底大桥，其主跨为 856m 钢箱梁，边跨为混凝土梁，是目前世界上最大跨径的主钢边混凝土混合型斜拉桥。1999 年日本建成的多多罗大桥，其主跨为 890m 钢箱梁，是目前世界上最大跨径的钢斜拉桥。2008 年 6 月建成的我国苏通大桥，其主跨为 1088m 钢箱梁，成为目前最大跨径的斜拉桥。

斜拉桥之所以成为大跨径桥梁的最主要桥型之一，主要是由于斜拉桥结构的自身优点：由双索面或中央单索面配以各种不同造型的索塔，形成刚性塔和轻型飘浮桥面的风格，赢得了设计工程师们的青睐；斜拉索的水平分力可对混凝土主梁产生轴向预压作用，因此增强了主梁的抗裂性能，节约主梁中预应力钢材的用量；斜拉桥又可以利用主梁、拉索、索塔三者的不同组合形成不同的结构体系来适应不同的地形和地质条件；拉索的自锚特性，即使在江口海岸的软土地基上也有建造大跨度斜拉桥的竞争优势；斜拉桥预制节段的悬拼或挂篮悬浇，使施工对航行的干扰最小，且安全可靠；正是由于斜拉桥本身良好的力学性能和经济指标，使斜拉桥在世界各国得以迅速发展。

现代斜拉桥的发展大致经历了以下 3 个阶段：

第一阶段：稀索布置，主梁较高，钢或混凝土梁体基本上为弹性支承连续梁，以受弯为主，拉索更换不容易；

第二阶段：中密索布置，主梁较矮，钢或混凝土梁体既是弹性支承连续梁，又承受较大的轴向力，可以更换拉索；

第三阶段：密索布置，梁体结构出现组合式、混合式等新的形式，主梁向轻型化发展，梁高减小，并广泛采用梁板式开口截面。

根据国内外桥梁专家的研究分析，混凝土斜拉桥最大跨径可达 700m，钢斜拉桥最大跨径可达 1300m，结合梁斜拉桥（主梁为钢—混凝土结合梁）最大跨径可达 1000m。混凝土斜拉桥经济合理的跨径在 200～500m 之间。

第二节　总 体 布 置

斜拉桥的总体布置主要解决索塔布置、跨径布置、拉索及主梁的布置、塔高与跨径的关系等问题。

一、索 塔 布 置

斜拉桥的结构特点决定了它跨越能力大，可以减少水中墩及深水基础，故总体布置时一般从经济角度考虑，宜采用独塔布置方案；根据桥位地形及跨径需要等各种因素也可选用双塔布置或多塔布置方案。

二、跨 径 布 置

与索塔布置相配合，现代斜拉桥最典型的跨径布置为双塔三跨式和独塔双跨式。特殊情况下也可布置成独塔单跨式、双塔单跨式及多塔多跨式等，如图 4-1-2 所示。

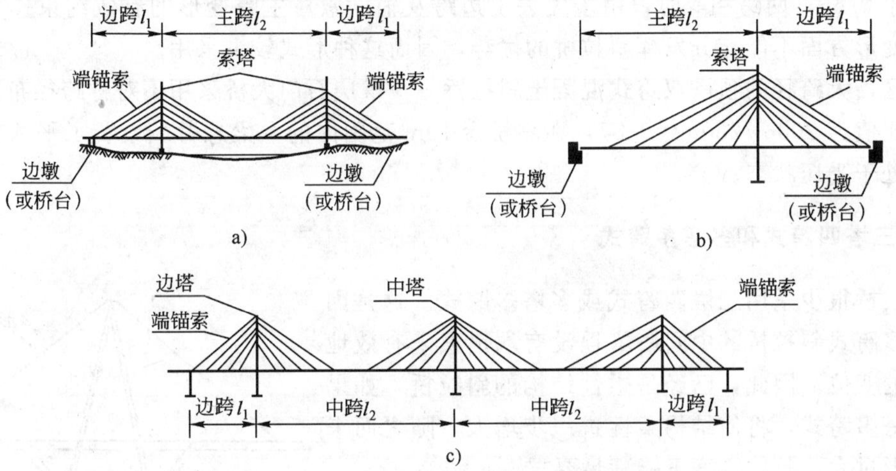

图 4-1-2　跨径布置

a）双塔三跨式；b）独塔双跨式；c）多塔多跨式

1. 双塔三跨式

双塔三跨式是斜拉桥最常见的跨径布置方式。由于主孔跨径较大，适用于跨越较大的河流。从简化设计、方便施工考虑，双塔三跨式斜拉桥常布置成两个边跨相等的对称布置，也可采用两边跨不相等的非对称布置。

双塔三跨式布置的斜拉桥，其边跨与主跨的比例非常重要。从受力上看，边主跨之比与斜拉桥的整体刚度、端锚索（边索）的应力变幅有着很大的关系。一般来说，主跨上有汽车荷载作用时，会增加端锚索的应力，而边跨上有汽车荷载时，端锚索应力会减少。拉索的应力变化幅度则必须保持在钢拉索的疲劳强度安全范围内，所以拉索的疲劳强度是边中跨允许比值的判断标准。当边中跨比为 0.5 时，可对称悬臂施工至跨中合龙，施工方便。但考虑到施工时长悬臂的稳定性及提高成桥后的刚度，很多情况下边中跨比宜取小于 0.5，边跨设置端锚索，以使中跨有一段悬臂施工是在有后锚的情况下进行的。边跨较小时，边跨主梁的刚度较大，边跨拉索较短，刚度也就相对较大，因而此时边跨对索塔的锚固作用就大，主跨的刚度也就相应增大。大跨径斜拉桥为了减小中跨跨中挠度和提高全桥的刚度，常采用较小的边中跨比。对于汽车荷载比重较小的公路和城市桥梁，合理的边主跨之比为 0.40～0.45，钢斜拉桥的边跨应比相同跨径混凝土斜拉桥的跨径小。

在特殊的地形条件下，可以采用更小的边中跨比，或边跨采用地锚式。如我国郧阳汉江桥边跨与中跨比值为 0.203，跨径布置为 85m＋414m＋85m，为此，边跨两端设置了重力式平衡桥台，将部分拉索以地锚方式锚固在重力式桥台中。

2. 独塔双跨式

这也是一种常用的斜拉桥跨径布置方式。由于它的主孔跨径一般比双塔三跨式的主孔跨径小，适用于跨越中小河流和城市通道。

独塔双跨式斜拉桥可以布置成两跨跨径相等的对称布置或两跨跨径不等的非对称布置。两侧跨径不对称布置时，边跨跨径 l_1 与主跨跨径 l_2 之间的比例关系一般为 0.5～0.8，但多数接近于 0.66；两跨相等时，由于失去了边跨及辅助墩对主跨变形的有效约束作用，故在受力与变形方面不能充分发挥斜拉桥的优势，因而这种形式较少采用。

我国最大跨径的独塔双跨式混凝土斜拉桥——重庆石门大桥采用不对称跨径布置，边跨与主跨比值为 200m/230m＝0.87，在靠桥台 10m 范围内的主梁悬臂端设置了平衡重，使桥台始终处于受压状态。

3. 三塔四跨式和多塔多跨式

斜拉桥很少采用三塔四跨式或多塔多跨式。这是因为多塔多跨式斜拉桥的中间塔塔顶没有端锚索来有效地限制它的变位。因此，已经是柔性结构的斜拉桥，如果采用多塔多跨式，将使结构柔性进一步增大，随之而来的是变形过大，整体刚度不能满足要求。

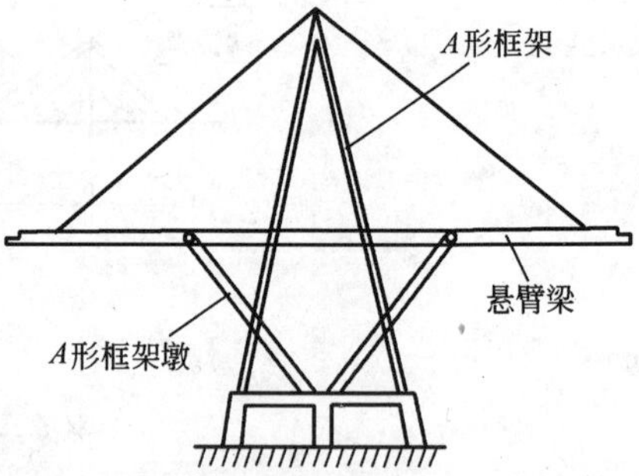

图 4-1-3　马拉开波桥 A 形塔 X 形墩

增加主梁的刚度可以在一定程度上提高多塔斜拉桥的整体刚度，但这样做会增加桥梁的自重。如果必须采用多塔多跨式斜拉桥时，则可将中间塔做成刚性索塔（如委内瑞拉的马拉开波桥，图 4-1-3），但索塔和基础的工程量将会增加很多；或用长拉索将中间塔顶分别锚固在两个边塔的塔顶或塔底加劲（如香港汀九桥，图 4-1-4），这种方式增大长索的下垂量，索的刚度较小，对抗风不利；还有一种方法是加粗尾索并在锚固尾索的梁段上压重，以增加索的刚度（如湖南洞庭湖大桥，图 4-1-5）。

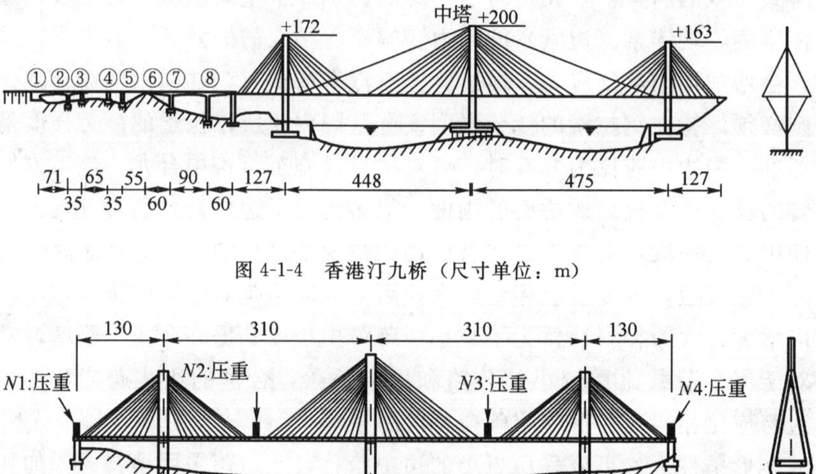

图 4-1-4　香港汀九桥（尺寸单位：m）

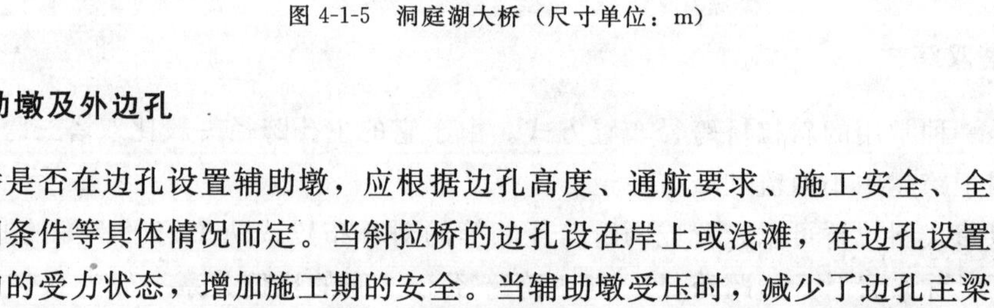

图 4-1-5　洞庭湖大桥（尺寸单位：m）

4. 辅助墩及外边孔

斜拉桥是否在边孔设置辅助墩，应根据边孔高度、通航要求、施工安全、全桥刚度以及经济和使用条件等具体情况而定。当斜拉桥的边孔设在岸上或浅滩，在边孔设置辅助墩，可以改善结构的受力状态，增加施工期的安全。当辅助墩受压时，减少了边孔主梁弯矩，而受拉时则减少了中跨主梁的弯矩和挠度，从而大大提高了全桥刚度。

在边孔加设辅助墩的个数，应综合考虑结构需要和全桥的整体经济性确定。

辅助墩及外边孔设置构造示例如图 4-1-6 所示。

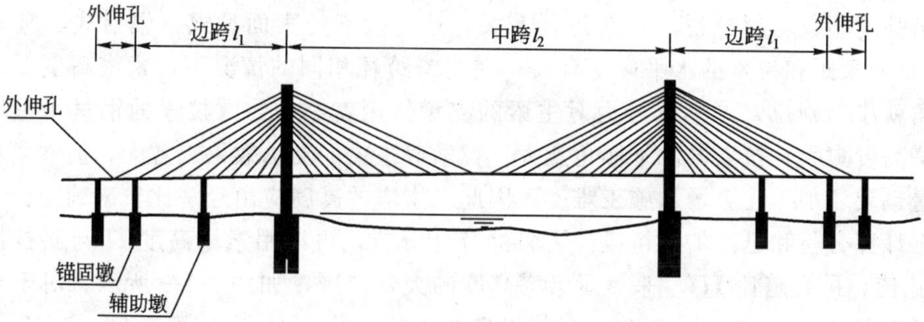

图 4-1-6 斜拉桥辅助墩的设置

第三节 索塔布置

一、索塔的形式

索塔是表达斜拉桥个性和视觉效果的主要结构物，因而对于索塔的美学设计应给予足够的重视。索塔设计必须适合于拉索的布置，传力简单明确，在结构自重作用下，索塔应尽可能处于轴心受压状态。单索面斜拉桥和双索面斜拉桥索塔塔架的纵、横向布置形式如图 4-1-7、图 4-1-8 所示。

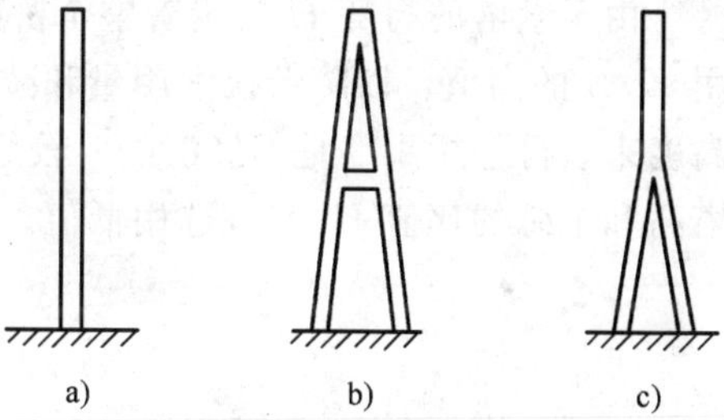

图 4-1-7 索塔的纵向布置

索塔沿桥纵向的布置有独柱式、A 字型、倒 Y 型等几种，单柱式主塔构造简单；Λ 字型和倒 Y 型在顺桥向刚度大，有利于承受索塔两侧斜拉索的不平衡拉力；A 字型还可减小搁置在塔上主梁的负弯矩。

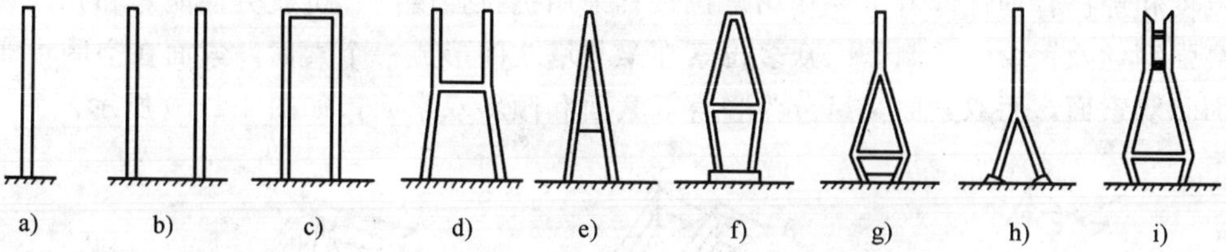

图 4-1-8 索塔的横向布置

索塔横桥方向的布置方式，可分为独柱型、双柱型、门型或 H 型、A 型、宝石型或倒 Y 型等。

索塔纵横向布置均呈独柱型的索塔，仅适用于单索面斜拉桥。当需要加强横桥向抗风刚度时，则可以配合采用图 4-1-8g）或图 4-1-8h）的型式。图 4-1-8b）、c）、d）一般适用于双平面索的情况；图 4-1-8e）、f）、i）一般适用于双斜索面的斜拉桥上。

二、塔的高跨比

索塔高度一般应从桥面以上算起，也不包括由于建筑造型或观光等需要的塔顶高度。

索塔高度不仅与斜拉桥的主跨跨径有关，还与拉索的索面型式（辐射式、竖琴式或扇式）、拉索的索距和拉索的水平倾角有关。在主跨跨径相同的情况下，索塔高度低，拉索的水平倾角就小，则拉索的垂直分力对主梁的支承作用就小，导致拉索的钢材用量增加。反之，索塔高度愈大，拉索的水平倾角愈大，拉索对主梁的支承效果也愈大，但索塔和拉索的材料用量也要增加，还会增加施工难度。因此，索塔的高度应由经济比较来确定。

根据计算分析和已有斜拉桥设计资料的统计分析，可以用索塔高度 H 与斜拉桥主跨跨径 l_2 的比值，即高跨比 H/l_2 来表示索塔高度的大致范围，如图 4-1-9 所示。对于双塔三跨式斜拉桥，H/l_2 宜取 0.18～0.25；独塔双跨式斜拉桥的 H/l_2 宜选用 0.30～0.45。

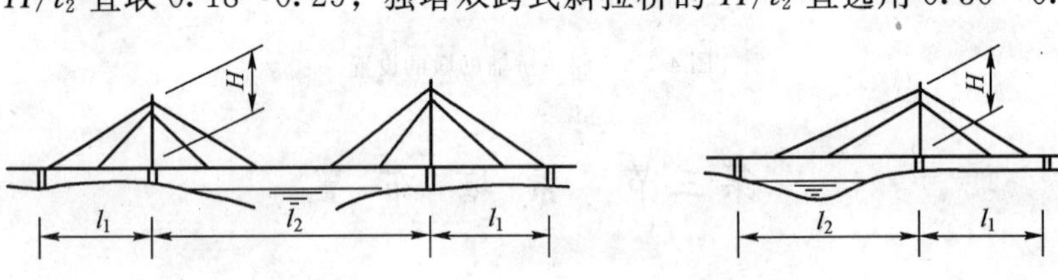

图 4-1-9　索塔高度

由于索塔的高度 H 决定着整个桥梁的刚度和经济性，通常在施工可能的情况下，宜选用 H/l_2 的高值，以降低拉索用量和减少跨中挠度。但在特大跨径斜拉桥中，单以提高索塔高度来取得全桥刚度是不经济的，较好的选择是加强端锚索（边索）及地锚的方式，此时，塔高和主跨的比值 H/l_2 宜选用低值。

第四节　拉索布置

一、索面位置

拉索是斜拉桥的主要承重构件之一。拉索对主梁有一个弹性支承作用，对整个斜拉桥的结构刚度和经济合理性起着重要作用。拉索宜采用抗拉强度高、抗疲劳性能好和弹性模量较大的高强钢丝及钢绞线等制作。众多拉索在梁与塔之间形成一个索面，索面在空间可布置成单索面和双索面，而双索面又可分为竖直双索面和倾斜双索面，如图 4-1-10 所示。

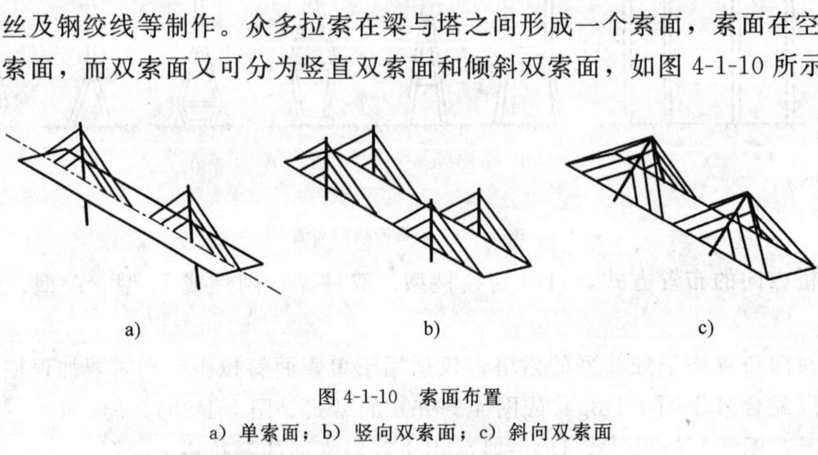

a)　　b)　　c)

图 4-1-10　索面布置

a）单索面；b）竖向双索面；c）斜向双索面

从力学角度看，采用单索面时，拉索对抗扭不起作用，因此要求主梁采用抗扭刚度较大的截面。单索面的优点是桥面上视野开阔。采用双索面时，作用于桥梁上的扭矩可由拉索的轴力来抵抗，主梁可采用较小抗扭刚度的截面。至于斜向双索面，它对桥面梁体抵抗风力扭振特别有利（斜向双索面限制了主梁的横向摆动）。倾斜的双索面应采用倒Y型、A型或双子型索塔。

二、索面形状

拉索在索面内的布置主要有图4-1-11所示的3种基本类型，即辐射形、竖琴形和扇形。它们各自的特点如下。

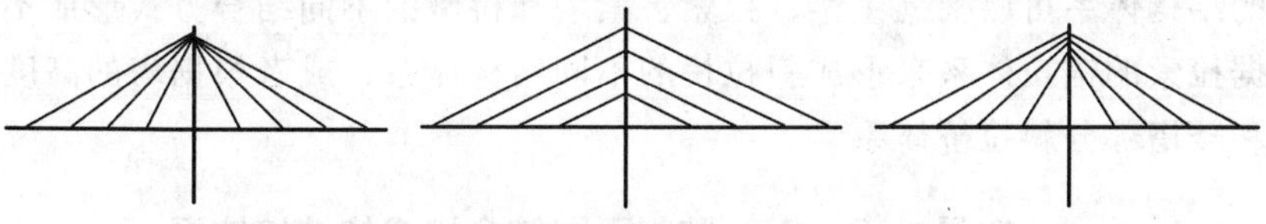

图4-1-11　斜拉索立面布置方式

a）辐射形；b）竖琴形；c）扇形

1. 辐射形

斜拉索沿主梁为均匀分布，而在索塔上则集中于塔顶一点。由于斜拉索与水平面的平均交角较大，拉索垂直分力对主梁的支承效果较好，与竖琴形布置相比，可节省钢材15%～20%。但辐射形所有拉索集中锚固在塔顶，使塔顶构造比较复杂，局部应力集中现象突出，给施工和养护带来困难。此外，拉索倾角不等，也使锚具、垫板的制作与安装比较复杂。

2. 竖琴形

斜拉索成平行排列，所有拉索的倾角完全相同，且拉索与索塔的锚固点分散布置，使拉索与索塔、拉索与主梁的连接构造简单，易于处理。从外观上看，拉索平行布置外形简洁美观，无辐射形拉索的视觉交叉感。缺点是斜拉索的倾角较小，索的总拉力大，故钢索用量较多。

3. 扇形

斜拉索在索面内呈扇形布置，兼有辐射形和竖琴形索的优点，又可灵活地布置，与索塔的各种构造型式相配合，在设计中获得广泛应用。但是，对拉索在索塔和主梁上的锚固位置、构造要求及施工工艺要求较高，应妥善处理。

三、索距布置

索距是指索面内相邻两根拉索的间距。索面内拉索根数多则索距小，拉索根数少则索距大。

索距的选择应根据主梁内力、拉索张拉力、锚固构造、施工吊装能力、材料规格及经济等因素综合考虑。索距的布置，可以分为“稀索”与“密索”。早期斜拉桥中都为“稀索”，现代斜拉桥则多为“密索”。密索的优点如下：

（1）索距小，主梁弯矩小。

(2) 索力较小，锚固点构造简单。

(3) 锚固点附近应力流变化小，补强范围小。

(4) 利于悬臂架设。

(5) 易于换索。

(6) 断面轻柔，美感度提高。

一般密索布置时，对于混凝土主梁，索距宜采用 4～12m；钢主梁时索距宜取 8～24m。

第五节　主要结构体系

斜拉桥的结构体系可以根据主梁、拉索、索塔和桥墩的不同结合方式形成不同的结构体系；也可根据拉索的锚拉体系来形成斜拉桥的不同结构体系；或者根据塔的高度不同，形成常规斜拉桥和矮塔部分斜拉桥体系。

一、由梁、索、塔、墩的不同结合构成的结构体系

1. 飘浮体系

飘浮体系（图 4-1-12a)）的特点是塔墩固结、塔梁分离。主梁除两端有支承外，其余全部用拉索悬吊，属于一种在纵向可稍作浮动的多跨弹性支承连续梁。空间动力分析表明，斜拉索是不能对梁提供有效的横向支承的，为了抵抗由于风力等引起主梁的横向水平位移，一般应在塔柱和主梁之间设置一种用来限制侧向变位的板式或聚四氟乙烯盆式橡胶支座，简称侧向限位支座，如图 4-1-13 所示。

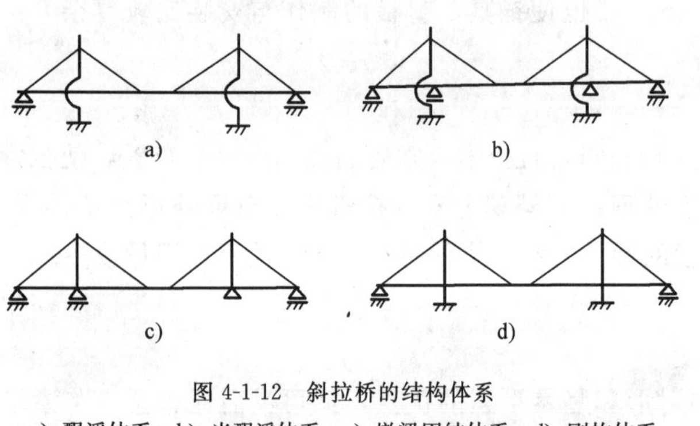

图 4-1-12　斜拉桥的结构体系

a) 飘浮体系；b) 半飘浮体系；c) 墩梁固结体系；d) 刚构体系

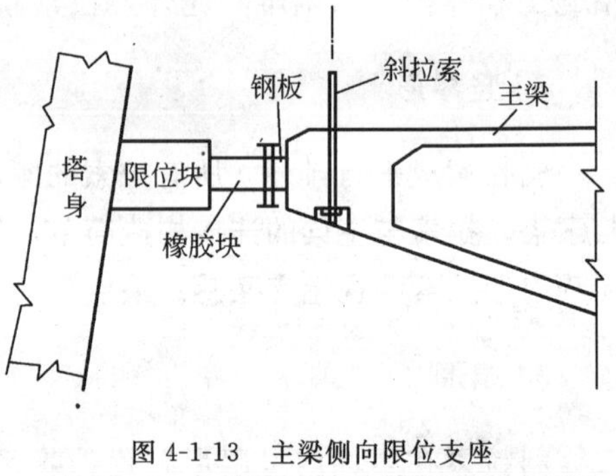

图 4-1-13　主梁侧向限位支座

该体系的主要优点是主跨满载时，塔柱处的主梁截面无负弯矩峰值；温度、收缩和徐变次内力均较小。密索体系中主梁各截面的变形和内力的变化较平缓，受力较均匀；地震时允许全梁纵向摆荡，作长周期运动，从而起抗震消能作用。

飘浮体系的缺点是：当采用悬臂施工时，塔柱处主梁需临时固结，以抵抗施工过程中的不平衡弯矩和纵向剪力，由于施工不可能做到完全对称，成桥后解除临时固结时，主梁会发生纵向摆动。

现代大跨径混凝土斜拉桥大多采用飘浮体系。美国的哥伦比亚桥、东亨丁顿桥及日照高架桥，我国的武汉长江公路桥、重庆长江二桥、铜陵长江大桥、上海南浦大桥和杨浦大桥（钢—混凝土结合梁）都采用这种体系。

2. 半飘浮体系

半飘浮体系（图 4-1-12b））的特点是塔墩固结，主梁在塔墩上设置竖向支承，成为具有多点弹性支承的三跨连续梁。主梁可布置成连续体系，也可在中跨跨中设剪力铰或简支挂孔，主梁布置成非连续体系。

半飘浮体系若采用一般支座来处理则无明显优点，因为当两跨满载时，塔柱处主梁有负弯矩尖峰，温度、收缩、徐变次内力仍较大。因此一般在墩顶设置一种可以用来调节高度的支座或弹簧支承来替代从塔柱中心悬吊下来的拉索（称为“零号索”），并在成桥时调整支座反力，以消除大部分收缩、徐变等的不利影响。与飘浮体系相比，无论在经济上还是美观上都优于飘浮体系。我国辽宁长兴岛主跨 176m 的双塔双索面混凝土斜拉桥就是采用半飘浮体系，主梁为连续体系。

3. 塔梁固结体系

塔梁固结体系（图 4-1-12c））的特点是塔梁固结并支承在墩上，但塔墩分离。这时主梁相当于顶面用拉索加强的一根连续梁或悬臂梁，主梁的内力与挠度直接同主梁与索塔的弯曲刚度比值有关。这种体系的主梁一般只在一个塔柱处设置固定支座，其余均为纵向可以活动的支座。

这种体系的优点是：显著地减小主梁中央段承受的轴向拉力，并且索塔和主梁中的温度内力极小。缺点是中孔满载时，主梁在墩顶处转角位移导致塔柱倾斜，使塔顶产生较大的水平位移，从而显著地增大主梁跨中挠度和边跨负弯矩；另外上部结构重量和活载反力都需由支座传给桥墩，这就需要设置很大吨位的支座。在大跨径斜拉桥中，这种支座甚至达到上万吨级，这样使支座的设计、制造及使用阶段的养护、更换均带来较大的困难。

法国的伯劳东纳桥（主跨 320m）采用塔梁固结体系，主梁布置成连续体系，支座用 10 块橡胶支座围成圆周，中心用 800mm 连接管，管内填充环氧树脂。我国上海柳港大桥也采用塔梁固结体系，主梁布置成非连续体系，中跨跨中有一孔 30m 长的简支挂梁形成单悬臂加挂梁的主梁结构体系。

4. 刚构体系

刚构体系（图 4-1-12d））的特点是塔、梁、墩相互固结，形成跨度内具有多点弹性支承的刚构。这种体系的优点是既免除了大型支座又能满足悬臂施工的稳定要求；结构的整体刚度比较好，主梁挠度又小。缺点是主梁固结处负弯矩大，使固结处附近截面需要加大；另外，为了消除温度应力，在双塔斜拉桥中应用时要求墩身具有一定的柔性，常用于高墩的场合，以避免出现过大的附加内力。因此梁、塔、墩固结体系比较适合于独塔斜拉桥。

我国不对称布置的独塔两跨式混凝土斜拉桥——重庆石门大桥就是采用塔、梁、墩固结的刚构体系。美国达姆呷（D—P）桥采用的是中跨跨中设铰的刚构体系。

二、按拉索的锚拉体系不同而形成的结构体系

1. 自锚式斜拉桥

自锚式斜拉桥的塔前侧拉索分散锚固在主梁梁体上，而塔后侧的拉索除了最后边的锚固

在主梁端支点处以外，其余拉索则分散锚固在边跨主梁上或将一部分拉索集中锚固在端支点附近的主梁上。自锚体系拉索的水平分力由主梁的轴力来平衡。在自锚体系中，锚固在端支点处的拉索索力最大，一般需要较大的截面，并且它对控制塔顶的变位起重要作用，是最重要的一根（组）拉索，被称为端锚索或边索（背索），如图 4-1-14 所示。

2. 地锚式斜拉桥

单跨式斜拉桥一般采用地锚式，这时全桥只需一个索塔。由于不存在边跨问题，塔后拉索只能采用地锚形式，由拉索的水平分力引起的梁内水平轴力必须由相应的下部结构即地锚来承担。图 4-1-15 是一座典型的地锚式单跨斜拉桥。

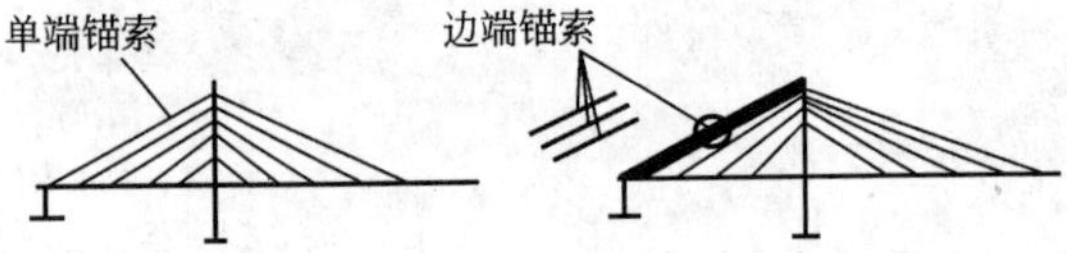

图 4-1-14　自锚式斜拉桥端锚索

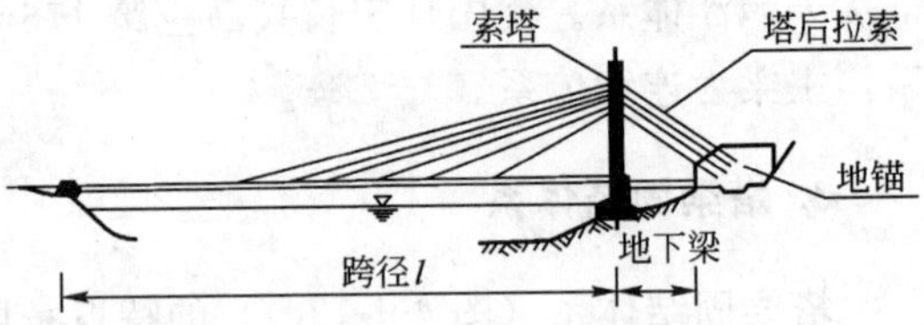

图 4-1-15　地锚式单跨斜拉桥

3. 部分地锚式斜拉桥

一般来说，悬索桥的主缆多数是地锚体系，而斜拉桥的斜索多数是自锚体系。只有在如主跨很大边跨很小等特殊情况下，少数斜拉桥才采用部分地锚式的锚拉体系。

部分地锚式斜拉桥的实例，如图 4-1-16 所示的西班牙卢纳桥（Barrios de Luna）。

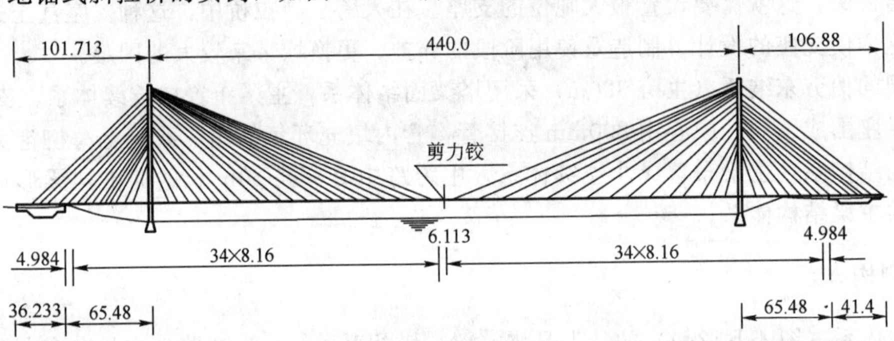

图 4-1-16　西班牙卢纳桥（尺寸单位：m）

总之，混凝土斜拉桥由梁、塔、索、墩 4 种构件的不同组合构成飘浮体系、半飘浮体系、塔梁固结体系、刚构体系等 4 种结构体系；此时主梁按支承方式的不同，又可分为跨内由多点弹性支承的单跨梁、连续梁、悬臂梁、T 形刚构或连续刚构等。

在自锚体系斜拉桥中，混凝土主梁受压；在地锚体系（或部分地锚式）中主梁主要受压；对于密索自锚式斜拉桥，混凝土主梁是以受压为主的受弯构件。

三、按照塔的高度不同而形成的结构体系

矮塔部分斜拉桥结构如图 4-1-17 所示。由力学知识可知，在截面相同的情况下，塔的抗水平变位刚度与塔高 h 的三次方成反比，因而塔高降低则塔身刚度迅速提高。但塔高降低后拉索的水平倾角也将减小，拉索对主梁的支撑作用减弱，而水平压力增大，这相当于拉索

对主梁施加了一个较大的体外预应力。矮塔部分斜拉桥由于拉索不能提供足够的支撑刚度，故要求主梁的刚度较大。因拉索只提供部分刚度，“部分斜拉桥”由此得名。其受力性能介于梁式桥和斜拉桥之间。

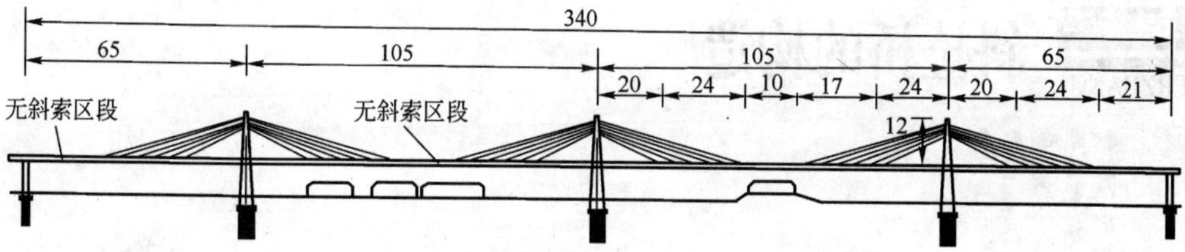

图 4-1-17　矮塔部分斜拉桥（尺寸单位：m）

矮塔部分斜拉桥具有以下特点：

（1）塔较矮。常规斜拉桥的塔高与跨度之比为 1/4～1/5，而部分斜拉桥为 1/8～1 /12。

（2）梁的无索区较长，没有端锚索。

（3）边跨与主跨的比值较大，一般大于 0.5。

（4）梁高较大，高跨比为 1/30～1/40，甚至做成变高度梁。

（5）拉索对竖向恒活载的分担率小于 30%，受力以梁为主，索为辅。

（6）由于梁的刚度大，活载作用下斜拉索的应力变幅较小，可按体外预应力索设计。

采用矮塔部分斜拉桥体系的有日本木曾川大桥（主跨 275m）、日本冲原桥（主跨 180m）、我国的芜湖长江大桥（主跨 312m，钢桥）等。

第二章 斜拉桥的构造

DIERZHANG

第一节 主梁构造

斜拉桥主梁的作用主要体现在3个方面：①主梁要将结构的重力作用和可变作用分散传给拉索。主梁的刚度越小，则承担的弯矩也越小；②主梁与拉索及索塔一起成为整个桥梁的一部分，主梁承受的力主要是拉索的水平分力所产生的轴向压力，因而需有足够的刚度防止压屈；③主梁还要抵抗横向的风荷载和地震作用，并把这些力传给下部结构。

当拉索间距较大时，主梁由弯矩控制设计。对于单索面斜拉桥，主梁由扭转控制设计；对于双索面密索体系，主梁应考虑轴压力的因素以及整个桥的纵向弯曲。在减小可变作用的情况下主梁应有足够的强度和刚度以应付更换拉索；并在个别拉索偶然拉断或退出工作时，结构仍具有足够的安全储备。

混凝土斜拉桥的主梁高度除极少数在索塔附近梁高变化外，通常都采用等高度梁。即使跨径和荷载相同，但由于主梁结构体系、截面型式和索距不同，混凝土主梁的梁高变化仍很大。一般而言，主梁的高跨比正常范围，对于双索面情形：1/100～1/150；对于单索面情形：1/50～1/100。

另外，从提高主梁横向抗风稳定性考虑，主梁全宽与主梁高度的比值宜大于等于8。

因此，主梁截面的形式应根据跨径、索矩、桥宽等不同需要，综合考虑结构的力学要求、抗风稳定性以及施工方法等选用。下面介绍混凝土主梁常用的截面形式。

一、实体梁式和实体板式主梁

实体梁式和板式主梁一般适用于双索面斜拉桥。

实体梁式和板式梁的截面具有构造简单和施工方便的优点。特别是当斜索在实体的边主梁中锚固时，锚固构造非常简单，而且在索面内具有一定的抗弯刚度，在锚固点处可以避免产生大的横向力流。

梁高较矮时，截面空气阻力小，在空气动力性能方面是合理且有效的，特别当桥面宽度增大到整个截面近似于一块平板时。

实体梁式主梁是混凝土斜拉桥中比较简单的一种截面形式。两个分离的主梁之间由混凝土桥面板及横梁连接，拉索可直接锚固在主梁中心处，也可以锚在伸臂横梁的端部，是近年来采用较多的一种主梁截面型式。图 4-2-1 为重庆大佛寺长江公路大桥主梁截面（主跨 450m，2001 年）；图 4-2-2 为荆州长江公路大桥主梁截面（主跨 500m，2002 年）。

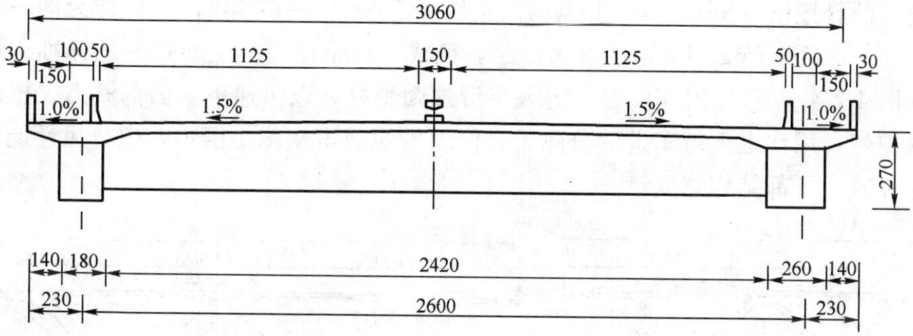

图 4-2-1　重庆大佛寺长江公路大桥主梁截面（尺寸单位：cm）

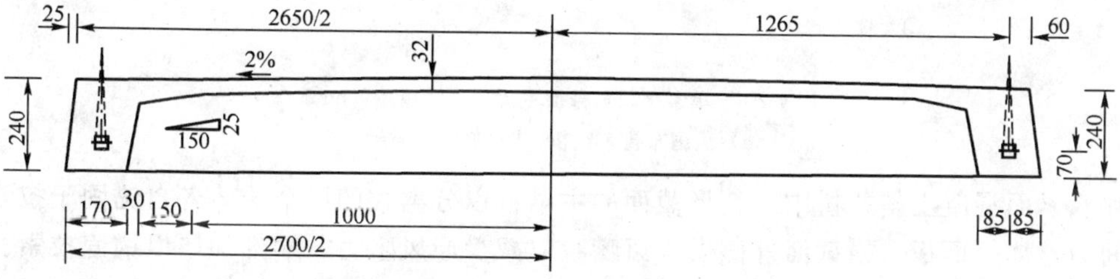

图 4-2-2　荆州长江公路大桥主梁截面（尺寸单位：cm）

实体板式主梁包括纯板式和矮梁式截面形式。所谓矮梁式主梁，是指主梁位于两边，并且梁高相对于桥宽来说很小，但两主梁间仍有横梁和桥面板相连（图 4-2-3b)）。边主梁的截面带有风嘴尖角，以适应大跨径斜拉桥的抗风要求。拉索直接锚固在边主梁的下面，以不致削弱原来就较小的主梁截面。图 4-2-3a）是希腊的埃弗里布斯（Evripos）桥，主跨为 215m，采用的板式梁截面高仅为 45cm，其高跨比达 0.45/215=1/478，为目前世界斜拉桥的最小值。

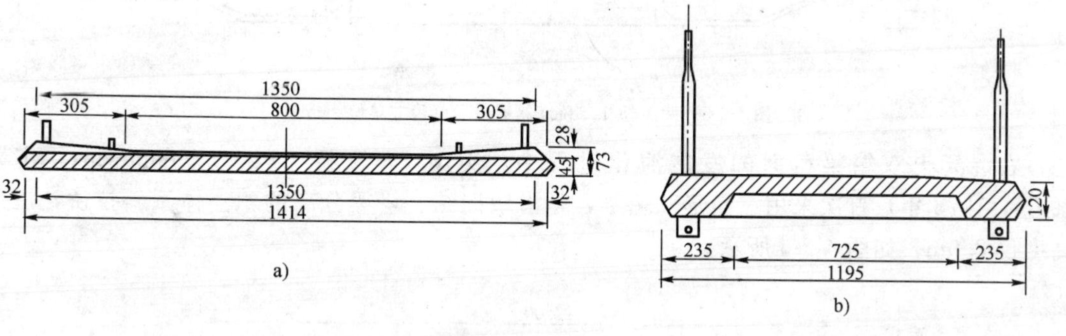

图 4-2-3　实体板式主梁截面（尺寸单位：cm）

a）希腊 Evripos 桥；b）挪威 Helgeland 桥

二、箱形截面

混凝土箱形截面主梁也是现代斜拉桥中经常采用的截面形式。由于它的抗弯和抗扭刚度大，能适应稀索、密索、单索面或双索面等不同斜索布置；其组合截面，也可以方便地形成封闭式的单箱形式或分离式的双箱形式，以适应不同桥宽的需要；截面的组合构造，可以部分预制、部分现场浇筑，为桥梁施工方案提供了更多的选择。

单索面布置的箱形截面，以法国的布鲁东纳桥（Brotonne Bridge，主跨 320m，1977 年）和美国的日照桥（Sunshine Skyway，主跨 365.2m，1987 年），它们均为同一工程设计公司（Fiss&Muller Eng. Inc）的著名作品，已成为单索面混凝土斜拉桥的标准主梁截面型式之一（图 4-2-4）。箱室内部设置一组人字形加劲斜杆，以传递单索面的索力。桥面中央设置索面保护带，用作上下行车道的分隔带。倾斜的腹板虽然施工困难，但抗风性能好，外形美观，并可减少下部结构宽度。

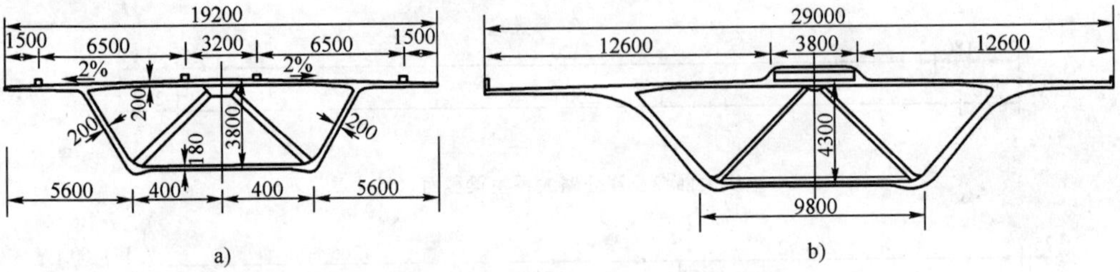

图 4-2-4　单索面箱形截面主梁（尺寸单位：mm）
a）法国布鲁东纳桥；b）美国日照桥

在双索面混凝土斜拉桥中，箱形截面的主梁常以分离式的两个箱体各自锚固于拉索，两箱之间为整体桥面板，横截面外侧做成风嘴状以减少迎风阻力，端部加厚以锚固拉索。这种主梁截面形式有良好的抗风性能，特别适用于风荷载较大的双索面密索体系斜拉桥。双箱梁的典型截面为倒梯形，如图 4-2-5 所示的武汉长江二桥（主跨 400m，1996 年）。

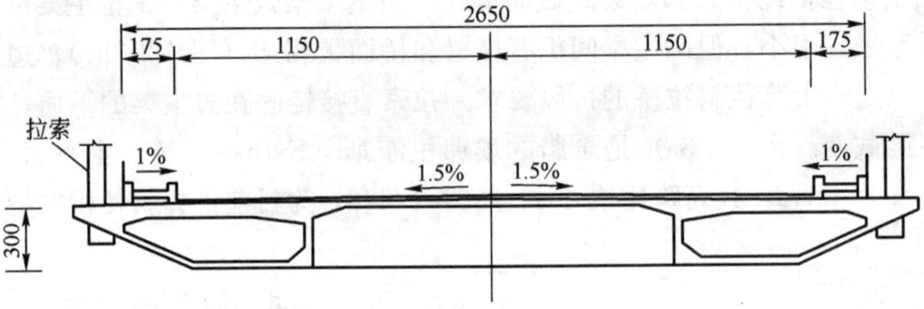

图 4-2-5　武汉长江二桥双箱梁截面（尺寸单位：cm）

在混凝土双箱梁截面的发展演化过程中，美国 P—K 桥（Pasco Kennewick，主跨 299m，1978 年）首次采用三角形双箱梁，是塔墩固结、塔梁分离的飘浮体系斜拉桥，主梁高度仅 2.0m，如图 4-2-6 所示。

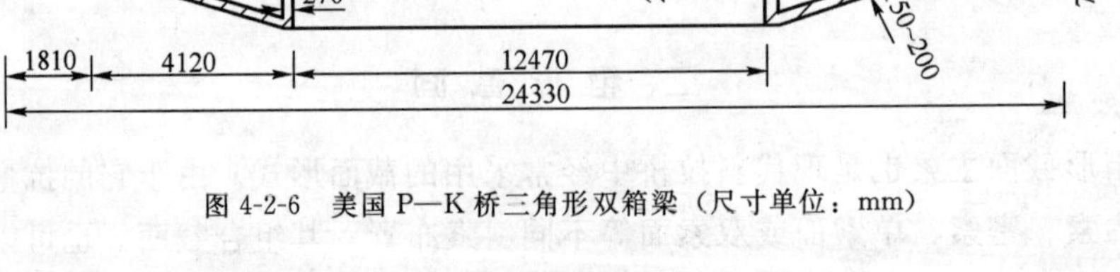

图 4-2-6　美国 P—K 桥三角形双箱梁（尺寸单位：mm）

在双箱梁的两个分离式箱体之间用底板将其封闭，即成为三室的单箱梁截面。

双索面桥与单索面桥的三室箱梁截面应有所不同。采用双索面时，应将两个中间竖腹板尽量拉大，使中室大于边室，以期取得较大的截面横向惯性矩；对于单索面，则应将其尽量靠拢，以便将斜索锚固于较小的中室内，如图 4-2-7 所示为长沙湘江北大桥（主跨 210m）的三室箱梁截面。杭州的钱塘江三桥也是一座单索面独塔斜拉桥，主跨 160m，主梁采用了五室箱型截面，如图 4-2-8 所示。

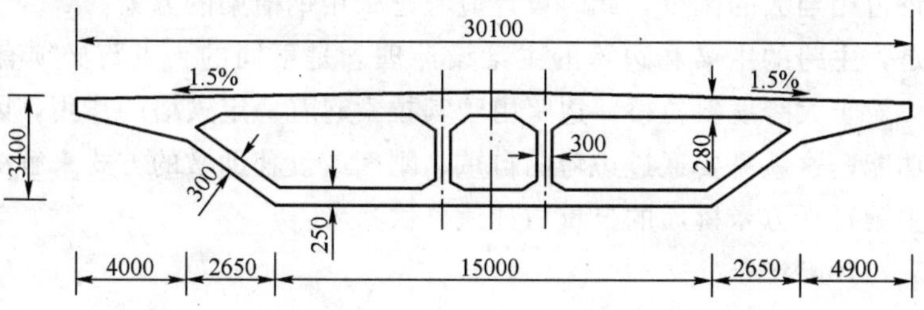

图 4-2-7　长沙湘江北大桥三室箱梁截面（尺寸单位：mm）

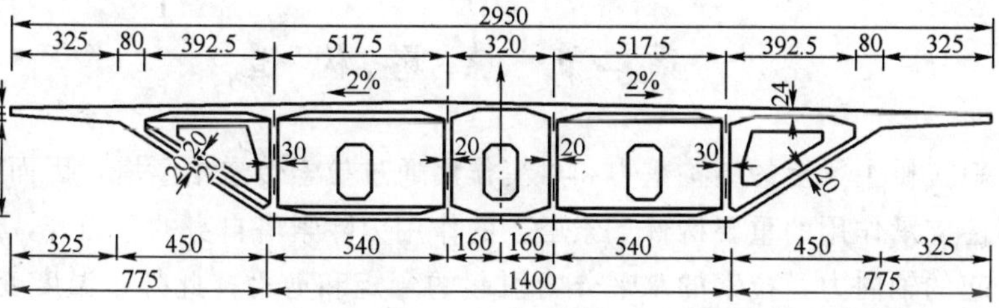

图 4-2-8　杭州钱塘江三桥主梁（尺寸单位：cm）

挪威 Skemsunddet 桥（图 4-2-9）主梁采用了三角形的箱形截面，该桥主跨为 530m，建于 1992 年。这种三角形双室箱梁截面不仅抗弯、抗扭刚度大，并且对抗风特别有利，既适用于双索面体系，还能适用单索面体系。

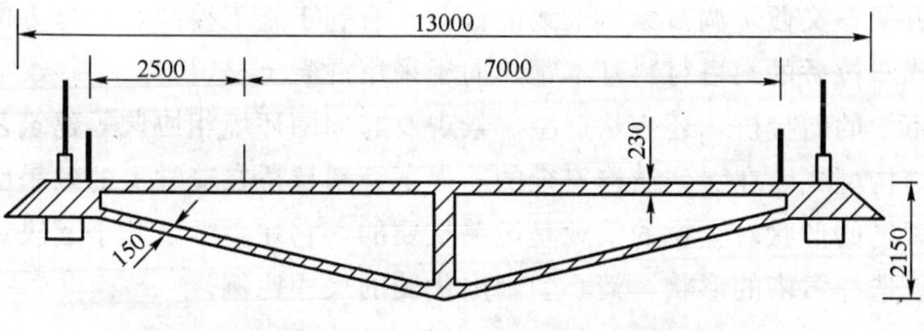

图 4-2-9　挪威 Skamgunddet 桥主梁截面（尺寸单位：mm）

三、不同材料主梁的适宜跨径

斜拉桥主梁有下列 4 种不同的组成方式：

(1) 预应力混凝土梁，称为混凝土斜拉桥。

(2) 钢—混凝土组合梁，称为组合梁（或称结合梁、叠合梁）斜拉桥。

(3) 钢主梁，称为钢斜拉桥。

(4) 主跨为钢主梁或钢—混凝土组合梁，边跨为混凝土梁，称为混合式斜拉桥。

不同材料制作的主梁所对应的经济跨径是不同的。有学者曾对 200～1000m 跨径斜拉桥选用不同材料主梁的经济性问题作过研究，认为跨径为 200～400m 时，采用混凝土主梁是最经济的；400～600m 时，采用钢—混凝土组合梁是最经济的；大于 600m 时，应采用钢主梁。另外，当跨径处于 400m 和 600m 两个临界区域时，应综合考虑其它因素分别对两种不同材料主梁作经济比较。但该研究未考虑桥面宽度的影响。当桥面为 6 车道及以上时，混凝土横梁的重量将占相当大的比重，此时设计应考虑采用钢横梁的方案。

需注意的是，主跨的主梁和边跨的主梁设计理念是不同的。主跨必须有良好的动力特性，自重较轻。对于大跨度斜拉桥，边跨由于其拉索起着稳定索塔的作用，因而边跨应具有克服上提力的功能，这就需要通过边跨的自重、刚度或设辅助墩的方式来解决。

各种材料主梁每平方米桥面的自重估计值可供参考：

钢梁：2.5～4.0kN/m^2

叠合梁：6.5～9.0kN/m^2

混凝土梁：10.0～16.0kN/m^2

第二节 索 塔 构 造

作用于斜拉桥主梁上的结构重力和可变作用通过拉索传递给索塔，因而索塔是通过拉索对主梁起弹性支承作用的重要构件。索塔上的作用力除索塔自身的重力外，还有拉索索力的垂直分力引起的轴向力、拉索的水平分力引起的弯矩和剪力，此外，温度变化、日照温差、支座沉降、风荷载、地震作用、混凝土收缩和徐变等都将对索塔轴向力、剪力、扭矩和顺、横桥向的弯矩产生影响。当主梁采用悬臂施工时，索塔还要承受施工阶段相当大的不平衡弯矩。对单索面独塔斜拉桥，还应考虑抗风稳定问题。因而索塔设计应满足强度、刚度和稳定性要求。

由于索塔是以受压为主的压弯构件，采用混凝土材料建造能充分发挥材料抗压性能高的优点，且施工方便，又便于调节索塔轴线的偏差，有利于施工控制，成型方便，维修养护简单，因此，现代斜拉桥的索塔材料基本都趋向于采用混凝土材料。

此外，城市中的斜拉桥，还应从造型、景观及与周围环境相协调等建筑艺术方面的要求来确定索塔的结构型式。在保证结构安全的前提下，斜拉桥在美学上的效果已成为该建筑成败的关键，而索塔的形状对全桥的景观是至关重要的，它在美学上几乎起决定性的作用。因此，必须慎重地选择索塔的形状，精心勾画出优美的尺寸比例。

一、索塔构件组成

组成索塔的主要构件是塔柱，另外还有塔柱之间的横梁或其他联结构件（图 4-2-10）。

塔柱之间的横梁一般可分为承重横梁与非承重横梁。前者为设置主梁支座的受弯横梁、塔柱转折处的压杆横梁或拉杆横梁；后者为塔顶横梁和塔柱无转折的中间横梁。在设计横梁时务必要区分对待，承受桥面重力及受拉的混凝土横梁还要考虑是否设预应力筋的问题。所有的塔柱、横梁作为索塔面内的组成构件共同参与抵抗风力、地震作用及偏心汽车荷载作用。

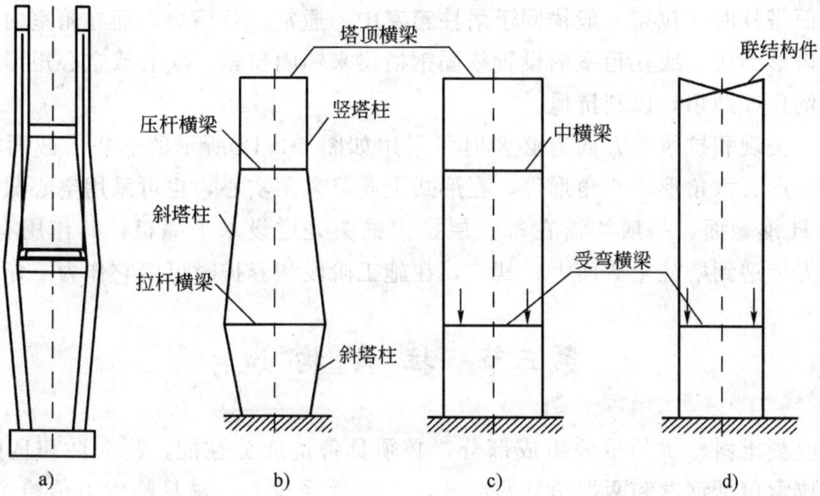

图 4-2-10　索塔构件组成

二、混凝土塔的构造

混凝土塔柱截面型式可分成两大类：第一类基本型式为矩形，如图 4-2-11 所示；第二类基本型式为非矩形截面，如图 4-2-12 所示。

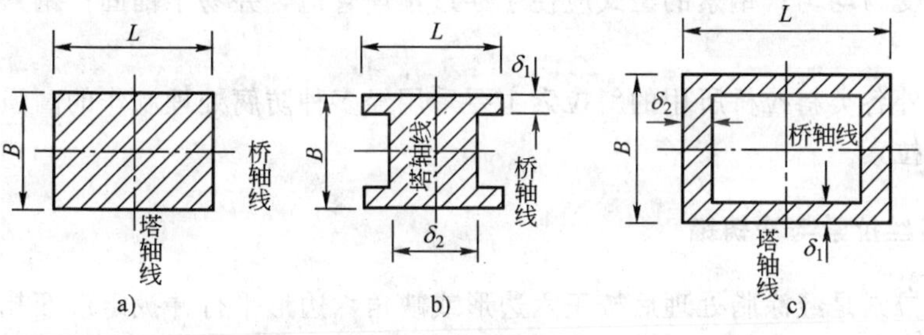

图 4-2-11　矩形截面塔柱

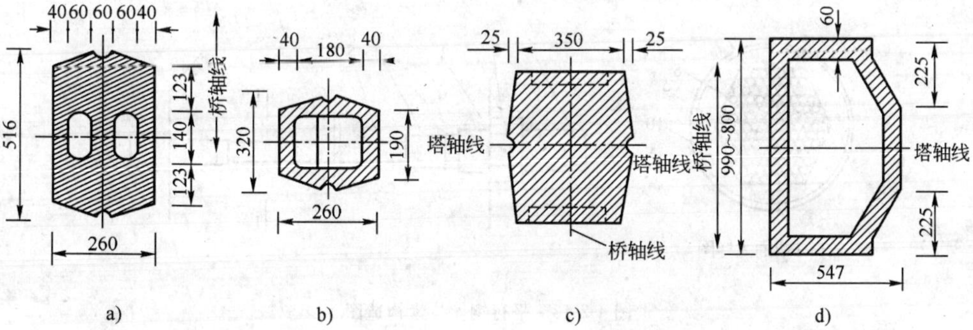

图 4-2-12　非矩形截面塔柱

a）双室空心六角形；b）单室空心六角形；c）实体六角形；d）空心六角形

当采用实心矩形截面塔柱时，拉索一般穿过塔柱交错锚固，塔柱上部的拉索锚固区位于塔轴线两侧。在矩形实心截面拉索锚头部位各挖一槽口，塔柱截面就变成 4-2-11b）所示的 H 形。当沿塔高塔柱截面变化时，一般仅变化长边尺寸 L，而短边尺寸 B 保持不变。采用矩形空心截面塔柱时，拉索一般锚固于塔柱箱室中，通常不开槽口，而在箱室内壁增设锚固拉索用的锯齿形凸块，或在箱室内设置锚固钢横梁来锚固拉索。实心或空心矩形截面塔柱的四周常做成倒角或圆角，以利抗风。

在受力、美观和抗风等方面有必要时可采用如图 4-2-12 所示的非矩形截面塔柱。这类截面包括五角形、六角形、八角形等，在形式上既可采用实心，也可采用空心截面。各种空心截面包括 H 形截面，一般均需在每一层拉索锚头处增设水平隔板，其作用有二：其一，有利于将索力传递到塔柱全截面上；其二，在施工阶段和养护时可将它作为工作平台。

第三节　拉 索 构 造

拉索是混凝土斜拉桥的重要组成部分，必须具备抗疲劳性能、耐久性和良好的抗腐蚀性。每一根拉索包括钢索和两端锚具两部分，钢索承受拉力，锚具将索力传给主梁或索塔，根据设计要求，通过调整拉索索力，可使斜拉桥总体结构处于最理想的工作状态。

一、拉索的构造

作为拉索的主体，钢索应由高强度钢丝或钢绞线制作。钢索必须满足这样几个要求：组成钢索的钢丝、钢绞线要排列整齐、规则；组成的钢索断面应紧密并易于成型，使每索中的钢丝或钢绞线受力均匀；钢索的型式应便于穿过预埋管道，并易于锚固；钢索应易于防护和施工安装等。

当今国内外各类斜拉桥所用的斜拉索主要采用经多种防腐处理制作的高强平行钢丝和平行钢绞线两种拉索。

1. 平行钢丝拉索与冷铸锚

平行钢丝拉索是经涂脂处理后按正六边形或缺角六边形平行并拢定形捆扎并轻度扭绞成束后，加缠高强度聚脂包带和热挤高密度聚乙烯塑料（简称 HDPE）护套或染色 PE 护套，再于两端安装钢套管和锚具。平行钢丝拉索构造图如图 4-2-13 所示。

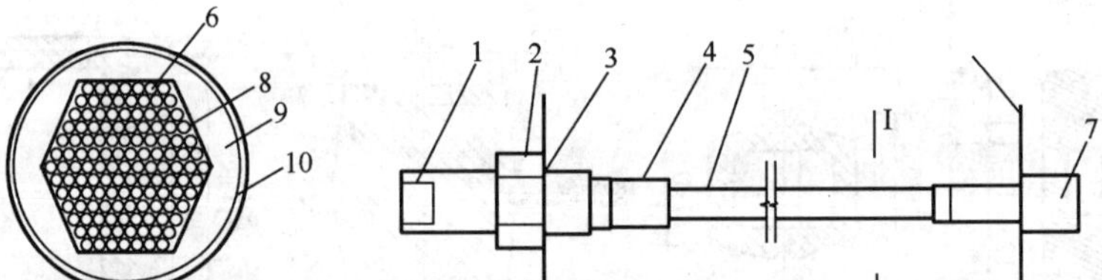

图 4-2-13　平行钢丝拉索构造图

1-张拉端锚筒；2-锚圈；3-锚垫板；4-过渡钢管；5-拉索；6-平行钢丝；7-固定端锚饼；8-2 层玻璃丝带或 2 层涤纶带；9-热挤 PE 塑料护套；10-PVE 缠包带

平行钢丝拉索的结构体系可分为 3 个主要部分。①锚固部分。又分为张拉端锚固与固定端锚固两种形式，其中张拉端锚固由锚筒、锚圈、锚垫板、防护罩等组件组成；固定端锚固由锚饼、锚垫板、防护罩组成；②过渡部分。由钢导管、锚筒过渡延伸钢管、减振器、防水罩等组成；③中间部分。由高强钢丝、玻璃丝带、PE 防护、缠包带等组成。近年来拉索制作技术已发展到内层与外层两层 PE 防护套一次热挤成型，无须再用外层缠包带。

单根圆钢丝直径常用 5mm、7mm 两种，钢丝抗拉标准强度不少于 1570MPa；锚具一般采用冷铸镦头锚，以 1～2mm 的淬硬钢球、环氧树脂铁砂、矿粉、固化剂、增韧剂等材料冷铸而成。

拉索制作好后，卷盘运至建桥工地，放索、牵引、安装、张拉，通过索力调整完成拉索的张挂受力。拉索制作有工厂制作与施工现场制作两种形式。目前一般采用工厂制作形式，因为工厂制作，拉索质量容易得到控制。放索有水面放索、桥面放索、桥侧放索 3 种施工方法。拉索的挂设方法有吊点法、硬牵引法、软牵引法、承重导索法 4 种。拉索的张拉有一端张拉一端锚固与两端张拉两种。

平行钢丝索的锚固采用冷铸墩头锚（图 4-2-14）。钢丝由丝板穿入，通过锚杯内腔后从定位板的孔眼中穿出，然后将钢丝墩头。钢丝的拉力通过墩头传到定位板上。在锚杯空隙中填满由 ϕ1.5～2.0mm 的钢球、锌粉、环氧树脂组成的混合物，在室温下浇注（故称冷铸，它能防止热铸高温对锚头性能的影响）。混和物的作用是传递钢丝与锚杯间的力，减少墩头疲劳受力。千斤顶通过与锚杯内缘螺纹连接进行张拉，张拉后拧紧锚杯外缘螺母即可传力。

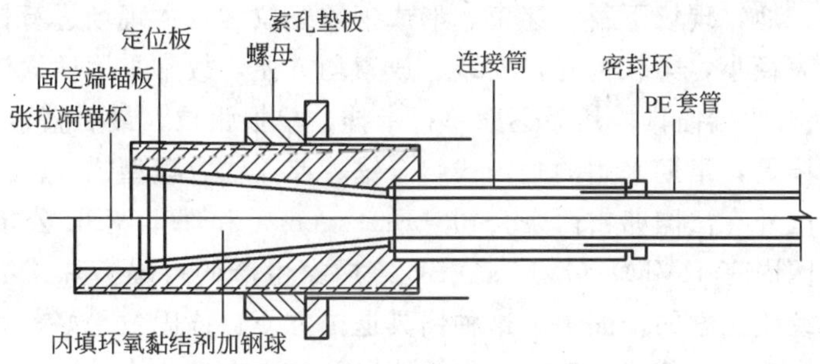

图 4-2-14　冷铸墩头锚

平行钢丝索配冷铸锚因性能可靠（承载能力、疲劳强度和防腐措施）而使用广泛。由于其要求整体制造、整体运输和整体安装，在某些特定环境下使用受到限制。

2. 平行钢绞线拉索

将平行钢丝索中的钢丝换成等强度的钢绞线即成为平行钢绞线索。

钢索线在索中是平行排列的，有别于早期曾出现过的将多根钢绞线扭绞而成的螺旋形钢绞线索，故称为平行钢绞线索。平行钢绞线索拉索结构如图 4-2-15 所示。

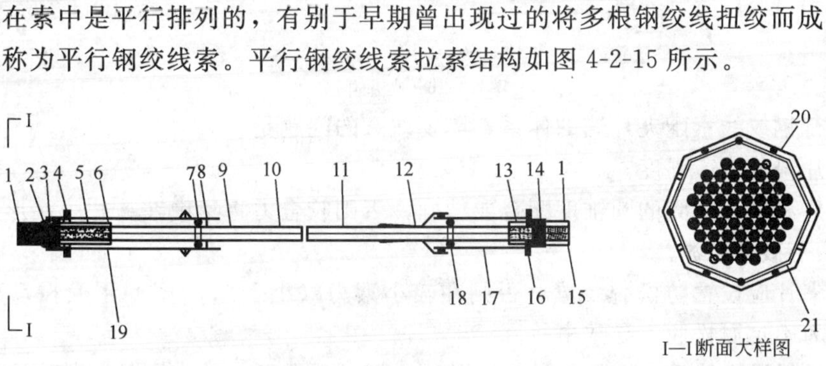

图 4-2-15　平行钢绞线拉索结构图

1-张拉端防护盖帽；2-张拉锚具；3-螺母；4-张拉端锚垫板；5-张拉端过渡管；6-填充发泡剂；7-张拉端体内定位器；8-止动环；9-热延伸护套管，10 斜拉索外套管；11-PE 钢绞线；12-钢锥管；13-固定端过渡管；14-固定端锚具；15-防护油脂；16-固定端锚垫板；17-固定端预埋管；18-固定端体内定位器；19-张拉端预埋管；20-防护罩定位孔；21-密封条钢绞线拉索的结构体系由两端的锚固段，隐埋在塔、梁内部的过渡段和外露部分的中间段 3 部分组成。

锚固段分张拉端与固定端，由锚环、锚圈、锚垫板、防水装置、保护装置等组件组成。过渡段组成与平行钢丝拉索相同。中间段由钢绞线、内防护、外防护组成。钢绞线由 7 根直径 5mm 或 7mm 的圆形钢丝绞制成单股钢束，各单股钢束平行排列，形成钢绞线索。单根钢丝标准抗拉强度大于 1860MPa，国外的钢绞线（如美国、日本）目前已发展到大于 2000MPa。

钢绞线拉索的防护有两种形式：一种是有粘结刚性防护，即将整根拉索穿入一根外套管中，外套管与钢绞线之间压注水泥浆液，因其防护效果欠佳，且换索不便，目前已很少使用；另一种是无粘结柔性防护，又有 3 层、4 层防护之分，是将每一根钢绞线束外涂防锈油脂或镀锌或喷铝后挤裹 PE 护套，再将若干根带有护套的钢绞线束组装成一根拉索，在拉索外再套一层 HDPE（热挤高密度聚乙烯塑料）套管形成无粘结柔性拉索。这种防护形式的拉索目前应用较普遍。

一般而言钢绞线拉索的制作方法是在工厂先进行单股钢绞线下料、热挤 PE 护套，再卷盘运至工地组装，最后进行整索防护。也有在工厂内将单股钢绞线束外涂防锈油脂或镀锌或喷铝后，运至建桥工地，现场下料、穿束、形成钢绞线拉索，再现场进行拉索的防护。因单股钢绞线重量轻，束径小，柔软性好，安装、放索均方便，故常采用桥面进索施工方法。即先安装 HDPE 套管与两端锚具，然后逐股单根牵挂、单根张拉，最后整索张拉调整索力。

钢绞线拉索的锚具，早期采用的是销式组合锚、弗氏锚、楔型锚等。随着锚具的不断开发、研制、创新，国外有法国弗雷西奈公司（Fressgent）和瑞士 VSL 公司先后研制了自锚夹片式群锚体系；国内有 HVM、OVM、VSL 等厂家生产的自锚夹片式群锚（图 4-2-16），均广泛地应用于钢绞线拉索的锚固上。这种锚具退锚方便、锚固效果好、操作简便。但钢绞线斜拉索的锚具、夹片、钢绞线三者的工作性能以及拉索在低应力状态或高应力幅与振动疲劳作用下易出现夹片松动导致滑丝现象，值得引起设计者与施工者密切注意。

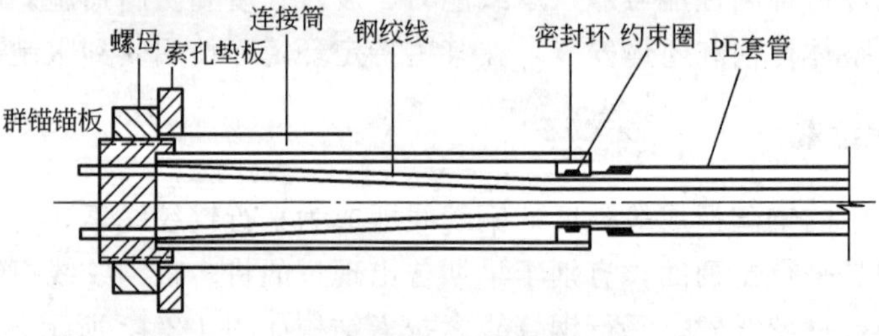

图 4-2-16　夹片群锚

对于平行钢绞线索配夹片锚的体系，需要注意的问题是：

（1）夹片锚的疲劳强度。

（2）夹片和锚孔之间的圆锥度配合要精确，否则咬合力将集中在夹片小端形成“切口效应”，成为疲劳破坏之源。

（3）对夹片应设置防松脱装置，否则在较小索力（小于 $0.25R_y^b$）下受振动荷载时，夹片可因咬合力不足而松脱，导致事故。

（4）钢绞线进入锚管内有两处转折，其一在钢绞线散开的约束圈处；其二在钢绞线进入锚孔处。在第二个转折处，亦为拉索的锚固点，存在着固端弯矩。由于轴向索应力和挠曲应力的叠加，该处产生了最大的应力幅。为了分散应力幅，需在锚管内加设一“支承圈”，据试验，该“支承圈”可以分散 80%以上的应力幅。

二、拉索的锚固

1. 斜拉索与混凝土梁的锚固

斜拉索在主梁上锚固的梁段，习惯地称为锚固梁段。拉索在锚固梁段的锚固方式，要考虑以下几个因素：确保连接可靠；能简捷地把索力传递到全截面；如需在梁端张拉，应具有足够的操作空间；要有防锈蚀能力和避免拉索产生颤振应力腐蚀；便于拉索养护和更换。主要锚固方式和构造特点如下：

1）顶板设置锚固块

这种锚固构造一般适用于单索面有加劲斜杆的整体箱主梁。锚固块以箱梁顶板为基础，向上下两个方向延伸加厚而成，拉索直接锚固在顶板与一对斜拉杆交叉点处的锚固块上，如图 4-2-17 所示。拉索的水平分力通过锚固块传给箱梁顶板后再扩散到主梁全截面，垂直分力则由一对加劲斜杆承受，因此，在锚固块内设一对交叉布置且通过加劲斜杆轴线的预应力筋是很必要的。

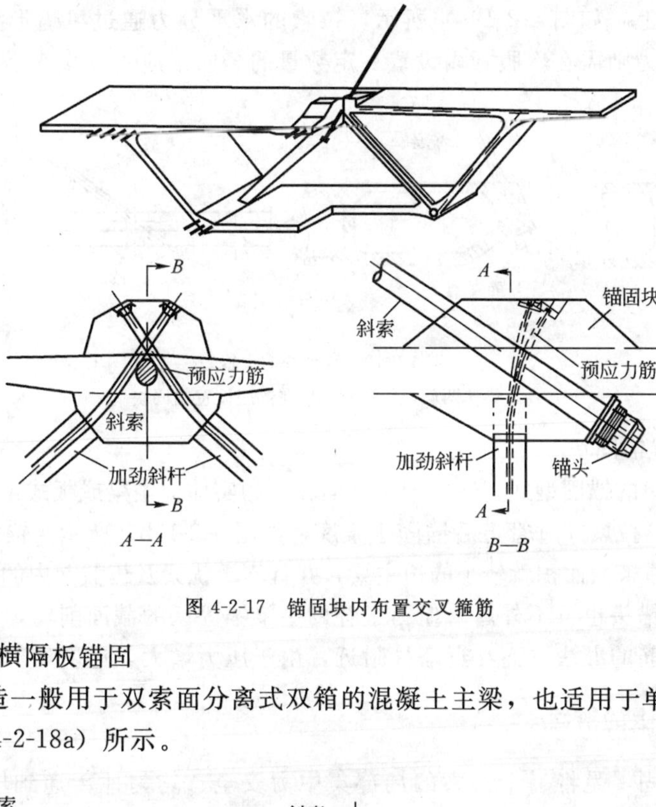

图 4-2-17 锚固块内布置交叉箍筋

2）箱梁内设横隔板锚固

此种锚固构造一般用于双索面分离式双箱的混凝土主梁，也适用于单索面多室整体箱主梁，其构造如图 4-2-18a）所示。

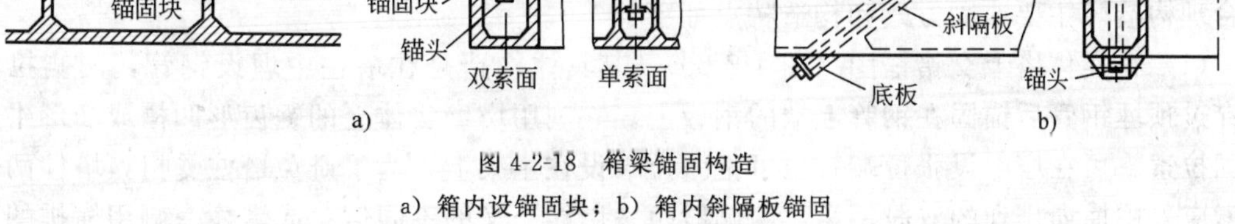

图 4-2-18 箱梁锚固构造

a）箱内设锚固块；b）箱内斜隔板锚固

锚固构造位于箱梁顶板下的两个腹板之间，并与顶板、腹板固结在一起。拉索的水平分力由锚固块以轴压力方式传递给顶板再扩散到主梁全截面，垂直分力则由锚固块传给左右腹板。因此，在锚固块与腹板连接处除需设置承托外，在腹板内还需设置竖向预应力筋束加强。锚固板厚度应满足锚具排列的构造要求。

3）在箱梁内设斜隔板锚固

这种锚固构造在箱梁内设斜向隔板，其斜度与拉索一致。拉索通过斜隔板后锚固于箱梁底板，如图 4-2-18b）所示。这种锚固构造拉索的水平分力是通过斜隔板四周的箱梁顶板、腹板和底板等共同以轴压力传给主梁，垂直分力则由斜隔板两侧的腹板以剪力形式传递，因此，腹板内也需布置竖向预应力筋束加强，加强范围至少为斜隔板的水平投影长度。索力较大时可把斜隔板加强成实心或空心的斜隔梁，并从箱内以伸臂牛腿形式延伸到箱体的两个外侧，拉索锚固在牛腿梁上。

4）在梁体两侧设锚固块

这是双索面斜拉桥一种非常普遍采用的锚固构造。锚固块放在主梁梁体横向两侧风嘴形实体块下面，或较厚的倾斜边腹板下面，拉索通过预埋于梁中的钢套管锚固在风嘴形实体块上或较厚的斜腹板上，如图 4-2-19a）所示。拉索的水平分力通过风嘴形实体或厚实的斜腹板传递，而垂直分力则需在斜腹板内设置一定数量的竖向预应力筋束来承受。

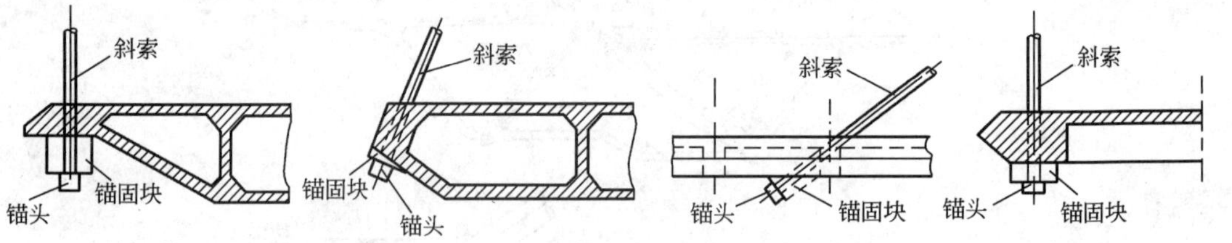

图 4-2-19　锚固块的设置

a）梁体两侧设锚固块 b）在梁底设置锚固块

5）在梁底设置锚固块

这是一个最简单的锚固型式，适用于梁截面较小的实体双主梁或板式梁。在梁中设置与拉索倾角相同的管道，拉索穿过管道后锚固于梁底，如图 4-2-19b）所示。锚固构造设于主梁底部，可以避免削弱原来截面积就较小的边主梁，并且不干扰梁及板截面内的钢筋（束）布置。

从美观考虑，锚头也可不外露，但为了补助主梁锚固区的截面削弱，在一般区段，可采用钢锚箱和增加钢筋的办法，而在近塔柱附近，由于压力增大，还应局部加厚梁肋。

2. 拉索在索塔上的锚固

主塔的拉索锚固，是将一个拉索的局部集中力安全、均匀地传递到塔柱的重要受力构造。拉索锚固部位的构造与拉索的布置、根数和形状、塔形和构造及拉索的牵引和张拉等多种因素有关，故应从设计、施工、养护维修及拉索的更换等各个方面来综合考虑拉索锚固段的合理构造。主要锚固方式和构造特点如下：

（1）在实体塔上交错锚固（图 4-2-20）。其具体构造是在塔柱中埋设钢管，两侧拉索交叉穿过预埋钢管后锚固在钢管上端的钢板上。它利用塔壁实体上的锯齿形凹槽或凸形牛腿来锚固拉索。可在塔上设张拉端，也可把张拉端设在主梁上。为了避免塔柱受扭，塔柱两侧的拉索应采用横向排列的双股钢索，两侧股距采用能交叉的不同值；或塔柱一侧用横排的双股索，另一侧用纵排的双股索以达到能交叉锚固的目的。

(2) 在空心塔上作非交错锚固（图 4-2-21)。其构造与上述的相同，但需在箱形桥塔的壁板内配置环向预应力钢筋，以抵抗拉索在箱壁内产生的拉力。

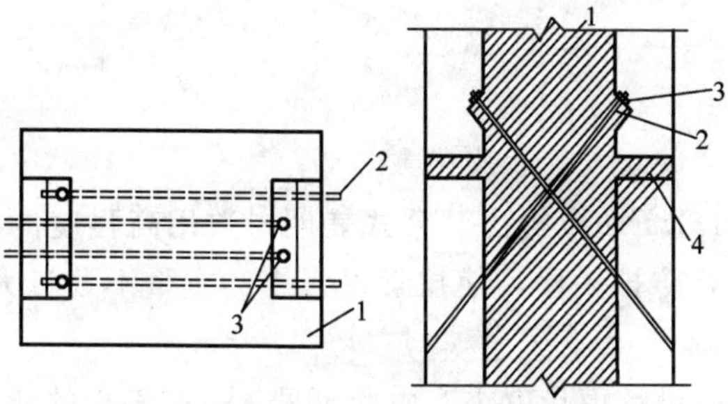

图 4-2-20 拉索在实体塔上交错锚固

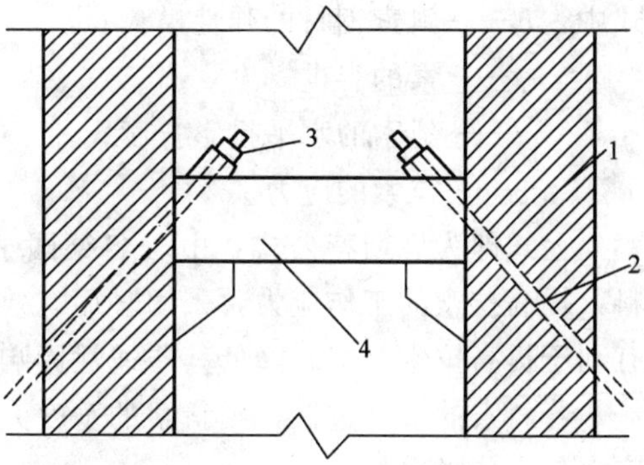

图 4-2-21 空心塔上非交错锚固

(3) 采用钢锚固梁来锚固（图 4-2-22)。这是将钢锚固梁搁置在混凝土塔柱内侧的牛腿上，斜索通过埋设在塔壁中的钢管锚固在钢锚固梁两端的锚块上。钢锚固梁本身是一个独立和稳定构件，梁两端的刚性垂直支承可在顺桥向和横桥向作微小的移动和转动，但需在两端设纵桥向和横桥向的限位构造装置。用钢锚固梁实现拉索在空心塔柱上的对称锚固，可使混凝土塔柱在拉索锚固区段受力明确，内力减少，不会产生水平裂缝，确保索塔和斜拉桥的长期使用和安全可靠。

(4) 利用钢锚箱锚固（图 4-2-23)。整个钢锚箱是由各层的钢锚箱进行上下焊接而成，然后将锚箱用焊钉使之与混凝土塔身连结，另外还要用环形预应力筋将锚箱夹在混凝土的塔柱内，以增加对拉索水平荷载的抵抗力。

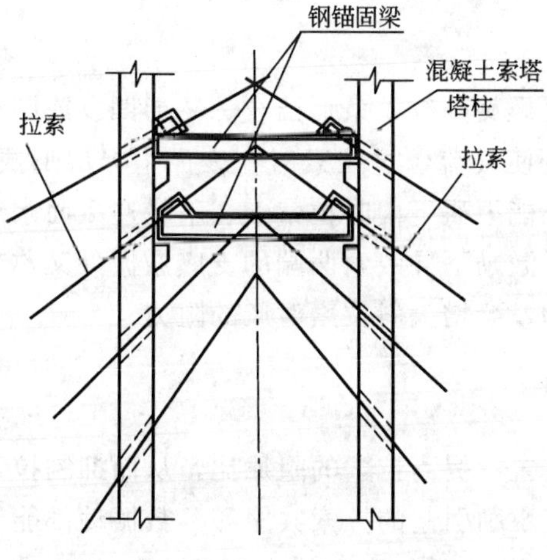

图 4-2-22 钢锚固梁对称锚固

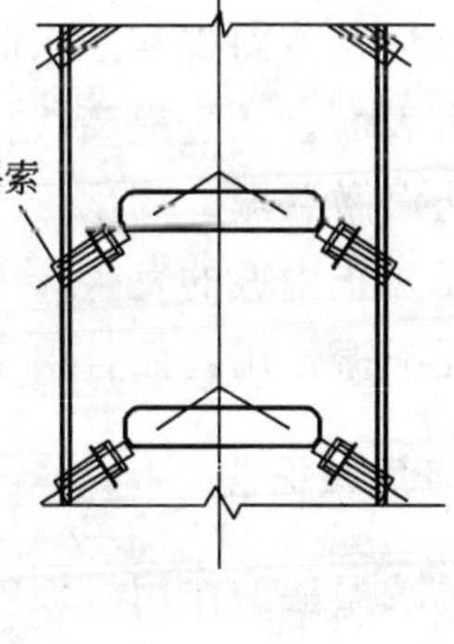

图 4-2-23 钢锚箱锚固

三、拉索的应力

拉索的应力控制需要考虑 3 个因素，即设计弹性模量、破断强度和疲劳。

斜索的设计弹性模量（换算弹性模量）E_{eq}是等效弹性模量，是由于考虑索的垂度引起的。在实际计算中考虑垂度时需对原 E 进行折减的计算公式，可按下式计算：

$$E_{eq}=\frac{E}{1+\frac{\gamma^2 l^2 E}{12\sigma^3}}$$

式中：E——斜索钢材的弹性模量；

γ——索的容重；

l——斜索的水平投影长度；

σ——拉索的应力。

上式即为恩斯特公式，由著名德国学者 H. J. Ernst 提出。公式表明，选用高强度的材料，提高拉索的工作应力，采用轻而有效的拉索防护手段，使拉索每延米的重量不致过大，有利于提高拉索刚度，降低其非线性影响。

若斜索的应力过低，则斜索的垂度大，索的设计模量就小，由此可见，控制斜索的最小应力是十分必要的。

根据钢材的受力特性，当拉索的荷载超过破断荷载的 50%时，钢的非弹性应变将快速增加，因而对于一般作用组合，拉索的最大作用应力只能到它破断强度的 40%。

拉索还应具有足够的抗疲劳能力，即在规定的应力变幅下，拉索在承受 200 万次的作用循环后，其强度不小于原来强度的 95%。拉索的抗疲劳能力与钢材和锚具有关，目前生产的成品拉索应力变幅为 220～250MPa。

四、拉索的减振

拉索的风致振动现象在各种跨径和类型的斜拉桥上普遍存在，拉索的振动容易导致拉索根部出现反复挠曲，索中钢丝产生附加挠曲应力，加速钢丝的疲劳和外包破损，因此拉索的风振应加以防止。目前对斜拉桥的拉索采取的减振措施主要有以下几种。

1. 气动控制法

该方法是将斜拉索原来的光滑表面做成带有螺旋凸纹、条形凸纹、V 形凹纹或圆形凹点的非光滑表面。通过提高斜拉索表面的粗糙度，使气流经过拉索时在表面边界层形成湍流，从而防止涡激共振的产生；拉索表面的凹凸纹还能阻碍下雨时拉索上、下缘迎风面水线的形成，从而防止雨振的发生。但其对塔、梁在外界激励下导致索两端的支座激振（又称参数振动）并无减振作用，而且由于表面粗糙度的增加，会增大斜拉索对风的阻力。

2. 阻尼减振法

阻尼减振法的作用机理就是通过安装阻尼装置，提高拉索的阻尼比，从而抑制拉索的振动。它对涡激共振、尾流驰振、雨振以及由支座激励引起的拉索共振和参数振动都能起到较好的抑制作用。根据与拉索的相互关系，阻尼装置又可分为安放在套筒内的内置式阻尼器（图 4-2-16）和附着于拉索之上的外置式阻尼器（图 4-2-24）。

3. 改变拉索动力特性法

采用联结器（索夹）或辅助索将若干根索相互联结起来，辅助索可以采用直径比主要索小得多的索。其作用机理是：通过联结，将长索转换成为相对较短的短索，使拉索的振动基

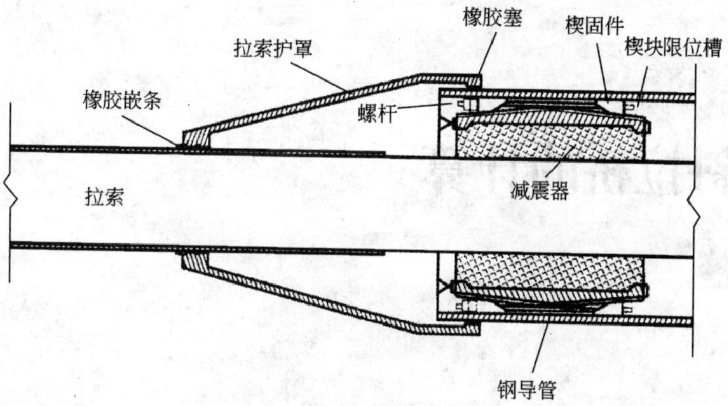

图 4-2-24　外置式阻尼器

频提高，从而抑制索的振动。这对防止低频振动十分有效，同时也能降低雨振以及单根索振动发生的机率，但对通常以高阶形式出现的涡激振动抑制作用不明显。另外，辅助索易疲劳断裂，对桥梁景观有一定影响。

图 4-2-25 是多多罗大桥采用这种方式的示意图，最大索长超过 450m。每半个扇面采用 4 道制振缆绳，每道的截面为 2×ϕ30mm。除此之外该桥上还兼用了一些阻尼减振器。

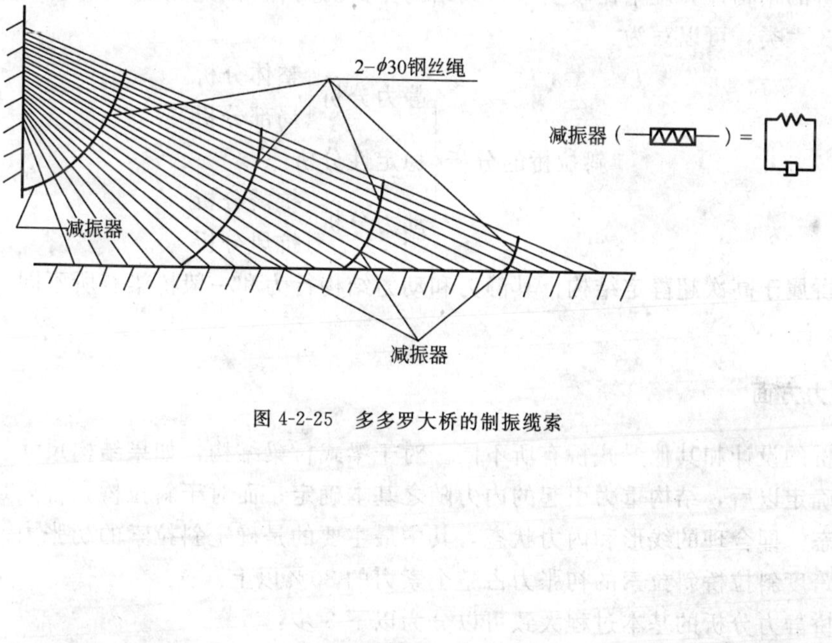

图 4-2-25　多多罗大桥的制振缆索

第三章 斜拉桥的计算

DISANZHANG

第一节 概 述

斜拉桥的结构计算理论比较复杂，其结构分析的内容大致包括静力分析、稳定性分析和动力分析 3 大类，可以写为：

- 斜拉桥的分析
  - 静力分析
    - 整体分析
    - 局部分析
  - 稳定性分析
  - 动力分析
    - 抗震分析
    - 抗风分析

斜拉桥属于高次超静定结构，其静力和动力结构行为和一般桥梁有所不同，主要表现在两个方面。

1. 静力方面

斜拉桥的设计和其他梁式桥有所不同。对于梁式桥梁结构，如果结构尺寸、材料、二期结构自重确定以后，结构重力引起的内力随之基本确定；而对于斜拉桥，首先是确定其合理的成桥状态，即合理的线形和内力状态，其中最主要的是确定斜拉索的初张力。理论和实践表明，大跨度斜拉桥斜拉索的初张力占整个索力的 80%以上。

斜拉桥静力分析的基本过程大致可以分为以下 3 步：

(1) 确定成桥的理想状态，即确定成桥阶段的索力、主梁的内力、位移和桥塔的内力。

(2) 按照施工过程、方法和计算的需要划分施工阶段。

(3) 计算确定施工阶段的理想状态，经过多次反复调试，才可以达到成桥阶段的理想状态。

2. 动力方面

斜拉桥由于高次超静定，其结构行为表现出较强的耦合性，尤其是扭转和横向弯曲振型经常耦合在一起，因此，在动力分析时最好采用空间计算模型。一般的梁桥、拱桥和刚架桥设计时，首先是考虑对桥梁的结构重力作用和汽车荷载作用进行计算，其次是对桥梁的地震作用和风荷载进行验算。但对于跨度较大的斜拉桥，环境作用和汽车荷载作用同样重要。在一些地震较频繁的地区通常是在初步设计阶段就考虑地震作用，尤其是纵向采用飘浮体系的斜拉桥，其塔底的纵向弯矩有时会控制设计。

斜拉桥在设计方面的自由度很大，其荷载主要是依靠主梁、桥塔和斜拉索分担，合理地确定各构件分担的比例是十分重要的，它直接关系到斜拉桥的经济性能。

第二节 斜拉桥索力调整理论

在结构重力作用下斜拉桥拉索的索力是可以调整的。在结构重力作用时，拉索的作用不仅仅是弹性支承，更重要的是它能通过千斤顶主动地施加平衡外荷载的初张力，改变主梁的受力条件。而在可变作用及其作用效应组合时，拉索对主梁提供了弹性支承，使主梁相当于弹性支承的连续梁。由此可见，对于斜拉桥而言，拉索的初张力分析是非常重要的。

拉索张拉时，实际上已经将该拉索脱离出来单独工作，因为拉索的张力和结构的其它部分无关，而只与千斤顶有关，初张力效应可以采用隔离体分析。如图 4-3-1 所示，设在某个施工阶段张拉第 5 和 6 号索时，其初张力分别为 P_5 和 P_6。如果将斜拉索从结构中隔离出来，其内力为初张力 P_5 和 P_6，而斜拉索对结构的影响可以采用一对反向的集中力作用在桥塔和主梁上，如图 4-3-2 所示。将主梁和桥塔上的集中力等效为节点荷载，迭加进入荷载向量中，求解结构平衡方程，即可得到结构的位移。

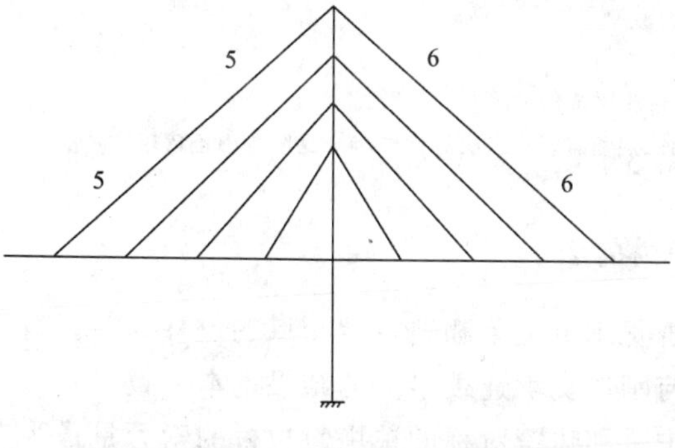

图 4 3-1 张拉 5、6 号索

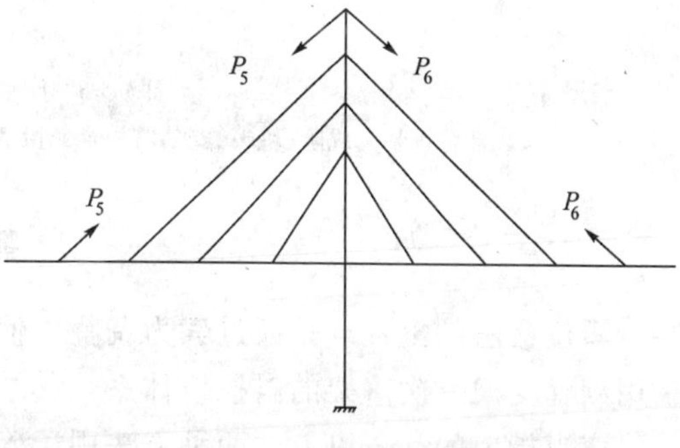

图 4-3-2 拉索的等效结点力

斜拉桥是高次柔性超静定结构，在施工过程中结构体系不断转换，如何确定施工中拉索的初张力和体系完成以后的二次张拉索力，以达到设计的理想状态决非易事，为此要进行调索。

斜拉桥的调索方法比较多，目前比较流行的主要有刚性支承连续梁法、零位移法、倒拆和正装法、无应力状态控制法、内力平衡法等。下面分别介绍以上 5 种常用的调索方法。

一、刚性支承连续梁法

刚性支承连续梁法的原理是选择合理的成桥索力，使结构在成桥状态下由结构重力产生的内力和以拉索锚固点为主梁支点的刚性支承连续梁的内力状态一致。由此可以根据连续梁的支承反力确定斜拉索的初张力。

如果悬拼过程中采用一次张拉，则不可能达到刚性支承连续梁的弯矩分布，因为跨中合龙段的弯矩与一次张拉索力无关，如图 4-3-3 所示。跨中合龙段在二期结构重力作用下将产生较大的正弯矩，为此需要进行二次调索张拉。

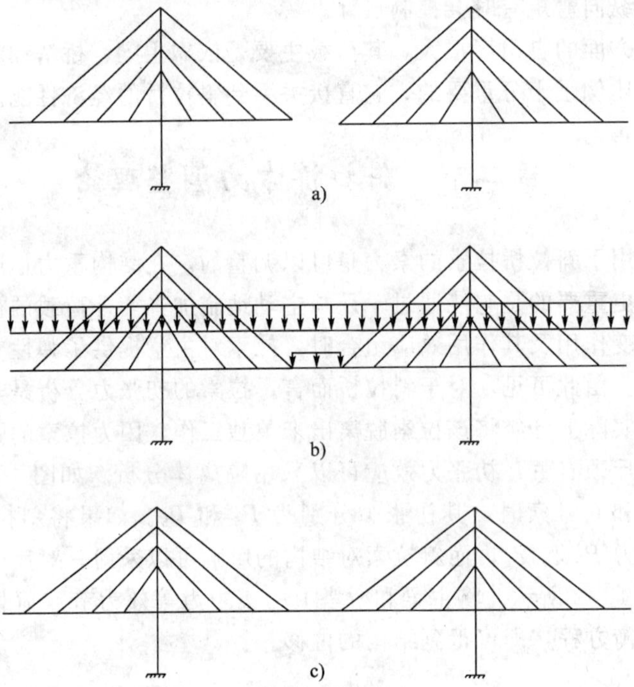

图 4-3-3　刚性支承连续梁法的缺陷

a）悬臂拼装完成阶段；b）安装跨中合龙段和施加二期恒载；c）二次调索减小合龙段跨中正弯矩

二、零 位 移 法

零位移法的出发点是通过索力调整，使成桥状态下主梁和斜拉索交点的位移为零。对于采用满堂支架一次落架的斜拉桥体系，其结果与刚性支承连续梁法的结果基本一致。

应当指出的是，以上这两种方法用于确定主跨和边跨对称的单塔斜拉桥的索力是最为有效的，对于主跨和边跨几乎对称的三跨斜拉桥次之，对于主跨和边跨的不对称性较大的斜拉桥，几乎没有作用。因为这两种方法将导致较大的塔根弯矩，失去了索力优化的意义。

三、倒拆和正装法

倒拆法是斜拉桥安装计算广泛采用的一种方法，通过倒拆、正装交替计算，确定各施工阶段的安装参数，使结构逐步达到预定的线形和内力状态。

由于斜拉索的非线性和混凝土收缩徐变的影响，倒拆和正装计算中，两者不闭合，即按照倒拆的数据正装计算，结构仍会偏离预定成桥状态的线形和内力状态。

倒拆法与正装法闭合的关键是混凝土收缩和徐变的处理。混凝土的徐变与结构的形成过程有密切的关系，原则上倒拆法无法进行徐变计算。为了解决倒拆和正装计算徐变迭代问题，第一轮倒拆计算，不计混凝土的收缩和徐变；然后用上次倒拆的结果进行正装计算，按施工阶段逐步考虑混凝土收缩和徐变的影响，并将各施工阶段的收缩徐变值存盘；再次进行倒拆计算时，采用上一轮正装计算阶段的混凝土收缩和徐变值。如此反复，直到正装和倒拆的计算结果收敛到容许的精度。

以全飘浮体系的斜拉桥为例，拆除过程一般由下列步骤组成：

（1）移去二期结构自重。

（2）拆除中间合龙段。

（3）在桥塔和主梁交接处增加临时固结约束。

（4）拆除拉索、主梁单元。

（5）增加支架现浇梁段的临时支承。

（6）拆除拉索、梁单元到桥塔为止。

四、无应力状态控制法

无应力状态法分析的基本思路是：不计斜拉索的非线性和混凝土收缩徐变的影响，采用完全线性理论对斜拉桥解体，只要保证单元长度和曲率不变，则无论按照何种程序，恢复还原后的结构内力和线形将与原结构一致。应用这一原理，建立斜拉桥施工阶段和成桥状态的联系。

由于实际结构是非线性的，实施起来需要迭代，可按照以下步骤进行：

（1）计算成桥状态各斜拉索无应力状态的长度 S_0 和主梁无应力状态下的预拱度 y_0。用成桥状态的桥面线形 y 扣除自重、拉索的初张力、预应力索效应和混凝土的收缩徐变等产生的变位，即可求得 y_0，第一轮计算暂不包括混凝土收缩徐变的影响。

（2）以 S_0 作为安装过程控制量进行正装计算。根据结构受力的需要，斜拉索可以进行一次或多次张拉。在最后一次张拉时，将拉索由当前的长度，通过张拉调整到预定的无应力长度 S_0，主梁各节点的初始标高按预拱度 y_0 设置。

（3）为了保证合龙时桥面弹性曲线连续，需要进行调索。

（4）由于施工阶段混凝土的收缩徐变和结构非线性行为的影响，由上述安装计算得到的成桥状态和预定的成桥状态之间仍有差异，主要是梁的线形发生了变化。根据成桥状态的索力和线形，重新调整主梁的预拱度和无应力索长，投入下一轮迭代。

五、内力平衡法

内力平衡法的基本原理是采用适当或合理的斜拉索初张力，以使结构各控制截面在永久作用和可变作用共同作用下，上翼缘的最大应力和材料允许应力之比等于下翼缘的最大应力和材料容许应力之比。

内力平衡法假设斜拉索的初张力为未知数，各截面特性以及初张力以外的永久作用内力和可变作用内力为已知数。

设结构某控制截面上缘的抗弯截面模量为 W_t，下翼缘抗弯截面模量为 W_b，M_a 和 M_b 分别为最大和最小可变作用弯矩，R_t 为上缘材料的容许应力，R_b 为下缘材料的容许应力，内力平衡时要达到的永久作用弯矩为 M_e，则这时上缘应力 S_t 和下缘应力 S_b 为：

$$S_t = (M_a + M_e)/W_t \tag{4-3-1}$$

$$S_b - (M_b + M_e)/W_b \tag{4-3-2}$$

根据平衡原理：

$$S_t/R_t = -S_b/R_b \tag{4-3-3}$$

将式（4-3-1）和式（4-3-2）代入式（4-3-3）可得：

$$\frac{(M_a+M_e)}{W_tR_t}=-\frac{(M_b+M_e)}{W_bR_b} \tag{4-3-4}$$

从式（4-3-4）中得到恒载弯矩 M_e 为：

$$M_e=\frac{(K\times M_b+M_a)}{(1+K)} \tag{4-3-5}$$

$$K=\frac{W_t\times R_t}{W_b\times R_b}=\frac{Y_t}{Y_b}\times\frac{R_t}{R_b} \tag{4-3-6}$$

式中，Y_t 为截面中性轴到上翼缘的距离；Y_b 为截面中性轴到下翼缘的距离。

以永久作用弯矩 $\{M_e\}$ 为目标向量，它由两部分组成：一部分由拉索张力以外的永久作用产生的向量 $\{M_g\}$ 组成；另一部分仅由拉索初张力引起的弯矩向量 $\{M_c\}$ 组成。

总永久作用弯矩可以表示如下：$\{M_e\}=[A]\{T\}+\{M_g\}$ （4-3-7）

式中，$\{T\}$ 为斜拉索的初始张力向量；$[A]$ 为影响矩阵。

由（4-3-7）可知： $\{T\}=[A]^{-1}(\{M_e\}-\{M_g\})$ （4-3-8）

式中，拉索初张力向量 $\{T\}$ 即为由内力平衡法推导出的最佳或最合理的斜拉索初张力。

由以上推导可以看出，内力平衡法确定斜拉索初张力的步骤为：

（1）根据（4-3-5）式计算预期的总恒载弯矩 $\{M_e\}$。

（2）根据（4-3-8）式计算斜拉索的初张力向量 $\{T\}$。

假如截面为同一类型的材料且上下对称时，则有：

$$Y_t=Y_b \qquad R_t=R_b \tag{4-3-9}$$

$$K=1 \qquad M_e=-(M_a+M_b)/2 \tag{4-3-10}$$

式（4-3-10）表明，当截面为同一种材料且上下对称时，预期的目标弯矩等于可变作用弯矩最大值和最小值代数和的一半，即将可变作用弯矩包络图中上下两条包络线的中心线反号作为预期的永久作用弯矩（目标弯矩），这样永久作用包络图和可变作用弯矩包络图之和，即为组合弯矩包络图，其中心线基本为零。

如果只考虑拉索弹性模量的修正，弯矩包络图的带宽（正、负弯矩包络图的差）和拉索的初张力无关，仅与结构布局和活载形式、大小有关。

因此，可以看出斜拉桥“调索”的本质是通过外加荷载改变内力包络图中包络带中心线的位置，同时考虑永久作用和可变作用的影响，将包络带中心线拉到接近与零的位置，从而得到一个非常平坦的内力包络图，使结构处于良好的受力状态。

如图 4-3-4 所示为 5 跨斜拉桥结构的总体布置的一半，主梁和桥塔的目标弯矩包络图分别如图 4-3-5 和图 4-3-6 所示（由于结构对称，此处也只给出了一半）。

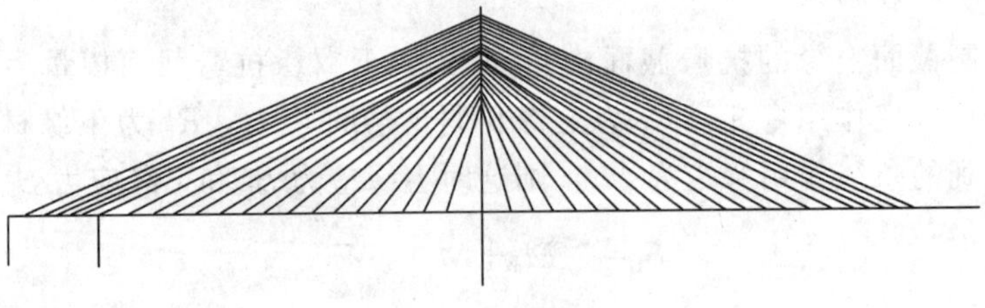

图 4-3-4　结构离散图

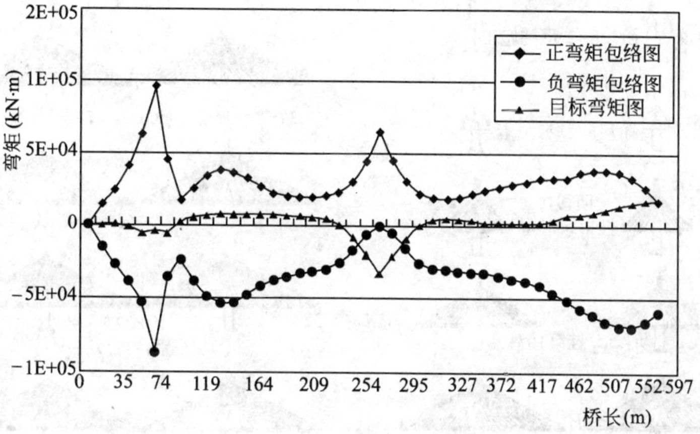

图 4-3-5 主梁目标弯矩包络图

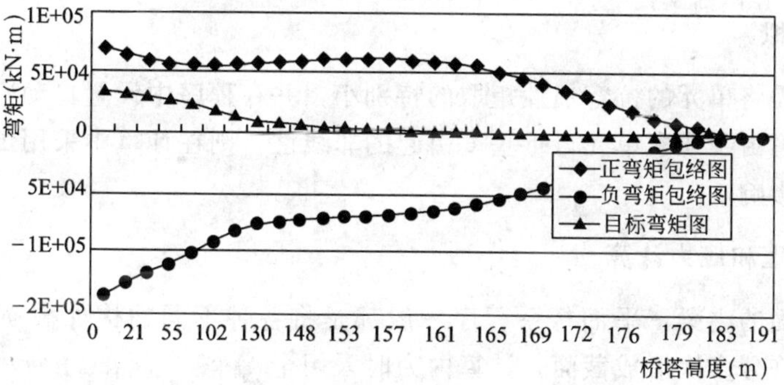

图 4-3-6 桥塔目标弯矩包络图

第三节 斜拉桥的平面分析

目前斜拉桥结构分析最有效的方法是采用有限元法。虽然说斜拉桥的结构行为呈现出明显的空间特征，但在初步设计阶段一般都采用平面杆系进行计算分析，完成斜拉桥的索力调整和可变作用时的内力分析。在斜拉桥局部构件的验算及复核时，也常常用到二维平面单元和三维空间单元。

有限元分析首先是建立计算模型，对整体结构划分单元和结点，形成结构离散图，研究各单元的性质，并用合适的单元模型进行模拟。

斜拉桥与其它超静定桥梁一样，它的最终恒载受力状态与施工过程密切相关，因此首先根据施工方案划分结构的施工阶段，确定各施工阶段的单元总数目和施工荷载。有关平面杆系程序的设计和使用已经在《结构力学》中详细讲述，此处不再赘述。图 4-3-7 是一座斜拉桥的结构分析离散图。

图中可以看出，斜拉桥是分阶段施工的，斜拉索也是分批张拉的，每个施工阶段的单元数目不同，结构体系在不断转化。下面简单说明几个需要注意的问题。

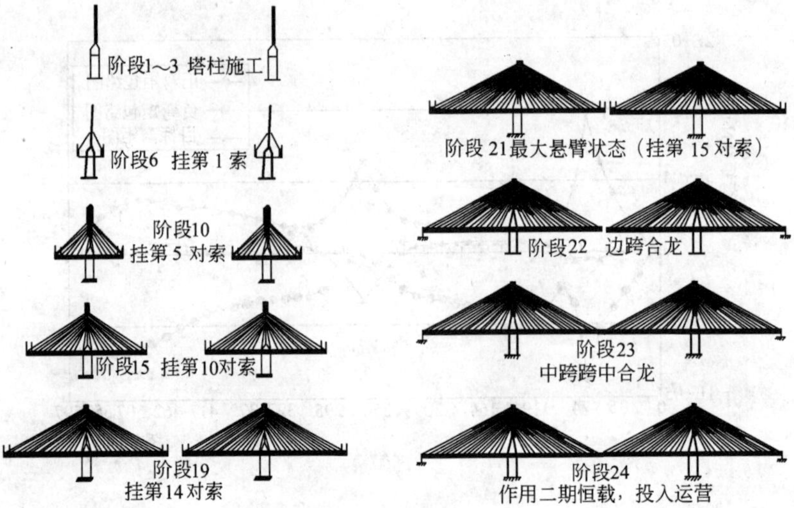

图 4-3-7　斜拉桥结构分析离散图

1. 拉索的模拟

对于拉索只需将单元的抗弯惯性矩取的特别小，并在程序中设置自动判断拉索单元的功能。如果需要考虑由于缆索单元自重垂度引起的非线性，则在计算中采用 Ernst 公式计入缆索垂度的非线性影响。

2. 截面的处理和应力计算

对于箱型截面的主梁，平面杆系程序一般都是将各种不同的构件截面等效为工字型截面，有的程序允许分多次形成截面，计算内力时采用全截面计算。但是对斜拉桥的主梁来说，其剪力滞后效应比较明显，计算应力时应该考虑截面面积和惯性矩的折减；否则，采用全截面计算应力是偏于不安全的，甚至非常危险。

如图 4-3-8 所示的箱梁在计算应力时要采用有效截面特性计算（考虑各腹板附近的顶板和底板的有效宽度），具体可以将该箱梁等效为几个并列的工字梁计算应力。

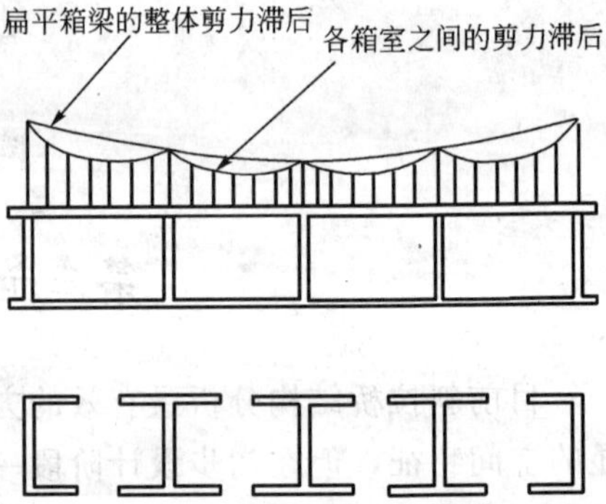

图 4-3-8　等效并列的工字梁模拟箱梁

3. 预应力钢束的处理

大跨度预应力混凝土斜拉桥分析时，最复杂的是对预应力钢束的处理，预应力钢束的几何信息描述数据量大而且容易出错，通常首先根据施工方法确定预应力的损失，然后将预应力转化为等效荷载来计算。

在求得预应力的等效荷载后，就可以用和计算其他荷载相同的方法来计算预应力引起的内力和位移，这样求得的内力为最终的综合内力，包括静定内力和二次内力。

4. 温度次内力计算

斜拉桥是高次超静定结构，必须计算温度引起的次内力，温度效应可归结为以下两种情况：

（1）年温差

此时主梁及索塔的整体温度变化量均匀且相等，而拉索的温变幅度更大，这是因为拉索尺寸小且钢材导热性能较混凝土大的缘故，计算时以合龙温度为起点，考虑年最高气温和最低气温两种不利情况的影响。

(2) 日照温差

在日照作用下，斜拉桥主梁的上、下缘，索塔的左、右侧及拉索的温度变化量均是不同的，一般情况下，索塔左右侧的日照温差均取±5℃，其间温度梯度按线性分布。拉索与主梁、索塔间的温差取±10℃～±15℃。

温度效应次内力的计算过程是先求出外界温度变化引起的单元等效结点荷载向量，再将各单元的结点荷载向量通过坐标转换变为总体坐标下的结点荷载，然后送入总体刚度方程中，即可求得结构因温度而产生的结点位移，继而求得各单元杆端的内力。

5. 徐变次内力计算

徐变是混凝土应力不变的情况下，其应变随时间而增长的现象。弹性变形 ε_e 与徐变变形 ε_c 的总和 ε 为：

$$\varepsilon=\varepsilon_e+\varepsilon_c=[1+\varphi(t,\tau)]\varepsilon_e \tag{4-3-11}$$

式中，$\varphi(t,\tau)=\varepsilon_c/\varepsilon_e$ 便是加载龄期 τ、观察时 t 的混凝土徐变系数。

徐变大小与混凝土的加载龄期、材料组成、结构所处周围环境、持荷时间等因素有关。超静定结构在长期荷载作用下，因混凝土徐变产生的变形受到约束而引起次内力，造成结构内力重分布。在混凝土斜拉桥的梁、塔、索 3 个构件中，梁和塔会发生徐变，而拉索一般为钢构件，没有徐变问题。徐变的影响将造成主梁缩短和下挠，塔柱缩短和偏移，并造成拉索的倾角和内力发生变化。

斜拉桥的塔柱和主梁一般是分次浇注或拼装成形的，各段混凝土的持荷时间不同，徐变计算时应考虑这一因素。

6. 支承单元（点单元）

由于桥梁结构在施工过程中的体系是不断变化的，例如拖架的拆除、连续梁的顶推过程等，为了处理边界条件（包括弹性支承的边界）、拆除单元对结构受力的影响和支反力的计算等，一些程序中引入了支承单元。支承单元实际上是一个点单元，支承单元如图 4-3-9 所示。对于平面分析程序中的支承单元相当于两个拉（压）弹簧和一个受扭的弹簧。

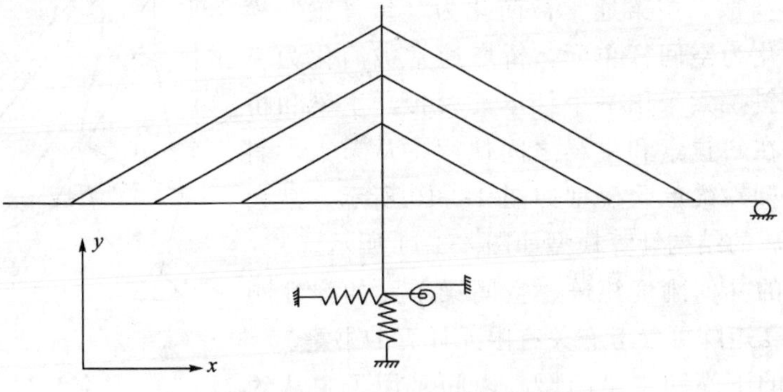

图 4-3-9 支承单元计算模型

支承单元的刚度方程为：

$$[f]^e=\begin{bmatrix}K_x & & \\ & K_y & \\ & & K_\theta\end{bmatrix}\begin{Bmatrix}u\\ v\\ \theta\end{Bmatrix} \tag{4-3-12}$$

式中：K_x、K_y 和 K_θ——总体坐标系下支座的纵向、轴向和扭转刚度。

支承单元的处理比较简单，但是在桥梁结构分析中，支承单元的作用却很大，主要体现在以下几个方面：

(1) 采用支承单元既可以模拟刚性支承的边界，也可以模拟弹性支承的边界，例如可以将桥梁基础作为子结构计算其刚度，然后再用支承单元模拟基础。

(2) 在体系转换时，有时需要拆除支承单元，此时需要将支承单元的刚度全部赋 0，而且需要将支承单元的支反力作为等效节点力迭加进入结构的荷载向量。

(3) 支承单元还可以处理单向受力的情况，例如在满堂支架拱桥的施工中，浇筑拱顶时，拱脚会向上变形，此时使用只承受压力的支承单元比较理想。

(4) 处理有摩擦的滑动支座。

(5) 处理单元之间的半刚性连接等。

目前桥梁结构平面杆系分析程序的功能比较强，可以完成绝大多数的平面分析工作，但是由于系统比较庞大，有时难免有些疏漏，加之使用人员的疏忽，容易出现错误，所以计算得到的结果应该仔细检查，确保正确。这就要求使用人员具有较强的结构分析能力和比较丰富的工程实践经验。也就是说计算机程序造就不出优秀的结构工程师，而优秀的结构工程师才能使用好计算机程序。因此，应该对一些比较简单的桥梁结构或大型桥梁的一小部分进行一些手工计算，以使加深对力学概念和设计规范的理解。

*第四节　斜拉桥的空间分析

大跨度斜拉桥一般设计为斜索面，而且斜拉索在主梁上的锚固点一般也不会通过主梁的扭转形心，当考虑斜拉桥同时受到多个方向的荷载时，采用平面分析显然是不够的，需要对斜拉桥进行空间结构分析。

使用有限元法对斜拉桥进行空间分析时，需要对结构进行空间静力离散。主梁通常被简化为“鱼骨梁”模型，斜拉索被简化为空间杆单元，桥塔通常被简化为空间梁单元。每根斜拉索采用一个杆单元模拟，主梁和桥塔采用梁单元，在斜拉索和主梁之间使用主从节点，斜拉桥空间离散的杆、梁单元模型如图 4-3-10 所示。某大跨度斜拉桥离散后的结构计算模型如图 4-3-11 所示。

空间杆单元的几何刚度矩阵、空间梁单元的弹性刚度矩阵和几何刚度矩阵可参考有关有限元计算的书籍。

由于斜拉索的下端和主梁的形心之间采用了主从约束（图 4-3-10），有其特殊性。

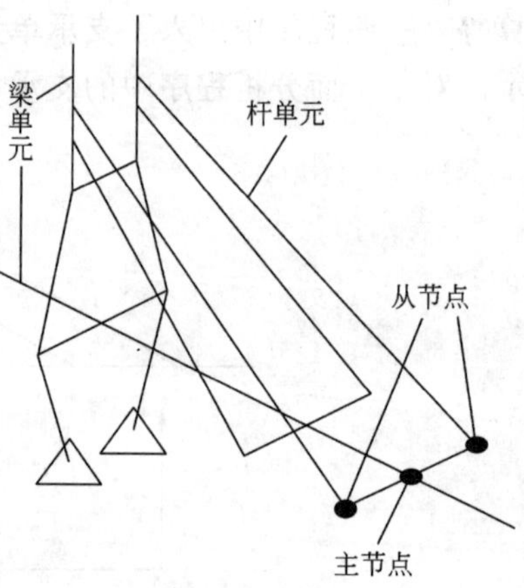

图 4-3-10　斜拉桥空间离散计算模型

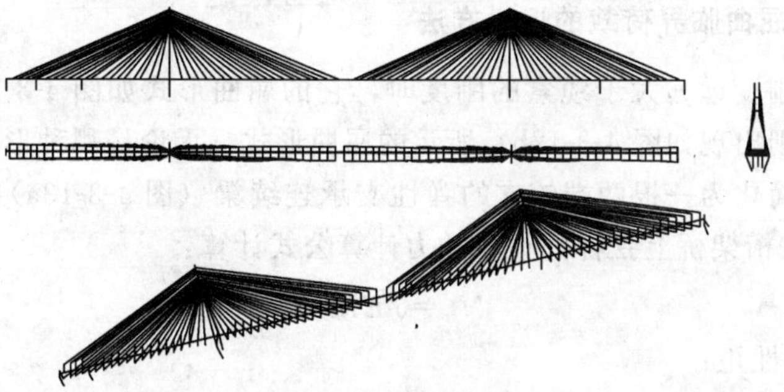

图 4-3-11　某大跨斜拉桥的空间离散图

从节点 i 和主节点 j 之间的位移关系如下式所示：

$$\begin{Bmatrix} u_i \\ v_i \\ w_i \\ \theta_{xi} \\ \theta_{yi} \\ \theta_{zi} \end{Bmatrix} = \begin{bmatrix} 1 & & & & D_z & -D_y \\ & 1 & & -D_z & & D_x \\ & & 1 & D_y & -D_x & \\ & & & 1 & & \\ & & & & 1 & \\ & & & & & 1 \end{bmatrix} \begin{Bmatrix} u_j \\ v_j \\ w_j \\ \theta_{xj} \\ \theta_{yj} \\ \theta_{zj} \end{Bmatrix} \tag{4-3-13}$$

式中，$D_x = x_j - x_i$；$D_y = y_j - y_i$；$D_z = z_j - z_j$；x_j、y_j 和 z_j 为从节点的坐标；x_i、y_i 和 z_i 为主节点的坐标。

在采用空间梁单元分析斜拉桥时，除了平面杆系程序分析中应该注意的几个问题外，还要注意以下几个问题：

(1) 梁单元主惯性轴空间方位的确定。梁单元主惯性轴的空间方位如果不对，将会导致失之毫厘，差之千里的结果。

(2) 主从节点的概念比较抽象，应该仔细体会，具体可参考有关文献。利用主从节点，可以方便地实现梁单元之间的半铰接、全铰接和局部间断（例如模拟纵向飘浮体系的斜拉桥）等情况，另外对于一些刚臂的处理也可以使用主从节点，只要灵活应用主从节点可以完成诸多特殊结构的分析，切记主从节点之间的约束是相对于结构坐标的。

(3) 模拟单元之间非完全刚性约束的另一种方法就是采用释放自由度法，具体的理论可以参考有关文献，此处不再赘述。在释放自由度之前必须注意的是确认释放的自由度是单元的哪个节点的什么方向的自由度，释放的自由度是相对于单元坐标系的，因此只有首先必须明确单元的方位，才能做到有的放矢。

*第五节　斜拉桥的稳定性分析及局部应力计算

一、斜拉桥的稳定性分析

在外荷载作用下，斜拉桥的梁和塔都承受很大的压力，当压力到达一定值时，斜拉桥就可能产生平面屈曲或出平面的弯扭屈曲。这类屈曲的精确分析可按空间杆系有限元法进行。下面介绍几种稳定计算的实用方法。

1. 斜拉桥平面屈曲临界荷载的近似方法

当斜拉桥塔的刚度远远大于缆索的刚度时，它的屈曲形式如图 4-3-12a）所示，塔基本上不变形；反之，则出现如图 4-3-12b）所示的屈曲形式。无论是哪种形式，根据理论分析，主梁的屈曲可近似简化为一根两端铰支的弹性支承连续梁（图 4-3-13a））。这样它的临界轴力 N_{cr}就可按敞开式桁架桥上弦杆的临界轴力计算公式计算：

$$N_{cr}=\sqrt{EIk/a}$$

式中：I——主梁惯性矩；

a——斜拉索间距；

k——弹簧刚度。

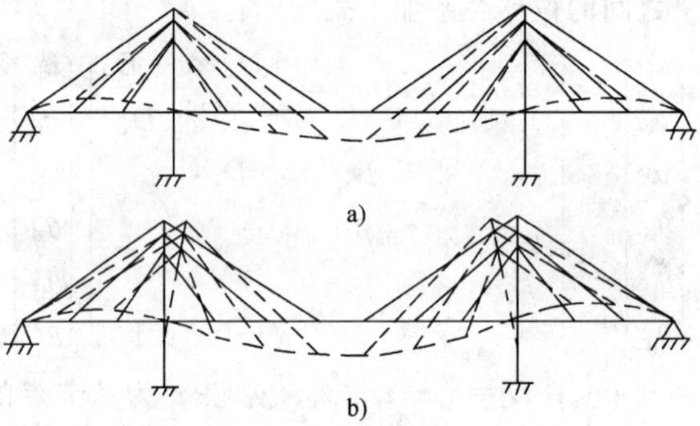

图 4-3-12　斜拉桥的屈曲形式

现在的问题是如何确定缆索的弹簧刚度 $k(x)$。$k(x)$ 是沿主梁纵向变化的（图 4-3-13b）），考虑到主梁的轴力也以相同的方式变化（图 4-3-13c）），可近似地假设主梁轴力沿跨长不变，且支承在刚度沿跨长不变的弹簧支承上。

实际计算中，可以取 $x=l/4$ 处的缆索的弹簧刚度 k，计算主梁的临界轴力 N_{cr}，并以这个临界轴力 N_{cr}与该点实际轴力 $N_{1/4}$的比值 $N_{cr}/N_{1/4}$作为整个桥的屈曲安全度 v，计算表明，该方法有很好的精度。为了安全起见，也可沿梁长多算几个截面，取最小的值 v_{min}作为整个桥的屈曲安全度（图 4-3-13e））。

缆索的弹簧刚度 k 可参见图 4-3-14，按下式计算：

$$k=\frac{1}{\delta_1+\delta_2}=a\frac{E_cA_c\sin^2\alpha}{l_c} \tag{4-3-14}$$

式中：δ_1、δ_2——分别为 A 点作用一铅垂单位荷载 $F=1$ 时，由缆索伸长和塔弯曲所引起的 A 点竖向挠曲位移。它们可分别根据索的伸长 δ_c 和塔 B 点的水平位移 f 求出；

a——缆索与梁的夹角，按下式计算：

$$\alpha=\frac{1}{1+\dfrac{\cos^2\alpha\beta h}{3l_c}} \tag{4-3-15}$$

l_c——缆索长度；

E_c、A_c——分别为缆索的弹性模量和面积；

β——索塔刚度比，按下式计算：

$$\beta=\frac{E_cA_c\mathrm{h}^2}{E_tI_t} \tag{4-3-16}$$

E_tI_t——塔的弯曲刚度。

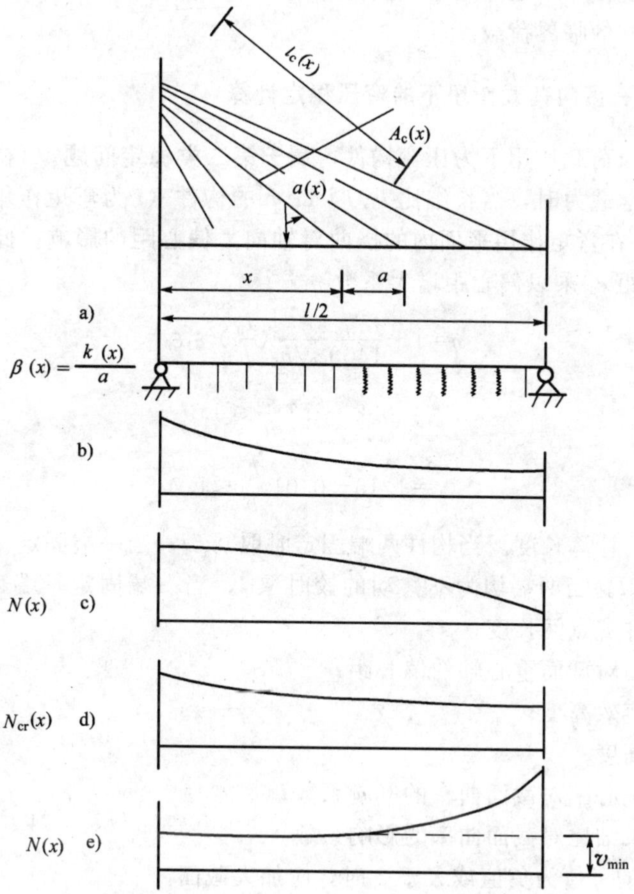

图 4-3-13　斜拉桥屈曲的近似计算

分析表明，当 $\beta\leqslant1$ 时，可忽略塔的变形对 k 的影响。当 $\beta>59$ 时，只要用欧拉公式验算塔的稳定性即可。

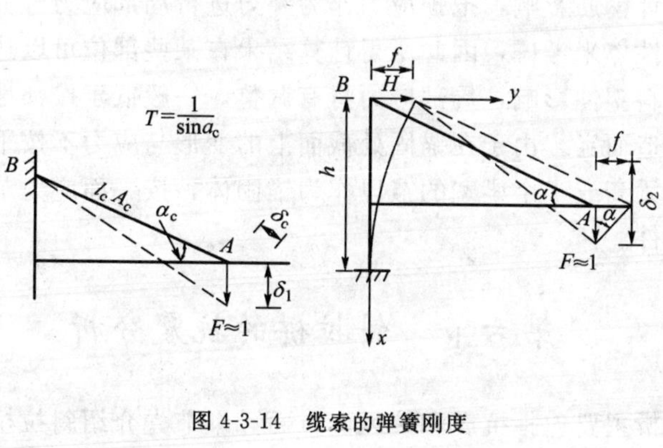

图 4-3-14　缆索的弹簧刚度

2. 塔、墩的稳定性计算

当塔、墩单独作分析时，应研究以下两种情况：全桥加载时的最大垂直荷载和塔、墩相应位移；由于中跨加载引起的最大位移和相应的垂直力。后者是塔、墩设计的临界情况。为了计算方便，可将变截面塔柱等效地变换为等截面柱，然后与墩组成阶梯形单悬臂柱，计算具有初位移的悬臂柱的临界荷载。

3. 塔柱及箱梁在横向荷载作用下的弯压稳定计算

塔柱及箱梁在风荷载作用下为压弯构件，属于第二类稳定问题。《桥规》规定，计算偏心受压构件正截面承载力时，当长细比 $l_0/i>17.5$ 的构件（i 为弯矩作用平面内截面回转半径），则应考虑构件在弯矩作用平面内的挠曲对轴向力偏心距的影响。此时，应将轴向力对截面重心轴的偏心距 e_0 乘以偏心距增大系数 η：

$$\eta=1+\frac{1}{1400e_0/h_0}\left(\frac{l_0}{h}\right)^2\xi_1\xi_2 \tag{4-3-17a}$$

$$\xi_1=0.2+2.7\frac{e_0}{h_0}\leqslant 1.0 \tag{4-3-17b}$$

$$\xi_2=1.15-0.01\frac{l_0}{h}\leqslant 1.0 \tag{4-3-17c}$$

式中：l_0——构件的计算长度。当构件两端固定时取 $0.5l$；当一端固定一端为不移动的铰时取 $0.7l$。当两端均为不移动的铰时取 l，当一端固定一端自由时取 $2l$。其中 l 为构件支点间长度；

e_0——轴向力对截面重心轴的偏心距；

h_0——截面有效高度；

h——截面高度；

ξ_1——荷载偏心率对截面曲率的影响系数；

ξ_2——构件长细比对截面曲率的影响系数。

当按上式求得的 η 值为负值或大于 3 时，应加大截面。

二、主梁及塔柱、索锚固区的局部应力

混凝土斜拉桥索在主梁及塔柱锚固区有很大的局部应力，如处理不当，容易产生裂缝。为此，在锚固区采取构造措施，布置密集的钢筋网及局部预应力筋。目前采用的计算方法是有限元法，可假设不计钢筋影响，把预应力作为外力进行局部应力验算。计算中一般不计材料的非线性，作为弹性体来考虑，因此所得计算结果在某些部位可以达到较高的数值。

实际上，由于材料塑性影响，局部应力将有调整，一般低于按弹性材料计算的结果。计算图式视锚固体的构造而定。由于在锚固处截面上的变形与应力不按平截面规律分布，可以取锚固点前后各一个梁高或半个梁宽的节段作为锚固体，按平面应力单元、薄壳单元或空间六面体单元划分该块件。

*第六节　斜拉桥的抗震分析

斜拉桥的动力分析主要包括抗震和抗风两方面。本节先介绍斜拉桥的抗震计算，抗风计算将在第七节专门介绍。

斜拉桥的动力特性分析是研究斜拉桥动力行为的基础，其自振特性决定其动力反应的特性，分析斜拉桥自振特性意义重大。由于空间斜拉索的存在，斜拉桥的侧向弯曲和扭转强烈的耦合在一起，其结果是几乎不存在单纯的扭转振型，而只有侧向弯曲为主兼有扭转的振

型，或者以扭转为主兼有侧向弯曲的振型，因此对斜拉桥的动力分析必须采用三维空间模型。

一、斜拉桥动力特性的特点

斜拉桥由于其大跨度和结构的柔性，在动力方面有不同于一般工程结构的特殊性，长期的研究和工程实践总结出斜拉桥的动力特性有以下特点：

(1) 飘浮体系的斜拉桥是一种长周期结构，大于一般结构的周期。土木工程结构的周期大多在2s以内，高耸结构的周期也大多在5s以内，而大跨度斜拉桥的基本周期远远超过5s，南浦大桥的纵向基本周期为9.24s，杨浦大桥的纵向基本周期为13.6s，侧向基本周期为5.11s，南京长江二桥的纵向基本周期为13.4s，侧向基本周期为3.9s。日本多多罗大桥的基本纵向周期为7.216s，基本侧向周期为12.764s。对于跨径超过1000m的超大跨度的斜拉桥，其纵向和侧向的基本周期将更长。

(2) 斜拉桥具有密布的频谱。斜拉索具有膜的性质，大跨度斜拉桥的模态远较一般的结构密集，在一个较宽的频率范围内，许多振型都可能被动力荷载激起强烈的振动，一般的结构在采用振型叠加法时只需要取前几阶振型即可得到比较满意的精度，但对大跨度的斜拉桥而言，在10阶或20阶甚至更高阶的振型情况下，模态频率仍然处于地震激励有意义的频率范围之内，在采用反应谱分析其地震反应时，应该取更多的振型参与计算。

另外，采用反应谱法分析地震响应时，因为模态密集，不能忽略振型响应的交叉项的影响，振型之间的组合应该采用完全二次组合（CQC组合），而不是平方和开方的组合(SRSS组合)。在时域内采用直接积分法计算其动力响应时，应该考虑采用不引起振幅率减小的Newmark-β法，以保证高阶模态响应的贡献仍保留在响应中。

(3) 斜拉桥的自振特性表现出明显的三维性和相互耦合的特点。主梁、桥塔、斜拉索和下部基础之间相互影响，在地震发生时全桥振动体系中将结合各部分构件本身的振动，无论在低次振型还是在高次振型中，各部分构件的振动都会影响全桥的振动，使其三维特性的振动不能采用任何二维分析的组合。

(4) 斜拉桥大多数都是自锚式结构，它不象悬索桥那样，把很大的水平力传递到基础上，所以斜拉桥适合在较软的基础上修建，而事实上多数斜拉桥的地基相对来说比较软弱，地表层的基本周期大约为1～2s，与上下部结构自身的固有周期比较接近，因此，各部分的耦合振动是非常明显的。

二、斜拉桥的地震反应分析

斜拉桥的大尺度效应导致其地震响应不同于一般结构。一般的工程结构其尺寸不大，地震响应分析通常不考虑地震动的空间变化，即认为其受到的地震激励是一致激励。然而对大跨度的斜拉桥，其各支点之间的距离通常与地震波的波长具有同样的数量级，甚至超过地震波的波长，这使大跨度斜拉桥的各支点激励因地震动的空间变化而不同，而这种非一致的激励对斜拉桥这类结构可能是有害的。因而，在大跨度斜拉桥的地震响应分析时，应该考虑非一致激励的影响。

地震荷载作用下，斜拉桥的分析方法可以分为反应谱法和动力时程分析两大类，如图4-3-15所示。反应谱法简单、明了，比较适合工程师使用，但是反应谱分析法是利用建立在线弹性分析的基础上的振型叠加法，很难考虑结构的多点激励、非线性响应、桩土耦合效应等比较复杂的问题。中小桥梁的设计可以采用反应谱法，但是对重要、复杂的大跨度桥梁建议采用时程分析方法。用时程分析法分析斜拉桥，可以考虑多点激励、非线性的影响以及桩土耦合效应等问题，是进行大跨度桥梁抗震分析的重要手段。反应谱法详见斜拉桥抗震分析的实例。下面主要介绍线性时程分析理论，非线性时程分析理论可见有关参考书。

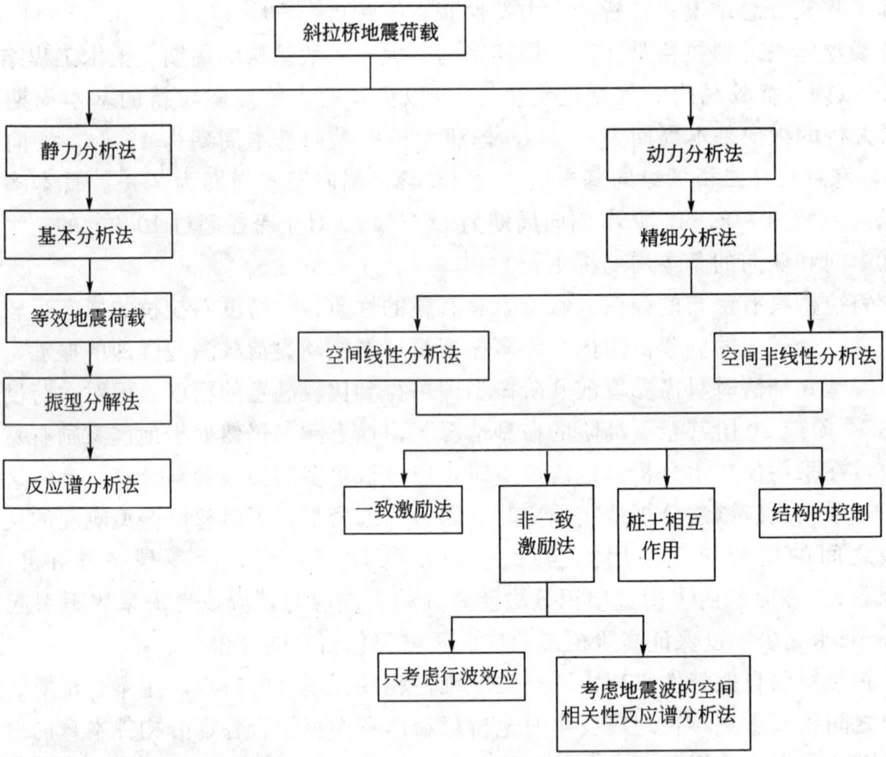

图 4-3-15　斜拉桥地震反应分析方法

时程反应分析是将时间全程 T_d 分为 n 个相等的时间区间 $\Delta t(\Delta t=T_d/n)$，采用一定的积分格式，在时刻 0、Δt、$2\Delta t$、…、t、…、T_d 上确定运动方程的解。

常用的动力积分格式有线性加速度法、Wilson-θ 法和 Newmark-β 法等，其中线性加速度法为条件稳定，而后两种方法是无条件稳定的。

对于线性分析，假设结构的刚度矩阵是不随时间变化的，在进行逐步积分时，只要形成一次结构的刚度矩阵即可，其动力平衡方程为：

$$[M]\{\ddot{\delta}(t+\Delta t)\}+[C]\{\dot{\delta}(t+\Delta t)\}+[K]\{\delta(t+\Delta t)\}=\{P(t+\Delta t)\} \tag{4-3-18}$$

采用逐步积分法的关键是建立某一时刻 t 的位移向量 $\{\delta(t)\}$、速度向量 $\{\dot{\delta}(t)\}$ 和加速度向量 $\{\ddot{\delta}(t)\}$ 到 $(t+\Delta t)$ 时刻的位移向量 $\{\delta(t+\Delta t)\}$、速度向量 $\{\dot{\delta}(t+\Delta t)\}$ 和加速度向量 $\{\ddot{\delta}(t+\Delta t)\}$ 之间的递推关系。为此 Newmark-β 法引入以下假设：

$$\{\dot{\delta}(t+\Delta t)\}=\{\dot{\delta}(t)\}+[(1-\alpha)\{\ddot{\delta}(t)\}+\alpha\{\ddot{\delta}(t+\Delta T)\}]\Delta t$$

$$\{\delta(t+\Delta t)\}=\{\delta(t)\}+\{\dot{\delta}(t)\}\Delta t+[(1/2-\beta)\{\ddot{\delta}(t)\}+\beta\{\ddot{\delta}(t+\Delta T)\}]\Delta t^2 \tag{4-3-19}$$

式中，α 和 β 为积分常数。算法的稳定性分析表明，当 $\alpha \geqslant 0.5$、$\beta \geqslant 0.25(0.5+\alpha)^2$ 时，Newmark-β法的积分格式是无条件稳定的。若取 Newmark 平均加速度法计算，此时 $\alpha=0.5$，$\beta=0.25$，即为梯形法。

Newmark-β 法的计算步骤如下：

(1) 初始计算

①确定初始状态向量，根据结构的初始条件确定 $\{\delta(0)\}$、$\{\dot{\delta}(0)\}$ 和 $\{\ddot{\delta}(0)\}$。

②选择积分步长 Δt，根据系数 α、β，计算积分常数：

$$\alpha_0=1/\beta\Delta t^2 \qquad \alpha_1=\alpha/\beta\Delta t \qquad \alpha_2=1/\beta\Delta t$$

$$\alpha_3=1/2\beta-1 \qquad \alpha_4=\alpha/\beta-1 \qquad \alpha_5=(\alpha/\beta-2)\Delta t/2$$

$$\alpha_6=(1-\alpha)\Delta t \qquad \alpha_7=\alpha\Delta t \tag{4-3-20}$$

③形成等效刚度矩阵：

$$[\widetilde{K}]=[K]+\alpha_0[M]+\alpha_1[C] \tag{4-3-21}$$

(2) 对某一时间步的计算

①计算 $(t+\Delta T)$ 时刻的等效荷载向量

$$\{\widetilde{P}(t+\Delta T)\}=\{P(t+\Delta t)\}+[M](\alpha_0\{\delta(t)\}+\alpha_2\{\dot{\delta}(t)\}+\alpha_3\{\ddot{\delta}(t)\}$$

$$+[C](\alpha_1\{\delta(t)\}+\alpha_4\{\dot{\delta}(t)\}+\alpha_5\{\ddot{\delta}(t)\}) \tag{4-3-22}$$

②求解 $(t+\Delta t)$ 时刻的位移 $\{\delta(t+\Delta t)\}$

$$[\widetilde{K}]\{\delta(t+\Delta t)\}=\{\widetilde{P}(t+\Delta t)\} \tag{4-3-23}$$

③计算 $(t+\Delta t)$ 时刻的加速度和速度

$$\{\ddot{\delta}(t+\Delta T)\}=\alpha_0(\{\delta(t+\Delta t)\}-\{\delta(t)\})-\alpha_2\{\dot{\delta}(t)\}-\alpha_3\{\ddot{\delta}(t)\}$$

$$\{\dot{\delta}(t+\Delta t)\}=\{\dot{\delta}(t)\}+\alpha_6\{\ddot{\delta}(t)\}+\alpha_7\{\ddot{\delta}(t+\Delta t)\}$$

至此，已确定了 $(t+\Delta t)$ 时刻的状态向量，将此向量作为下一时段的计算初始值，并重复使用上述对某一时间步的计算过程，即可得到整个计算时间长度上的结构地震响应时程。

例如，对某纵向采用飘浮体系的斜拉桥输入图 4-3-16 所示的地震波，一维纵向输入时桥塔顶和主梁的纵向位移如图 4-3-17 所示，一维竖向输入时桥塔的纵向位移和主梁的竖向位移如图 4-3-18 所示。

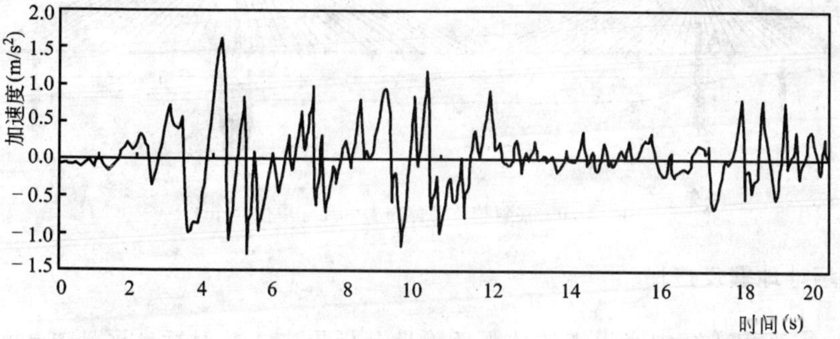

图 4-3-16　输入的地震波

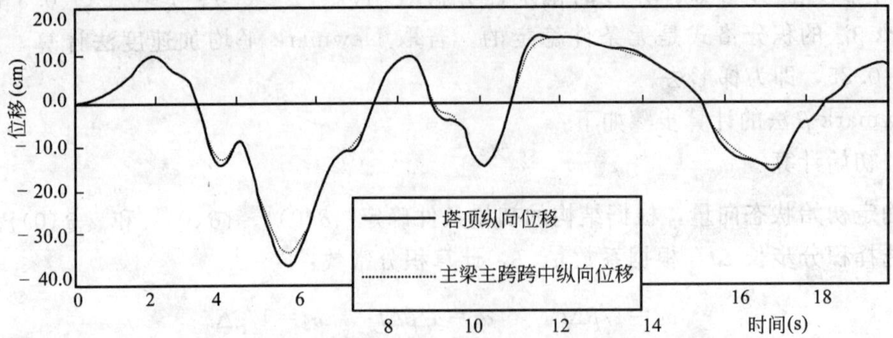

图 4-3-17　纵向位移时程图

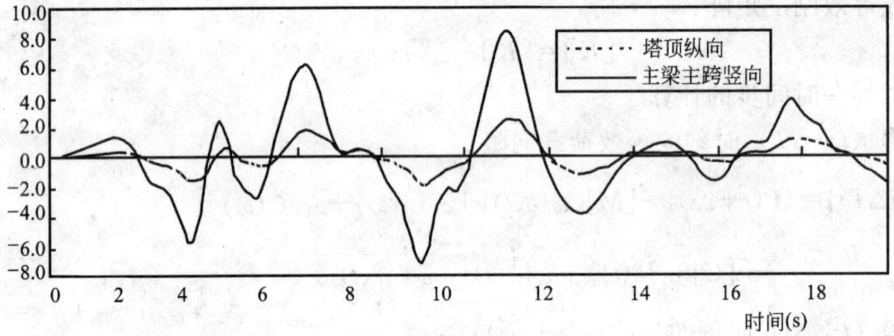

图 4-3-18　竖向位移时程图

三、用反应谱分析斜拉桥的抗震实例

1. 斜拉桥基本资料

某斜拉桥设计方案采用双塔空间双索面斜拉桥，为姊妹塔非对称结构，其总体布置见图4-3-19。采用的荷载标准、技术指标及构件的几何特性计算过程从略。

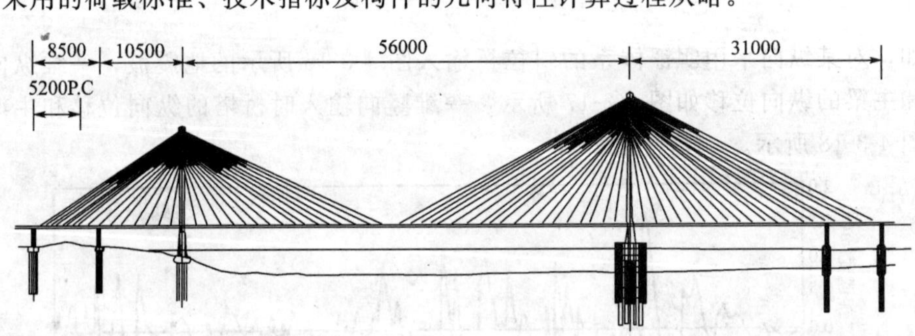

图 4-3-19　某斜拉桥总体布置（尺寸单位：cm）

2. 桥址场地地震反应谱

依据某地震工程研究中心提供的地震危险性分析报告，并对桥址区地基土的物理力学性质进行了详细研究，现将某斜拉桥桥址区场地土有关研究结果摘录如下：

南岸和北岸的场地土类别为II类，地表峰值加速度在50年超越概率10%和3%条件下分别为0.961m/s² 和1.522m/s²。反应谱 $\beta(T)$ 平滑公式为：

$$\beta(T)=\begin{cases}1+10T(\beta_{max}-1) & T<0.1\\ \beta_{max} & 0.1\leqslant T\leqslant T_g\\ \beta_{max}(T_g/T)^c & T_g\leqslant T\end{cases} \tag{4-3-24}$$

式中，β_{max}、T_g 和 c 均为反应谱的标定参数，见表4-3-1所列。

标定反应谱参数 β_{max}、T_g 和 c 表4-3-1

项目 / 概率 P	β_{max}	T_g	c
50年10%	2.33	0.5	0.8
50年3%	2.37	0.3	0.8

标定后的标准反应谱曲线如图4-3-20所示。

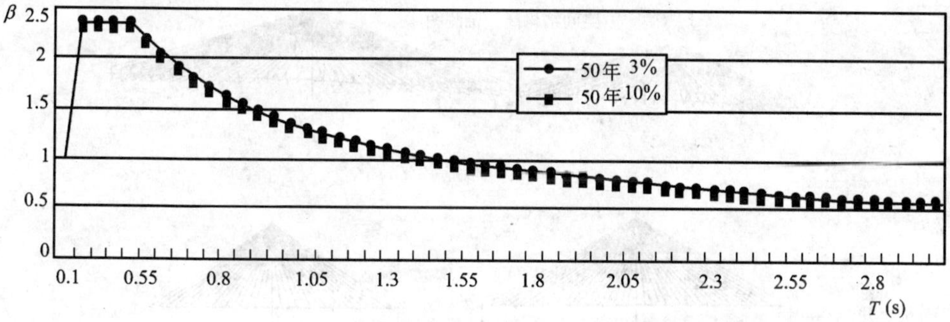

图4-3-20　某斜拉桥标定后的地表 β—T 曲线

场地的地震影响系数由下式确定：

$$\alpha(T)=K\cdot\beta(T) \tag{4-3-25}$$

式中：K——地震系数，在50年10%和3%的概率条件下，其值分别为0.098和0.155。

3. 结构的动力特性和地震反应分析

1）计算模型

采用三维有限元方法建立桥梁动力特性的计算力学模型，见结构离散图4-3-21。划分的节点总数为189个，单元总数为258个。在索塔处用支座支撑主梁，从而形成半飘浮体系。其中斜拉索作为空间杆单元模拟，主梁和塔、索节点间为一个单元。

2）边界条件

X 表示桥轴向，Y 为横向，Z 为竖向，0表示自由，1表示约束，详见表4-3-2所列。二期恒载取70kN/m。

边 界 约 束 条 件 表4-3-2

自由度	塔底与地面	塔与主梁的相对运动	边墩、辅助墩与主梁相对运动	自由度	塔底与地面	塔与主梁的相对运动	边墩、辅助墩与主梁相对运动
X	1	0	0	θ_x	1	1	1
Y	1	1	1	θ_y	1	0	0
Z	1	1	1	θ_z	1	0	0

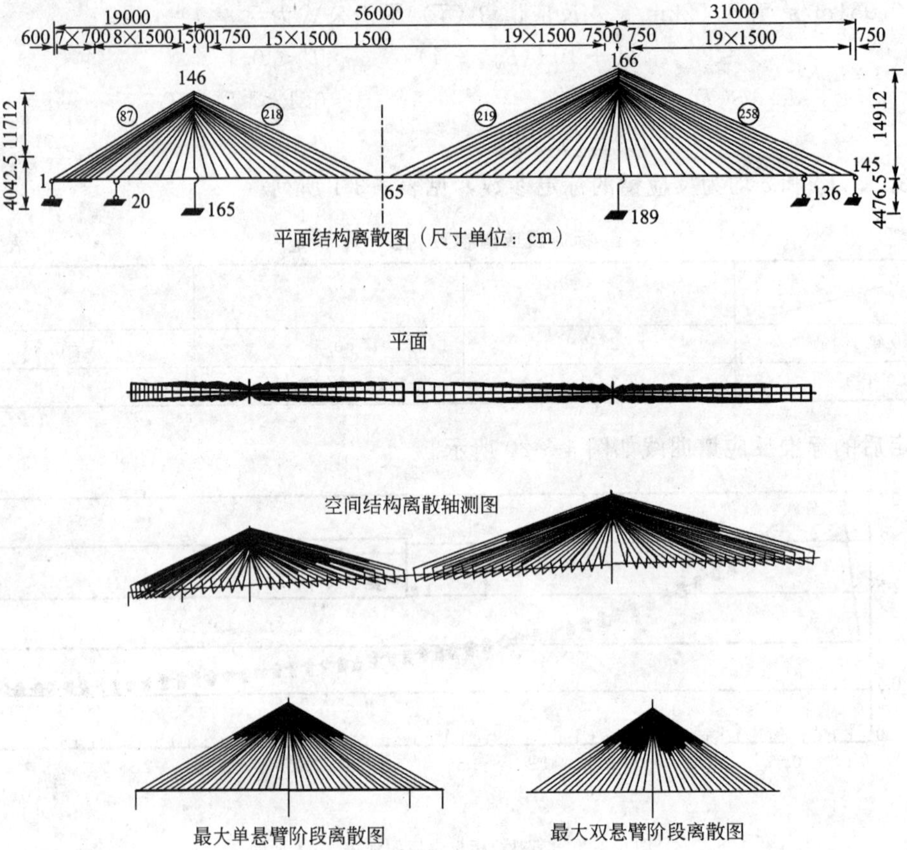

图 4-3-21　结构离散图

结构在成桥阶段的动力特性见表 4-3-3 所列，成桥阶段的前 8 阶振型图如图 4-3-22 所示。

成桥阶段的动力特性表　　表 4-3-3

振型序号	频率（Hz）	振型描述	振型序号	频率（Hz）	振型描述
1	0.1033	纵飘	9	0.8299	主梁竖弯
2	0.2948	主梁一阶对称竖弯	10	0.8399	主梁一阶反对称横弯
3	0.2953	主梁一阶对称横弯	11	0.8598	主梁竖弯
4	0.4294	主梁一阶反对称竖弯	12	0.9060	低塔一阶侧弯＋主梁扭转
5	0.6031	主梁二阶对称竖弯	13	0.9911	主梁一阶对称扭转
6	0.6126	高塔一阶侧弯＋主梁扭转	14	1.0206	主梁竖弯
7	0.7354	主梁竖弯	15	1.0410	主梁竖弯
8	0.7698	高塔二阶侧弯＋主梁扭转			

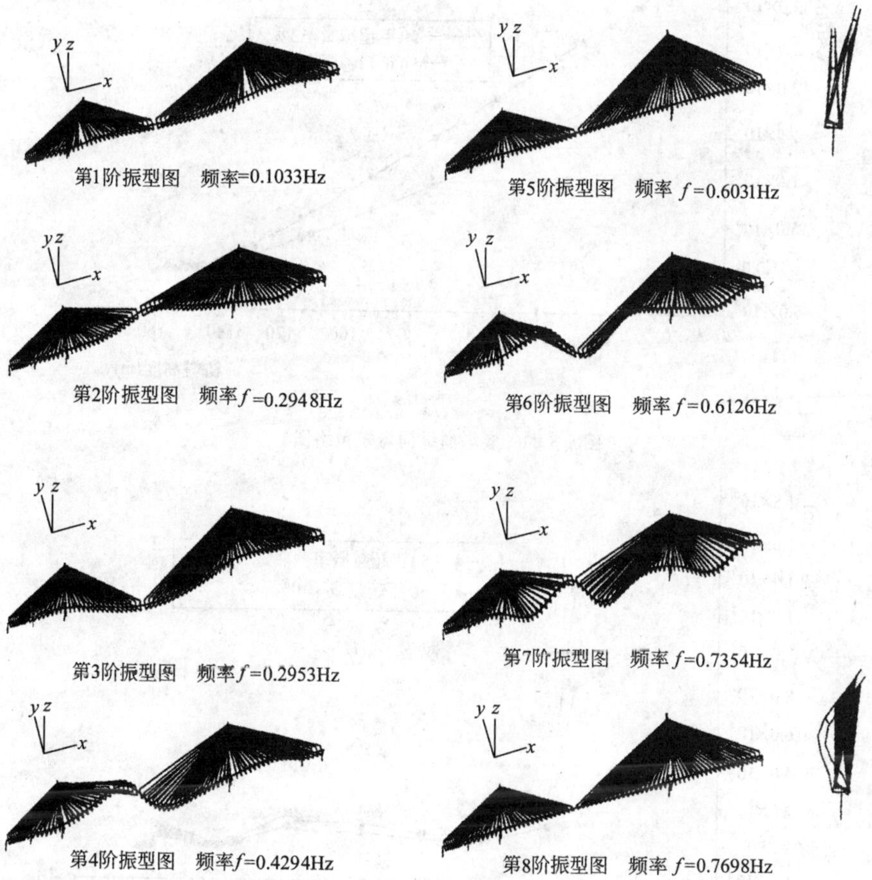

图 4-3-22 成桥阶段振型图

3）地震反应内力

这里计算了两种超越概率水平地震动作用下桥梁的地震反应，为了保证计算精度，取前100阶振型进行叠加，包括桥塔、主梁、边墩和辅助墩的主要振型。矮塔的纵向位移包络图如图 4-3-23 所示，矮塔的纵向弯矩包络图和横向弯矩包络图分别如图 4-3-24 和图 4-3-25 所示。

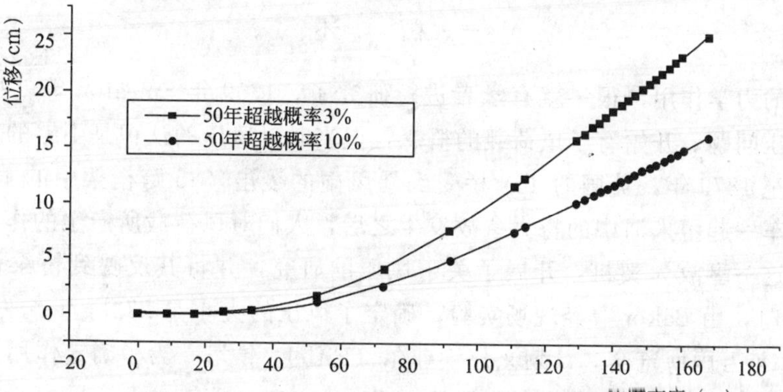

图 4-3-23 矮塔的纵向位移包络图

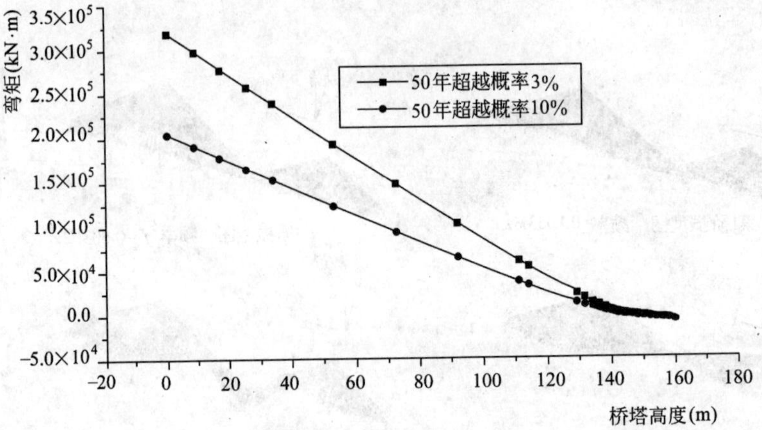

图 4-3-24　矮塔的纵向弯矩包络图

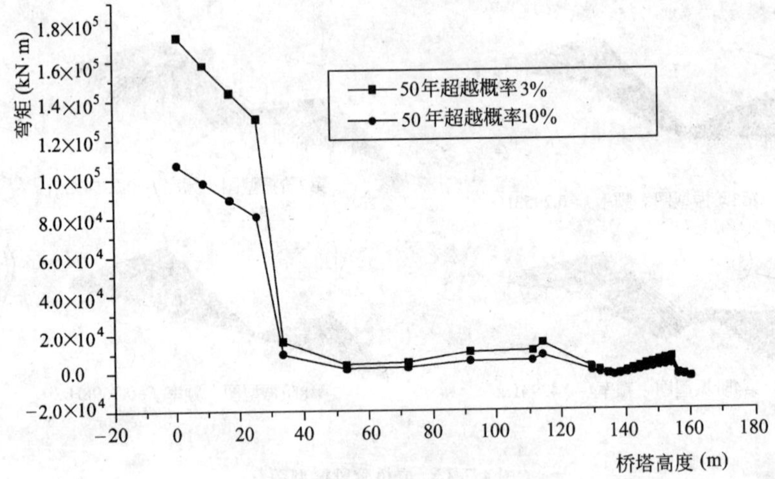

图 4-3-25　矮塔的横向弯矩包络图

*第七节　斜拉桥的抗风计算

一、概　　述

风对桥梁的力学作用，很早就有学者进行研究了。1759 年 Smeaton 等就提出构造物设计时要考虑风压问题，开始有了风荷载的概念，但当时对风压的认识是不够的，也没有引起充分重视。直至 1879 年，英国的 Tay 桥受到暴风雨的袭击，85 跨桁架中的 13 跨连同正行驶于其上的列车一起堕入河中的特大事故发生之后，人们对风荷载所产生的作用才引起了高度的重视。以这一事故为契机，开展了关于风压的研究，并将其反映到桥梁设计中。1887 年重建 Tay 桥时，由 Baker 等经现场实验，确定了风压的大小是 $273kg/m^2$。这一时期，巴黎为迎接 1889 年万国博览会，计划兴建埃菲尔（Eiffel）铁塔，为了确定作用在塔上的风压的大小，由著名工程师埃菲尔着手进行风洞试验，并在 1909 年成立了风力研究所，研究所中设立的称之为埃菲尔型风洞，至今仍被广泛使用。这样，桥梁或建筑物设计时，就可以利用风洞试验，定量地评价风荷载的大小。此后相当长时间内，人们把风对结构的作用仍只看成是由风压产成的静力作用。直至1940年，又发生了一次风毁桥梁的特大事故，才使人们看到了风对结构物的另一种作用——风致振动。

桥梁由于风而受到损害，早在Tay桥被风毁之前就多次发生。据记载，在1818年至1940年间，至少有11座桥梁毁于暴风。从目击者所描述的风毁景象中可以明显感到事故的原因是风引起的强烈振动。只是人们对这种风致振动机理还不可能作出科学的解释，对其危害性认识还不够。1940年，美国西海岸华盛顿州建成了中央路径为853m，居当时世界第三位的塔科马悬索桥（Tacoma Bridge)，其设计风速为60m/s。然而4个月后，却在19m/s的风速袭击下，产生强烈扭曲振动而遭破坏。这次事故再次震惊了桥梁工程界，经过广泛深入研究，提出了桥梁的风致振动问题。可以说塔科马桥的风毁开辟了土木工程界考虑空气动力问题的新时期。半个多世纪以来，在气象、结构力学、空气动力学、风洞试验等诸多领域专家学者的不懈努力下，虽然尚有不明之处，但已基本上弄清了桥梁各种风致振动的机理，并在结构工程这一领域内逐渐形成了一门新兴的学科——风工程学。

风是一种自然现象，是由于太阳对地球大气的加热不均匀而引起的。由于地球表面的地形起伏和各种障碍物的影响，使靠近地面风的流动发生紊乱，造成风在速度、方向及其空间分布上都是非定常的（即随时间变化的）和随机的。另一方面，由于桥梁断面形状和桥梁周围环境的复杂多样性，用纯理论方法精确求解作用于桥梁上的风动力及风致振动响应相当困难，而采用风洞试验直接测定桥梁模型的各种抗风参数是最有效的手段。但对于跨度不很大的桥梁或是初步设计阶段，采用近似算法也能方便快捷地获得较准确的初步结果。

为方便计算，人们在处理风对桥梁的作用时，首先将风分成两部分：一部分假定风速在时间和空间上都是不变的，称此类风为平均风（稳定风）；另一部分为风速在时间和空间上都是变化的，称之为脉动风（紊流风），包括风本身的紊流和经过桥梁时引起的紊流。其次再把风对桥梁的作用也归纳为两类：一类是风的静力作用，另一类是风的动力作用。下面分别叙述。

二、风对桥梁的作用

如果设计的桥梁刚度很大，在平均风作用下，假定桥梁结构保持静止不动，或者虽有轻微振动，但不影响空气的作用力，只考虑定常的（不随时间变化的）空气作用力称为风的静力作用，这时垂直于桥梁的空气作用力可分解为3个分量，即气流方向的阻力、与其垂直方向的升力及扭转力矩。它们通常被称为空气作用力的3分力，与风速、桥梁断面形状及风对桥梁的攻角等因素有关。

如果设计的桥梁是个柔性结构，风的作用力就可能引起桥梁振动，而振动的桥梁反过来又将改变空气的作用力，产生附加气动力，形成风与桥梁之间相互作用体系，这时的反应，称之为风对桥梁的动力作用。风对桥梁的动力作用是种十分复杂的现象，在近地紊流风作用下，产生的风致振动可以概括为以下5种类型。

1. 颤振

颤振是一种危险性的自激发散振动，当自然风速达到桥梁的颤振临界风速时，自然风给桥梁输入的能量大于桥梁本身的阻尼在振动中所能耗散的能量，导致振幅逐步增大直至最后结构破坏。颤振有扭转颤振和弯扭耦合颤振两种形式。

2. 驰振

驰振也是一种危险性的自激发散振动，由于桥梁振动导致气流相对攻角增大，又由于升力曲线的负斜率，使升力减小，相当于又增加了一个加剧振动的气动力，而使桥梁产生像骏马奔驰那样上下舞动的竖向弯曲振动，同样当达到临界风速时，桥梁振幅不断增大而最终导致破坏。

驰振只限于弯曲振动体系。冬季深山里的高压输电线上附着的冰雪使断面变成椭圆状态，铁塔间的输电线在风的作用下就会产生长周期（1～10s）、大振幅（1～10m）的振动，这种振动通常是在垂直于气流方向上的振动，这就是驰振。驰振一般发生在具有棱角的方形成接近方形的矩形截面结构中。例如斜拉桥矩形截面的钢塔架，在施工阶段就要考虑可能产生这种驰振现象。

3. 涡激共振

大约在1898年，斯脱拉哈尔（Strouhal）通过实验发现，当流体统过圆柱体后，在尾流中将出现交替脱落的漩涡。事实上不仅是圆柱体，对于其它钝体，如方形、矩形成各种桥梁截面受到均匀流的作用时，截面背后的周期性漩涡脱落将产生周期变化的空气作用力——涡激力，并且涡激频率 f_u 与风速 v 和钝体截面的迎风高度 d 之间有一定的关系：

$$f_u = \frac{S_t \cdot v}{d} \tag{4-3-26}$$

式中无量纲数 S_t 称为斯脱拉哈数（Strouhal数）。

如果被绕流的物体是一个振动体系时，周期性的涡激力将引起体系的涡激振动，并且当旋涡脱落频率接近或等于结构的自振频率时，将激发出结构的涡激共振。

涡激振动容易出现在具有实断面的斜拉桥，长大的连续箱梁桥、架设过程中的吊桥主塔，以及细长比大的H型断面或圆形断面的构件。对于扁平的桥面（开口成闭口）也有可能产生涡激振动现象。

4. 抖振

大气中的紊流成分也可能使桥梁产生激烈振动，称之为抖振（或阵风响应）。这一术语最初用于飞机的尾翼受到前面机翼尾流中紊流成分的影响而产生的振动。但桥梁中的抖振主要是考虑风本身扰动紊乱的气流所产生的强迫振动。根据桥梁的实际情况，紊流引起的抖振响应一般不会造成桥梁的破坏，但由于抖振发生的频度高，可能会引起结构的疲劳。过大的抖振振幅也会引起人感不适，甚至危及桥上行车的安全。

5. 拉索雨振和尾流驰振

下雨时，雨水沿斜拉桥拉索下流时的水道改变了原来的截面形状，从圆形异化为类似于结冰电缆的三角形。在一定的临界风速下，拉索会出现驰振。

在并排拉索的斜拉桥中，处在前排拉索尾流区的后排拉索如果正好位于不稳定的驰振区，后排（下风侧）拉索会比前排（迎风侧）拉索发生更大的风致振动，这就是尾流驰振现象。

上述风对桥梁的作用分类，见表4-3-4所例。

风对桥梁的作用分类 表 4-3-4

<table>
<tr><th>分 类</th><th colspan="4">现 象</th><th>作 用 机 制</th></tr>
<tr><td rowspan="3">静力作用</td><td colspan="4">静风载引起的内力和变形</td><td>平均风的静风压产生的阻力、升力和力矩作用</td></tr>
<tr><td colspan="2" rowspan="2">静力不稳定</td><td colspan="2">扭转发散</td><td>静（扭转）力矩作用</td></tr>
<tr><td colspan="2">横向屈曲</td><td>静阻力作用</td></tr>
<tr><td rowspan="5">动力作用</td><td colspan="2">抖振（紊流风响应）</td><td colspan="2" rowspan="2">限幅振动</td><td>紊流风作用</td></tr>
<tr><td rowspan="4">自激振动</td><td>涡振</td><td>旋涡脱落引起的涡激力作用</td></tr>
<tr><td>驰振</td><td rowspan="2">单自由度</td><td rowspan="3">发散振动</td><td rowspan="2">自激力的气动负阻尼效应——阻尼驱动</td></tr>
<tr><td>扭转颤振</td></tr>
<tr><td>古典耦合颤振</td><td>二自由度</td><td>自激力的气动刚度驱动</td></tr>
</table>

《公路桥梁抗风设计规范》(JTG/TD60-01—2004)（以下简称《抗风桥规》）指出，桥梁抗风设计应遵守如下原则：

(1) 在桥梁设计的使用年限内，在桥位所在区域可能出现的最大风速下，结构不应发生毁坏性的自激发散振动。

(2) 在设计风荷载并与其他作用的组合下，结构应具有规定的强度和刚度，并不应发生静力失稳。

(3) 结构非破坏性风致振动的振幅应满足行车安全、结构疲劳和行车舒适度的要求。

(4) 结构的抗风能力可通过气动措施、结构措施和机械措施予以提高。

三、静风荷载

在离开地面 500～1000m 以上的高空，风速已几乎不受地表面情况的影响。在离地面 500m 以内的范围一般称之为大气边界层，桥梁是处于大气边界层内的结构物，其间风速受到地理位置、地形条件、地面粗糙程度、高度、温度变化、空间不断变化。

对于桥梁结构来说，风荷载一般由 3 部分组成：一是平均风作用；二是脉动风背景作用；三是脉动风诱发结构抖振而产生的惯性力作用，它是脉动风谱和结构频率相近部分发生的共振响应。实际计算中将平均风和脉动风的背景作用两部分合并，总的响应和平均风响应之比称为静阵风系数 C_v，它是和地面粗糙程度、离地面（或水面）高度以及水平加载长度相关的系数。风的静力作用的风荷载可按下面叙述的静阵风荷载计算。

桥梁的横桥向风荷载是指垂直于桥轴线作用时的风荷载；此外还有作用在主梁上的竖向力（升力）和扭转力矩，一般由平均风作用下的静力和抖振惯性力组成，且惯性力部分是主要的，只能通过风洞试验和详细的抖振响应分析得到。

顺桥向风荷载是指风沿桥轴线方向作用时的风荷载，此时只需按静阵风荷载计算。

1. 基本风速

《抗风桥规》附录 A 给出了全国基本风速图及全国各气象台站基本风速和基本风压值，该基本风速是以我国 657 个基本气象台站 1961 年至 1995 年间纪录的风速资料，以极值 I 型分布曲线进行拟合，基准高度为 10m，考虑 100 年重现期得到的相应各气象站百年一遇的最大风速值。风荷载可据此计算。

如桥梁所在地区的气象台站有足够的连续风速观测数据时，可采用当地气象台站年最大风速的概论分布类型，由 10min 平均年最大风速推算 100 年重现期的数学期望值作为基本风速。

2. 设计基准风速

由于各桥梁所处的高度不同，同时桥位局部地表粗糙度也不同，因而应在基本风速的基础上作地表粗糙度和高度的修正，所得结果便是桥梁设计基准风速。

桥梁构件基准高度处的设计基准风速可按下式计算：

$$V_d = K_1 V_{10} \tag{4-3-27}$$

或

$$V_d = V_{s10}\ \left(\frac{Z}{10}\right)^{\alpha}$$

式中：V_d——设计基准风速（s/m）；

V_{10}——基本风速（s/m）；

V_{s10}——桥址处的设计风速，即地面或水面以上 10m 高度处，100 年重现期的 10min 平均年最大风速（s/m）；

Z——构件基准高度（m），可按表 4-3-5 取用；

α——地表粗糙度系数，可按表 4-3-6 取用；

K_1——风速高度变化系数，按表 4-3-7 规定取用。

构件基准高度 表 4-3-5

基准高度 \ 桥型		悬索桥、斜拉桥	其他桥型
Z	主梁	主跨桥面距水面或地表面或海面的平均高度（河流以平均水位，即一年中有半年不低于该水位的水面为基准面，海面以平均海面或平均潮位为基准面）	取下列二者中的较大值： ①支点平均高度＋（桥面最大标高－支点平均标高）×0.8 ②桥梁设计高度
	吊杆、索、缆	跨中主梁底面到塔顶的平均高度处	
	桥塔（墩）	水面或地面以上塔（墩）高 65%高度处	

地表分类 表 4-3-6

地表粗糙度类别	地表状况	地表粗糙度系数 α
A	海面、海岸、开阔水面、沙漠	0.12
B	田野、乡村、丛林及低层建筑物稀少地区	0.16
C	树木及低层建筑物等密集地区 中高层建筑物稀少地区、平缓的丘陵地	0.22
D	中高层建筑物密集地区、起伏较大的丘陵地	0.30

风速高度变化修正系数 K_1 表 4-3-7

离地面或水面高度（m）	地表类别			
	A	B	C	D
5	1.08	1.00	0.86	0.79
10	1.17	1.00	0.86	0.79
15	1.23	1.07	0.86	0.79

续上表

离地面或水面高度（m）	地表类别			
	A	B	C	D
20	1.28	1.12	0.92	0.79
30	1.34	1.19	1.00	0.85
40	1.39	1.25	1.06	0.85
50	1.42	1.29	1.12	0.91
60	1.46	1.33	1.16	0.96
70	1.48	1.36	1.20	1.01
80	1.51	1.40	1.24	1.05
90	1.53	1.42	1.27	1.09
100	1.55	1.45	1.30	1.13
150	1.62	1.54	1.42	1.27
200	1.73	1.62	1.52	1.39
250	1.75	1.67	1.59	1.48
300	1.77	1.72	1.66	1.57
350	1.77	1.77	1.71	1.64
400	1.77	1.77	1.77	1.71
≥450	1.77	1.77	1.77	1.77

3. 静阵风风速

静阵风风速 V_g 是在 10min 平均风速的基础上乘以静阵风系数 G_V 得到，可按下式计算：

$$V_g = G_V V_Z \tag{4-3-28}$$

式中：V_g——静阵风风速（m/s）；

G_V——静阵风系数，可按表 4-3-8 取值；

V_Z——基准高度 Z 处的风速（m/s）。

静阵风系数 G_V　　表 4-3-8

地表类别 \ 水平加载长度（m）	<20	60	100	200	300	400	500	650	800	1000	1200	>1500
A	1.29	1.28	1.26	1.24	1.23	1.22	1.21	1.20	1.19	1.18	1.17	1.16
B	1.35	1.33	1.31	1.29	1.27	1.26	1.25	1.24	1.23	1.22	1.21	1.20
C	1.49	1.48	1.45	1.41	1.39	1.37	1.36	1.34	1.33	1.31	1.30	1.29
D	1.56	1.54	1.51	1.47	1.44	1.42	1.41	1.39	1.37	1.35	1.34	1.32

4. 主梁上的静阵风荷载

（1）在横桥向风作用下主梁单位长度上的横向静阵风荷载可按下列公式计算：

$$F_H = \frac{1}{2}\rho V_g^2 C_H H \tag{4-3-29}$$

式中：F_H——作用在主梁单位长度上的静阵风荷载（m/s）；

ρ——空气密度（kg/m^3）；

H——主梁投影高度（m），宜计入栏杆或防撞护栏以及其他桥梁附属物的实体高度；

C_H——主梁的阻尼系数，《抗风桥规》给出了以下 C_H 的计算公式和图表。

"工"形、"Ⅱ"形或箱形截面主梁的阻力系数 C_H 可按下式计算：

$$C_H=\begin{cases}2.1-0.1(\frac{B}{H}) & 1\leqslant\frac{B}{H}<8\\ 1.3 & 8\leqslant\frac{B}{H}\end{cases} \tag{4-3-30}$$

式中：B——主梁断面全宽（m）；

H——梁高（m）。

当桥梁的主梁截面带有斜腹板时，上述（1）中的 C_H 可以竖直方向为基准，每倾斜 1°折减 0.5%，最多可折减 30%。斜腹板的倾斜角计算如图 4-3-26 所示。

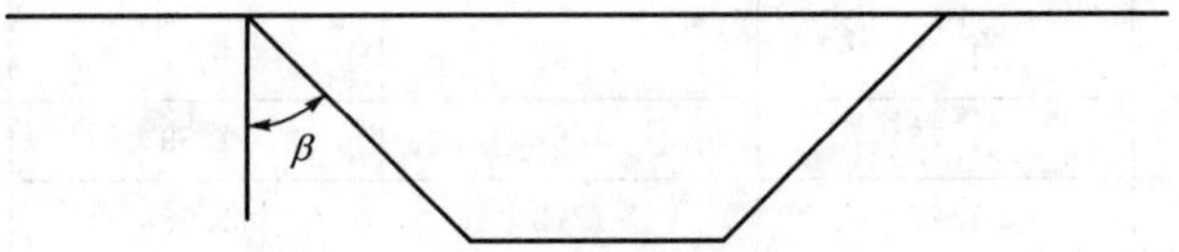

图 4-3-26　斜腹板的倾斜角计算

桁架桥上部结构的风载阻力系数 C_H 规定见表 4-3-9 所例。上部为两片或两片以上桁架时，所有迎风桁架的风载阻力系数均取 ηC_H，η 为遮挡系数，按表 4-3-10 采用；桥面系构造的风载阻力系数取 $C_H=1.30$。

桁架的风载阻力系数 C_H　　表 4-3-9

实面积比	矩形与H形截面构件	圆柱型构件（D 为圆柱直径）	
		$DV_0<6m^2/s$	$DV_0\geqslant6m^2/s$
0.1	1.9	1.2	0.7
0.2	1.8	1.2	0.8
0.3	1.7	1.2	0.8
0.4	1.7	1.1	0.8
0.5	1.6	1.1	0.8

注：①实面积比＝桁架净面积/桁架轮廓面积；

②表中圆柱直径 D 以 m 计，基本风压以 kN/m^2 计。

桁架遮挡系数 η　　表 4-3-10

间距比	实面积比				
	0.1	0.2	0.3	0.4	0.5
≤1	1.0	0.9	0.80	0.60	0.45
2	1.0	0.9	0.80	0.65	0.50
3	1.0	0.95	0.80	0.70	0.55
4	1.0	0.95	0.80	0.70	0.60
5	1.0	0.95	0.85	0.75	0.65
6	1.0	0.95	0.90	0.80	0.70

注：间距比＝两桁架中心距/迎风桁架高度。

(2) 跨径小于 200m 的桥梁的主梁上顺桥向单位长度的风荷载可按以下两种情况选取：
①对实体桥梁截面，取其横桥向风荷载的 0.25 倍。
②对桁架桥梁截面，取其横桥向风荷载的 0.50 倍。

5. 墩、塔、吊杆、斜拉索和主梁上的风荷载

桥墩、桥塔、吊杆上的风荷载、横桥向风作用下的斜拉桥斜拉索和悬索桥主缆上的静风荷载可按下式计算：

$$F_{H}=\frac{1}{2}\rho V_{g}^{2}C_{H}A_{n} \tag{4-3-31}$$

式中：A_n——桥梁各构件顺风向投影面积（m^2），对吊杆、斜拉索和悬索桥的主缆取为其直径乘以其投影高度。

C_H——桥墩或桥塔的阻力系数，可参照表 4-3-11 选用。断面形状复杂的桥墩、桥塔可通过风洞试验测定或数值模拟方法计算其阻力系数。

桥墩或桥塔的风载阻力系数 C_H 表 4-3-11

截面形状	t/b	桥墩或桥塔的高宽比						
		1	2	4	6	10	20	40
	≤1/4	1.3	1.4	1.5	1.6	1.7	1.9	2.1
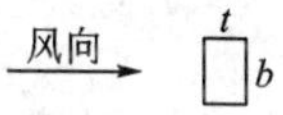	1/3，1/2	1.3	1.4	1.5	1.6	1.8	2.0	2.2
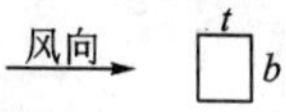	2/3	1.3	1.4	1.5	1.6	1.8	2.0	2.2
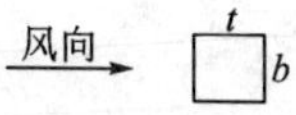	1	1.2	1.3	1.4	1.5	1.6	1.8	2.0
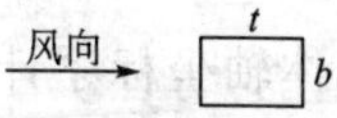	3/2	1.0	1.1	1.2	1.3	1.4	1.5	1.7
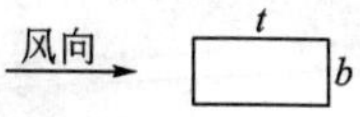	2	0.8	0.9	1.0	1.1	1.2	1.3	1.4
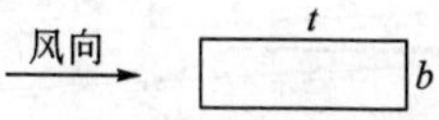	3	0.8	0.8	0.8	0.9	0.9	1.0	1.2
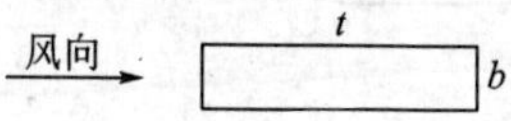	≥4	0.8	0.8	0.8	0.8	0.8	0.9	1.1
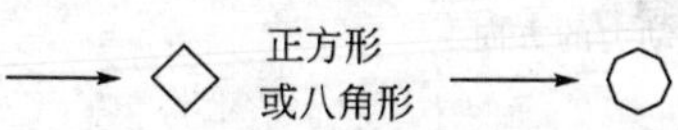		1.0	1.1	1.1	1.2	1.2	1.3	1.4
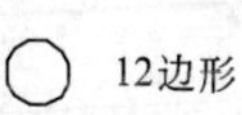		0.7	0.8	0.9	0.9	1.0	1.1	1.3

续上表

截面形状	t/b	桥墩或桥塔的高宽比						
		1	2	4	6	10	20	40
光滑表面圆形 若 $DV_0 \geqslant 6m^2/s$		0.5	0.5	0.5	0.5	0.5	0.6	0.6
1.光滑表面圆形 若 $DV_0 < 6m^2/s$ 2.有粗糙面或带凸起的圆形		0.7	0.7	0.8	0.8	0.9	1.0	1.2

注：①上部结构架设后，应按高度比为 40 计算 C_H 值；

②对于带有圆弧角的短形桥墩，其 C_H 值应从表中查出后，再乘以折减系数（$1-1.5r/b$）或 0.5，取其二者之较大值，其中 r 为圆弧角的半径；

③对于带三角尖端的桥墩，其 C_H 值应按包括该桥墩处边缘的矩形截面计算；

④对于沿桥墩高度有锥度变化的情形，C_H 值应按桥墩高度分段计算。在推算 t/b 时每段的 t 及 b 应按其平均值计，高宽比值则应以桥墩总高度对每段的平均宽度之比计。

6. 作用于桥墩或桥塔上风荷载的确定

作用于桥墩或桥塔上的风荷载，可按地面或水面以上 0.65 倍墩高或塔高处的风速值确定。

7. 顺桥向风作用下的斜拉索上单位长度的风荷载计算

在顺桥向风作用下的斜拉索上单位长度的风荷载按下式计算：

$$F_H = \frac{1}{2}\rho V_g^2 C_H D \sin^2\alpha \tag{4-3-32}$$

式中：C_H——斜拉索的阻力系数，在考虑与活载组合时，可取为 1.0；在设计基准风速下可取 0.8；

α——斜拉索的倾角（°）；

D——斜拉索的直径（m）。

8. 抖振引起的惯性力的计算

作用在主梁单位长度上静力风荷载，除了应按图 4-3-27 所示的体轴坐标系计算 3 个方向的静风荷载外，还应考虑由于抖振响应引起的惯性力，按下式计算：

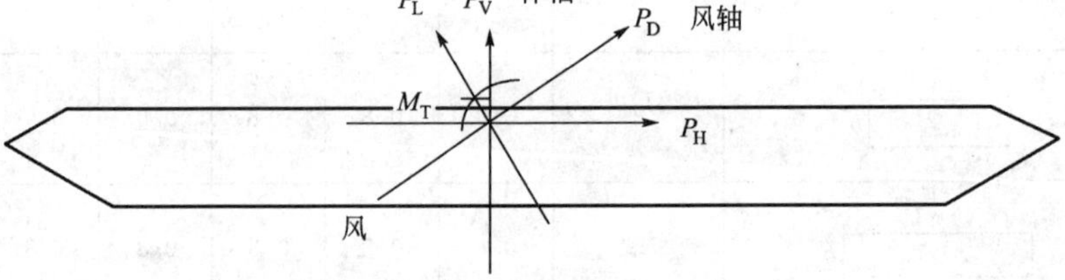

图 4-3-27　风轴与体轴坐标系及其气动力的方向

横向风载：

$$P_H = \frac{1}{2}\rho V_d^2 C_H H + P_{dH} \tag{4-3-33a}$$

竖向风载：

$$P_V = \frac{1}{2}\rho V_d^2 C_V B + P_{dV} \tag{4-3-33b}$$

扭转力矩： $$M=\frac{1}{2}\rho V_d^2 C_M B^2+P_{dM} \quad (4\text{-}3\text{-}33c)$$

式中：C_H、C_V、C_M——主梁体轴各方向的横向力、竖向力（升力）和扭转力矩系数；

H、B——主梁的高度和宽度（m）；

P_{dM}、P_{dV}、P_{dM}——抖振引起的结构水平、竖直、扭转向的惯性动力风荷载。

由于 C_H、C_V、C_M 随攻角有相应的变化，一般应偏安全地取 $+3°\sim-3°$ 范围内的最大值。高度 H 应计入栏杆或防撞护栏以及其他桥梁附属物的实体高度。重要桥梁和形状复杂的主梁断面的空气静力系数 C_H、C_V、C_M 应通过风洞试验得到。

当桥梁跨径小于 200m 时，可忽略因抖振所产生的结构惯性动力风荷载以及竖向和扭转力矩的作用，而 C_H 可参照表 4-3-11 值取用。

对于跨径大于 200m 的桥梁，若判定其对风的动力作用敏感，则应通过风洞试验取得必要的参数，然后由抖振分析得到结构惯性动力风荷载。对于悬臂施工中的大跨桥梁，应对其最大悬臂状态和最大单悬臂状态进行详细的风荷载分析，必要时可通过风洞试验测定其风荷载。

四、动力特性的计算

1. 计算模型

斜拉桥主梁模型中最常用的单梁鱼骨式模型，它适用于自由扭转刚度较大的闭合箱梁断面，尤其是斜索面的箱梁斜拉桥。对具有分离边箱梁的半开口主梁断面可采用双梁式模型，特别是对于自由扭转刚度较小的带实心边梁的板式开口断面，为了正确地考虑约束扭转刚度的作用应采用三梁式模型。

动力特性分析时，一般采用线性空间有限元动力分析程序。桥梁抗风设计中最重要的是主梁最低阶的对称和反对称的竖向弯曲、侧向弯曲和扭转共 6 个模态。对斜拉桥来说，由于主梁侧弯和扭转往往是强烈耦合的，要避免将侧弯为主稍带扭转的振型误认为扭转振型。计算得到的主要自振频率最好与已建成的类似跨度的桥梁的计算和实测结果进行比较，以保证分析的可靠性。

2. 斜拉桥的基频估算

双塔斜拉桥的一阶竖向弯曲频率，在初步设计阶段进行抗风估算时，可采用下列基于统计资料的经验公式：

对无辅助墩的斜拉桥 $$f_{b1}=\frac{110}{L_c} \quad (4\text{-}3\text{-}34a)$$

对有辅助墩的斜拉桥 $$f_{b1}=\frac{150}{L_c} \quad (4\text{-}3\text{-}34b)$$

式中：L_c——主跨跨径（m）。

双塔斜拉桥的一阶竖向对称弯曲频率的简化计算公式为：

$$f_{b1}=\frac{1}{2\pi}\sqrt{\frac{K_b}{m}} \quad (4\text{-}3\text{-}34c)$$

$$K_b=\left(\frac{\pi}{L_c}\right)^4(E_g I_g+2E_t I_t)+\frac{E_c A_c}{2aL_s}\sin^2\alpha \quad (4\text{-}3\text{-}35)$$

式中：E_c——拉索的弹性模量（MPa）；

A_c——中跨最长拉索的截面积（mm^2）；

L_s——中跨最长拉索的长度（m）；

a——平均索距（m）；

α——中跨最长拉索的倾角（°）；

E_g——主梁材料弹性模量（MPa）；

E_t——桥塔塔根材料弹性模量（MPa）；

I_g——主梁截面竖向惯性矩（m^4）

I_t——塔根截面顺桥向惯性矩（m^4）；

L_c——主跨跨径（m）。

双塔斜拉桥的扭转基频在初步设计阶段的抗风估算时，可采用下列经验公式估算：

$$f_{t1}=\frac{C}{\sqrt{L_c}} \tag{4-3-36}$$

式中：C——与桥塔和主梁形状以及主梁材料有关的系数，可按表 4-3-12 取值。

斜拉桥一阶扭频的经验公式系数 表 4-3-12

索　面	主梁截面形状	钢　桥	混 凝 土 桥
平行索面	开口	10	9
	半开口	12	12
	闭口	17	14
斜索面	开口	12	11
	半开口	14	12
	闭口	21	17

3. 桥梁的阻尼比

结构的阻尼直接影响到动力响应的大小。由于无法进行计算分析，因此在进行抗风分析和风洞试验时，一般偏安全地取用结构阻尼统计值的下限值。可采用表 4-3-13 所示的阻尼比下限值。

桥 梁 的 阻 尼 比 表 4-3-13

桥梁种类	阻尼比 ξ	对数衰减率 $\delta=2\pi\xi$	ξ 的统计值范围
钢桥	0.005	0.031	0.5%～1%
结合梁桥	0.01	0.063	1%～1.5%
混凝土桥	0.02	0.125	2%～3%

五、颤振稳定性验算

1. 颤振临界风速

接近流线形的扁平桥梁断面，其弯扭耦合颤振的临界风速的近似公式为：

$$V_{cr}=\eta_s\eta_\alpha[1+(\varepsilon-0.5)\sqrt{(\frac{r}{b})0.72\mu}]\omega_b\cdot b \tag{4-3-37a}$$

或

$$V_{cr}=\eta_s\eta_\alpha\cdot T_{h0}^{-1}\cdot f_t\cdot B \tag{4-3-37b}$$

$$T_{h0}^{-1}=\frac{\pi[1+(\varepsilon-0.5)\sqrt{\frac{r}{b}0.72\mu}]}{\varepsilon} \tag{4-3-37c}$$

式中：V_{cr}——桥梁断面的颤振临界风速；

η_s——相对平板临界风速的主梁截面形状系数，见表 4-3-14；

η_α——攻角效应系数，见表 4-3-14；

ε——扭弯频率比，$\varepsilon=f_1/l_b=\omega_t/\omega_b$；

μ——桥梁与空气的密度比，$\mu=m/(\pi\rho b^2)$；

$\frac{r}{b}$——主梁断面惯性半径比，$\frac{r}{b}=\frac{1}{b}\sqrt{\frac{I_m}{m}}$；

ω_b——主梁最低阶竖向自振圆频率；

ω_t——主梁最低阶扭转自振圆频率；

b——桥梁的半宽；

m——主梁单位长度质量；

I_m——主梁单位长度的质量惯性矩；

B——桥面全宽（m）。

形状系数 η_s 和攻角效应系数 η_α 表 4-3-14

截面形式	形状系数 η_s			攻角效应系数 η_α
	阻尼比			
	0.005	0.01	0.02	
平板	1	1	1	—
钝头形	0.50	0.55	0.60	0.80
带挑臂	0.65	0.70	0.75	0.70
带斜腹板	0.60	0.70	0.90	0.70
带风嘴	0.70	0.70	0.80	0.80
带分流板	0.80	0.80	0.80	0.80
开口板梁	0.35	0.40	0.50	0.85

2. 颤振检验风速

颤振检验风速 $[V_{cr}]$ 为：

$$[V_{cr}]=1.2\mu_f V_d \tag{4-3-38}$$

式中：$[V_{cr}]$——颤振检验风速（m/s）；

V_d——设计基准风速（m/s）；

μ_f——风速脉动修正系数，见表 4-3-15 所列。

风速脉动修正系数 μ_f 表 4-3-15

地表类别 \ 跨径（m）	100	200	300	400	500	650	800	1000	1200	>1500
A	1.30	1.27	1.25	1.24	1.23	1.22	1.21	1.20	1.20	1.19
B	1.36	1.33	1.30	1.29	1.28	1.27	1.26	1.25	1.24	1.22
C	1.43	1.39	1.37	1.35	1.33	1.31	1.30	1.28	1.27	1.25
D	1.49	1.44	1.42	1.40	1.38	1.36	1.35	1.33	1.31	1.29

3. 桥梁颤振稳定性分级

颤振稳定安全性检验的表达式为：

$$V_{cr} \geqslant [V_{cr}] \tag{4-3-39}$$

为了快速判断大跨度桥梁的抗风稳定性，可采用动力特性分析中估算桥梁一阶扭转频率的近似公式，根据桥址的气象资料估计出颤振检验风速（式 4-3-38），然后按下式计算桥梁的颤振稳定性指数 I_f，并根据 I_f 所在的范围进行颤振稳定性验算。

$$I_f = \frac{[V_{cr}]}{f_t B} \tag{4-3-40}$$

式中：I_f——颤振稳定性指数；

f_t——扭转基频（Hz）。

根据 I_f 的大小，参照表 4-3-16 可以判断桥梁的抗风稳定性。当桥面较宽，扭频较高，而桥址处的风速又较小时，所需的 I_f 值就较小，桥梁的抗风稳定性就愈容易满足。

桥梁抗风稳定性分级表　　表 4-3-16

分　级	I_f	抗风稳定性	风洞试验要求及抗风措施
I	<2.5	十分安全	可以不必进行风洞试验
II	2.5～4.0	一般可以满足要求	颤振分析、节段模型风洞试验
III	4.0～7.5	要慎重对待	节段模型试验、气动选型、颤振分析和全模型试验
IV	≥7.5	必须采取抗风措施	详细全面的节段模型试验、气动选型、颤振分析和全模型试验，必要时采取振动控制技术

六、静力稳定性验算

当主跨跨径大于 400m 的斜拉桥应计算静力稳定性。其静力扭转发散的临界风速应满足下述规定：

$$V_{td} \geqslant 2V_d \tag{4-3-41a}$$

式中：V_{td}——静力扭转发散临界风速，其值为：

$$V_{td} = K_{td} \cdot f_t \cdot B \tag{4-3-41b}$$

$$K_{td} = \sqrt{\frac{\pi^3}{2}\mu \left(\frac{r}{b}\right)^2 \cdot \frac{1}{C'_M}} \tag{4-3-41c}$$

C'_M——当风攻角为 0 时，主梁扭转力矩系数 C_M 的斜率，宜通过风洞试验或数值模拟技术得到；

其余符号意义同前。

七、抗风计算实例

【例 4-3-1】 依据本篇第五章铜陵大桥的设计资料，对该桥作颤振稳定性估算。

【解】 (1)设计基准风速计算

根据《桥规》附录 A，查到铜陵桥所处地理位置的基本风压 $\omega_0 = 450$Pa，100 年重现期的基本风速 $V_{10} = 27.1$m/s。

假定大桥所处位置为 C 类地表，高度 Z 取 30m，查表 4-3-7，修正系数取 $K_1=1.00$，根据式（4-3-26）可得设计基准风速 V_d 为：

$$V_d=K_1\cdot V_{10}=1.00\times 27.1=27.1\text{m/s}$$

（2）大桥的基频估算

铜陵桥为带辅助墩的双塔平行双索面预应力混凝土斜拉桥，主梁为肋板式开口截面，主跨 $L_c=432$m。双塔斜拉桥在设计阶段进行抗风估算时，可采用经验公式对一阶竖弯频率和一阶扭转频率进行计算。

对于有辅助墩斜拉桥一阶竖向弯曲频率 f_{b1} 为：

$$f_{b1}=\frac{150}{L_c}=\frac{150}{432}=0.347\text{Hz}$$

查表 4-3-12，可得铜陵桥一阶扭转频率的经验公式系数 $C=9$，则一阶扭频 f_{t1} 为：

$$f_{t1}=\frac{C}{\sqrt{L_c}}=\frac{9}{\sqrt{432}}=0.433\text{Hz}$$

（3）颤振临界风速计算

根据式（4-3-36a）计算弯扭耦合颤振的临界风速 V_{cr}，首先计算公式中各参数的值。

①主梁截面形状系数 η_s 和攻角效应系数 η_a

铜陵桥主梁为混凝土肋板式开口截面，根据表 4-3-14 可查得形状系数 $\eta_s=0.50$，攻角效应系数 $\eta_\alpha=0.85$。

②扭弯频率比 ε

$$\varepsilon=f_{t1}/f_{b1}=0.433/0.347=1.248$$

③桥梁与空气的密度比 μ

由图 4-5-2 铜陵桥的标准主梁横断面，可计算出单位长度主梁的质量 m（混凝土容重取 26kN/m^3），主梁断面面积 13.794m^2，$m=\frac{26000\times 13.794}{9.8}=36596\text{kg/m}$。空气密度一般取 $\rho=1.225\text{kg/m}^3$，桥梁半宽 $b=11.5$m，则

$$\mu=m/(\pi\rho b^2)=36596/(3.14\times 1.225\times 11.5^2)=71.9$$

④主梁断面的惯性半径比 r/b

$$I_m=\int(x^2+y^2)\mathrm{d}m=2550000\text{kg}\cdot\text{m}^2/\text{m}$$

$$r/b=\sqrt{\frac{2550000}{36596}}/11.5=0.726$$

⑤主梁一阶竖向自振圆频率 ω_b

$$\omega_b=2\pi f_{b1}=2\times\pi\times 0.347=2.179$$

⑥弯扭耦合颤振的临界风速 V_{cr}

$$V_{cr}=\eta_s\eta_\alpha\left[1+(\varepsilon-0.5)\sqrt{\left(\frac{r}{b}\right)0.72\mu}\right]\omega_b\cdot b$$

$$=0.50\times 0.85\times\left[1+(1.248-0.5)\sqrt{0.726\times 0.72\times 71.9}\right]\times 2.179\times 11.5$$

$$=57.97\text{m/s}$$

(4) 颤振检验风速

铜陵桥主跨 $L_c=432$m，C 类地表，查表 4-3-15 内插得修正系数 1.3436，颤振检验风速 $[V_{cr}]$ 为：

$$[V_{cr}]=1.2\mu_f V_d=1.2\times1.3436\times27.1=43.69\text{m/s}$$

满足要求。

(5) 颤振稳定性分级

$$I_f=\frac{[V_{cr}]}{f_t B}=\frac{43.69}{0.433\times23}=4.39$$

由表 4-3-16 可知抗风颤振稳定性为 III 级。

第四章 斜拉桥的施工

DISIZHANG

第一节 概　　述

根据国内外的工程实践，斜拉桥的基础、墩台和索塔施工与其他桥型基木相同，但上部结构施工，有其特殊性。一般大跨径斜拉桥上部结构主要采用悬臂浇筑或悬臂拼装的施工方法，对于中、小跨径的斜拉桥，可根据桥址处的地形条件和结构本身的特点，采用支架法、顶推法或平转法等施工方法。

斜拉桥属于高次超静定结构，其设计与施工高度耦合，所采用的施工方法和安装程序与成桥后的主梁线形及结构的内力状态有着密切的关系，在施工阶段随着斜拉桥的结构体系和荷载状态的不断变化，结构内力和变形也随之不断发生变化，并决定成桥后结构的受力及线形。为确保斜拉桥在施工过程中结构的受力状态和变形始终处在合理、安全的范围内，并且成桥后主梁的线形符合预期的设计效果，在施工过程中必须进行严密的施工控制。

施工控制是指对斜拉桥的每一施工阶段进行详细的分析、验算，求得斜拉索张拉力、主梁挠度、塔柱位移等施工控制参数的理论计算值，然后对施工顺序作出明确规定，并在施工过程中加以有效的控制和管理。概括起来，斜拉桥的施工控制实际上是对施工过程中的斜拉桥进行分析→监测→比较→调整的过程。

斜拉桥的施工控制是斜拉桥施工技术的重要组成部分，又是斜拉桥的设计在施工过程中的延伸，是连接斜拉桥设计与施工的纽带。只有对施工中的斜拉桥实施有效控制，才能保证斜拉桥顺利、成功的修建。有关施工控制的原则和方法，可参考第五章的内容。

第二节 索 塔 施 工

斜拉桥的索塔，是全桥的主要承重构件，具有造型富于变化、建筑高度大、空间结构复杂等特点。索塔施工在斜拉桥施工中占有重要的地位。从造价方面看，索塔约占总造价的20％左右；从建设工期看，索塔施工约占总工期的1/3。

一、索塔的施工顺序

混凝土索塔的施工有搭架现浇、预制拼装、滑升模板浇筑、翻转模板浇筑、爬升模板浇筑等多种施工方法。

根据斜拉桥的受力特点，索塔要承受巨大的竖向轴力，还要承受部分弯矩。斜拉桥设计对成桥后索塔的几何尺寸和轴线位置的准确性要求都很高。混凝土塔柱施工过程受施工偏差、混凝土收缩、徐变、基础沉降、风荷载、温度变化等因素影响，其几何尺寸、平面位置将发生变化，如控制不当，则会造成缺陷，影响索塔外观质量，并且产生次内力。因此不管是何种结构形式的索塔，采用哪种施工方法，施工过程中都必须实行严格的施工测量控制，确保索塔施工质量及内力分布满足设计及规范要求。典型的塔墩固结混凝土索塔的基本施工顺序如图 4-4-1 所示。

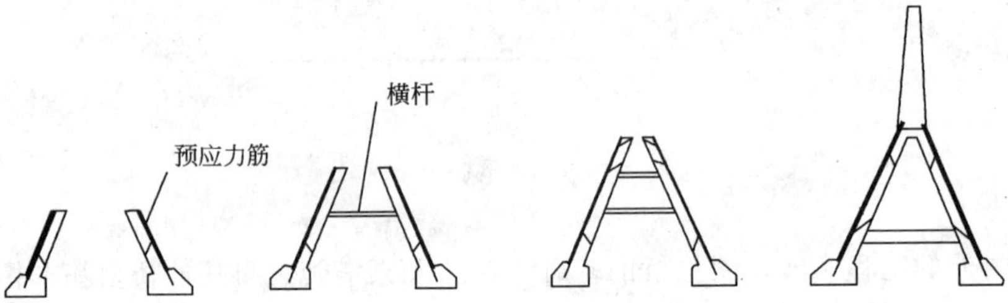

图 4-4-1　混凝土索塔施工顺序

按照图示施工顺序，索塔施工的具体工艺流程为：测量放样、设备安装→塔座施工→下塔柱施工→下横梁施工→中塔柱施工→上横梁施工→上塔柱施工→塔顶建筑施工→拆除支架、起重设备。

塔座是塔柱与承台连接的重要结构，施工时，其平面位置、标高、倾斜度等都必须准确测量。塔柱劲性骨架和主钢筋预埋的准确性直接影响下塔柱的施工精度和线形，也应精确到位。

根据施工实践经验，塔座混凝土的浇筑尽可能在承台浇筑后立即进行。相对承台而言，塔座混凝土体积小，标号高，混凝土收缩较大，受承台的约束影响，塔座容易产生收缩裂纹，且塔座一般为实心结构，属大体积混凝土，施工时必须采取有效措施，降低水化热，防止混凝土收缩开裂。

混凝土塔柱施工时，塔壁内往往需设置劲性骨架，劲性骨架在工厂分节段加工，在现场分段超前拼接，精确定位。劲性骨架安装定位后，可供测量放样、立模、钢筋绑扎及斜拉索钢套管定位使用，也可承受部分施工荷载，增大索塔的整体刚度。

劲性骨架在倾斜塔柱中，其功能作用更大，它的设计往往结合构件受力需要设置。当倾斜塔柱为内倾或外倾布置时，应考虑在两塔肢之间每隔一定的高度设置受压横杆（塔柱内倾）或受拉横杆（塔柱外倾）支撑，与塔柱临时固接在一起，形成框架结构，平衡倾斜塔肢所产生的倾覆力矩，以增强塔柱施工过程中的稳定性和安全性，并减小斜塔柱的受力和变形，具体的布置间距应根据塔柱构造经过设计计算确定。

混凝土索塔的下横梁、上横梁一般采用支架法现浇，施工支架可采用大直径的钢管支撑加贝雷架或万能杆件桁架两种形式，前者目前使用较多，如图 4-4-2 所示。施工过程中要考虑到模板支撑系统的连接间隙变形、弹性变形、支撑的不均匀沉降变形，混凝土梁、柱与钢支撑之间不同的线膨胀系数影响，以及日照温差对混凝土、钢的不同时间效应等产生的不均匀变形的影响，合理设置预拱度，同时在安装底模后，通过水箱压重等方法消除非弹性变形。上下横梁可以根据设计要求、构造特点和施工机具设备能力一次或多次浇筑完成。

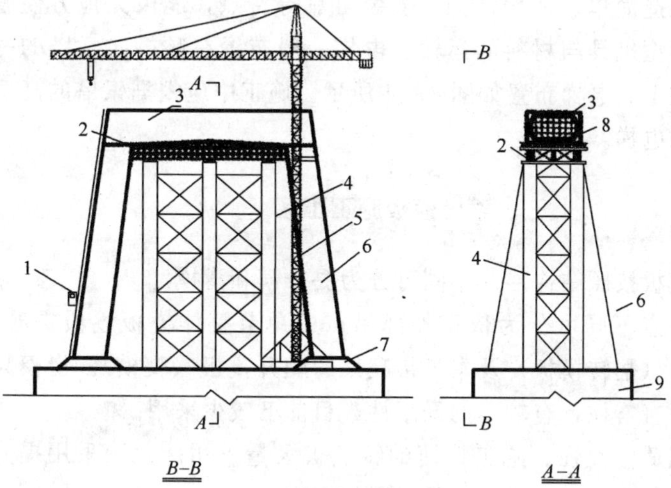

图 4-4-2　横梁施工支架图

索塔混凝土一般采用现场拌制，吊斗提送或混凝土泵送的办法浇筑。施工实践证明，采用泵送混凝土工艺，可以达到一次泵送 200m 以上的高度，浇筑速度可达$20m^3/h$以上，具有施工速度快、机械化程度高、造价省等特点，是混凝土斜拉桥浇筑的主要方法。

二、索塔施工的起重设备

钢筋混凝土索塔的施工，属高空作业工艺，工作面小，施工难度大，在制定索塔施工方案时，必须详细考虑材料设备的水上运输、垂直提升及安拆，以及人员上下安全通道的布置等问题。其中起重设备的选择与布置是索塔施工的关键。目前大多数索塔施工起重设备均采用塔吊辅以人货两用电梯。

1. 塔吊

斜拉桥索塔施工中，一般均采用附着式自升塔吊，其起重力矩为 600～2500kN・m 不等。起重力可达 100kN 以上，吊装高度可达 150m 以上，典型的塔吊结构如图 4-4-3 所示。实际施工时，可综合索塔构造特点、工期要求、塔柱施工方法等因素来确定应选用的塔吊型号和布置方式。

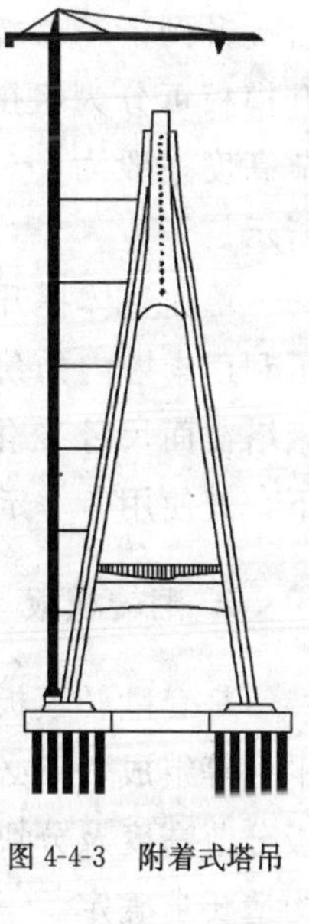

图 4-4-3　附着式塔吊

塔吊选择应考虑如下几点：塔吊性能参数满足施工要求；起重能力和生产效率满足施工进度的要求，匹配合理，功能大小合适；适应施工现场的环境，便于进场、安装架设和拆除退场。

2. 人货两用电梯

用于斜拉桥索塔施工的人货两用电梯一般有直爬和斜爬式两种，主要由轨道架、轿箱、驱动机构、安全装置、电控系统、提升接高系统等几大部分组成，具有构造简单、适用性强、安装可靠等特点，能极大地方便施工人员的上下及小型机具与材料的运输。电梯一般布置在顺桥向索塔的一侧，并附着在塔柱上。电梯布置如图 4-4-4 所示。施工中应根据索塔的高度和形状选用合适的电梯。

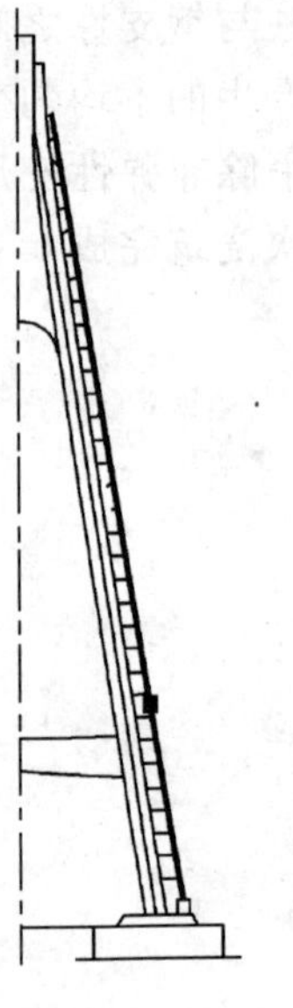

图 4-4-4　电梯布置

三、索塔模板施工工艺

索塔施工的模板按照结构形式不同可分为提升模和滑模。

提升模按其吊点不同可分为依靠外部吊点的单节整体模板逐段提升、多节模板交替提升（翻转模板）及本身带爬架的爬升模板（爬模）。滑模只适用于等截面的垂直塔柱，有较大的局限性，目前已较少采用。

提升模板法因适应性强、施工快捷的特点被大量采用。无论采用提升模板还是采用滑模，均可以实现索塔的无支架现浇。

根据国内外斜拉桥的施工经验，采用爬升模板法或翻转模板法施工的塔柱，按照施工节段划分（1～6m 不等）组织施工，其施工工效可达 1.0～1.5m/天。

1. 单面整体提升模板法施工工艺

对于截面尺寸和节段长度相同、外观质量要求一般的混凝土索塔施工，可采用单面整体提升模板法施工。施工时先制作和组拼模板，分块组装，模板下端与已浇段接头处的混凝土夹紧，防止漏浆，然后进行混凝土全模板高度浇筑，待混凝土达到规定的设计强度后，将模板拆成几块后提升到下一待浇节段并组装，继续施工。单面整体提升模板可分为组拼式钢模和自制钢模。模板一次浇筑分节高度一般为 3～6m。单面整体模板提升示意如图 4-4-5 所示。

单面整体提升模板法施工简便，在无吊机的情况下，可利用索塔内的劲性骨架作支撑，用手动葫芦提升。但在索塔截面尺寸变化较大、混凝土接缝质量要求高的情况下，其使用有一定的局限性。

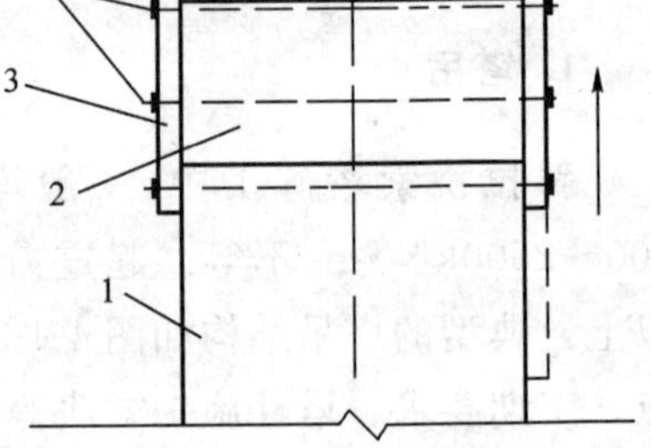

图 4-4-5　单面整体模板提升示意图
（图中钢筋未示出）
1-已浇索塔；2-待浇节段；3-模板；4-对拉螺杆；5-劲性骨架；6-手拉葫芦；7-横梁

2. 翻转模板（交替提升多节模板）法施工工艺

每套翻转模板由内、外模、对拉螺杆、护栏及内工作平台等组成，不必另设内外脚手架，如图 4-4-6 所示。模板分节高度及分块大小，应根据起重设备吊装能力和塔柱构造要求确定。一般情况下，每套模板沿高度方向分为底节、中节和顶节等 3 个分节，每个分节高度为1～3m。

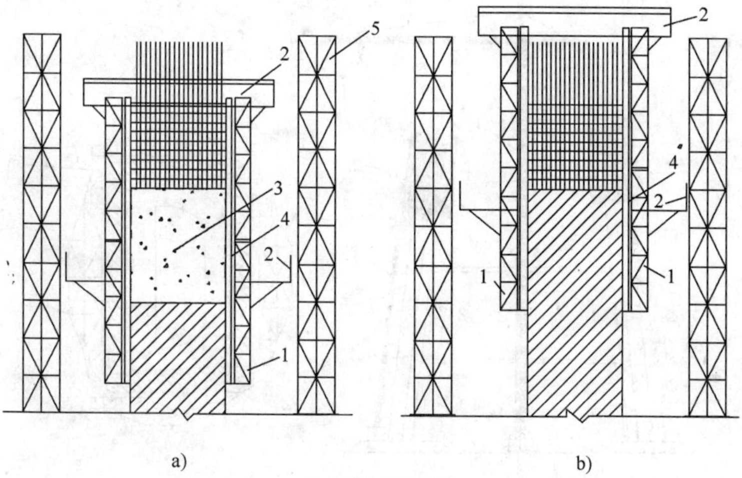

图 4-4-6　翻转模板布置示意图

a）浇筑混凝土，绑扎钢筋；b）模板交替上升

1-模板桁架；2-工作平台；3-已浇墩身；4-外模板；5-脚手架

施工时先安装第一层模板，浇筑混凝土，完成第一层基本节段的施工；再以已浇混凝土为依托，拆除已浇节段的下两个分节模板，顶节不拆，向上提升并接于顶节之上，安装对拉螺杆和内撑，完成第二层模板安装。如此由下至上依次交替上升，直至达到设计的施工高度为止。

翻转模板系统依靠混凝土对模板的粘着力自成体系，制造简单，构件种类少，模板的大小可根据施工能力大小灵活选用。混凝土接缝较易处理，施工速度快，能适应各种结构形式的斜拉桥索塔施工，目前被大量使用，特别是折线形索塔使用翻转模板施工更有优势，但此类模板自身不能爬升，要依靠塔吊等起重设备提升翻转循环使用，因而对起重设备要求较高。

3. 爬模（自备爬架的提升模板）**法施工工艺**

爬模系统一般由模板、爬架及提升系统 3 大部分组成，根据提升方式不同又可分为倒链手动爬模、电动爬架拆翻模、液压爬升模等几种。

爬模系统所配模板一般采用钢模，且沿竖向将模板分为 3～4 节，模板分节高度根据塔柱构造特点、混凝土浇筑压力、爬架本身提升能力等因素确定，一般分节高度为 1.5～4.5m.

爬架可用万能杆件组拼，亦可采用型钢加工，主要由网架和联结导向滑轮提升结构组成。爬架沿高度方向分为两部分：下部为附墙固定架，包括两个操作平台；上部为操作层工作架，包括 2 个以上操作平台。爬架总高度及结构形式根据塔柱构造特点、拟配模板组拼高度及施工现场条件综合确定，常用高度一般在 15～20m 左右。

爬架提升系统由爬架自提升设备和模板拆翻提丌设备两部分组成，如图 4-4-7 所示。爬架自提升设备一般可采用倒链葫芦、电动机或液压千斤顶，模板翻提升设备则可采用倒链葫芦、电动葫芦或卷扬机。要求提升速度不可太快，以确保同步平稳。

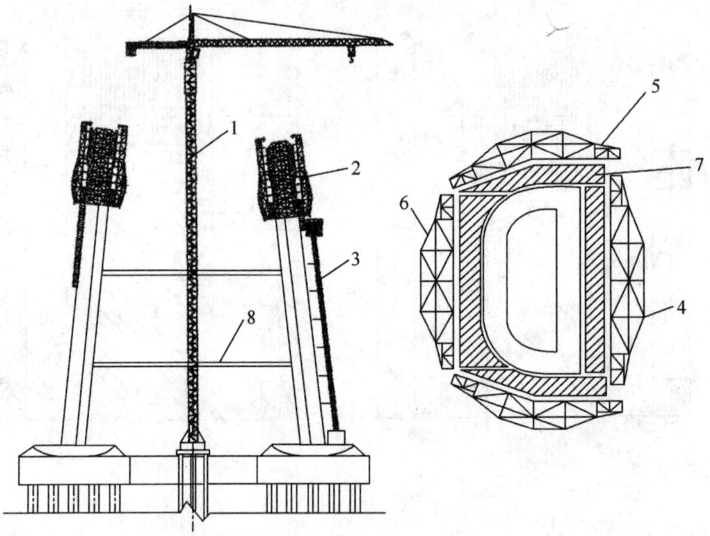

图 4-4-7　爬模系统示意图

1-塔吊；2-爬模；3-电梯；4-1 号爬架；5-2 号爬架；6-3 号爬架；7-活动脚手架；8-临时支架

爬模施工前须先施工一段爬模安装锚固段，俗称爬模起始段。待起始段施工完成后拼装爬模系统，依次循环进行索塔的爬模施工。根据爬模的施工特点，无论采用何种提升方式，相对其他施工方法均有施工速度快、安全可靠、对起重设备要求不高的特点。但此法对折线形索塔适应性较差，故一般在直线形索塔施工中应用较为广泛。

四、索塔内拉索锚固区的施工

斜拉桥拉索锚固段，是将多个拉索作用的局部集中力传递给塔柱的重要受力结构。

拉索在塔顶部的锚固形式主要有交叉锚固、钢横梁锚固和箱形锚固。下面以钢横梁锚固为例，介绍锚固段的施工方法。

拉索锚固钢横梁的作用，在于避免索塔混凝土因索力作用而产生裂纹，有利于斜拉桥的整体安全及长期正常使用。其构造如图 4-4-8 所示。

索塔施工时，预埋拉索钢套管，要求采用三维坐标定位，按设计要求标高预埋牛腿钢筋或牛腿与索塔同时浇筑，要保证混凝土振捣密实。

拉索锚固钢横梁，应按钢结构的加工规范和设计要求，在加工厂内制作，一般应采用全焊。工厂加工后，应严格验收，合格后方可出厂使用。

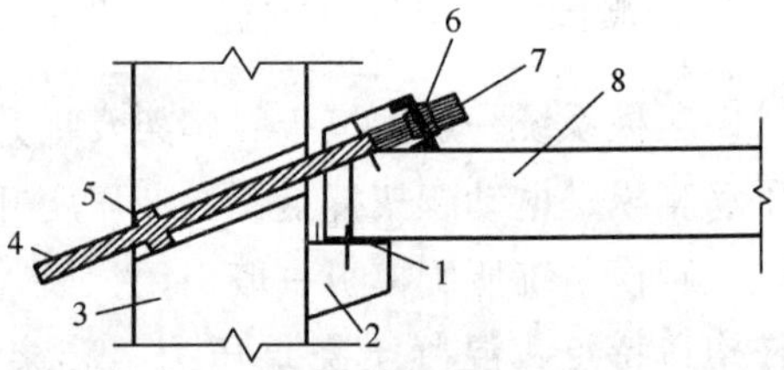

图 4-4-8　钢横梁锚固图

1-支撑；2-塔壁牛腿；3-塔壁；4-拉索；5-减振装置；6-锚固螺母；7-锚头；8-钢横梁

当钢横梁的吨位过大，主塔施工的垂直起吊能力不足时，可采用分节加工，现场安装后进行高强螺栓连接。但在加工厂必须进行预拼合格后才可安装。

由于上塔柱一般断面尺寸不大，临时设施较多，加上塔壁有牛腿，安装时不很方便，在考虑施工方案时，应充分仔细研究钢横梁的尺寸和安装方法。

钢横梁安装顺序为：①用塔吊吊起钢横梁，移入塔内，支承于牛腿上，并对准预埋件；②调整横梁，使拉索锚箱与塔内预埋钢套管精确对准；③安装限位装置。

钢横梁锚固装置在 1986 年建成的加拿大 Annacia 桥和 1991 年建成的上海南浦大桥中曾成功使用。

第三节　主 梁 施 工

梁式桥和拱式桥的施工方法大体上可以归纳为 4 种：①有支架施工法；②悬臂施工法；③顶推施工法；④转体施工法。虽然这几种方法同样可以用在斜拉桥上，但最适宜的方法是悬臂施工法，其余 3 种方法一般用在河水较浅或者修建在旱地上的中、小跨径斜拉桥上，主要有以下两个原因：

(1) 斜拉桥的跨径一般较大(常在 200m 以上)，其主跨一般要跨越河水较深、地质情况较复杂的通航河道。采用其它 3 种方法都会给施工带来更大的困难，增大施工临时设施费用，甚至影响到河道的通航。

(2) 在斜拉桥上采用悬臂施工法要比在 T 形刚构桥、连续梁桥和连续刚桥上采用更为有利，这可通过图 4-4-9 两种桥型的对比来说明。

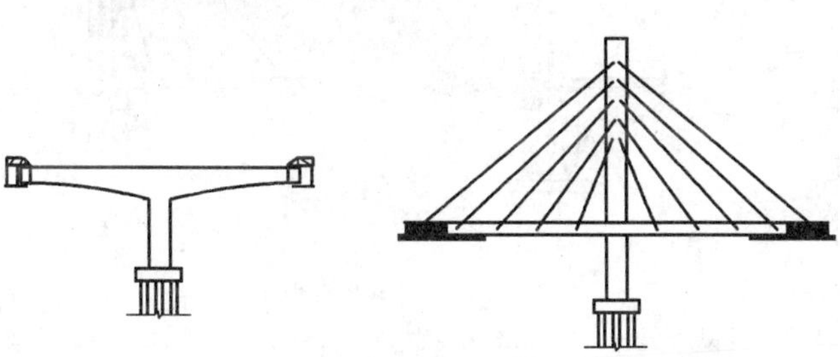

图 4-4-9　两种桥型应用悬臂浇筑法的对比

梁式桥若要增大悬臂施工的跨长，必须依靠增大梁高来实现，但当达到一定的跨长之后，即使再增大梁的高度，所提高的强度和刚度都将被结构本身的自重和挂篮的重量所抵消；而斜拉桥通过斜拉索提供的弹性支承可以大幅度地提高结构的强度和刚度，施工过程中，它类似于多个弹性支承的悬臂梁，通过调整索力可以减小主梁内力，这样就达到减小梁高、减轻自重、增大桥梁跨越能力的目的，因而成为大跨度桥梁中具有竞争力的一种桥型。

斜拉桥的悬臂施工也有悬臂浇筑法和悬臂拼装法两种。

一、悬臂浇筑法

悬臂浇筑法主要用在预应力混凝土斜拉桥上。其施工程序与一般预应力混凝土梁式桥的基本相同。但由于斜拉桥结构较复杂，超静定次数高，斜拉索位置和及各部分尺寸要求精确，否则将引起结构内力较大变化，影响工程质量。这种方法的优点是结构的整体性好，施工中不需用大吨位悬臂吊机和运输预制节段块件的驳船；不足之处是在整个施工过程中必须严格控制挂篮的变形和混凝土收缩、徐变的影响，相对于悬臂拼装法而言，施工周期较长。悬臂浇筑法的一般施工程序如下：

1. 主梁悬臂浇筑分段

主梁悬臂浇筑节段长度根据斜拉索的节间长度、梁段重量进行划分，一个节段长度可采用一个索距或半个索距；当梁的单位重梁较小时，也可采用2个索距长度一次悬浇的。一般情况下一个悬臂浇筑节段长度在4～8m左右。

2. 无索区主梁施工

无索区主梁一般在支架或托架上进行施工。混凝土浇筑前要先对支架或托架进行预压，以消除由各种因素引起的非弹性变形。混凝土浇筑完成且强度达到要求后，施加预应力，然后拼装挂篮，进行主梁的悬臂浇筑施工。

3. 悬臂浇筑法施工

悬臂浇筑法施工顺序如图4-4-10所示。

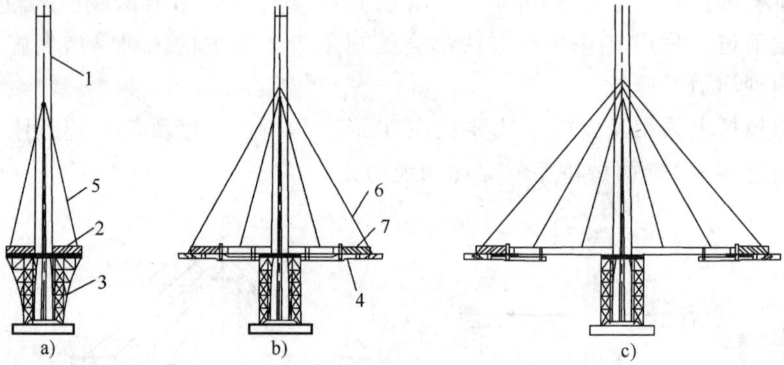

图4-4-10 悬臂浇筑程序

a）支架现浇0号及1号块并挂索；b）拼装牵索挂篮，对称悬浇梁段；c）挂篮前移，依次悬浇梁段

1-索塔；2-现浇梁段；3-现浇支架；4-前支点挂篮；5-斜拉索；6-前支点斜拉索；7-悬浇梁段

（1）主梁悬臂浇筑法施工特点及主要方法

与一般梁桥相比，斜拉桥主梁高跨比较小，梁体纤细，抗弯能力差，当进行悬臂浇筑施工时，如果仍采用传统的挂篮，就会因挂篮自重大而导致梁塔和拉索截面设计由施工内力控制，很不经济。所以施工中可利用斜拉桥结构本身特点，采用在浇筑过程中多次张拉斜拉索的方法，减轻挂篮荷载，改善主梁的受力状况。

斜拉桥主梁悬臂施工采用的挂篮形式很多，各有特色，归纳起来可分为后锚点挂篮、劲性骨架挂篮和前支点挂篮3种。其中前支点挂篮因结构合理，能充分发挥斜拉索的效用而使用最为普遍，这里重要介绍前支点挂篮。

（2）前支点挂篮工作原理

前支点挂篮也称牵索式挂篮（图4-4-11），利用待浇梁段斜拉索作为挂篮前支点支承力，施工过程中将挂篮后端锚固在已浇梁段上，它能充分发挥斜拉索的效用，由斜拉索和已浇梁段来共同承担待浇节段的混凝土梁段的重量。待主梁混凝土达到设计强度后，拆除斜拉索与挂篮的连接，使节段重力转换到斜拉索上，再前移挂篮。

前支点挂篮的优越性在于它使普通挂篮中的悬臂梁受力变成为简支梁受力，使节段悬浇长度及承重能力均大为提高，加快了施工进度。不足之处是在浇筑一个节段混凝土过程中要分阶段调索，工艺复杂，挂篮与斜拉索之间的套管定位难度较大。

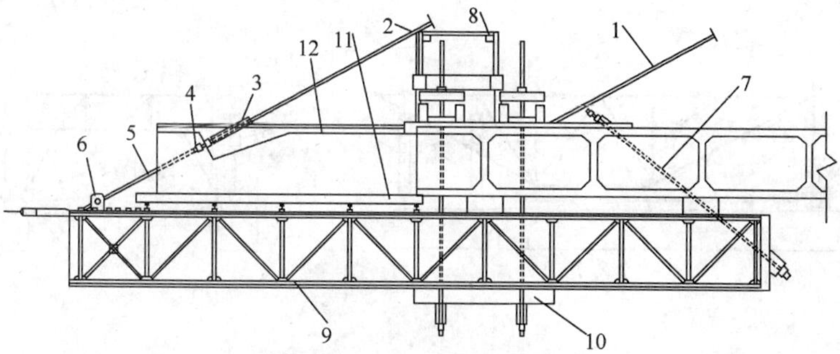

图 4-4-11 桁架式前支点挂篮示意图

1-已浇梁段斜拉索；2-待浇梁段前支点斜拉索；3-索管；4-拉索锚具；5-接长拉杆；6-千斤顶；7-水平力平衡杆；8-挂篮上横梁；9-挂篮桁架；10-悬挂升降系统；11-下底模；12-顶板底模

二、悬臂拼装法

悬臂拼装法是先在塔柱区现浇一段放置起吊设备的起始梁段，然后用适宜的起吊设备从塔柱两侧依次对称安装预制节段，使悬臂不断伸长直到合龙。非塔、梁、墩固结的斜拉桥采用悬臂拼装法施工时，需采取临时固结措施，方法与悬臂浇筑法相同。此法对预制场地和起重设备要求较高，一般没有悬臂浇筑法使用广泛，这里仅对其主要施工特点和程序进行介绍。

1. 特点及适用条件

悬臂拼装法由于主梁是预制的，墩塔与梁可以平行施工，因此加快施工进度，减少高空作业。主梁预制混凝土龄期较长，收缩和徐变影响小，梁段的断面尺寸和浇筑质量容易得到保证。但该法需配备一定的吊装设备和运输设备，要有适当的预制场地和运输方式，安装精度要求较高。

2. 梁段的预制与移运

主梁在预制场的预制应考虑安装顺序。预制台座时要按设计要求设置预拱度，各梁段依次串联预制，以保证各梁段相对位置及斜拉索与预应力管道的相对尺寸。预制块件的长度划分以梁上水平索距为标准，并根据起吊能力决定，采用一个索距或将一个索距梁段分为有索块和无索块两个节段预制安装。块件的预制工序、移运和整修均与一般预制构件相同。

3. 块件拼装基本程序

（1）主梁预制块件按先后顺序，从预制场通过轨道或驳船运至桥下吊装位置。

（2）通过起吊工具将块件提升至安装标高。

（3）进行块件连接与接缝处理，接头有干接头和湿接头两种，与一般梁式桥悬拼类似。

（4）张拉纵向预应力筋。

（5）进行斜拉索的挂索与张拉，并调整标高。

对于一个索段主梁分两个节段预制拼装时，一般情况下，安装有索块后，挂索并初张至主梁基本返回设计线，再安装无索块。

主梁悬臂拼装示意如图 4-4-12 所示。

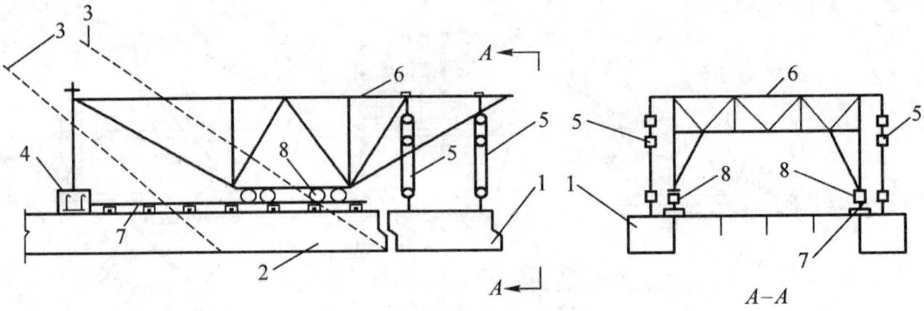

图 4-4-12 主梁悬臂拼装示意图

1-待拼梁段；2-已拼梁段；3-拉索；4-后锚螺旋千斤顶；5-起重滑轮组；6-钢制悬吊门架；7-门架引走轨道；8-平车

三、悬臂施工法中的其他问题

1. 塔梁临时固结

在斜拉桥主梁悬臂施工过程中，索塔两侧的梁体因自重荷载的不平衡会产生一定的倾覆力矩，且因两侧斜拉索张拉索力的不对称性将会产生一定的水平推力。因此采用悬臂法施工时存在着一个塔与梁之间在施工过程中临时固结的问题，除非所设计的斜拉桥本身就是塔梁固结体系。斜拉桥主梁施工临时固结的措施主要有以下两种。

(1) 加临时支座并锚固主梁（图 4-4-13）

这种方法构造简单，制作和装拆方便，安全可靠。即在下横梁上设置 4 个混凝土临时支座，将粗螺纹钢的下端预埋在主塔下横梁中，钢筋中段穿过支座和梁体并锚在 0 号梁段顶部；钢筋的数量由施工反力计算确定。为便于拆除，在每个支座中间可设 20mm 厚的硫磺砂浆夹层。

(2) 设立临时支承

在塔墩两旁设立临时支承与临时支座共同承担施工反力，临时支承常用钢管桩或钢护筒。在下塔柱上设置预埋件作为临时支承的锚座。

如果塔两侧的主梁不对称，拆除临时支承时漂浮体系会引起体系转换，梁向一端（通常是向岸端）水平移动，索力重新分布，如该水平位移较大，而且突然发生时，可能会引起事故，因此拆除支承时应特别注意。

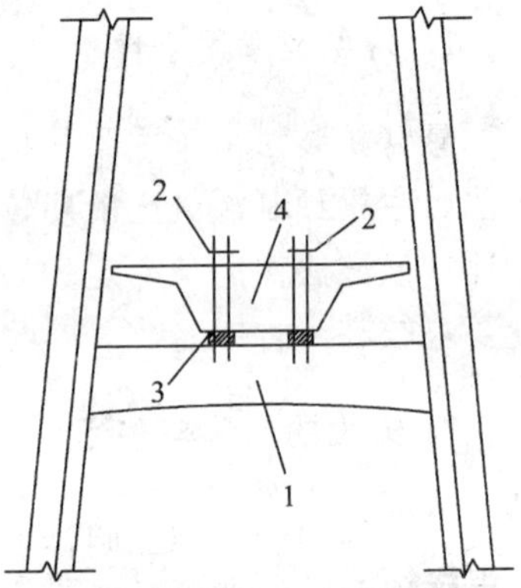

图 4-4-13 临时固结制作示意图

1-下横梁；2-锚筋；3-临时固结支座；4-0 号块

2. 边孔局部梁段的施工

斜拉桥的边跨对主跨起到锚固作用，故在悬臂施工过程中，边跨往往先于主跨合龙，以增加斜拉桥施工中的安全性。基于这个原因，如果在主梁靠岸的局部区段内水不太深时，则可以采用满布支架进行主梁的施工，尽早将它与用悬臂施工法的梁段连或整体，发挥锚固跨的作用，如图 4-4-14 所示。当水较深时，设计时应适当减小边跨长度，以方便用导梁或者移动模架快速合龙。

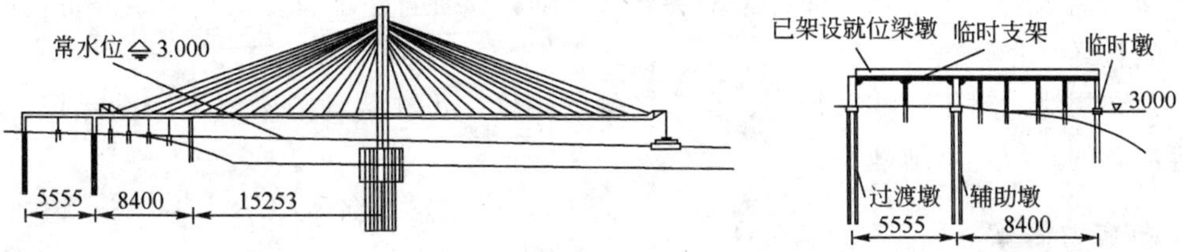

图 4-4-14　边跨局部区段的有支架施工

第四节　斜拉索施工

一、斜拉索的安装

斜拉索的安装就是将成品拉索架设到索塔锚固点和主梁锚固点之间的位置上。施工中应考虑以下几点。

1. 放索及索的移动

为便于运输及运输过程中索的保护，斜拉索起运前通常采用类似电缆盘的钢盘将拉索卷成圆盘，然后运输。根据拉索的不同卷盘方式，现场放索时，常用的有立式转盘放索和水平转盘放索两种。如图 4-4-15 所示。

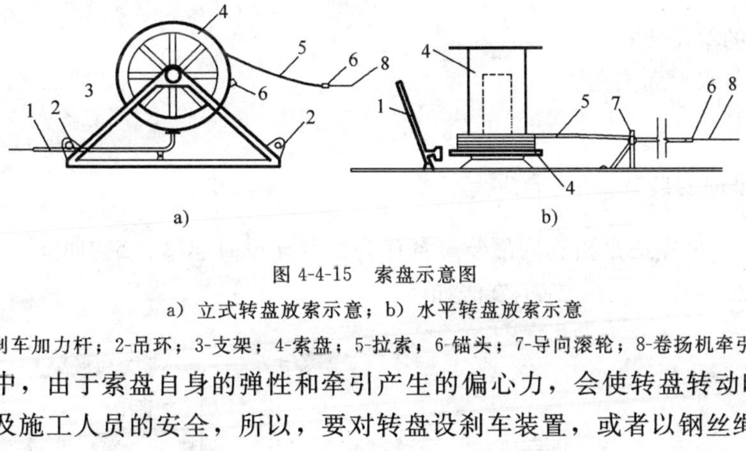

图 4-4-15　索盘示意图

a）立式转盘放索示意；b）水平转盘放索示意

1-刹车加力杆；2-吊环；3-支架；4-索盘；5-拉索；6-锚头；7-导向滚轮；8-卷扬机牵引索

放索过程中，由于索盘自身的弹性和牵引产生的偏心力，会使转盘转动时产生加速度，导致散盘，危及施工人员的安全，所以，要对转盘设刹车装置，或者以钢丝绳作尾索，用卷扬机控制放索。

在放索和挂索过程中，要对斜拉索进行拖移，由于索自身弯曲，或者与桥面直接接触，在移动中就可能损坏拉索的防护层或损伤索股。为避免这些情况的发生，一般采取下述方法对索在移动时进行保护：

（1）如果索盘由驳船运来，对于短索一般直接将索盘吊到桥面上，利用放索支架放索；对于长索一般在船上设置放索支架放索，此时需要在梁端设置转向装置以利于索的移动。

（2）滚筒法。在桥面设置一条滚筒带，当索放出后，沿滚筒运动。制作滚筒时，要根据斜拉索的布置及刚柔程度，选择适宜的滚轴半径，以免滚轴弯折，摩阻增加。滚筒可与桥面固结，也可与斜拉索套筒固结，具体方法依施工现场情况而定。

（3）导索法。在索塔上部安装一根斜向工作悬索，当斜拉索上桥后，前端连接牵引索，每隔一段距离放置一个吊点，使拉索沿着导索运动，这种方法能省去大型牵索设备，可安装成卷的斜拉索。

(4) 垫层法。对于一些索径小、自重轻的斜拉索，可在梁面放索线上铺设麻袋、草包、地毯等柔软的垫层，就地拖移。

2. 拖曳力估算

安装斜拉索前应计算出克服索自重所需的拖曳力，以便选择卷扬机、吊机及滑轮组配置方式。塔部安装张拉端时，先要计算出各施工阶段的索力，然后选择适当的牵引工具和安装方法进行拉索安装。由理论分析可知，当矢跨比小于 0.15 时，可以用抛物线代替悬链线来计算曲线长度。

索的垂度公式：

$$f_m = \frac{\sqrt{3(L'-L)L}}{8}$$

式中：f_m——计算垂度值；

L——两锚固点之间的距离；

L'——索长。

拖曳力的水平分力公式为：

$$H = \frac{qL^2\cos\alpha}{8f_m}$$

式中：q——索的单位重；

α——索与水平面夹角；

其余符号同上。

3. 拉索的塔部安装

(1) 吊点法。吊点法是指利用吊装设备作为拉索挂设时起吊、牵引的动力，完成拉索的挂设施工，如图 4-4-16 所示，施工方法如下：

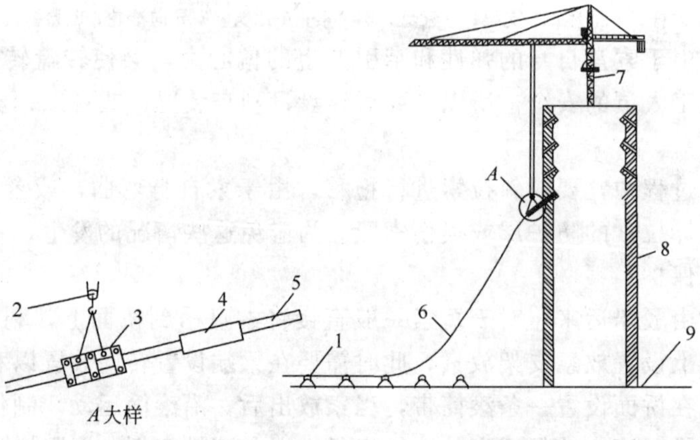

图 4-4-16　吊点法安装拉索示意图

1-滚轮；2-吊点；3-吊运索夹；4-锚头；5-张拉杆；6-待安装拉索；7-吊塔；8-索塔；9-梁面

当拉索上到桥面以后，便可从索塔孔道中放下牵引绳，连接拉索的前端，在离锚具下方一定距离设一个吊点，索塔吊架用卷扬机配置转向滑轮。当锚头提升到索孔位置时，采用牵引绳与吊绳相互调节，使锚头位置准确，牵引至索塔孔道内就位后，将锚头固定。

吊点法施工简便、安装迅速，缺点是起重索所需的拉力大，斜拉索在吊点处弯折角度较大，故一般适应较柔软的拉索。

(2) 吊机安装法

采用索塔施工时的提升吊机，用特制的扁担梁捆扎拉索起吊。拉索前端由索塔孔道内伸出的牵引索引入索塔拉索锚孔内，下端用移动式吊机提升。吊机法操作简单快速，不易损坏拉索，但要求吊机有较大的起重能力，故一般适用于重量不大的短索安装。

(3) 分步牵引法

根据斜拉索在安装过程中索力递增的特点，而分别采用不同的工具，将拉索安装到位。首先用大吨位的卷扬机将索张拉端从桥面提升到预留孔外，然后用穿心式千斤顶将其牵引至张拉锚固面。在这个阶段前半部，采用柔性张拉杆-钢绞线束，利用两套钢纹线夹具系统交替完成前半部牵引工作；牵引阶段的后半部，根据索力逐渐增大的情况，采用刚性张拉杆分布牵引到位，如图 4-4-17 所示。

分步牵引法的特点是牵引功率大，辅助施工少，桥面无附加荷载，便于施工。

4. 斜拉索的梁部安装

斜拉索的梁部安装步骤同塔部安装，基本方法有如下两种。

(1) 吊点法。在梁上放置转向滑轮，牵引绳从套筒中伸出，用吊机将索吊起后，随锚头逐渐地牵入套筒，缓缓放下吊钩，向套筒口平移，直至将锚头穿入套筒内，如图 4-4-18 所示。

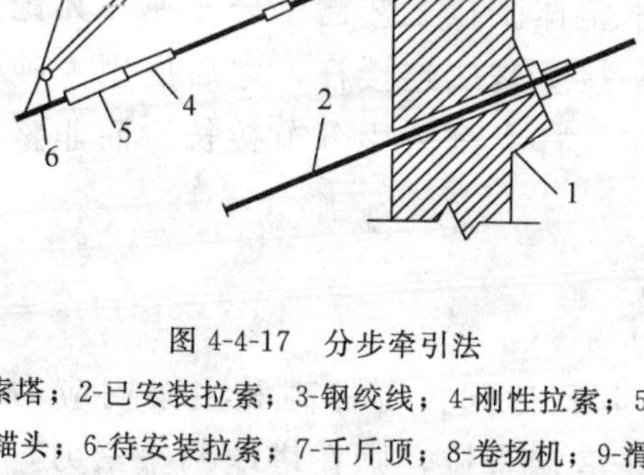

图 4-4-17　分步牵引法

1-索塔；2-已安装拉索；3-钢绞线；4-刚性拉索；5-拉索锚头；6-待安装拉索；7-千斤顶；8-卷扬机；9-滑轮

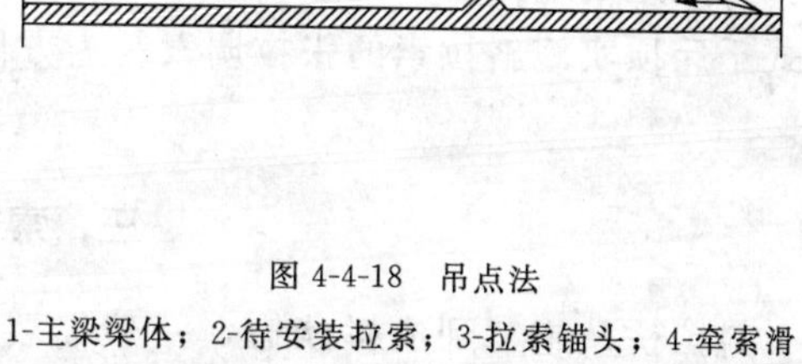

图 4-4-18　吊点法

1-主梁梁体；2-待安装拉索；3-拉索锚头；4-牵索滑轮；5-卷扬机牵引；6-滚轮；7-吊机；8-索夹

(2) 拉杆接长法。对于梁部为张拉端的拉索安装，采用拉杆接长法比较方便。先加工长度为 1.0m 左右的短拉杆与主拉杆（张拉连接杆）连接，使其总长度超过斜拉索套筒加张拉千斤顶的长度，利用千斤顶多次运动，逐渐将张拉端拉出锚固面，并逐渐拆掉多余的短拉杆，安装锚固螺母，如图 4-4-19 所示。运用拉杆接长法，要加工一个组合式螺母（张拉连接螺母)，采用这个螺母逐步锚固拉杆，直到将锚头拉出锚板后拆除。

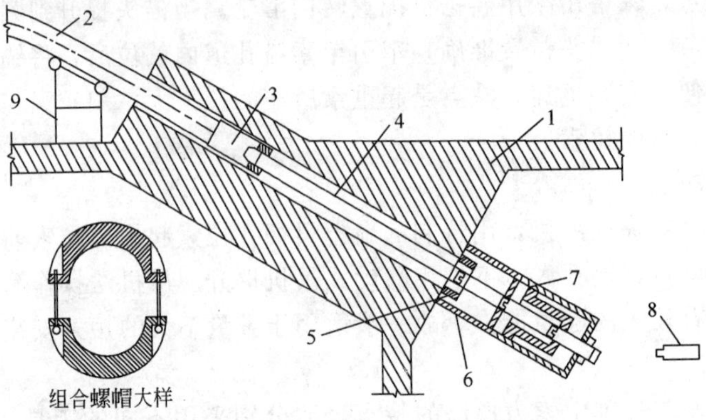

图 4-4-19　拉杆接长法

1-主梁梁体；2-拉索；3-拉索锚头；4-长拉杆；5-组合螺帽；6-撑脚；7-千斤顶；8-短拉杆；9-滚轮

二、拉 索 张 拉

斜拉索的张拉一般可分为拉丝式（钢绞线夹片群锚）锚具张拉和拉锚式锚具张拉两种。其中拉锚式锚具张拉因施工操作方便及现场工作量较少等优点被更多地采用。根据设计要求及现场实际情况，拉索的张拉形式可分为 3 种：①塔端张拉、梁端锚固；②梁端张拉、塔端锚固；③塔、梁两端同时张拉。由于塔的刚度比梁大，塔腔内空间比梁体内空间大，千斤顶移动、安装比较方便，因此我国斜拉桥采用塔端张拉、梁端锚固施工方式比较广泛。

(1) 拉丝式夹片群锚钢绞线斜拉索的张拉

对于配装拉丝式夹片群锚锚具的钢绞线斜拉索，挂索时先要在拉索上方设置一根粗大钢缆作为辅助索，拉索的聚乙烯套管先悬挂在辅助索上，然后逐根穿入钢绞线，用单根张拉的小型千斤顶调好每根钢绞线的初应力，最后用群锚千斤顶整体张拉。新型的夹片群锚拉索锚具，第一阶段张拉使用拉丝方式，调索阶段使用拉锚方式。

(2) 拉锚式斜拉索的张拉

拉锚式斜拉索张拉均为整体张拉。根据目前的技术水平，国内外拉索锚具、千斤顶、拉索的设计吨位已达到“千吨”级水平，大吨位拉索整体张拉工艺已十分成熟。无论是一端张拉还是两端张拉，一般情况下都需在斜拉索端头接上张拉连接杆，之后使用大吨位穿心式千斤顶实施斜拉索的张拉调索，为方便施工，张拉杆大都采用分节接长，而非整根通长。

三、索力调整与量测

斜拉桥从施工到成桥状态，一般需要通过索力调整达到控制标高和主梁内应力的目的。通常索力调整与索力张拉在同一部位进行，如在塔端张拉，则在塔端调整索力，张拉与调整共用一套设备，这样施工支架、升降平台、千斤顶悬吊设施等均可共用，节省成本与时间。

索力调整的主要施工步骤如下：

(1) 对张拉千斤顶和配套油泵进行标定。同时对预计的调整值划分级别，根据标定得出的张拉值和油表读数之间的直线关系，计算并列出每级张拉值和相应的油表读数。

(2) 对索力检测仪器进行标定。

(3) 计算各级调整值并列出相应的延伸量。

(4) 做好索力检测和其他各种观测的准备工作。

(5) 将张拉工具、设备一一就位。

(6) 按预定级别的相应张拉力，通过电动油泵进油或回油逐级调整索力。

调索过程中，应以检测、校核数据配合油表读数共同控制张拉力，并对结果的随时观测，防止不正常情况的发展。

由于斜拉索的索力正确与否是斜拉桥设计施工成败的关键之一，必须有可靠的方法准确量测索力。目前常用的索力量测方法有压力表测定法、压力传感器测定法和频率法等3种。

压力表测定法是利用千斤顶的液压与张拉力之间的直接关系，在张拉过程中通过读取油压，而后换算成索力的测定方法。此法测量索力简单易行，是斜拉桥施工过程中最为常用的一种索力测量方法。

压力传感器测定法是通过串联一个压力传感器，张拉时直接从传感器的仪表上读取索力。采用此法精度较高，可达到1%以下，但价格比较昂贵，只能在特定条件下使用。

频率法是利用索的振动频率与索力之间的关系，通过测定频率，间接量测索力的方法。采用此法量测索力也比较普遍。

*第五节　斜拉桥的施工控制

一、概　述

斜拉桥的施工控制是保证斜拉桥成桥状态时结构具有合理的内力和线形，亦即成桥设计期望确定后，通过对成桥过程中的每一施工阶段进行模拟实际工况的仿真分析和计算，求得斜拉桥在每一施工工况下斜拉索的张拉力、主梁挠度、塔柱位移以及结构内力、应力等控制参数的理论值，以确定斜拉桥从上部结构施工开始至二期恒载作用施加完毕后的成桥状态这一施工全过程的理论参考轨迹。然后在斜拉桥实际施工过程中的每一施工阶段，对这些反映结构受力变形特征的控制参数不断地进行在线监测，确定斜拉桥结构的实际运行轨迹，并比较其与结构理论参考轨迹的符合程度。如果二者相差超出预定的限值，就分析产生差异的原因，并对斜拉桥施工过程中诸于斜拉索的初张力和悬浇或悬拼节段前端的立模或安装标高等控制输入进行相应的调整，确保施工过程中斜拉桥的实际运行轨迹尽量沿着其理论参考轨迹平顺地运行并最终达到其预定的成桥状态。

因此，斜拉桥的施工控制实际上是对施工过程中的斜拉桥进行分析→监测→比较→调整的过程。

概括起来，斜拉桥施工控制的内容主要有：

(1) 根据斜拉桥的类型和选定的施工方法对施工的每一阶段进行理论分析，得出各施工阶段控制参数的理论值，供施工参考使用。

(2) 将施工过程中实测的数据和理论计算数据进行比较分析，并选用相应的控制方法在施工中加以控制、调整。

斜拉桥的施工控制是斜拉桥整体施工质量控制的组成与补充。施工控制是对施工过程中结构的受力及其受力反应进行监控，它主要是控制施工过程中和成桥状态时结构的内力和线形，以使斜拉桥的成桥状态充分满足设计期望；而施工过程中的质量控制则主要是对斜拉桥施工全过程的每一道工序特别是隐蔽工程进行检查、监督和管理，使所完成的工程在材料质量、施工制作质量等方面符合相应的设计图纸和技术规范（规程）的要求，并达到相应的验收标准。因此，从某种角度来看，大跨斜拉桥的施工控制属于斜拉桥整体施工质量控制的宏观层次，而施工过程中的质量控制则似乎属于斜拉桥整体施工质量控制的微观层次。

二、施工阶段作用的确定

斜拉桥施工时因结构自重引起的内力与变形与采用的施工方法有着很大的关联。施工控制在理论计算前应首先对施工方法和架设程序进行深入地研究，拟定一个行之有效的合理施工方案，对主梁架设期间的施工荷载给出一个较为精确的数值。斜拉桥的主梁大多采用挂篮悬浇、支架现浇或预制拼装等方法施工。施工过程中的施工计算作用除了结构自重及人群、施工机具等施工荷载作用外，还须考虑预应力、斜拉索的张拉力等永久作用；对于大跨径斜拉桥还要计入混凝土的收缩、徐变影响等；同时须考虑温度的影响，记录温度对结构变形随时间变化的规律，以便为下一阶段的施工提供必要的技术参数；施工过程中还须考虑地震作用和风荷载的作用，并对施工过程中最不利状态进行抗震、抗风及其强度和稳定性验算。一般来说，斜拉桥在施工合龙前最大悬臂状态为最不安全状态，应采取相应的措施防止风致破坏。

三、斜拉桥施工控制过程参考轨迹的确定

1. 参考轨迹的主要内容

斜拉索的拉力、主梁挠度、塔柱位移以及各控制截面的控制应力等施工控制参数的理论计算值即为斜拉桥施工过程的参考轨迹或期望输出值，是斜拉桥施工控制实施时重要的目标文件，在斜拉桥施工控制开始前必须具备，并在斜拉桥施工过程中根据实际情况作进一步的补充和完善。一般包括以下主要内容：

（1）成桥时（二期恒载施工完毕）主桥线形（主梁标高）及结构的受力状态（内力和应力）。

（2）每一施工阶段斜拉索的张拉力、主梁挠度、主梁标高、塔柱位移、控制截面的控制应力、立模高程或悬拼节段前端点高程等。

（3）施工方法、施工顺序、施工荷载的明确规定。

（4）满足应力控制的前提下索力的允许调整幅度。

2. 成桥状态的确定

成桥状态即理想的结构自重状态，它是斜拉桥施工控制所要达到的最终目标。成桥状态的确定即要确定理想结构自重状态时结构各部分的内力（自重内力）及主梁各部分标高（成桥线形）。成桥线形根据运营要求及美观要求确定，与结构受力无关。

3. 斜拉索初张力以及立模高程理论值的确定（采用倒退分析结果）

由成桥状态的内力、高程倒退分析至某一斜拉索张拉后的状态，此时剩余结构中该斜拉索的拉力即为其初张力，此时梁悬臂端的高程即为该斜索张拉后的理论高程，倒退分析至某一梁段混凝土浇筑前状态时，该梁段前端高程即为立模高程。

四、施工控制与调整

1. 施工控制管理

施工控制是一个高难度的施工技术问题，它涉及到设计、施工、监理等单位的协作与配合。斜拉桥设计规范中，已经明确把通过实际测量来修改设计参数的施工控制方法作为实现设计目标的必要措施。施工过程中通过设计为施工提供理论指导，同时也通过对施工过程的实测资料修正设计参数。因此，施工控制过程中的管理工作显得尤为重要，通过严格有效的管理，使得设计、施工更好地结合起来，保证施工控制程序正常运转。

为确保斜拉桥施工控制工作正常进行，一般情况下，大多数斜拉桥在施工时都聘请工程技术人员专职负责施工过程中的施工控制工作，并由业主、设计、施工、监理等联合成立施工控制工作小组，制定施工控制纲要、施工控制工作细则、各阶段施工控制目标。

为了使施工控制的各个步骤程序化，施工控制工作小组可根据具体的施工进度安排制定施工控制工作程序，以悬臂浇筑法为例，施工控制工作程序主要内容如下：

(1) 施工控制流程

从挂篮的前移定位至斜拉索张拉完毕是斜拉桥施工的一个周期，每个周期中施工控制的步骤如下：

①按照预计的挂篮定位高程进行挂篮的定位，由施工单位测量定位挂篮高程后，经监理签认后向控制小组提供挂篮的定位测量结果。

②施工控制小组分析测量结果，如需调整，给出调整后的斜拉索张拉力和高程。

③浇筑混凝土过程中测量挂篮定位点高程，测量已浇梁段端部及后支点断面处的测点高程。

④浇筑完混凝土后第二天测量所有已施工梁段上的测点高程，经监理签认后，提供给施工控制小组。

⑤监理方检查断面尺寸的准确性，向施工控制小组提供梁段混凝土超重情况。

⑥施工控制小组分析测量结果，如需调整，给出调整后的斜拉索张拉力。

⑦张拉斜拉索，日出前测量已施工的所有梁段上测点的高程，经监理签认后，报施工控制小组。

⑧测量斜拉索索力，如果某对索的索力异常应对其进行补张拉。

⑨施工控制小组根据上一施工周期梁底高程测量值和索力测量结果计算、预报挂篮定位高程和下一施工周期的斜拉桥张拉索力。

⑩预报高程与索力并经设计单位进行局部应力验算，与控制单位会签后交监理。

⑪监理将上述预报索力与高程最后核定后下指令交施工单位执行。

工作程序的关键是：每个施工循环过程的结束都必须对已完成的节段进行全面的测量，分析实际施工结果与预计目标的误差，从而及时地对已出现的误差进行调整，在达到要求的精度后，才能对下一施工循环作出预报。

(2) 误差控制

斜拉桥施工控制的最终目标是：使成桥后的线形与设计线形的所有各点的误差均控制在设计要求范围之内，且斜拉索的索力与设计值的误差一般应控制在5%范围之内。根据这一目标，每一施工步骤中一般可采取如下的误差控制措施：

①斜拉索张拉索力与理论预报值的相对误差应控制在2%以内。

②挂篮定位高程与预报高程之差控制在1cm以内。

③斜拉索张拉完后，如梁端测点高程与控制小组预报高程之差超过设计允许值，需经控制小组研究调整方案后，再确定下一步的调整措施。

④如有其它异常情况发生影响到高程和索力的控制，其调整方案也应经控制小组分析研究，提出控制意见。

(3) 施工控制数据传递路线

因为施工控制涉及诸多数据在工程各有关部门之间的传递，为了保证各数据的准确与及时，可制定如下的数据传递路线。

①施工控制指令下达路线。施工控制小组指令→设计方验算局部应力后会签→监理签认→施工方执行→监理方监督执行。

②测量数据反馈路线。施工方进行高程测量→监理方检查数据保证其准确性→施工控制小组测量索力→报监理方确定是否需对某索进行补张拉。

③数据传递和指令下达各方签字时应注明签字日期和具体时间。

2. 施工工程中的测试

斜拉桥施工过程中的实时检测是斜拉桥施工控制赖以进行的基础，是施工控制的重要组成部分。通过测试所获得的斜拉桥施工阶段结构受力、变形等的实测值是施工控制、施工调整的主要依据，同时也是监测施工、改进设计、确保结构在施工过程中安全的重要手段。

施工测试的主要内容有：

(1) 变形观测。主要观测主梁挠度、高程和塔柱位移。一般可采用精密水准仪、经伟仪、红外测距仪等测量仪器进行观测。

(2) 应力测试。主要测定斜拉索索力、支座反力、梁、塔柱各控制截面的应力。索力可根据弦振动原理利用频率法间接测定，应力可用各种应变传感器配合相应的应变仪测定。

(3) 温度影响。主要测定结构的温度应力和相应的变形。

3. 施工控制原则

(1) 斜拉桥竣工后的线形应符合设计要求，且梁的应力应在安全范围内，这是施工控制的基本原则。一般在主梁施工阶段以控制高程为主，二期结构自重施工后则以控制索力为主。

(2) 在施工中，如发现高程和索力误差较大，应暂停施工，查明原因，及时纠正。

(3) 如果主梁刚度较小，主梁的变形对索力的变化比较敏感，则斜拉索张拉时应以高程测量控制为主。如果主梁刚度较大，施工中可以对拉索张拉力进行控制，然后根据高程实测情况对索力作适当调整。此时高程、线形主要是通过混凝土浇筑前放样高程予以调整。

(4) 斜拉桥施工控制必须充分考虑温度的影响。在大型斜拉桥的施工控制中，温度影响可以分为两种：一种是昼夜温差的影响；另一种是季节温差的影响，它们对斜拉桥主梁高程控制均有较大影响。

昼夜温差的影响在索力和高程控制中多采取回避的做法，即在确定立模或接装高程和斜拉索张拉力这两个对高程和索力起控制作用的施工工序中，均要求在凌晨到日出前进行。但遇连续高温的天气情况，温度的影响难以完全回避，此时宜采用立模高程的修正公式来减少日照温差的影响。

对于季节温差的影响，应设定一个标准温度，将施工过程中实际季节温差对结构的影响在施工控制计算中予以考虑。

4. 施工控制方法

斜拉桥施工中，对于斜拉索索力的控制，有“一次到位，不再调整”和“按合龙前后，分次张拉，逐步到位”两种不同的观点，也就出现了两种不同的控制方法。两种方法虽途径不同，但最终目标都是既要满足结构最终状态要求，又要满足施工状态要求，使梁的高程和内力均符合设计指标。两种方法各有其适用范围。

(1) 一次到位法

一次张拉法即在施工过程中每一根拉索张拉到设计索力后不再重复张拉。对于施工中出现的主梁悬臂端挠度和塔顶水平位移实测值与理论计算值之间的偏差不用索力来调整，而通过与下一梁段的接缝转角进行调整，或任偏差自由发展，直至跨中合龙时挠度的偏差用压重等方法强迫合龙。

一次张拉法由于对已施工完的主梁高程和索力不再调整，主梁线形较难控制，故对构件的制作质量要求较高。且跨中采用强迫合龙将扰乱结构理想的恒载内力状态。但一次张拉法施工简单，操作方便。

(2) 分次到位法

“分次张拉，逐步到位”的方法以主梁合龙为界。合龙前主梁呈双悬臂状态，施工控制以主梁高程为准。在主梁合龙后，再对已形成的多跨连续梁，通过增大索力的调索，将梁预抬高，以抵消由桥面系重力产生的下挠度。必要时可将混凝土徐变和斜拉索非线性等影响都在调索预抬高中一并解决。实践表明，分次到位法适用于主梁刚度小、梁中无纵向预应力、桥面系质量较大、悬浇挂篮质量大和主梁采用预制拼装工艺施工的斜拉桥。

上述两种方法虽各有特点，但一般多主张采用“分次到位法”来进行工程控制。

(3) 卡尔曼滤波法

卡尔曼滤波法对斜拉桥施工控制与调整的理论依据是最优随机控制原理的一个重要特例，即最优终点控制问题。其基本原理是：斜拉桥在结构重力作用下的索力一般是根据刚性支承连续梁的原则制定的，并由此逐步计算出各施工阶段的设计索力及相应挠度，然而按此索力进行施工，到某一施工阶段由于各种因素必然产生挠度偏差值，内力状态也出现偏差。若要使梁体内力达到刚性支承连续梁的内力状态，必须改变原设计索力，才能使挠度达到预定值。现以挠度预定值作为状态变量，以索力调整值作为控制变量，以结构内能最小化作为控制指标，代入最优终点控制问题计算程序中，即可求得使挠度达预定值时应作的索力调整值。以此类推，一直控制、调整到施工合龙。使主梁的线形和结构的内力达到预期的目标。

卡尔曼滤波法除能简单有效地控制结构的内力和变形外，还能较正确地预报下一阶段结构的表现，并与实测值比较以检查施工中可能出现的问题，以确保施工安全。所以该法是一个相当有效的施工控制与调整方法，已在斜拉桥施工中得到广泛应用。

五、施工控制的应用实例

采用上述施工控制系统对武汉市江汉四桥的施工全过程实施了控制。

武汉市江汉四桥位于武汉市城市中心区，在距汉江河口约 4km 处跨越汉江，大桥工程全长 1126.623m。主桥为独塔空间双索面预应力混凝土斜拉桥，采用塔、梁、墩固结体系，塔高 110.5m，结构立面如图 4-4-20 所示。

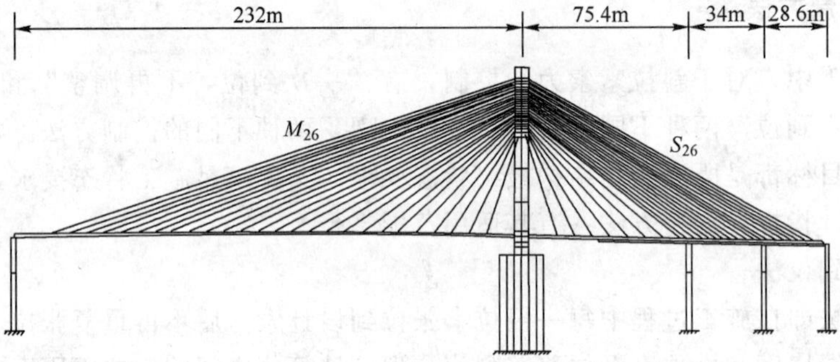

图 4-4-20　武汉江汉四桥结构计算简图

主跨主梁截面及索塔截面如图 4-4-21 所示。图 4-4-21 中编号为截面温度测点编号。边跨主梁大部分采用实体截面，梁高均为 2.2m。索塔为 A 形，拉索按扇形布置，主跨主梁上索距 8m，塔两侧分别布置 26 对索。江侧拉索编号为 $M_1 \sim M_{26}$，岸侧拉索编号为 $S_1 \sim S_{26}$，岸侧采用落地支架现浇，江侧主跨采用前支点挂篮悬臂浇筑，每一节段 8m，施工周期一般为 8d，工艺流程为挂篮前移并立模→拉索第一次张拉→浇筑 1/2 梁段混凝土→拉索第二次张拉→浇筑剩余 1/2 梁段混凝土→混凝土养护后张拉预应力→拉索第三次张拉→降挂篮。设计使用荷载为汽车—超 20 级，挂车—120。

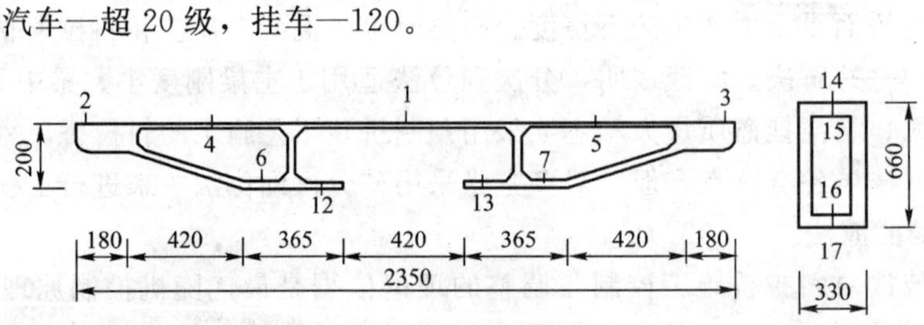

图 4-4-21　主跨主梁及索塔截面图（尺寸单位：cm）

武汉市江汉四桥于 1997 年 4 月 25 日 M_1、S_1 第一次张拉，1998 年 3 月 6 日主跨顺利合龙，1998 年 3 月 26 日进行 M_{26}、S_{26} 在合龙后的第四次张拉。采用上述的预测控制系统对该桥主梁施工全过程实施了有效监控，控制效果优良。合龙时合龙段两端高差为 5mm，与设计值相比，成桥时全桥主梁高程相差最大不超过 30mm（图 4-4-22），索力最大相差不超过 6%（图 4-4-23）。

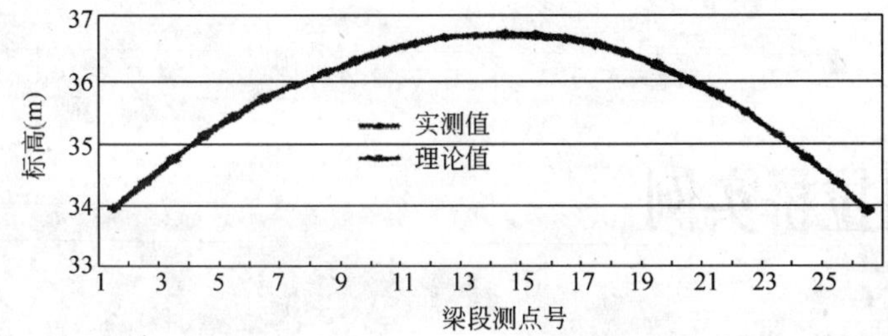

图 4-4-22 成桥时主梁高程比较

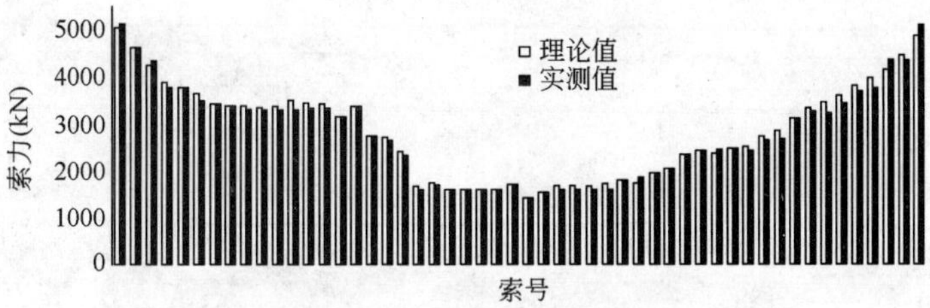

图 4-4-23 成桥时全桥索力比较

第五章 斜拉桥实例
DIWUZHANG

第一节　铜陵长江公路大桥

一、概　　况

铜陵长江公路大桥是国家“八五”重点建设项目，位于安徽省铜陵市西南约 10km 的羊山矶下游 600m 处，上游距九江大桥约 230km，下游距南京长江大桥 220km，是连接徐州—合肥—铜陵—黄山的南北公路咽喉，全桥总长 2592m，于 1995 年建成通车。

二、主要技术标准

设计荷载：汽车—超 20 级，挂车—120；人群荷载 3.5kN/m^2；

桥面宽度：2.5m（人行道）+15m（行车道）+2.5m（人行道），总宽 20m；

洪水频率：300 年一遇，设计水位 15.362m；

最高通航水位：14.262m；

通航净空：下行航道通航净宽不小于 210m，上行航道通航净宽不小于 182m，高 24m。

三、设 计 要 点

1. 结构体系

采用半飘浮体系，塔墩固结，各墩都设盆式支座。孔跨布置为 80+90+190+432+190+90+80m 的 7 孔一联、总长为 1152m 的双塔双索面 PC 斜拉桥，如图 4-5-1 所示，连续长度在国内少有。

2. 主梁

铜陵大桥主梁采用轻型肋板截面（图 4-5-2），边实心梁高 2m，顶宽 1.5m，底宽 1.7m，全宽 23m，板厚 0.32m。高跨比为 1/194，梁上索距 8m，每 8m 节段设一横梁。

3、6 号墩由于悬臂施工需要每侧 28m，因此根部肋板式截面梁高度增大至 3.5m。河侧

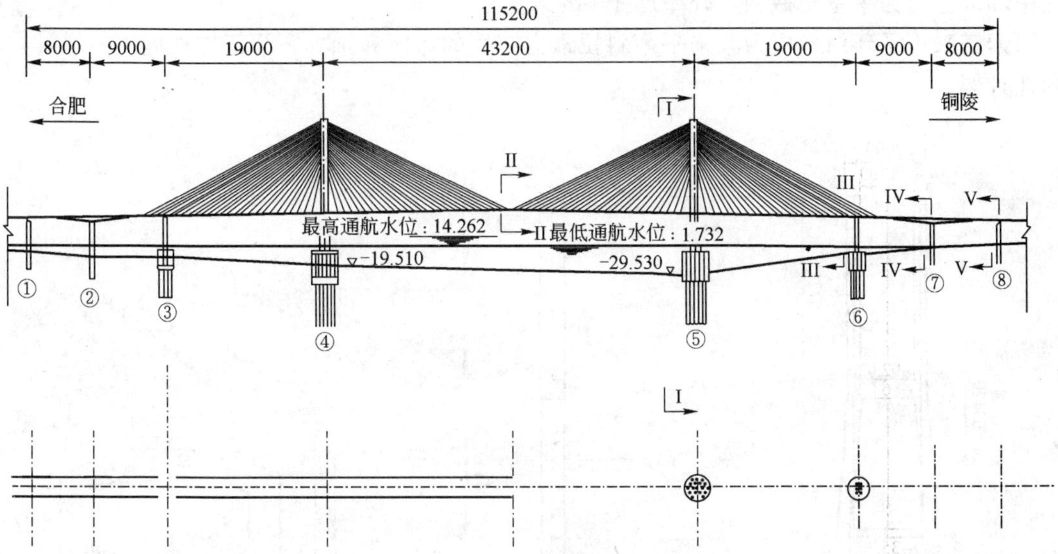

图 4-5-1 铜陵长江公路大桥总体布置（尺寸单位：cm）

悬臂 28m 处，高度降至标准节段的 2m；岸侧悬臂 28m 处，高度降至 2.5m，并带底板，以便与 2、7 号墩悬臂施工的箱梁连接。

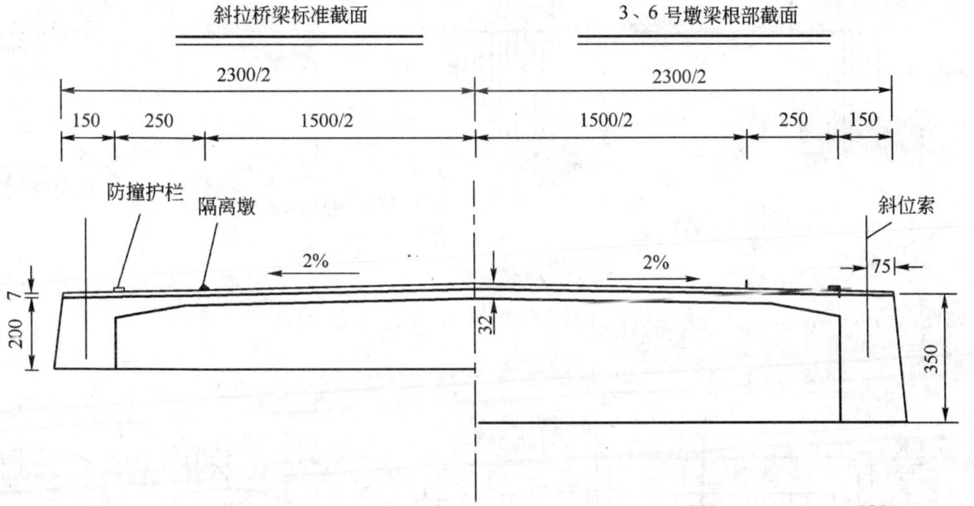

图 4-5-2 肋板式主梁横断面（尺寸单位：cm）

3. 索塔

如图 4-5-3 所示，采用 H 形塔，总高 153.03m，桥面以上塔高 105.5m，高跨比 0.244。下塔柱横桥向底宽 20.4m，逐步向上放宽，至中、下塔柱交界的下横梁处（放置梁处）最宽，为 33m。中塔柱向上略收窄，至上横梁处宽 26m，垂直至塔顶。顺桥向下塔柱底宽 13m，逐步缩小至 7m，直至塔顶。

塔截面呈八角形，在下塔柱中部以下为四室箱截面，外壁厚 1.0m，内壁厚 0.5m。下塔柱中部以上均为单室箱截面，外壁厚 1.0m。

索塔采用了环向预应力束来平衡斜拉索力产生的弯矩和轴力，为了方便施工，塔柱内设劲性骨架。

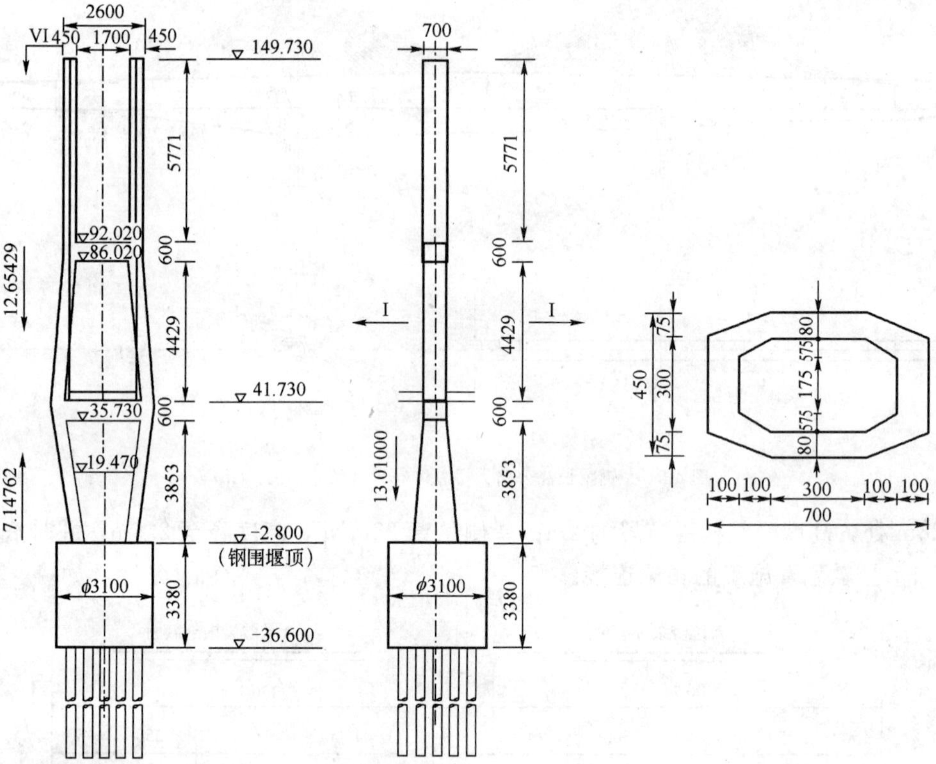

图 4-5-3 索塔构造（尺寸单位：cm）

4. 主塔基础

如图 4-5-4 所示，采用灌注桩与钢围堰相结合的组合基础。

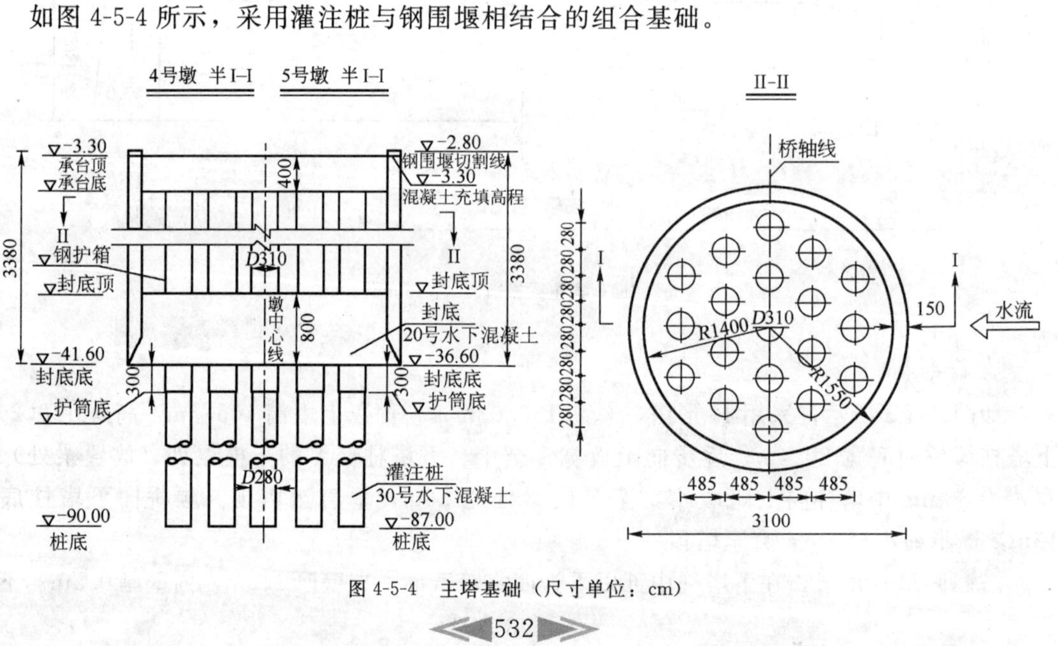

图 4-5-4 主塔基础（尺寸单位：cm）

钢围堰直径 31m，井壁厚 1.5m（内浇注水下混凝土）。4 号主墩围堰高 54.6m，5 号主墩围堰高 49.6m，其上部 15.8m 在塔柱完成后切除。围堰沉至岩面后封底，封底厚 8m。围堰既作为围水结构，又作为桩的施工平台。

每墩有 19 根直径为 2.8m 的钻孔灌注桩，其护筒直径 3.1m，承台为圆形，厚 4m。

第二节　杭州钱塘江三桥

一、概　况

杭州钱塘江三桥（图 4-5-5）位于杭州市钱江一、二桥之间，上距一桥 8.5km，下距二桥 5.0km，江面全宽约 1200m，大桥全长 1280m，其中主桥 976m，引桥长 304m，于 1997 年建成。

二、主要技术指标

设计行车速度：100km/h；

设计荷载：汽车—超 20 级，挂车—120，人群 3.5kN/m^2；

设计水位：百年一遇；最高设计水位 8.47m，最低水位 0.8m；

通航净空：5 级航道，通航净宽不小于 70m，净高不小于 10m；

桥面宽度：29.5m，其中行车道 2×11.05m，中央分隔带 3.2m，人行道（含护栏）2×2.1m。

三、设 计 要 点

1. 结构体系

双独塔竖琴式单索面预应力混凝土斜拉桥，如图 4-5-5 所示，采用塔、梁、墩固结体系，跨径布置为 2×168＋80＋2×72＋80＋2×168＝976m。

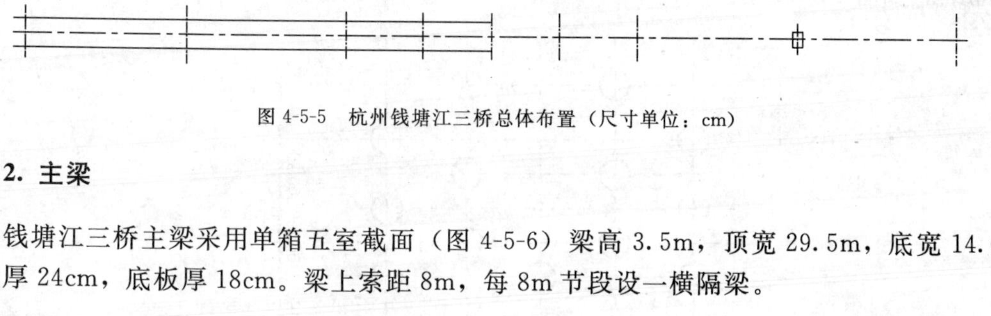

图 4-5-5　杭州钱塘江三桥总体布置（尺寸单位：cm）

2. 主梁

钱塘江三桥主梁采用单箱五室截面（图 4-5-6）梁高 3.5m，顶宽 29.5m，底宽 14.0m，顶板厚 24cm，底板厚 18cm。梁上索距 8m，每 8m 节段设一横隔梁。

3. 索塔

采用“1”字形塔，桥面以上塔高 80m，横桥向宽度为 3m，顺桥向塔底宽度为 8m，塔顶宽度为 5.6m，塔柱均采用空心矩形截面，塔上索距为 4.66m，拉索直接锚固于塔壁上，

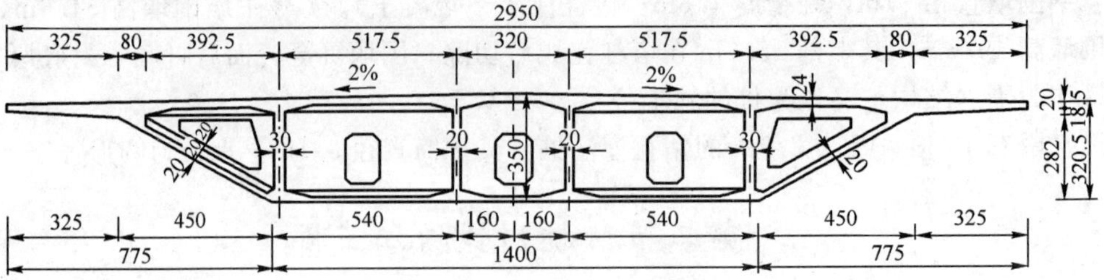

图 4-5-6　单箱五室主梁断面（尺寸单位：cm）

锚固壁厚 1.0～1.53m，如图 4-5-7 所示。塔顶设锥形管避雷针和航标指示灯。

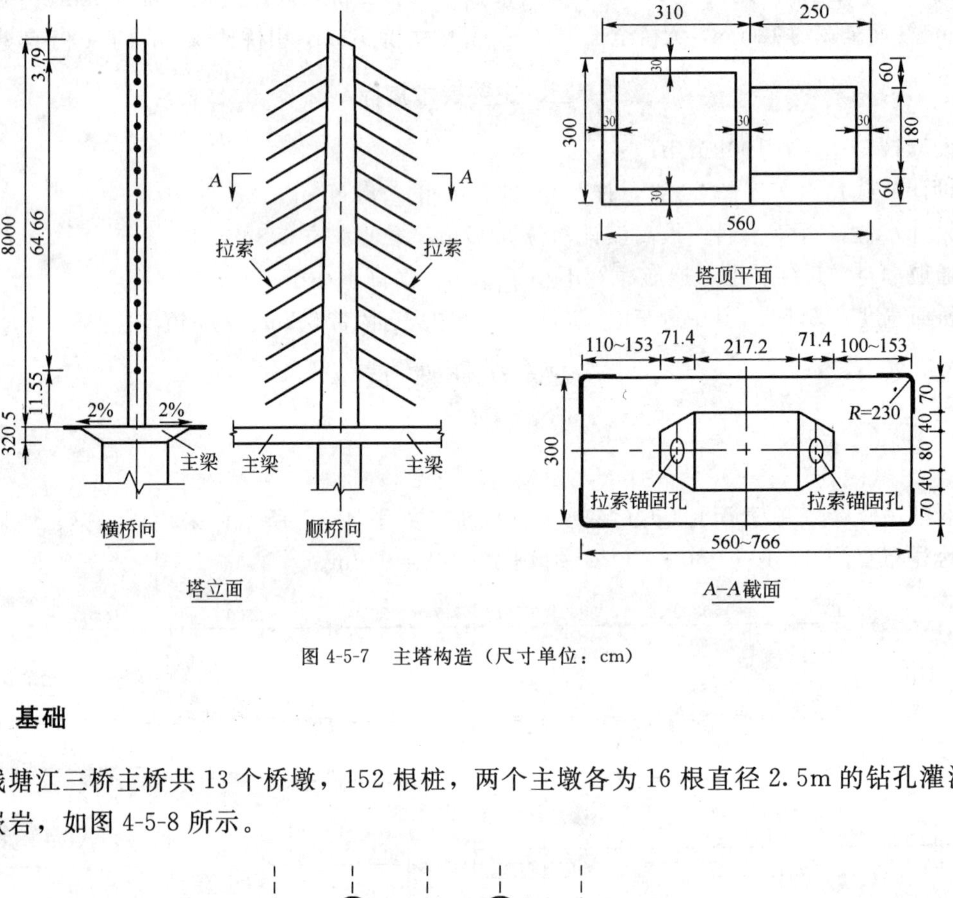

图 4-5-7　主塔构造（尺寸单位：cm）

4. 基础

钱塘江三桥主桥共 13 个桥墩，152 根桩，两个主墩各为 16 根直径 2.5m 的钻孔灌注桩，桩尖嵌岩，如图 4-5-8 所示。

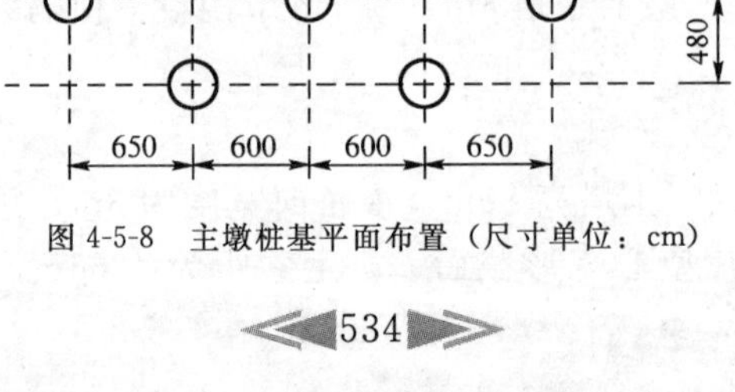

图 4-5-8　主墩桩基平面布置（尺寸单位：cm）

第三节　武汉白沙洲长江公路大桥

一、概　　况

武汉白沙洲大桥位于武汉长江大桥上游8.6km处，是武汉市境内的第3座大桥。大桥全长3586.38m，其中主桥长2458m，引桥长1128.38m，工程于1997年3月动工，2000年8月竣工通车。

二、主要技术标准

设计行车速度：80km/h；

设计荷载：汽车—超20级，挂车—120；

桥面宽度：净宽26.5m，双向六车道。

三、设 计 要 点

1. 结构体系

双塔双索面钢箱梁与预应力混凝土箱梁混合型斜拉桥，如图4-5-9所示，采用漂浮体系，跨径布置为50m＋180m＋618m＋180m＋50m。

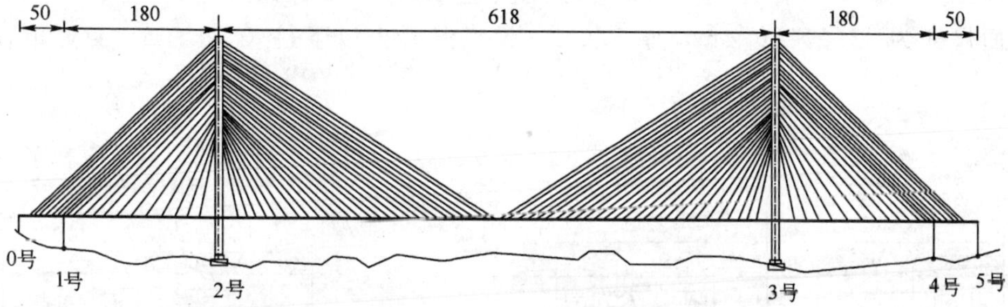

图4-5-9　白沙洲大桥主桥立面布置（尺寸单位：m）

2. 主梁

主梁截面采用双边箱梁形式，如图4-5-10所示，梁高3.0m，全宽30.2m。主孔618m及两边孔各143m的范围内为钢箱，两头接预应力混凝土箱梁（各87m），边跨与中跨比为0.372，以满足与中跨主梁的重量平衡，避免出现支座拉力，并提高斜拉桥的整体刚度。

3. 索塔

采用钻石形塔，自塔座以上全高174.75m，共设两道横梁，均采用空心矩形断面，下横

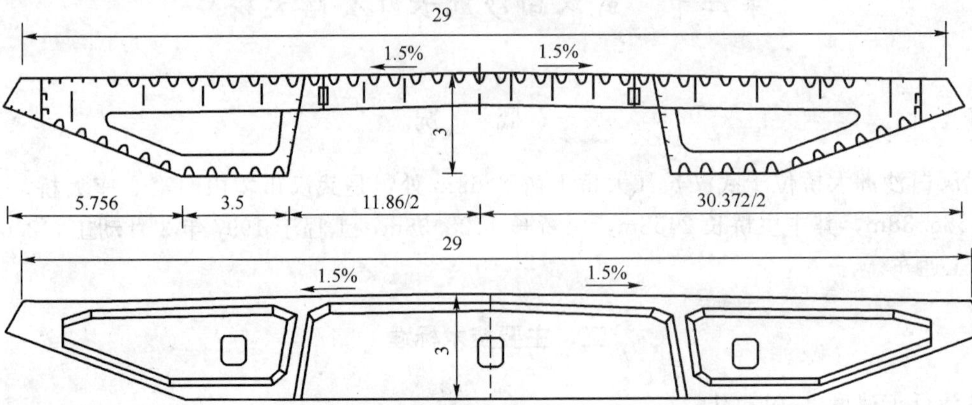

图 4-5-10　主梁横断面（尺寸单位：m）

梁宽 6.5m，高 6.0m，上横梁宽 5.8m，高 5.0m。塔柱也是空心矩形断面，下塔柱横向宽度自下而上由 6.5m，变化至 4.0m，中、上塔柱横向宽度为 4.0m，塔柱纵向尺寸从塔根之上横梁范围由 7.0m 过渡到 6.0m，上横梁以上均为 6.0m，拉索直接锚固于塔壁上，锚固壁壁厚 1.2m，上塔柱拉索锚固区配有预应力筋。

4. 主塔基础

主塔基础形式为高桩承台结构，如图 4-5-11 所示，采用钢管桩支承平台和有底钢吊箱围堰施工方案。每墩各有 ϕ1.55m 钻孔灌注桩 40 根，成行列式排列，共有 5 行 8 列，承台平面尺寸为 32.4×20.4m，厚 5.0m，封底混凝土以下桩长 79.0m，封底混凝土厚 2.0m。

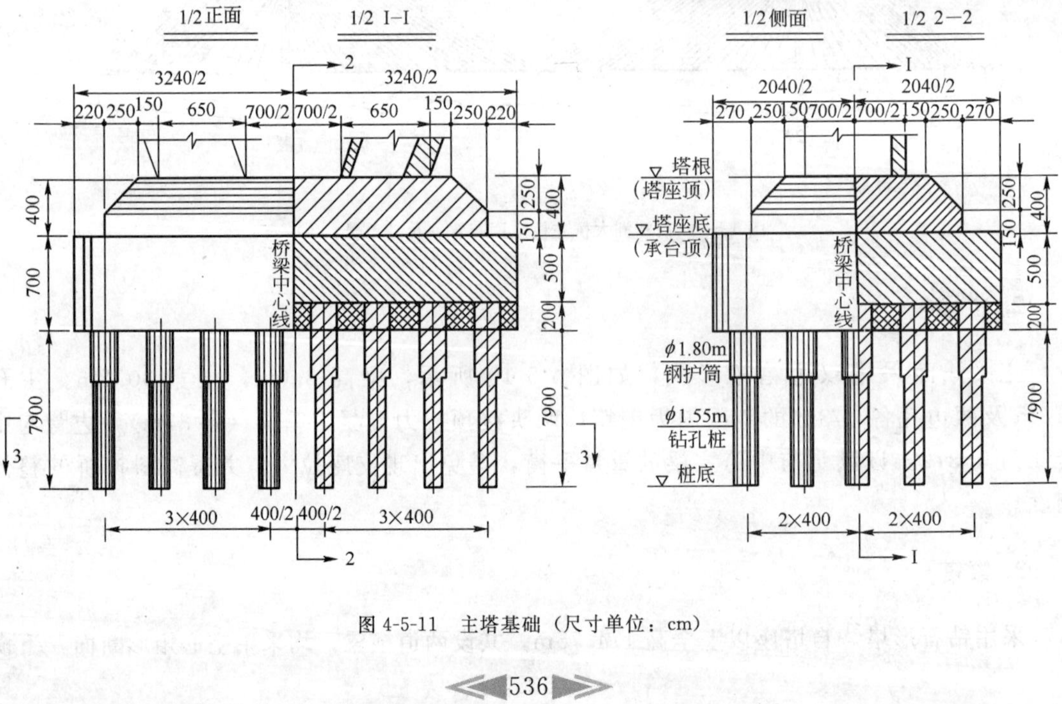

图 4-5-11　主塔基础（尺寸单位：cm）

第四节　荆州长江公路大桥

一、概　　况

荆州长江公路大桥是湖北省荆州市207国道跨越长江的一座桥梁。桥位处江面宽约3000m，江中有一沙洲，称为三八洲。三八洲将桥位分为南北两汊，其中北汊宽约700m，南汊宽约450m，三八洲约1100m。桥梁全长为4177.6m，2001年建成通车。

二、主要技术标准

设计行车速度：100km/h；

设计荷载：汽车—超20级，挂车—120级；

桥面宽度：行车道净宽21.50m，桥面总宽为24.5m（斜拉桥段27.0m）。不设非机动车道和人行道。大桥共由9个桥段组成，自北向南依次为：

北岸桥：长926m

（1）北岸引桥：22×20m预应力混凝土简支空心板。

（2）跨荆江大堤桥：93m＋150m＋93m预应力混凝土连续梁。

（3）北岸滩桥：5×30m预应力混凝土简支T梁。

主桥：长为2557m

（4）北汊通航孔桥：200m＋500m＋200mPC斜拉桥，如图4-5-12a）所示。

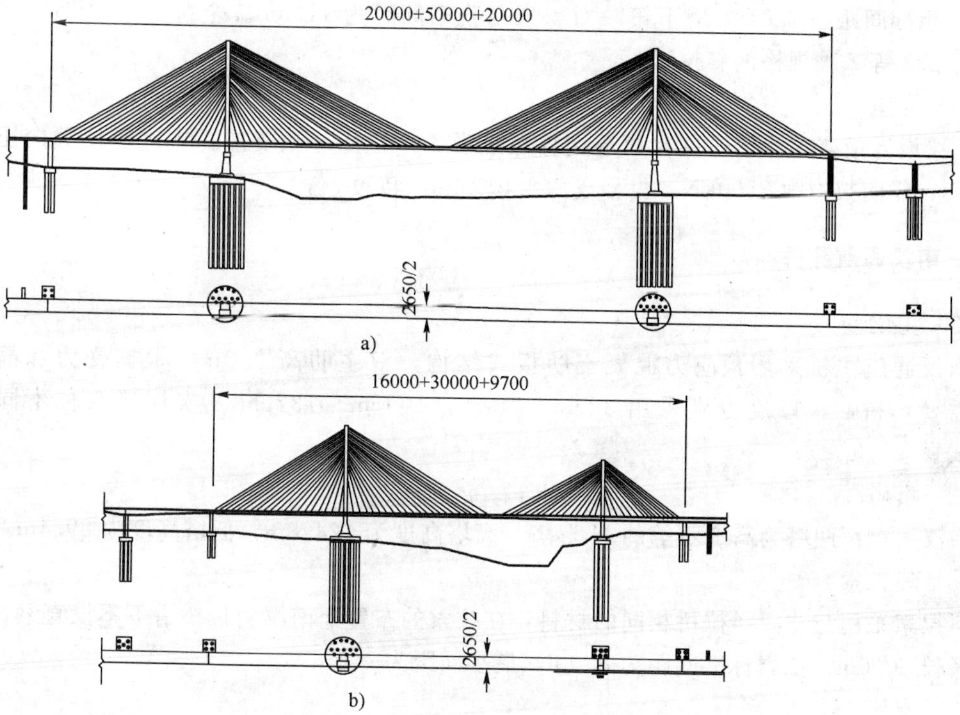

图4-5-12　荆州长江公路大桥主桥总体布置图（尺寸单位：cm）

（5）三八洲桥：100m＋6×150m＋100m 预应力混凝土连续梁。

（6）南汉通航孔桥：160m＋300m＋97mPC 斜拉桥南岸桥：长 270m，如图 4-5-12b）所示。

（7）南岸滩桥：8×30m 预应力混凝土简支 T 梁。

（8）跨荆南干堤桥：50m＋80m＋50m 预应力混凝土连续梁。

（9）南岸引桥：9×30m 预应力混凝土简支 T 梁。

三、主桥设计要点

1. 北汉通航孔桥

（1）主梁

北汉通航孔桥主梁采用预应力混凝土肋板式结构。双主肋高 2.4m，标准梁段肋宽 1.7m，梁顶宽 26.5m（底面宽 27.0m），桥面板厚 32cm。为消除边墩支座负反力，两梁端各 70m 范围内采用加大主肋宽度的方法，增加自重。

（2）索塔

北汉通航孔桥采用 H 形索塔。北塔高为 139.15m；南塔高为 150.25m。两塔每根柱下均设有 5.0m 高的塔座。塔上横梁截面高度为 4.0m，下横梁截面高度为 6.0m，均设置了预应力筋。

（3）斜拉索

斜拉索采用 PES7 热挤聚乙烯拉索，PESM7 冷铸镦头锚锚固体系。拉索最小间距为 4.0m，标准间距为 8.0m，塔下第一对斜索与直索间距为 11.5m。全桥采用 PES7—139 到 PES7—283 等 8 种规格的斜拉索。

（4）支座

主梁设计成飘浮体系，仅在两端交界墩上设 4 个拉压球形支座，支座设计竖向压力为 5000kN，竖向拉力为 2500kN，位移量为±400mm，转角 1°。

2. 南汉通航孔桥

（1）主梁

南汉通航主桥采用预应力混凝土肋板式结构，双主肋高 2.0m。根据受力和静力平衡的需要，桥面板厚度分别采用 32cm，76cm，108cm，132cm 及实体梁 5 种不同的断面形式。

（2）索塔

南汉斜拉桥两塔为高度不等的 H 形塔。高塔高度为 124.8m，低塔高度为 89.4m。

（3）斜拉索

斜拉索采用与北汉斜拉桥相同的材料，在拉索的布置上南汉斜拉桥塔下不设直索，塔下无索区长 20.0m，拉索标准间距为 8.0m，最小间距为 4.0m。

（4）支座

南汉斜拉桥亦为飘浮体系，仅在两端交界墩上设 4 个拉压球形支座，由于结构的不对称性，小边跨梁端的拉压支座需要承受较大的竖向拉力。

3. 三八洲桥

三八洲预应力混凝土箱形连续梁桥，分两幅布置，主梁设计成两个分离的箱梁。箱梁墩顶梁高为 8.0m，跨中及梁端高为 3.3m。单幅箱梁顶宽为 12.5m，底宽为 7.0m。

4. 主桥基础

主桥基础全部设计为钻孔灌注桩基础。北汉通航孔桥两塔下均为 22 根直径 2.5m 桩基，承台直径 33.0m，承台厚 6.0m；三八洲桥中墩每幅采用 5 根直径 2.0m 桩基，承台厚度为 5.0m；南汉斜拉桥高塔下采用 22 根直径 2.0m 桩基，承台直径为 27.2m，承台厚度为 6.0m，低塔下采用 15 根直径 2.0m 桩基，承台厚度为 6.0m，矩形承台。

第五节　夷陵长江大桥三塔斜拉桥

一、概　　况

夷陵长江大桥位于湖北省宜昌市，跨越长江，是联系宜昌市南、北两岸的城市桥梁。桥位距葛洲坝水利枢纽大坝下游约 7.6km，桥址区江面宽约 800m，最大水深约 23m。

夷陵长江大桥经初步设计确定采用单索面三塔混凝土加劲梁斜拉桥方案，全桥长 936m，其中主跨达 348m，是目前国内最大跨度的三塔斜拉桥，也是目前世界上最大跨度的三塔混凝土加劲梁斜拉桥。

二、主要技术标准

设计设计车速：60km/h；

设计荷载：汽车—超 20 级，挂车—120，人群荷载 3.5kN/m^2；

桥面宽度：公路四车道，两侧各 2.0m 宽人行道；

坡度：全桥位于竖曲线上，桥面处半径 R=18725.9m，桥面设 1.5%双面横坡；

通航标准：净高 18m，净宽≥125m。

三、上部结构设计

1. 结构布置

斜拉桥纵向布置为：120m＋348m＋348m＋120m＝936m，其中 120m 边跨又分为 3 个小跨，即 38m＋38.5m＋43.5m＝120m。

桥梁全宽 23.0m，中央索区宽 3.0m，两侧人行道宽各 2.0m，边栏杆宽 0.25m。全桥主梁等高，梁高 3.0m。宽跨比为 1∶15，高跨比为 1∶116。

全桥 3 个主塔塔高不等，两边塔结构相同，中塔高于边塔。主塔采用钻石形钢筋混凝土结构，边、中塔自承台顶以上高度分别为 106.5m 和 126.0m。塔身均为单箱单室或单箱双室截面。

该桥为单索面斜拉桥，斜拉索置于桥面中央，断面上每个编号的斜拉索均由两根组成，间距 1.2m。梁上索距主跨 8.0m，边跨 5.5m，塔上索距约为 1.6m。每个边塔上布置了 18 对斜拉索，中塔上布置了 23 对斜拉索，全桥共 236 根斜拉索。斜拉桥立面布置如图 4-5-13 所示。

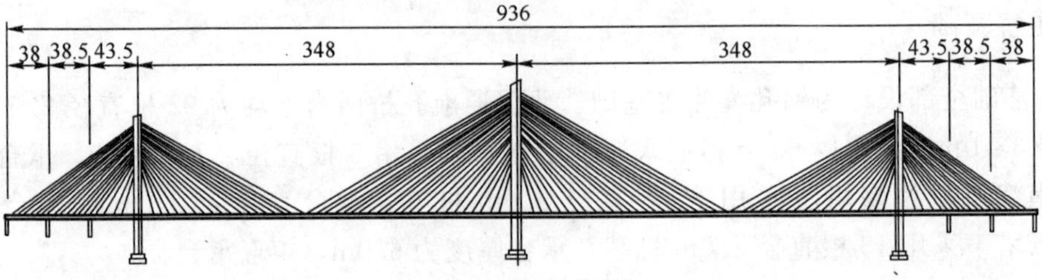

图 4-5-13 夷陵长江大桥总体布置图（尺寸单位：m）

(1) 支承体系

全桥除 3 个桥塔及 2 个边墩之外，还设有 4 个辅助墩均为独柱墩，设于桥中线处，每墩设一个纵向活动支座。每个边墩处均设两个纵向活动支座，其横桥向间距 12.0m。每个边塔处各设两个纵向活动支座，其横桥向间距 10.4m。中塔处为塔梁固结。两个边墩、两个边塔和中塔处的竖向支承共同组成全桥的抗扭支承体系。在各边墩、边塔处设有横向支座，起抗风、防震、限位作用。

(2) 主塔

主塔采用钻石形钢筋混凝土结构，中、边塔纵向尺寸分别为 7.0m、5.5m。主塔分上塔柱、中塔柱、下塔柱三部分。上、中塔柱为单箱单室截面；下塔柱采用单箱双室截面，如图 4-5-14 所示。

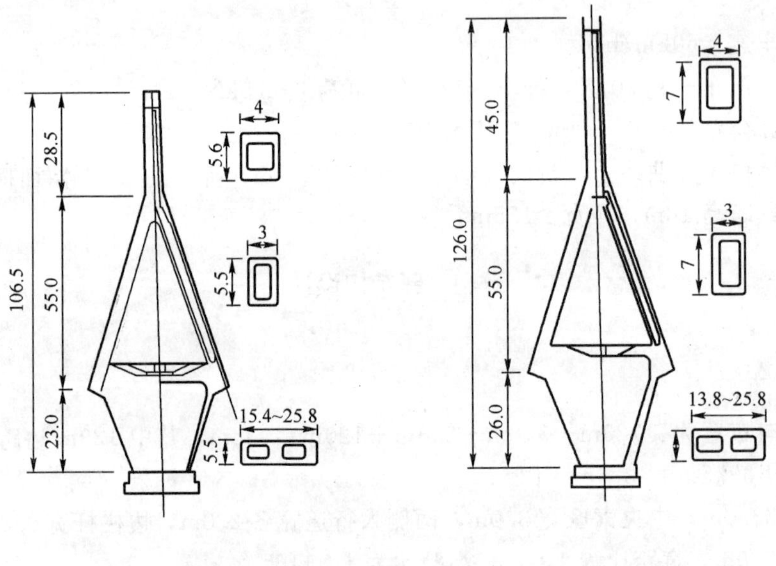

图 4-5-14 边、中塔立面图（尺寸单位：m）

主塔采用 C50 混凝土。上塔柱斜拉索锚固区施加环向预应力，预应力采用精轧螺纹粗钢筋，直径 32mm，$R_y^b=800$MPa。在中、下塔柱交接处布置横向预应力，采用 19 号股钢绞线，直径 15.24mm，R_y^b=1860MPa，以保证竖向压力自中塔柱顺畅传入下塔柱及满足局部承载能力需要。

(3) 斜拉索

斜拉索为平行钢绞线拉索体系，采用全封闭新构造，无粘结锚具。单根钢胶线为：直径 15.24mm，镀锌钢绞线外包 PE 护层，内注油性蜡。钢绞线强度 R_y^b=1770MPa，容许应力 $[\sigma]=045R_y^b$。斜拉索有：27 股、31 股、34 股、37 股、41 股和 47 股 6 种规格。

(4) 主梁

主梁采用单箱三室截面，三向预应力混凝土结构。主梁全桥外轮廓尺寸一致，梁高 3.0m，顶板宽 23.0m，底板宽 5.0m，两侧悬臂板悬臂长度 3.5m。主梁边跨长约 90m 区段为压重段，压重集度约 400kN/m。

主梁边跨与边塔处 0 号块共长 131m，均采用支架现浇施工。中塔处 0 号块现浇长度 22m。两主跨主梁采用预制悬拼施工。

主梁预制悬拼梁段间隔 40m 左右设一道 50cm 宽湿接缝，其余均为干接缝。除合龙段外，一个 348.0m 的主跨共设 7 个 0.5m 宽湿接缝。两个湿接缝间长约 40m 的梁段要求在同一台座上预制，预制块件的匹配性要好，以减小悬拼的施工误差。施工累积误差通过湿接缝及时消除，尽量避免通过垫片调整线形，这是保证大跨预应力混凝土斜拉桥悬拼施工质量的重要技术措施。

梁体预制块长度分别为 4.0m，3.5m（有湿接缝处），预制块均为等截面，顶板厚 22cm，底部厚 35cm，合龙处 8.0m 长梁体因纵向预应力束起弯，底板厚度增至 40cm。直腹板厚 28cm，斜腹板厚 20cm，悬臂板根部厚 45cm，最外侧厚 16cm，一个预制块件顶板设 8 个剪力键（槽），直腹板设 6 个、斜腹板设 2 个。湿接缝两端梁体不设剪力键（槽）。

中塔处主梁截面局部加强，顶板厚 50cm，底板厚 60cm，直腹板厚 60cm，斜腹板厚 40cm。主梁与中塔相交处，沿周边（顶板除外）设 100cm×20cm 倒角。

边跨现浇段因设压重、辅助墩，截面变化较多，其一般截面如下：顶板厚 25cm，底板厚 45cm，直腹板厚 38cm，斜腹板厚 32cm。

主梁采用 C55 混凝土。主梁断面如图 4-5-15 所示。

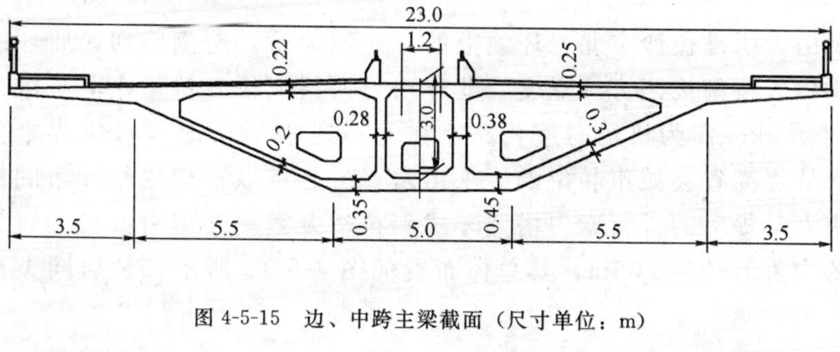

图 4-5-15　边、中跨主梁截面（尺寸单位：m）

2. 主梁预应力体系

主梁采用三向预应力体系。

(1) 纵向预应力

纵向预应力分预应力粗钢筋、体内钢绞线束、体外钢绞线束 3 大类。体内钢绞线均为有粘结钢绞线。

预应力粗钢筋采用精轧螺纹粗钢筋，直径 32mm，$R_y^b=750$MPa，主跨全断面共 40 根，顶板 26 根，斜腹板 14 根，为预制块件悬拼用预应力。边跨粗钢筋数量减半，边跨逐段现浇时，粗钢筋逐段接长张拉，以承担施工荷载。

体内钢绞线采用高强度低松弛钢绞线，直径 15.24mm，$R_y^b=1860$MPa，有 7 股、12 股和 19 股 3 种规格。边跨均采用体内钢绞线束，在边跨现浇工作完成后全部张拉，以形成边跨多跨连续体系，主跨纵向预应力有两种形式：体内钢绞线束和体外钢绞线束。在主跨合龙前张拉一半体内钢绞线，合龙后张拉另一半体内钢绞线和全部体外钢绞线。体外钢绞线规格同斜拉索绞线，单根钢绞线直径 15.24mm。体外钢绞线紧靠主跨底板布置。

(2) 横向预应力

横向预应力采用体内钢绞线束，直径 15.24mm，$R_y^b=4860$MPa，规格为 4 孔扁锚。配置横向预应力以抵抗梁体横向负弯矩，满足横向受力需要。主跨有索横梁和无索横梁内力相差不大，故采用相同配束，均为 6 根，边跨因设有压重，横向弯矩较大，每个横梁处配束 10 根。

(3) 竖向预应力

竖向预应力采用精轧螺纹粗钢筋，直径 32mm，$R_y^b=750$MPa。竖向预应力只布置在斜拉索锚固处，以传递斜拉索拉力，满足局部受力需要。每个索号处配粗钢筋 10 根。

四、主塔基础

主塔墩位于长江中心，基础为 16 根直径 2.0m 的钻孔灌注桩，桩间距 4.0m，行列布置，每根桩长 43.0m。覆盖层为卵石，直径大者达 50cm，覆盖层厚 5.3～7.6m，其下为砂岩。

第六节　长沙市洪山大桥

一、概　　况

长沙市洪山大桥是长沙市北二环线上的一座特大桥，跨浏阳河，属环线建设的关键工程之一，洪山大桥南接四方坪立交，北连捞刀河特大桥，桥位座落于洪山庙休闲渡假区，往东不到 2.0km 即为机场高速公路，往北不到 3.0km 是长沙世界之窗。长沙市环线建设指挥部从提高省会城市品位的要求出发，决心将该桥建成长沙市的标志性景观建筑物，将湖南大学提出的无背索斜塔竖琴式斜拉桥方案提交市府办公会议讨论，获得通过。洪山桥的主桥跨径达 206m，其总体布置如图 4-5-16 所示，位居同类桥型世界第一大跨径。

二、主要技术标准

(1) 道路等级：城市快速路。

(2) 设计荷载：六车道汽车—20 级，挂车—120 级；人群荷载 3.5kN/m^2，并以一辆 3000kN 特重车作验算荷载。

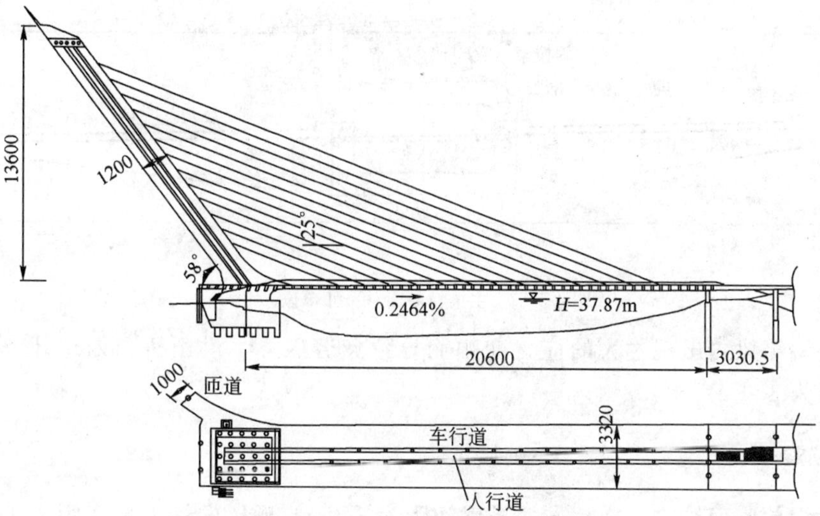

图 4-5-16 长沙洪山桥总体布置图（尺寸单位：cm）

（3）桥宽及路幅组成：全桥宽 33.2m；路幅组成 2×16.6＝33.2m。

（4）设计车速：60km/h。

（5）桥上纵坡：0.2464％；桥面横坡：1.5％。

（6）主桥分跨：227m（主跨和塔区）＋30.305m（辅助孔）＝257.305m。

三、设 计 要 点

1. 索塔和基础

索塔采用预应力混凝土箱形结构，截面外轮廓尺寸为 12.0m（顺桥向）×8.2m（横桥向），塔的水平倾角为 58°，塔高（桥面以上）135m。对于无背索斜塔斜拉桥，塔的自重设计是关键问题之 ，为了确保索塔处于良好的受力状态，按照以下原则确定塔的自重：即当梁上作用全部恒载和一半活载时，塔处于轴心受压状态。出于降低重心的考虑，将索塔设计成变壁厚的形式（下厚上薄），整索塔的混凝土体积约 6700m^3。

洪山桥的人行道位于中央两个索面之间，高出行车道约 2m，为方便行人和确保行车顺畅，设计中在塔根部开了一个高 9m、宽 3m 的过人孔。塔内还设有观光电梯，塔顶设有观景台。

由于桥址处地质条件良好，基岩露头，因而墙身基础采用了 31m（顺桥向）×30m（横桥向）×9m（高）的扩大基础，在最不利组合荷载作用下，基底偏心距小于 0.5m。

2. 主梁

主梁为钢混叠合结构，桥中央设一条 4.4m（高）×7.0m（宽）的矩形闭口钢箱梁，顺桥向每隔 4m 设一道长 12.9m 的箱形钢挑梁，形成脊骨梁结构体系。钢结构部分的母材为 16Mnq 钢，钢挑梁上布 210mm 厚混凝土桥面板，桥面板与钢挑梁间用 ϕ22mm、间距为 120mm 的大头剪力钉连接。主梁横断面如图 4-5-17 所示。

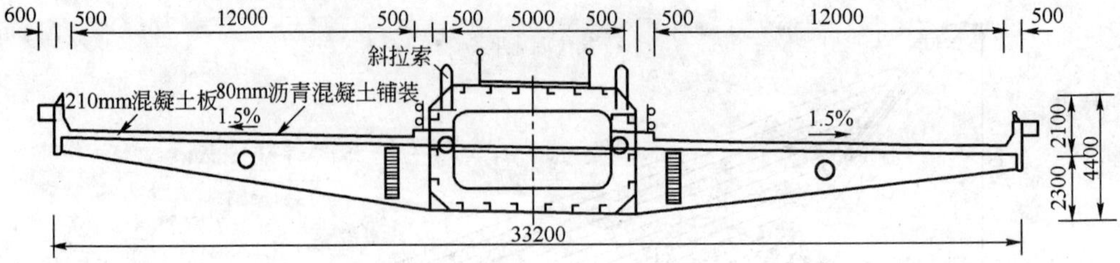

图 4-5-17　主梁横断面（尺寸单位：mm）

为防止钢箱梁内出现过大的应力变幅而导致疲劳破坏，洪山桥与西班牙 Alamillo 桥一样，梁高定为 4.4m。

3. 斜拉索

洪山桥为单索面结构，横桥向两排索间距为 6.0m，顺桥向梁上索间距为 12.0m，共 13 对 26 根索，索的水平倾角均为 25°，平行布置，索长 65.9～289.8m，斜拉索采用 $\phi7$ 高强度低松弛镀锌高强钢丝，抗拉标准强度 1670MPa，采用 241ϕ7mm 和 283ϕ7mm 两种规格，匹配相应冷铸墩头锚具。斜拉索采用预制成品索，总用量约 4600kN。

第五篇　钢—混凝土组合结构桥梁

第一章 概　述

DIYIZHANG

由两种或两种以上建筑材料相互接合在一起，并在荷载作用下能够共同受力、变形协调、具有整体工作性能的结构称为组合结构。如果组合结构是由型钢（或钢板）与混凝土这两种材料通过粘结、机械咬合或连接件相互接合，形成整体，则称为钢一混凝土组合结构。从某种意义上讲，钢一混凝土组合结构是在钢筋混凝土结构和钢结构基础上发展起来的新型结构，但它有自己独特的力学性能和计算方法。

目前国内外常用的钢—混凝土组合结构有以下 6 种类型。

1. 压型钢板与混凝土组合楼板

利用锻压成形的钢板铺设在钢梁上（或次梁上），通过连接件（或称剪力键）和钢（次）梁的上翼缘焊牢，然后在压型钢板上浇筑混凝土形成组合结构，如图 5-1-1 所示。压型钢板可以当作模板并承担施工荷载；混凝土硬化后钢板兼作钢筋承担截面上的拉应力。

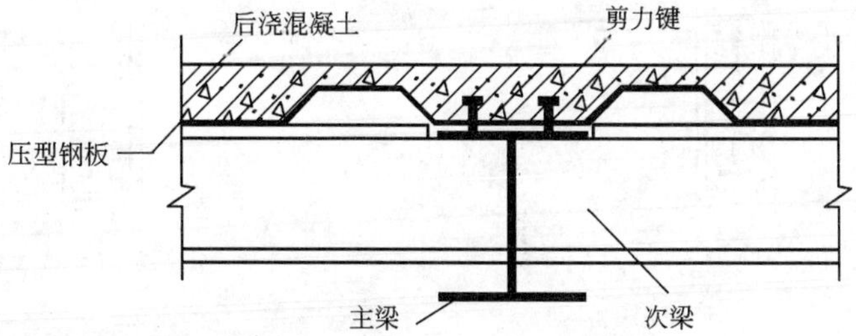

图 5-1-1　压型钢板与混凝土组合楼板

2. 钢—混凝土组合梁

钢—混凝土组合梁是通过剪力连接件将钢梁与混凝土板连接起来而共同受力、变形协调的一种梁，这种梁既能充分利用钢所具有的优越抗拉性能和混凝土所具有的优越抗压性能，又能显著地提高梁的刚度和稳定性，其截面形式如图 5-1-2 所示。

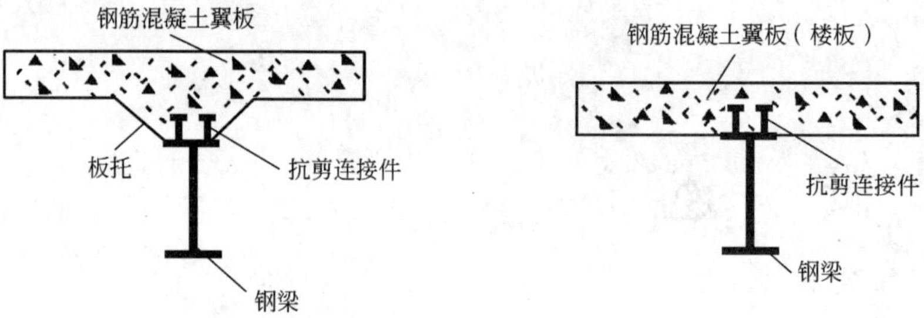

图 5-1-2　钢—混凝土组合梁断面

3. 钢骨混凝土结构

钢骨混凝土（SRC）结构是在钢筋混凝土内部埋置型钢或焊接钢构件而形成的结构。它可以是梁、柱、板墙等组合构件，埋置的焊接钢构件可以是实腹式工字钢，也可以是格构式的钢构件。其特征是型钢完全被混凝土包裹，防腐性能较好。这种结构使型钢与混凝土各自强度得到提高，特别是由于型钢的存在，改善了结构或构件的延性，提高了结构的抗震能力，主要用于工业厂房及房屋结构。

钢骨混凝土结构在不同国家有不同的叫法，英、美等欧洲国家称为混凝土包钢结构；日本称为钢骨钢筋混凝土结构；前苏联和我国称为劲性钢筋混凝土结构，如图 5-1-3 所示。

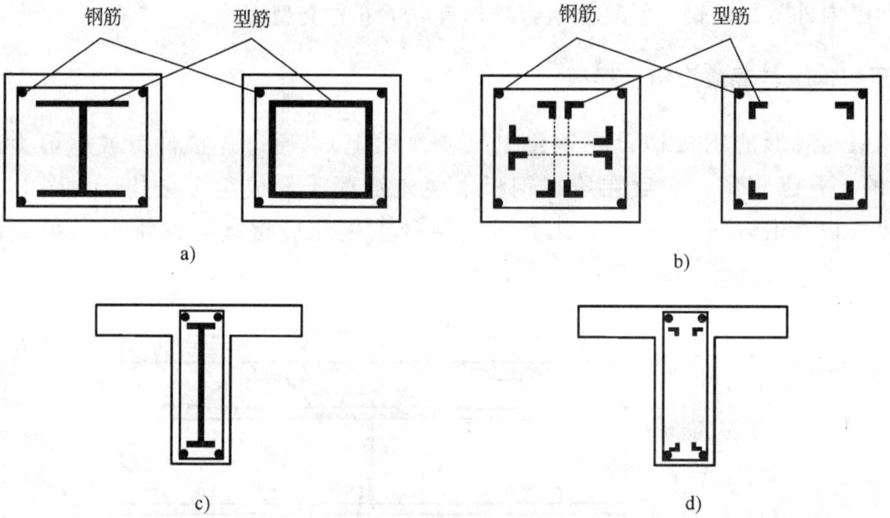

图 5-1-3　型钢混凝土构件

a）实腹式型钢混凝土柱；b）空腹式型钢混凝土柱；c）实腹式型钢混凝土梁；d）空腹式型钢混凝土梁

4. 钢管混凝土结构

由普通混凝土填入薄壁钢管内而形成的组合结构称为钢管混凝土结构。这种结构借助内填混凝土增强钢管壁的稳定性；借助钢管对混凝土的约束作用，使核心混凝土处于三向受压状态，从而具有更高的抗压强度和变形能力。目前工程中常用的钢管混凝土构件截面形式主要有圆形和矩形（包括方形），如图 5-1-4 所示。

图 5-1-4 钢管混凝土柱截面

a）圆形；b）矩形

在钢管混凝土结构中，钢管具有如下功能：①钢管本身是耐侧压的模板；②钢管本身可代替钢筋承担拉力或压力；③钢管本身是劲性承重骨架；④钢管可以提高核心混凝土的抗压强度。

5. 外包钢混凝土结构

外包钢混凝土结构是在钢筋混凝土构件外侧包有钢板或角钢的结构。它是为满足大中型工业厂房内悬挂复杂的各类管网和线路要求而形成的组合结构，它也有利于克服装配式钢筋混凝土构件在吊运、安装过程中棱角容易破损等缺点，如图 5-1-5 所示。

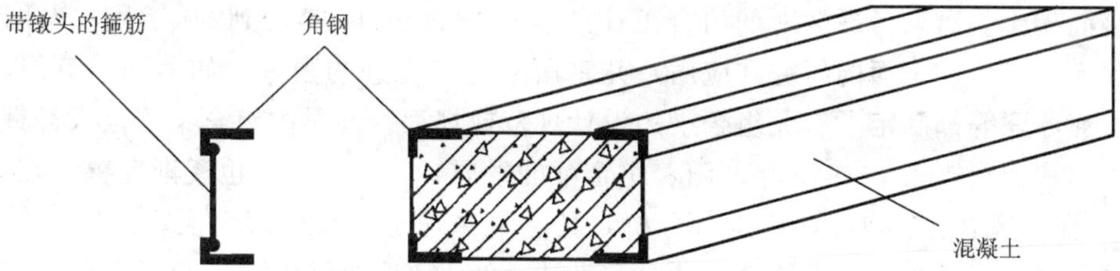

图 5-1-5 外包钢混凝土梁

这种结构的受力主筋由角钢代替，并设置于杆件截面的 4 个角上，横向箍筋与角钢焊接成骨架。为满足对箍筋的保护要求，可将箍筋两端镦成球状再与角钢内侧焊接。

6. 预弯组合梁结构

预弯组合梁是利用配置在混凝土里的钢梁的自身变形，对混凝土施加预应力的型钢混凝土结构。预弯组合梁由预弯曲的工字形钢梁，一、二期混凝土组成的组合结构，亦简称为预弯梁。它具有钢结构、钢筋混凝土结构以及预应力混凝土结构的特点，其截面组成如图5-1-6所示。

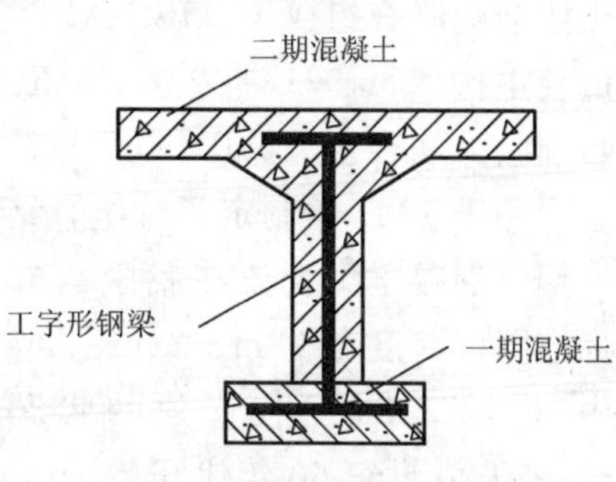

图 5-1-6 预弯组合梁截面形式

本篇主要介绍钢－混凝土组合梁和钢管混凝土拱桥（钢管混凝土结构）两种类型的组合结构。

第二章 钢—混凝土组合梁

DIERZHANG

第一节　钢—混凝土组合梁的发展概况

如上所述，钢与混凝土组合梁是钢—混凝土组合构件的一种，是钢结构专家和混凝土结构专家密切协作而研究出来的具有良好工作性能的结构构件。

钢—混凝土组合梁大约出现于19世纪末到20世纪初。当时主要考虑防火要求，在钢梁外面包裹混凝土，而未考虑两者的组合工作效应。20世纪40年代到60年代，人们对组合梁有了深入、细致、全面的研究和应用，几乎所有技术先进的国家，如美国、英国、德国、加拿大及前苏联等都制定了有关组合梁的设计规范或规程。最早的组合梁规范大都针对桥梁结构，美国和德国颁布于1945年。随着组合梁的发展，其设计理论也逐渐完善。在20世纪60年代以前，基本上按弹性理论进行分析，其基本原理是将组合截面换算成同一材料的截面，然后根据初等弯曲理论进行截面计算和设计；20世纪60年代则开始逐步转为按塑性理论分析，探讨了组合梁的破坏形态、极限承载力、荷载与滑移的关系以及连续组合梁的性能和塑性内力重分布的规律，并建立了相应的计算公式。70年代开始，组合结构快速发展，在一定的领域内能够代替钢结构及钢筋混凝土结构。

组合梁的发展吸引了不少学者与工程技术人员。早在1960年美国钢结构协会及钢筋混凝土协会就联合组成了AISC-ACI组合梁联合委员会开展工作。在国际土木工程师协会联合委员会主持下，1971年成立了由欧洲国际混凝土协会（CEB）、欧洲钢结构协会（ECSS）、国际预应力联合会（FIP）以及国际桥梁与结构工程协会（IABSE）共同组成的组合结构委员会，并于1981年制定了《组合结构》规范，为组合结构的发展指出了新的努力方向。

钢—混凝土组合梁在我国的应用从建国初期就开始了。1956年铁道部编制了组合梁的标准图，跨度有28m、32m、36m、40m及44m等5种，并成功地用于一些铁路及公路桥中，20世纪50年代修建的武汉长江大桥的上层公路桥就采用了组合梁结构（跨度18m）。从20世纪60年代开始，组合结构被推广应用到一些民用建筑中，当时兴建的广东塑料厂，在楼盖中采用了跨度为6m的组合梁。70年代末，北京、上海等地建造的高层、超高层建筑中，都采用过压型钢板和栓钉连接件的组合梁楼盖，大大促进了这种结构在我国的应用。

改革开放以后，组合梁的应用和发展步入了一个新时期，高层建筑中采用了压型钢板组合梁楼盖后，大大加快了施工速度，并且减小了楼盖高度和重量。1991 年建成的上海南浦大桥和 1993 年建成的杨浦大桥，其加劲梁采用了钢一混凝土组合梁结构。近些年在北京、上海等城市的立交桥建设中，钢一混凝土组合梁桥由于其跨越能力大、建筑高度小、抗震性能好以及施工速度快等优点，得到了广泛的应用。以北京航天桥（主跨 73m）和朝阳桥（主跨 64m）为代表的一批钢一混凝土组合连续梁桥，取得了较好的技术经济效益。这些工程也为进一步扩大钢一混凝土组合梁桥在公路及城市桥梁工程中的应用，积累了宝贵的经验。

虽然组合梁桥在我国已有应用，但数量并不多。钢一混凝土组合梁在我国桥梁工程中的应用还是近几年刚刚兴起的事情，仍有很多研究工作要做。我们相信，随着科学研究工作的深入开展，设计规范、规程的齐全和完善，随着我国钢产量的不断增加和人们对钢—混凝土组合结构优越性认识的不断提高，组合梁结构将会在我国的桥梁建设事业中发挥越来越重要的作用。

第二节　钢一混凝土组合梁的特点与构造

一、钢一混凝土组合梁的特点

钢一混凝土组合梁是将钢梁和钢筋混凝土板以抗剪连接件连接起来形成整体而共同工作的受弯构件，也称之为联合梁。

由于组合梁能按照各组成部件所处的受力位置和特点，较大限度地发挥了钢与混凝土各自材料的特性，所以不但满足了结构的功能要求，而且也有较好的经济效益。

概括起来，钢一混凝土组合梁有以下特点：

(1) 充分发挥了钢材和混凝土各自材料的特性。尤其对于简支梁，钢一混凝土组合梁截面的上缘受压，下缘受拉，正好发挥了混凝土受压性能好和钢材受拉性能好的长处。

(2) 节省钢材。实践表明，由于钢筋混凝土板参与了共同工作，提高了梁的承载能力，减少了钢梁上翼板的截面，组合梁方案与钢结构方案比较，可节省钢材 20%～40%，每平米造价可降低 10%～30%。

(3) 增大了梁的刚度。组合梁方案和钢梁方案相比较，由于钢筋混凝土板有效参加工作，截面刚度大，梁的挠度可减小 1/3～1/2；另外，还可提高梁的自振频率。

(4) 减少结构高度。组合梁与钢梁或者钢筋混凝土梁相比可减少结构高度，对于高层建筑结构，若每层减少十几厘米，数十层累计将是一个可观的数字，从而可降低整个房屋造价；对于公路桥梁，由于结构高度减小，可以降低桥面标高，减小两端路堤长度。

(5) 组合梁可利用已安装好的钢梁支模板，然后浇注混凝土板，节约了模板费用，并加快施工速度。

(6) 抗震性能好，噪音小。由于组合梁整体性强，抗剪性能好，表现出良好的抗震性能。另外，组合梁在活载作用下比全钢梁桥的噪音小，在城市中采用组合梁桥更为合适。

组合梁也有一些弱点，如耐火、耐腐蚀性差。对耐火等级高的房屋结构，需要对钢梁涂耐火涂料；对跨河的组合梁桥需要采取防腐措施。再如，在钢梁制作过程中需要增加焊接连接件的工序，有的连接件需要专门的焊接工艺，有的连接件在钢梁吊装就位后还需进行现场校正等。

二、钢—混凝土组合梁的构造

钢一混凝土组合梁的构造主要由钢梁、钢筋混凝土板和剪力键（亦称抗剪连接件）3个部分构成，如图5-2-1所示。以下分别对各部分构造加以介绍。

1. 钢梁

钢梁在组合梁中主要承受拉力，为充分发挥钢梁的效能，常用的截面形式为工字形和箱形。

1）工字钢梁

直接采用钢厂生产的热轧工字形型钢做钢梁，现场加工简单，施工安装方便。工字型钢由于自身截面尺寸小，承载能力有限，故一般只用于房屋建筑的中、小跨径组合梁（图5-2-1a））。

2）钢板梁

钢板梁通常是指用3块钢板焊接成截面为I形的钢梁，沿着桥梁纵向设置，作为主梁承担由桥面板传来的各种荷载（图5-2-1b））。在拼接钢板梁时，应尽可能采用三块钢板焊接而成。当板厚不能用其它方法解决时，可采用外贴钢板的形式（图5-2-1c））。外贴钢板原则上宜采用一块钢板。当组合梁的跨径不大时，为节省钢材也可设计成倒T形的钢梁（图5-2-1d））。

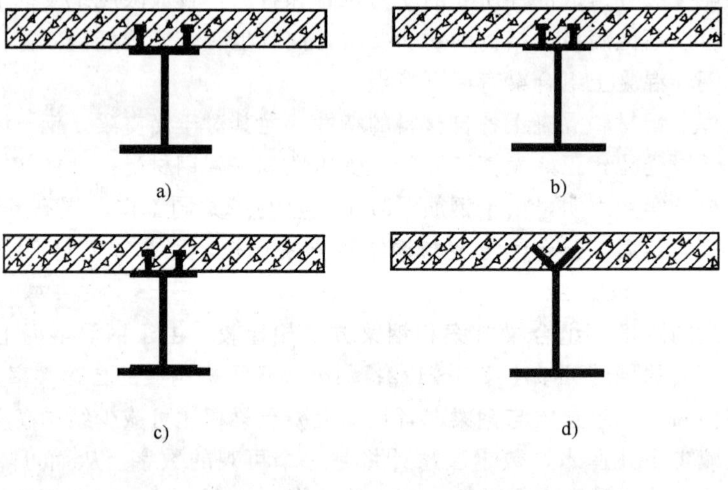

图5-2-1　常用的工字形钢梁截面

a）工字形钢梁；b）宽下翼缘钢板梁；c）下翼缘加盖板的钢板梁；d）倒T形钢梁

3）钢箱梁

对于大跨径的钢一混凝土组合梁桥，多采用钢箱梁的截面形式，故又称为箱形组合梁桥。箱形组合梁的抗扭刚度大，特别适合于建造曲线梁桥，并且在顺桥方向大多做成连续结构。箱形组合梁的常用截面形式如图5-2-2所示。在此基础上亦可变化出斜腹板或多室钢箱梁。

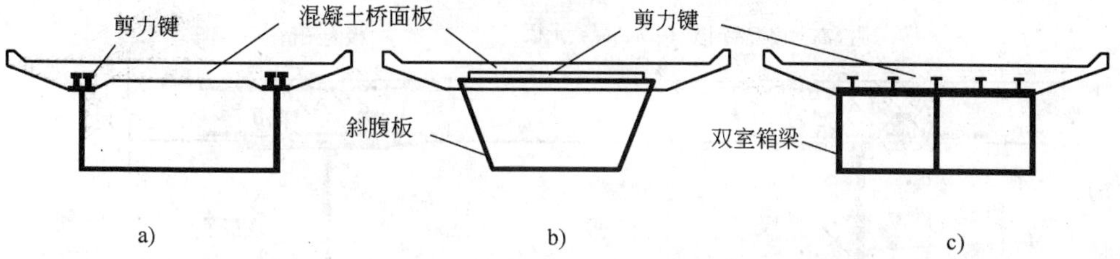

图 5-2-2　组合箱梁桥的截面

a）开截面箱梁；b）闭截面箱梁在腹板上组合；c）闭截面箱梁上翼缘面上组合

2. 钢筋混凝土翼缘板

对于桥梁结构的组合梁，支承于钢梁顶面的钢筋混凝土板除了作为组合梁的上翼缘与钢梁共同承担纵向弯矩之外，同时作为桥面板还要承担由局部荷载引起的横桥方向的内力。

组合梁桥的翼缘板通常采用现浇混凝土翼缘板、装配式预制混凝土翼缘板和装配一整体式组合板 3 种形式，下面分别加以介绍。

1）现浇混凝土翼缘板

现浇混凝土翼缘板的厚度因钢梁的间距和横隔梁的布置情况而定，通常为 15～30cm。为了适应板所受横向内力的变化和设置剪力键的需要，通常在混凝土翼缘板与钢梁的支承边缘设置承托（图 5-2-3）。

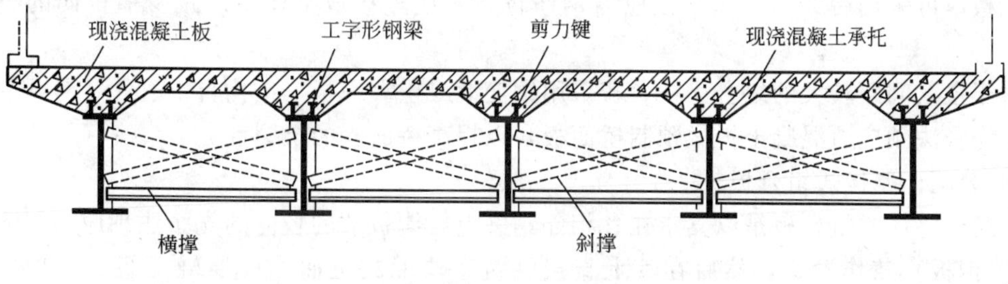

图 5-2-3　现浇混凝土翼缘板

2）装配式预制混凝土翼缘板

组合梁桥中采用的预制混凝土翼缘板，通常是垂直于桥跨方向布置。对于多主梁结构的宽桥，布置在中间行车道部分的板可支承在二根相邻钢梁上缘的板端。在钢梁上翼缘顶面中间设置剪力键的部位，预留出 10～30cm 宽的现浇段。相邻板端伸出的横向钢筋应予以焊接或做成扣环接头。预制板端面混凝土应作凿毛处理，然后在预留空隙处浇筑高强度等级混凝土。通过剪力键和相互连接的横向钢筋将预制混凝土翼缘板与钢梁连接成整体，如图 5-2-4a）所示。

对于支承在边主梁上的悬臂板或横跨多根主梁支承的连续板，应按钢梁上翼缘顶面设置剪力键的位置和尺寸要求，在板的相应位置设预留孔。预留孔中的连接件宜采用刚性连接件。预留孔宜做成由下向上扩大的锥形，如图 5-2-4b）所示。预留孔与连接件间的空隙应按如下情况考虑：在承压一边不宜小于 5cm；其余边不宜小于 3cm。

预制混凝土翼缘板沿顺桥方向的构件宽度应根据横隔梁的间距和施工吊装能力，从方便

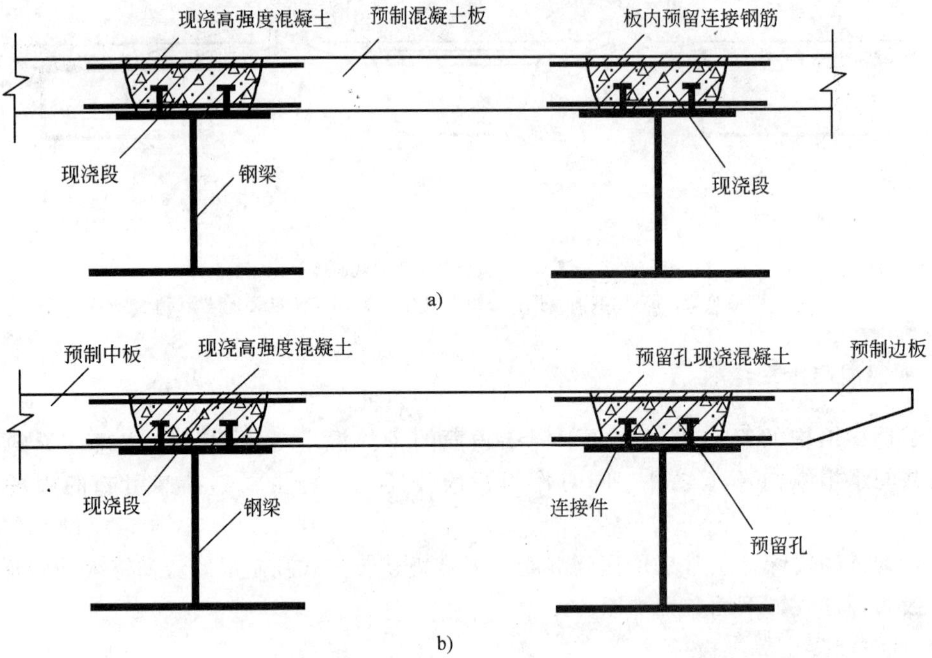

图 5-2-4　预制混凝土板的连接

a）中板；b）边板

施工的角度划分。在一般情况下相邻板间的横缝可不予连接。承受负弯矩区段处于受拉区的混凝土板，可采用后穿入的纵向预应力钢筋将各板块连接成整体，以减少横桥向的裂缝问题。

对于主梁间距较大的组合梁桥，若采用钢筋混凝土翼缘板，结构自重过大、易开裂，可以采用先张法预应力混凝土板做预制桥面板，以提高桥面板的抗裂性。

3）装配一整体式组合板

装配一整体式组合板是以支承在各相邻钢梁上翼缘板端的较薄的先张法预应力混凝土板（或压型钢板）兼作模板，然后在其上直接浇筑整体混凝土而形成混凝土组合结构，如图5-2-5所示。为了加强新旧混凝土之间的粘结，作为模板的预应力混凝土板的顶面可做成凸凹不平或粗糙不平的表面，亦可在其表面涂抹有利于新旧混凝土粘结的界面剂。这种组合桥面板构造简单，施工方便，整体混凝土可与桥面铺装层混凝土一起浇筑，结构的整体性良好，具有广泛的应用前景。

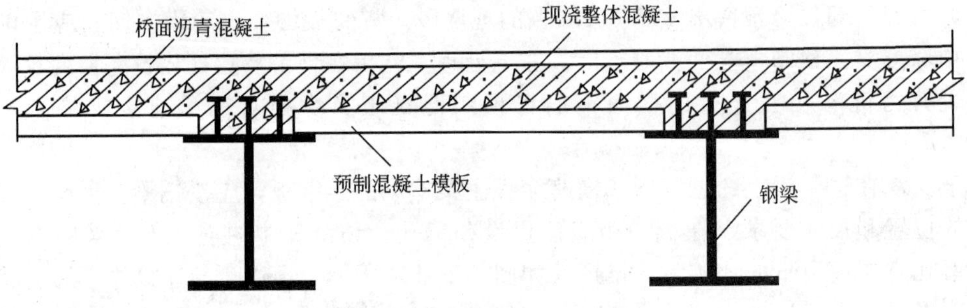

图 5-2-5　装配一整体式组合板

3. 剪力键（连接件）

设在钢梁上翼缘顶面的剪力键是保证钢梁与混凝土翼板共同受力、协调变形的基础。剪力键的作用主要是承受钢梁和混凝土翼缘板之间界面上的纵向剪力，抵抗两者之间的相对滑移。组合梁中采用的剪力键的种类很多，从工作性能上可划分为刚性或柔性剪力键两大类。目前国内外采用较多的栓钉剪力键属于柔性剪力键的范畴。剪力键涉及的问题较多，将在第五节专门介绍。

第三节　组合梁截面的弹性计算

钢一混凝土组合梁的计算方法，可以分为按弹性理论的计算方法和考虑截面塑性变形的塑性计算方法。

一、弹性设计法的基本概念

当钢一混凝土组合梁按弹性理论计算时，采用以下基本假定：

（1）钢和混凝土均视为理想的弹性体，其应力应变关系成正比。

（2）钢梁与钢筋混凝土板之间有可靠的连接，相对滑移很小，可忽略不计；弯曲变形后截面符合平截面假设。

（3）不考虑受拉区混凝土参与工作。

（4）不考虑钢筋混凝土板中钢筋的作用。

按照弹性理论计算原则，组合梁的应力及刚度计算可以利用材料力学公式，但是材料力学公式是针对单一的均质弹性体，且材料各向同性，而钢一混凝土组合梁是由钢和混凝土两种不同性质的材料组合的复合结构。因此，首先应当解决截面换算问题，即将两种材料换算为具有相同弹性模量的同一种材料。

与钢筋混凝土结构相反，在钢—混凝土组合梁中，我们习惯于把混凝土截面用等效的钢截面代替，并将这种换算后的截面称为换算截面。这样，按换算截面的几何特征值，直接利用材料力学公式计算组合梁的截面应力和变形。

二、组合梁的换算截面

1. 组合梁桥面板的有效宽度

钢一混凝土组合梁是按照钢梁与桥面板成为一体承担弯矩进行设计的，从弹性力学分析可知，组合梁产生弯曲变形时，支承于钢梁上的混凝土翼板的纵向压应力沿翼板宽度方向的分布是不均匀的，离钢梁腹板越远，混凝土翼板的压应力越小，其分布规律主要取决于截面和跨径的相对尺寸。设计中把混凝土翼板参与钢梁共同工作的宽度限制在一定的范围，称之为翼板的计算宽度 b_e，并假定在计算宽度 b_e 范围内压应力是均匀分布的（图 5-2-6）。这在理论上与钢筋混凝土梁的计算宽度是一致的。

按《公路桥涵钢结构及木结构的设计规范》（JTJ 025—86）（以下简称《钢桥规》）的规

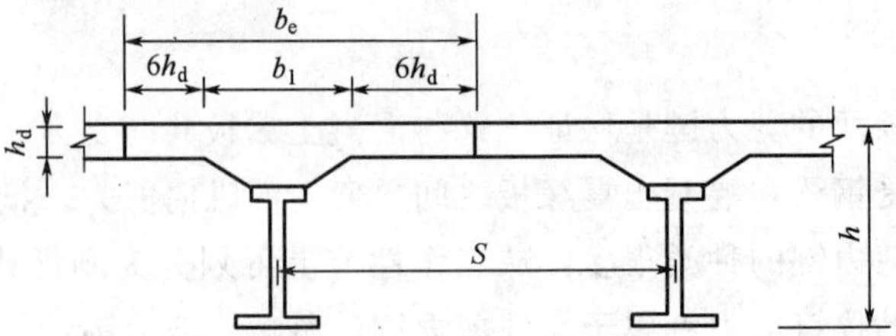

图 5-2-6 混凝土翼板计算宽度

定：钢一混凝土组合结构中混凝土板的计算宽度 b_e 采用下列 3 种宽度中的最小者：

(1) 梁计算跨径的 1/3。

(2) 相邻两梁轴线间的距离 S。

(3) 承托的宽度 b_1（如无承托时，则为钢梁上翼板宽度）加 12 倍的板厚 h_d，即 b_1+12h_d。

2. 等效换算原理

在组合梁的弹性设计中，通常是将混凝土翼板面积换算为等效的钢截面。假想有一弹性模量为 E_c 的混凝土单元，其截面面积为 ΔA_c，在应力 σ_c 作用下，其应变 $\varepsilon_c=\sigma_c/E_c$。现试将其换算为等效的弹性模量为 E_s 的钢单元，假设换算后的钢截面面积为 ΔA_s，应力为 σ_s，相应的应变为 ε_s。

等效换算就是要保持换算前后单元面积承受的合力大小不变，应变相等。故有如下关系式：

$$\sigma_c \Delta A_c = \sigma_s \Delta A_s \tag{5-2-1}$$

$$\varepsilon_c = \varepsilon_s, \sigma_c/E_c = \sigma_s/E_s \tag{5-2-2}$$

由公式（5-2-2）可得：

$$\sigma_c = \frac{E_c}{E_s}\sigma_s = \frac{1}{n_E}\sigma_s \tag{5-2-3}$$

式中：$n_E=E_s/E_c$，为钢与混凝土的弹性模量之比，可按表 5-2-1 查取。

钢与混凝土的弹性模量之比 n_E 表 5-2-1

混凝土等级	C20	C25	C30	C40	C50	C60
$n_E=E_s/E_c$	8.24	7.50	7.00	6.46	6.09	5.83

注：钢和混凝土的弹性模量按《桥涵设计规范》JTG D62—2004 取用，其中钢的弹性模量 $E_s=2.1\times10^5$ MPa。

将公式（5-2-3）代入式（5-2-1）中，则有：

$$\Delta A_s = \frac{1}{n_E}\Delta A_c \tag{5-2-4}$$

式（5-2-4）表明，混凝土单元面积 ΔA_c 可用面积为 $\Delta A_c/n_E$ 的钢截面来代替。这样在组合梁计算中，只要将混凝土翼板的面积用 $1/n_E$ 倍的钢截面代替，即可将整个截面换算为单一弹性模量 E_s 的钢截面。按换算截面几何性质，直接代入材料力学公式求得的应力是假想的钢截面应力。对混凝土翼板而言，其真实应力应为同一点假想钢截面应力的 $1/n_E$，即 $\sigma_c=\sigma_s/n_E$。

3. 短期荷载效应设计时组合梁换算截面的几何特征值

如前所述，在组合梁计算中通常是将混凝土翼板的面积用 $1/n_E$ 倍的钢截面来代替，将整个截面换算为单一弹性模量 E_s 的钢截面。为了保持换算前后混凝土翼板的截面重心高度不变，换算时混凝土翼板厚度应保持不变，而仅将翼板的宽度用 b_e/n_E 来代替。

组合梁换算截面几何特征值，应按换算截面重心轴位于混凝土翼板下及翼板内两种情况分别计算，如图 5-2-7 所示。

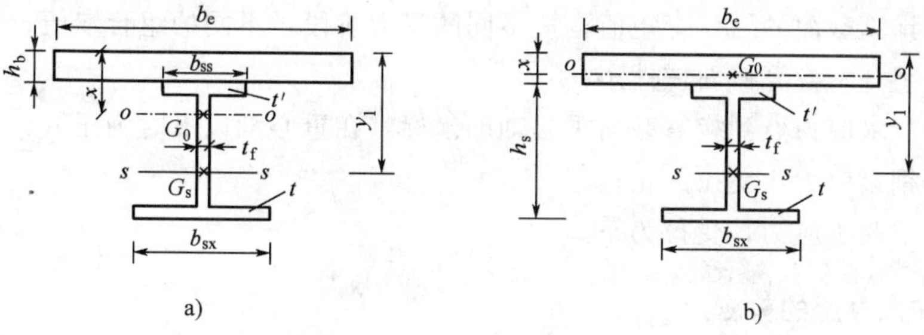

图 5-2-7　组合梁的截面

a) 重心轴位于板下；b) 重心轴位于板内

换算截面重心 G_0 距混凝土翼板顶面的距离 x，可由各块面积对混凝土翼板顶面取矩的代数和为零的条件求得。

4. 长期荷载效应设计时的换算截面几何特征值

在长期荷载作用下，混凝土发生徐变将产生很大的塑性变形。这样，计算长期荷载作用下的换算截面几何特征值时，混凝土的弹性模量 E_c 应以割线模量 E'_c 代替。按照割线模量 E'_c 与弹性模量 E_c 的关系有：

$$E'_c=\frac{\varepsilon_e}{\varepsilon_e+\varepsilon_p}\cdot E_c=kE_c \tag{5-2-5}$$

式中：ε_e——混凝土的弹性变形；

ε_p——混凝土的塑性变形，混凝土徐变引起的塑性变形可以通过徐变系数来表示：

$$\varepsilon_p=\varphi(t_\infty,\tau)\varepsilon_e$$

所以 $k=\dfrac{\varepsilon_e}{\varepsilon_e+\varepsilon_p}=\dfrac{\varepsilon_e}{\varepsilon_e+\varphi(t_\infty,\ \tau)\ \varepsilon_e}=\dfrac{1}{1+\varphi(t_\infty,\ \tau)}$

考虑到混凝土翼板中钢筋的存在能阻碍混凝土徐变的发展以及原始弹性模量本身取值的误差，《钢桥规》中把系数 k 取值为 0.4～0.5，即：

在计算结构重力对徐变影响时，取 $k=0.4$，即取 $E'_c=0.4E_c$；

在计算混凝土收缩对徐变影响时，取 $k=0.5$，即取 $E'_c=0.5E_c$。这样在长期荷载作用下，考虑混凝土徐变而换算截面时，只要将上述公式中的 n_E 用 $2n_E$ 代替即可。

三、荷载作用下组合梁的截面应力计算

引入换算截面的几何特征值后，在弹性范围内可按材料力学有关公式计算组合梁的截面应力。

1. 钢梁和混凝土的正应力

对于钢梁部分 $$\sigma_s = \frac{M}{I_{sc}} y \tag{5-2-6}$$

对于混凝土部分 $$\sigma_c = \frac{M}{n_E I_{sc}} y$$

式中：M——计算截面的工作弯矩值，按不同的受力阶段，不同的组合取值；

I_{sc}——组合梁换算截面惯性矩；

y——所求应力点到换算截面重心轴的坐标，在重心轴以下时为正；

σ_s——钢梁应力，受拉为正；

σ_c——混凝土应力，受拉为正。

2. 钢梁和混凝土的剪应力

对于钢材 $$\tau_s = \frac{QS}{I_{sc} b} \tag{5-2-7}$$

对于混凝土 $$\tau_c = \frac{QS}{n_E I_{sc} b_e}$$

式中：Q——计算截面的工作剪力值，按不同的受力阶段，不同的组合取值；

S——所求剪应力处的水平纤维以上（或以下）部分换算截面面积对组合梁换算截面重心轴的面积矩；

b——换算截面的腹板厚度，在混凝土区等于该处的混凝土换算宽度，在钢梁区等于钢梁腹板厚度；

b_e——混凝土翼板的计算宽度。

关于剪应力的计算，一般按以下规则取用：

当换算截面中和轴位于钢梁腹板内时，钢梁的剪应力计算点取换算截面中和轴处（图5-2-8中的①点）；混凝土部件的剪应力计算点取混凝土部件与钢梁上缘衔接处（图5-2-8中的②点）。

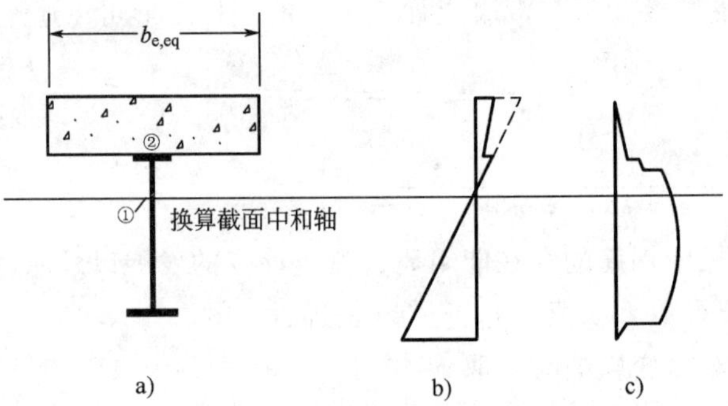

图 5-2-8 中和轴位于钢梁内时组合梁剪应力

a）截面；b）法向应力；c）剪应力

当换算截面中和轴位于钢梁以上时，钢梁的剪应力计算点取钢梁腹板计算高度上边缘处（图 5-2-9 中③点），混凝土部件剪应力计算点取换算截面中和轴处（图 5-2-9 中④点）。

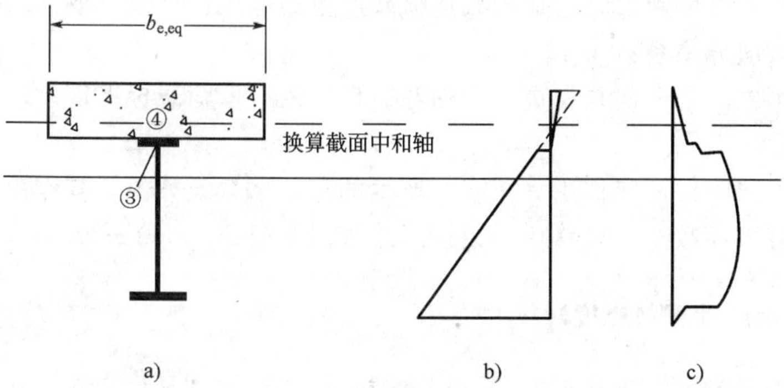

图 5-2-9　中和轴位于混凝土翼板内时组合梁剪应力

a）截面；b）法向应力；c）剪应力

四、公路钢—混凝土组合梁的截面应力验算

由于目前还没有有关钢—混凝土组合梁的新桥规，因此参照《公路桥涵设计通用规范》（JTG D60—2004）、《公路钢筋混凝土及预应力混凝土桥涵设计规范》（JTG D62—2004）以及《钢桥规》中的有关内容，建议对公路钢—混凝土组合梁的截面应力按下列方式进行计算。

按弹性理论计算组合梁截面的正应力时，钢梁截面的边缘最大应力不能超过钢材的屈服点，且截面上其余部分应力均应小于屈服点；混凝土的最大边缘应力不能超过其弯曲抗压强度或抗拉强度。对于沿跨径方向截面尺寸不变的组合简支梁，只需进行跨中截面正应力验算。对于钢梁翼板尺寸有变化的组合简支梁，还应验算截面尺寸变化处的正应力。

1. 正应力验算

组合梁桥施工时，通常在钢梁下面不设支承，安装或浇筑组合梁上的混凝土翼板时，利用钢梁作为脚手架。这时组合梁的作用（荷载）效应应分别按两阶段受力进行计算：

第一阶段：现浇混凝土层达到强度标准值前，作用（荷载）应考虑包括钢梁和连接系的自重、浇筑的混凝土层及施工时附加的其他荷载，由钢梁承担。

第二阶段：现浇混凝土层达到强度标准值后，组合梁按整体计算，作用（荷载）包括组合梁自重、桥面系自重及使用阶段可变作用（活载），由组合梁整体承担。

这样，当进行正截面抗弯承载力计算时，按照《公路钢筋混凝土及预应力混凝土桥涵设计规范》（JTG D62—2004）8.1.4 条规定，式（5-2-6）中的弯矩设计值应按下式取用：

对钢梁

$$M_{1d} = M_{1Gd} + M_{1Qd} \tag{5-2-8}$$

对组合梁（应考虑结构重要性系数 γ_0）

$$M_d = M_{1Gd} + M_{2Gd} + M_{2Qd} \tag{5-2-9}$$

式中：M_{1Gd}——第一阶段钢梁和现浇混凝土层自重产生的弯矩设计值，取荷载标准值乘以荷载效应分项系数 1.2；

M_{1Qd}——第一阶段施工时附加的其他荷载产生的弯矩设计值，取荷载标准值乘以荷载效应分项系数 1.4；

M_{2Gd}——第二阶段桥面系自重产生的弯矩设计值，取荷载标准值乘以荷载效应分项系数 1.2；

M_{2Qd}——第二阶段可变作用（荷载）产生的弯矩组合设计值，其作用（或荷载）效应分项系数按《公路桥涵设计通用规范》(JTG D60—2004) 取用。

2. 组合梁的刚度计算（挠度）

组合梁的挠度计算，分别采用荷载（标准值）的作用短期效应组合和作用长期效应组合计算，其中最大值应满足挠度限值的要求。

组合梁根据施工阶段钢梁下有无临时支撑分成两种情况进行挠度计算。

(1) 施工阶段钢梁下无临时支撑时：

$$\delta_c = \delta_s \mathrm{I} + \delta_c \mathrm{II} \leqslant [\delta] \tag{5-2-10}$$

式中：δ_c——组合梁的挠度；

$\delta_s\mathrm{I}$——钢梁在施工阶段时组合梁自重标准值作用下的挠度；

$\delta_c\mathrm{II}$——使用阶段各项荷载标准值作用下分别按作用短期效应组合和长期效应组合计算的挠度 $\delta_{sc}\mathrm{II}$ 和 $\delta_{sc,l}\mathrm{II}$ 两者之较大者，即 $\delta_c\mathrm{II}=\max(\delta_s\mathrm{II}, \delta\sigma_{sc,l}\mathrm{II})$；

$[\delta]$ ——受弯构件挠度限值，按《钢桥规》规定：对于简支或连续梁由汽车荷载（不计冲击力）所引起的竖向挠度不应超过 L/600（其中 L 为梁的计算跨径）。

(2) 施工阶段钢梁下有临时支撑时：

$$\delta_c = \delta \leqslant [\delta] \tag{5-2-11}$$

式中：δ——组合梁各项荷载标准值作用下分别按作用短期效应组合和长期效应组合计算的挠度 δ_{sc} 和 $\delta_{sc,l}$ 两者之较大者，即 $\delta=\max(\delta_{sc}, \delta_{sc,l})$。

对于变高度梁或连续梁桥，可利用有限元方法或其他结构力学方法求出跨中截面的挠度值。

组合梁桥跨结构应根据挠度计算值设置预拱度，预拱度的数值应按结构自重和 1/2 可变荷载频遇值计算的长期挠度值之和采用。起拱时应做成平顺曲线，如桥面位于竖曲线上，梁上各点的预拱度应与竖曲线一致。当由荷载短期效应组合并考虑荷载长期效应影响产生的长期挠度不超过计算跨径的 1/1600 时，可不设预拱度。

五、温度应力和混凝土的收缩应力

钢与混凝土的温度线膨胀系数几乎相等，它们的温度变形基本是协调的。组合梁的温度应力主要来自钢梁和混凝土温度的差异。钢的导热系数很大，当环境温度有突变时，钢材的温度很快就接近环境温度；混凝土的导热系数只有钢材的 1/50 左右，对环境温度的反应慢，这样就在组合梁的钢和混凝土板之间产生了温度差异。在露天条件下，气温突变可能在

15℃上下，这时组合梁的钢梁与混凝土翼板的温差为10℃左右。所以对于露天条件下的组合梁或直接受热源作用的组合梁，一定要计算由于温差引起的温度应力。当环境气温升高时，假定温差 Δt 为正，当环境气温降低时，则假定温差 Δt 为负。对于一般情况下的室内组合梁，温差应力可不予考虑。

1. 公路桥梁温差应力

设组合梁的截面如图5-2-10所示，钢筋混凝土板截面面积 A_c，绕自身重心轴的惯性矩为 I_c，板上下边缘距自身重心轴距离为 y_1 和 y_2，截面抵抗矩分别为 $W_1=I_c/y_1$ 和 $W_2=I_c/y_2$，混凝土弹性模量为 E_c；钢梁的截面积为 A_s，绕自身重心轴的惯性矩为 I_s，梁上下边缘距自身重心轴为 y_3 和 y_4，截面抵抗矩分别为 $W_3=I_s/y_3$ 和 $W_4=I_s/y_4$，钢材的弹性模量为 E_s。

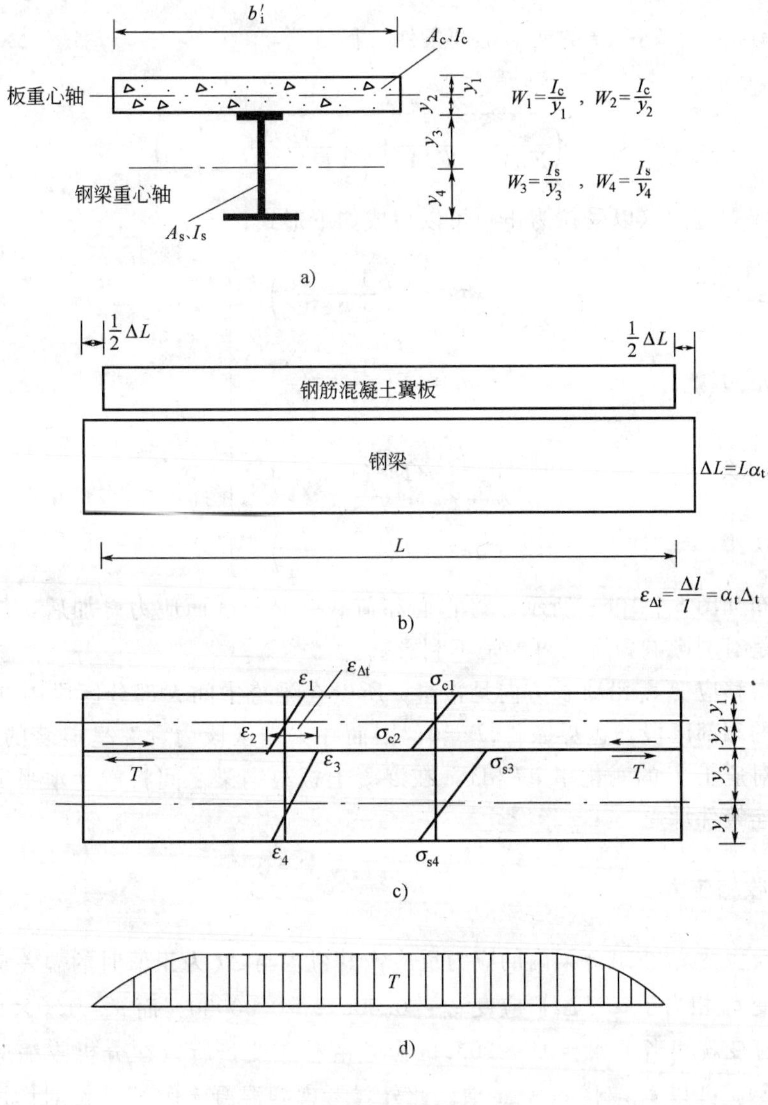

图5-2-10　组合梁的温差应力

设钢材和混凝土的温度线膨胀系数相等均为 α_t，钢梁温度高于混凝土温度，两者之差为 Δt，现推导组合梁的温差应力计算式。

当温差为 Δt 时，如果钢梁与混凝土板之间无连接件存在，则两者温度伸长量之差 $\Delta L = \alpha_t \cdot \Delta t \cdot L$，相应的温差滑移应变为 $\varepsilon_{\Delta t} = \Delta L / L = \alpha_t \cdot \Delta t$。

如果钢梁与混凝土翼板之间有足够的连接件，则组合梁变形后仍保持平截面，这时，在混凝土板与钢梁之间将产生水平力 T。当 ΔL 为正值时，水平力 T 对混凝土板为偏心拉力，对钢梁为偏心压力。

取力 T 为正号，相应可得到：

混凝土板下缘的拉应变 $$\varepsilon_2 = \frac{T}{E_c}\left(\frac{1}{A_c} + \frac{y_2}{W_2}\right)$$

钢梁上缘的压应变 $$\varepsilon_3 = \frac{-T}{E_s}\left(\frac{1}{A_s} + \frac{y_3}{W_3}\right)$$

根据 $\varepsilon_2 - \varepsilon_3 = \varepsilon_{\Delta t} = \alpha_t \cdot \Delta t$ 的变形协调条件，得

$$T = \frac{\alpha_t \cdot \Delta t}{\left(\dfrac{1}{E_c A_c} + \dfrac{1}{E_s A_s}\right) + \left(\dfrac{y_2}{E_c W_2} + \dfrac{y_3}{E_s W_3}\right)} \tag{5-2-12}$$

则组合梁温差应力（以受拉为正）可以写成如下形式：

$$\left.\begin{aligned}
&\text{混凝土板上边缘} \quad && \sigma_{c1} = T\left(\frac{1}{A_c} - \frac{y_2}{W_1}\right)\\
&\text{混凝土板下边缘} \quad && \sigma_{c2} = T\left(\frac{1}{A_c} + \frac{y_2}{W_2}\right)\\
&\text{钢梁的上边缘} \quad && \sigma_{s3} = -T\left(\frac{1}{A_s} + \frac{y_3}{W_3}\right)\\
&\text{钢梁的下边缘} \quad && \sigma_{s3} = -T\left(\frac{1}{A_s} - \frac{y_3}{W_4}\right)
\end{aligned}\right\} \tag{5-2-13}$$

其内力分布如图 5-2-10c）所示。将它们和荷载引起的截面应力叠加后，将会发现它们当中有的可能是有利影响，有的可能是不利影响。

因为温差滑移应变 $\varepsilon_{\Delta t}$ 沿梁长方向是常量，所以在梁跨中间大部分区段内 T 也接近等于常量，但在梁的端部区段，边界条件 $T=0$，因而在梁端区段内，T 呈显著的曲线变化段，在该区段内，对应于 T 的变化率 $\mathrm{d}T/\mathrm{d}x$，在混凝土板与钢梁之间将产生水平剪力，并且由该区段的抗剪连接件承受。

2. 混凝土收缩应力

混凝土收缩应变 ε_{sh} 在组合梁内的应力反应，其机理与 Δt 为正值时的温差应力相同。混凝土的收缩应变 ε_{sh} 相当于 $\alpha_t \cdot \Delta t$，应变 $\varepsilon_{sh} = 0.00015 \sim 0.00020$，而 $\alpha_t = 1.0 \times 10^{-5}$，二者对比，表明收缩应变就相当于 $\Delta t = 15 \sim 20$℃的温差滑移应变，所以在分析收缩应力时，仍可采用式（5-2-12），并以 ε_{sh} 取代 $\alpha_t \cdot \Delta t$ 项。此外，考虑到混凝土收缩是长期作用，一般是以考虑徐变影响的有效弹性模量 E'_c 来取代的混凝土弹性模量 E_c，最后得到混凝土收缩应力

计算式与式（5-2-13）相同。

$$T=\frac{\varepsilon_{sh}}{\left(\frac{1}{E'_cA_c}+\frac{1}{E_sA_s}\right)+\left(\frac{y_2}{E'_cW_2}+\frac{y_3}{E_sW_3}\right)} \tag{5-2-14}$$

*第四节　组合梁截面的塑性计算

由于混凝土为非弹性材料，而钢材可以认为是理想的弹塑性材料。组合梁按弹性理论分析时，只有当混凝土的最大压应力小于 $0.5f_c$（f_c 为轴心抗压强度设计值），且钢材的最大拉应力小于其屈服强度 f_y 时，才能认为是正确的。因此弹性分析法仅在用来计算使用阶段的组合截面应力及刚度时才是合理的。在确定组合梁的承载力时，由于未曾考虑塑性变形发展带来的强度潜力，计算结果偏于保守，也不符合实际工作状况。基于这种情况，除了直接承受动力荷载作用的组合梁外，一般均应用塑性分析法来计算组合梁的承载力。

根据国内外的研究结果，钢一混凝土组合梁的极限承载力可借助塑性理论的分析方法加以确定。组合梁按塑性理论设计的前提是截面能够形成塑性铰。当荷载增大时，钢梁的一部分产生塑性化，形成塑性铰，使得结构能够充分转动和变形，最终形成破坏机构。构件出现塑性铰时，其截面刚度比弹性阶段的刚度低很多。特别是当构件的厚度过薄时，很容易产生局部压屈、侧向压屈和弯扭压屈。若产生这种情况，构件的抗弯能力将会降低，以至达不到全塑性弯矩。因此，按塑性理论分析的组合梁，首先应控制钢梁不产生局部压屈所需的截面各部分尺寸。为使钢梁的侧向变形和扭转变形不致过大，还应适当布置侧向支承杆或横隔板。当组合梁难以保证塑性变形充分发展时，则仍应采用弹性分析法来计算强度。

塑性设计除计算公式简明外，由于在塑性阶段工作不存在应力叠加问题，而且初应力的存在也不影响构件的最终承载力，因而它对作用效应的考虑也比较单一。同时，由于相同的理由，不论组合梁在施工时梁下有无临时支承，可认为其最终承载力是相同的，一般的温差应力及混凝土收缩应力在计算承载力时也不必考虑。

一、组合梁截面的分类

组合梁按其塑性中和轴位置可分为塑性中和轴位于混凝土翼板（包括板托）内的第一类截面（图 5-2-11a)）及塑性中和轴位于钢梁内的第二类截面（图 5-2-11b)）。

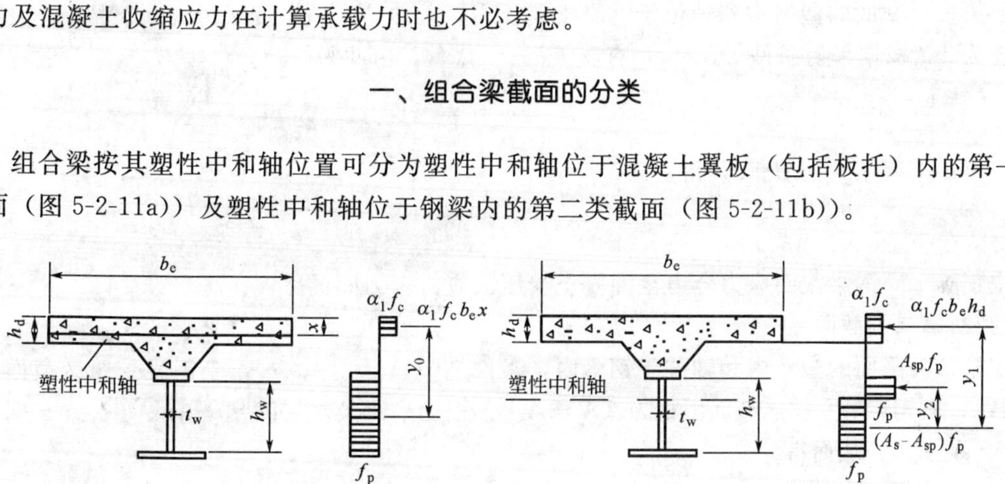

图 5-2-11　组合梁的承载截面

在第一类截面中，钢梁全部处于受拉状态，它的板件无局部失稳问题。

在第二类截面中，钢梁部分受拉部分受压。

二、组合梁截面抗弯承载力计算

1. 设计准则

组合梁抗弯承载力的极限状态方程为

$$M \leqslant M_u \tag{5-2-15}$$

式中：M——弯矩设计值；

M_u——截面抗弯强度。

2. 基本假定

在确定组合梁截面抗弯承载力时，采用以下基本假定：

(1) 混凝土翼板与钢梁有可靠的交互连接，能保证抗弯能力得到充分发挥。

(2) 位于塑性中和轴一侧的受拉混凝土，因为开裂而不参加工作。

(3) 在混凝土的受压区为均匀受压，并达到弯曲抗压设计强度 $\alpha_1 f_c$（α_1 为受压区混凝土矩形应力图的应力值与混凝土轴心抗压强度设计值 f_c 之比。当混凝土强度不超过 C50 时 α_1 取为 1.0；当混凝土强度等级为 C80 时，α_1 取为 0.94；其间按线性内插法确定)。

(4) 在钢梁的受压区为均匀受压，在钢梁的受拉区为均匀受拉，并分别达到塑性设计抗压及抗拉强度 f_p，其值为钢材强度设计值的 0.9 倍。

此外，为了简化计算，可将混凝土板托及钢筋混凝土翼板内钢筋忽略不计。

3. 计算公式

1) 第一类截面

第一类截面的塑性中和轴位于混凝土翼板内，条件是 $f_p A_s \leqslant \alpha_1 f_c b_e h_d$，令混凝土受压区高度为 x，根据平衡条件 $\sum X=0$，有 $\alpha_1 f_c b_e x = f_p A_s$，由此得：

$$x=\frac{f_p A_s}{\alpha_1 f_c b_e}$$

再由平衡条件 $\sum M=0$，得

$$M_u = f_p A_s y_0 \tag{5-2-16}$$

式中：y_0——钢梁截面应力合力至混凝土受压区应力合力间的距离。

2) 第二类截面

第二类截面的塑性中和轴位于钢梁内，条件是 $f_p A_s > \alpha_1 f_c b_e h_d$，令钢梁受压区截面面积为 A_{sp}，则钢梁的受拉区截面面积为 $(A_s - A_{sp})$。根据平衡条件 $\sum X=0$，有 $\alpha_1 f_c b_e h_d + f_p A_{sp} = (A_s - A_{sp}) f_p$。从而得

$$A_{sp} = \frac{f_p A_s - \alpha_1 f_c b_e h_d}{2 f_p}$$

再由平衡条件 $\sum M=0$，得

$$M_u = \alpha_1 f_c b_e h_d y_1 + f_p A_{sp} y_2 \tag{5-2-17}$$

式中：y_1——钢梁受拉区截面应力合力至混凝土翼板截面应力合力间的距离；

y_2——钢梁受拉区截面应力合力至钢梁受压区截面应力合力间的距离。

三、组合梁截面抗剪承载力计算

组合梁竖向抗剪承载力的极限状态方程可写为：

$$V \leqslant V_u \tag{5-2-18}$$

式中：V——剪力设计值；

V_u——截面的竖向抗剪承载力。

对于密实的组合截面，在竖向受剪极限状态时，可认为钢梁腹板均匀受剪且达到钢材塑性设计抗剪设计强度，计算时，可以忽略混凝土翼板及钢梁上、下翼板对抗剪强度的贡献。

四、竖向剪力对极限抗弯承载力的影响

根据欧洲钢结构协会(ECCS)《组合结构》规范有关条款的规定，如承载力达到极限状态时的竖向剪力小于 $0.3V_u$，则在计算钢梁截面为双轴对称组合梁的抗弯承载力时，竖向剪力的影响可以不计。若不满足这一条件，则需考虑竖向剪力对其抗弯承载力的影响。

我国建筑《钢结构设计规范》(GB 50017—2003)，由于在塑性设计法的设计强度取值上，无论是塑性抗拉、抗压或抗剪强度，均为钢材相应设计强度的 0.9 倍，保留了强度储备，再加上其他有利因素，所以就没有专门对弯矩与剪力的相关影响提出设计要求。

第五节　抗剪连接件的设计

一、抗剪连接件的常用类型

抗剪连接件是保证钢—混凝土组合梁整体工作的重要措施，它主要用来承受钢筋混凝土翼板（钢筋混凝土桥面板）与钢梁接触面之间的纵向剪力，抵抗二者之间的相对滑移，除此之外，它还起到抵抗钢筋混凝土板与钢梁之间的掀起作用。世界各国使用的剪力键形式很多，大体上可以分类为 3 种，如图 5-2-12 所示。

1. 栓钉剪力键

栓钉是目前世界各国广为采用的剪力键形式，如图 5-2-12a)、b) 所示。栓钉钉杆常用的直径为 16～19mm，钉杆直径不宜超过被焊钢梁翼板厚度的 2.5 倍；栓钉高（长）与栓杆直径之比应不小于 4。为抵抗掀起作用，栓杆上部做成大头或弯钩，大头直径不得小于栓杆直径的 1.5 倍。

2. 型钢剪力键

用作剪力键的型钢主要有槽钢、T 形钢和方钢 3 种，如图 5-2-12c)、d)、e) 所示。槽钢常用的规格有［80、［100 和［120；T 形钢在国外使用得较多，其规格有 100mm×75mm

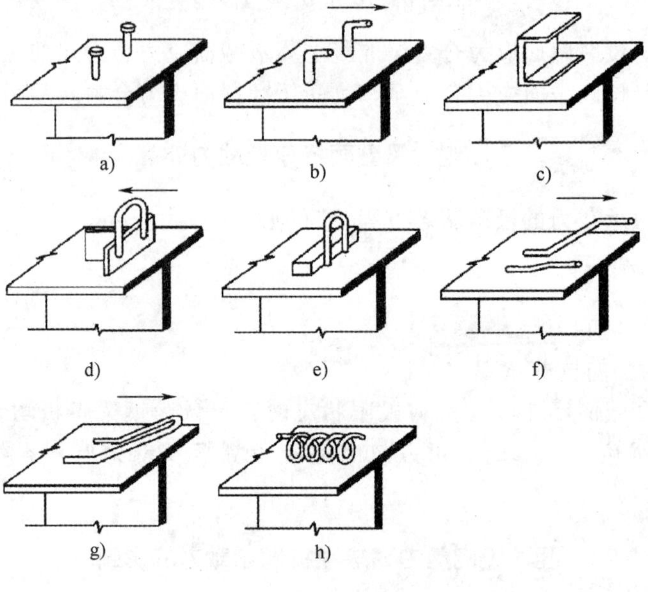

图 5-2-12 剪力键的形式

及 100mm×50mm；方钢的规格为 25mm×25mm 及 50mm×38mm。槽钢的上肢（翼缘）有抵抗掀起的作用，而 T 钢和方钢则必须加焊直径 12mm 左右的箍筋（图 5-2-12d）、e））才能保证不被掀起。

3. 钢筋剪力键

钢筋剪力键可以做成弯筋和螺旋筋两种形式，如图 5-2-12f）、g）、h）所示。弯筋的直径为 12～20mm；螺旋筋直径为 10～20mm，螺距为 75～125mm。

根据剪力键的工作性质和破坏形态可分为柔性剪力键和刚性剪力键两大类：

（1）柔性剪力键。如图 5-2-12a）、b）、c）、f）、g）所示，其本身的刚性较小，破坏时变形较大，破坏形态较为协调，很少发生突然的脆性破坏。因而对承受冲击作用的桥梁结构，一般宜采用柔性剪力键。

（2）刚性剪力键。如图 5-2-12d）、e）所示，其本身的刚性较大，破坏时变形很小，容易引起周围混凝土的应力集中，造成混凝土局部压碎或剪切破坏。从施工角度看，对预制混凝土板，采用刚性剪力键较为方便。

有些连接件的设置方向与受力方向有关，主要是出于以下考虑：型钢肢尖不宜迎向压力方向，以免混凝土受劈裂作用；有利于抵抗掀起；弯筋倾斜方向应顺向受力方向。

二、抗剪连接件的计算

组合梁的连接件设计，与截面受弯设计相仿，也可以分为弹性设计法与塑性设计法。现行《钢桥规》采用的是弹性设计法。

1. 抗剪连接件的弹性设计法

1）基本公式

如图 5-2-13 所示，设在组合梁上第 i 个连接件处，连接件间距为 u_i，荷载引起的竖向剪力为 V_i。由材料力学可知，在混凝土翼板与钢梁叠合面上该处的单位长度的纵向剪力 V_{il}为：

$$V_{il} = \frac{V_i S}{I_{sc}} \tag{5-2-19}$$

式中：S——混凝土翼板的换算截面绕整个换算截面重心轴的面积矩；

I_{sc}——整个换算截面绕自身重心轴的惯性矩。

因为 I_{sc}/S 为常量，所以单位长度的纵向剪力 V_{il}与该处的竖向剪力 V_i成正比。

则该处一个抗剪连接件所承受的纵向剪力为

$$V_{il}^c = V_{il} u_i = V_i S u_i / I_{sc} \tag{5-2-20}$$

V_{il}^c相当于图 5-2-13 中阴影区面积 Ω。

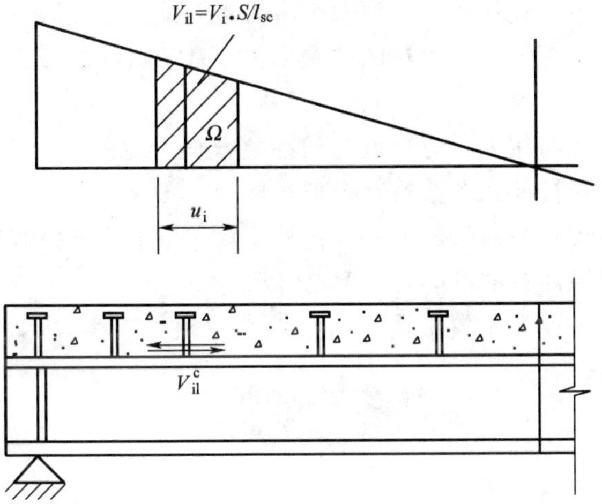

图 5-2-13　组合梁中连接件的纵向受剪

2）连接件强度设计

在抗剪连接件按弹性方法的强度设计中，对于永久荷载及准永久荷载引起的剪力，应该采用徐变后换算截面的几何特性；对于可变荷载中短期作用引起的剪力，应该采用弹性换算截面的几何特性。

一般可能遇到两种情况：

(1) 已知在第 i 个连接件处，永久荷载及准永久荷载设计值引起的剪力 V_G，可变荷载中短期作用设计值引起的剪力 V_Q，连接件间距 u_i，弹性换算截面的几何特性 S 及 I_{sc}，徐变后换算截面的几何特性 S_l 及 $I_{sc,l}$，则强度上应满足：

$$V_{il}^c = \frac{V_G S_l u_i}{I_{sc,l}} + \frac{V_Q S u_i}{I_{sc}} \leqslant [N_V^C] \tag{5-2-21}$$

式中：$[N_V^C]$ ——计算截面处连接件的抗剪承载力设计值，当该截面处一排设置不止一个连接件时，应为该各排连接件抗剪承载力设计值之和。

(2) 已知永久荷载及准永久荷载设计值引起的剪力 V_G，可变荷载中短期作用设计值引起的剪力 V_Q，弹性换算截面的几何特性 S 及 I_{sc}，徐变后换算截面的几何特性 S_l 及 $I_{sc,l}$，以及截面上一排连接件的抗剪承载力设计值 $[N_V^C]$，要求决定连接件的间距。

这种情况的具体计算步骤如下：

由所需的连接件间距
$$u_{Gi}=\frac{[N_V^C]\ I_{sc,l}}{V_G S_l} \tag{5-2-22}$$

由所需的连接件间距
$$u_{Qi}=\frac{[N_V^C]\ I_{sc}}{V_Q S} \tag{5-2-23}$$

应采用的连接件间距 u_i
$$\frac{1}{u_i}=\frac{1}{u_{Gi}}+\frac{1}{u_{Qi}} \tag{5-2-24}$$

2. 抗剪连接件计算的塑性设计法

1）基本公式

由于连接件的工作并不是绝对刚性的，当它受载超过 0.9 $[N_V^C]$，就会发生相当大的滑移变位，因而叠加面上各个连接件之间便发生内力重分配。在极限状态时，叠合面上各个连接件受力几乎均匀相等，与连接件所在的位置无关。基于这样的原理，组合梁连接件的塑性设计应按极限平衡的概念考虑。

首先确定最大弯矩点与相邻零弯矩点之间在叠合面上总的纵向剪力 V_l，然后再根据 V_l 值确定该区段内所需的连接件总个数及其合理布置。

对于单跨简支梁，支座截面弯矩为零，在外荷载作用下，跨中截面弯矩最大，按照塑性中和轴位置不同，该区段内总的纵向剪力 V_l 分以下两种情况：

（1）塑性中和轴位于混凝土翼板内，即塑性中和轴位于叠合面之上时，如图 5-2-14 所示。根据静力平衡条件，有：

$$V_l = f_p A_s \tag{5-2-25}$$

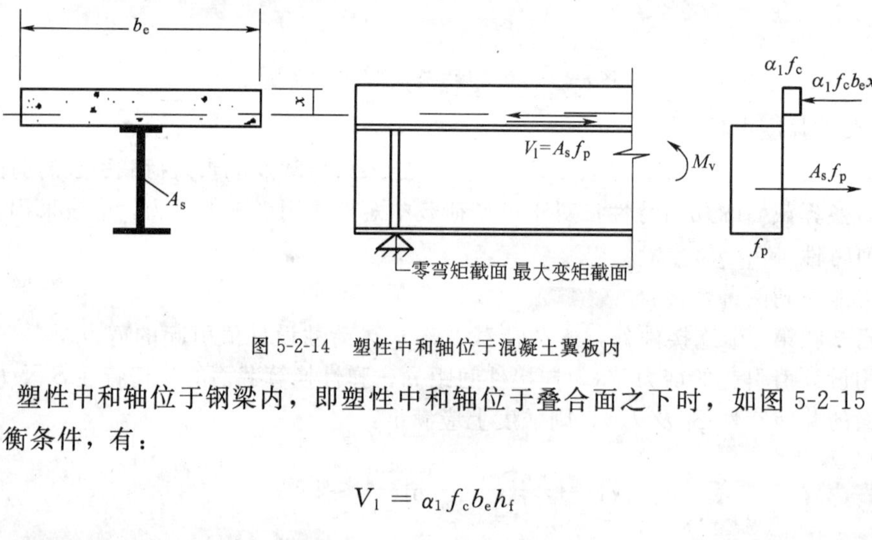

图 5-2-14　塑性中和轴位于混凝土翼板内

（2）塑性中和轴位于钢梁内，即塑性中和轴位于叠合面之下时，如图 5-2-15 所示。根据静力平衡条件，有：

$$V_l = \alpha_1 f_c b_e h_f \tag{5-2-26}$$

2）组合梁最大弯矩点与相邻零弯矩点之间叠合面上连接件总个数的确定及布置

最大弯矩点与相邻零弯矩点之间叠合面上的纵向剪力由其间的连接件平均承担，由于在极限状态时连接件塑性滑移内力重分部的结果，各个连接件受力基本相等。所需连接件总个数为：

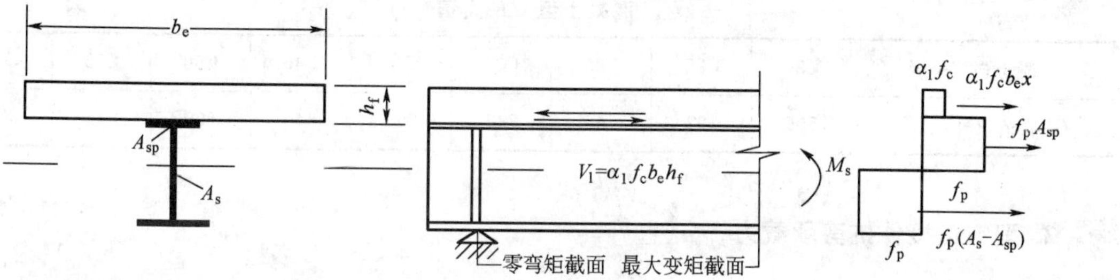

图 5-2-15 塑性中和轴位于钢梁内

$$n = V_l/[N_v^c] \tag{5-2-27}$$

式中：$[N_v^c]$ ——一个连接件的抗剪设计承载力。

三、单个抗剪连接件的设计承载力

单个抗剪连接件的承载力，应根据试验资料得到计算式。在我国现行建筑《钢结构设计规范》(GB 50017—2003) 采用了极限状态设计法，根据国内外试验资料，提供以下几种常用连接件的抗剪设计承载力。

1. 栓钉连接件抗剪承载力

栓钉在混凝土内的工作简图接近于弹性地基上的梁，它的破坏形式属于栓钉附近混凝土破坏，因而除了栓钉本身规格之外，主要与混凝土强度等级和弹性模量有关。

栓钉抗剪承载力表达式为：

$$[N_v^c] = 0.43A_s\sqrt{E_c f_c}K_1K_2 \leqslant 0.7A_s f_u K_1 K_2 \tag{5-2-28}$$

式中：A_s——焊钉杆身截面积，其值及 $0.74A_s f_u$ 见表 5-2-2；

f_u——焊钉的抗拉强度的下限值，当材质符合（GB 10433—89）时，可取 $f_u = 402\text{N/mm}^2$；

E_c、f_c——混凝土的弹性模量及轴心抗压强度设计值，$\sqrt{E_c f_c}$值可查表 5-2-3；

K_1——折减系数，当连接件位于连续梁中间支座负弯矩区段内时取 0.93，位于悬臂梁内端负弯矩区段内时取 0.8；

K_2——组合梁采用压型钢板组合接板时的折减系数。当压型钢板的凸肋平行于梁且 $W_r/h_a<1.5$ 时，$K_2=0.6\,(W_r/h_a)[(h_s/h_a)-1]\leqslant1.0$；当压型钢板的凸肋垂直于梁时，$K_2=0.85\sqrt{n_r}(W_r/h_a)[(h_s/h_a)-1]\leqslant1.0$。式中 W_r、h_a 为压型板板肋的平均宽度及高度；n_r 为组合梁截面一个板肋中配置的焊钉总数，超过 3 个时仍按 3 个考虑；h_s 为焊钉焊接后的高度，不得大于 $h_a+75\text{mm}$。

焊钉截面积及 $0.74A_s f_u$ 值　　表 5-2-2

焊钉杆身直径（mm）	8	10	13	16	19	22
焊钉杆身面积（mm^2）	50.3	78.5	132.7	201.1	283.5	380.1
$0.74A_s f_u$（kN）	14.2	22.1	37.3	56.6	79.8	107.0

混凝土值 $\sqrt{E_c f_c}$ 值 表 5-2-3

混凝土强度等级	C20	C25	C30	C35	C40	C45	C50	C55	C60
$\sqrt{E_c f_c}$ 值（N·mm^2）	505	592	665	742	796	849	900	942	977

2. 型钢连接件抗剪承载力

钢连接件在混凝土中的工作也是接近弹性地基上的梁，混凝土与槽钢之间的相互作用是通过它们之间的局部承压来平衡的。由于槽钢腹板较柔，混凝土的局部承压抵抗仅限于槽钢的根部附近，即下翼缘及一小部分腹板区，其抗剪承载力表达式为：

$$[N_v^c] = 0.26(t_f + 0.5t_w)l_c\sqrt{E_c f_c}K_1 \qquad (5\text{-}2\text{-}29)$$

式中：t_f——槽钢翼缘的平均厚度；

t_w——槽钢腹板的厚度；

l_c——槽钢的长度；

K_1——折减系数，其意义同式(5-2-28)。

3. 弯筋连接件抗剪承载力

对于弯筋连接件，目前各国规范解释有所不同。欧洲钢结构协会不考虑混凝土板与钢梁之间的摩擦力，主要根据钢筋受剪且受拉的复杂内力条件确定其抗剪承载力；美国混凝土协会假定钢筋单轴受拉，同时考虑混凝土板与钢梁之间的摩擦力；我国在这方面也系统地做了试验，发现钢筋是拉—剪复杂受力，而混凝土与钢梁之间的摩擦作用也不能忽视。经过分析论证，弯筋承载力表达式采用下式：

$$[N_v^c] = A_1 f_{st} K_1 \qquad (5\text{-}2\text{-}30)$$

式中：A_l——弯起钢筋的截面面积；

f_{st}——钢筋抗拉强度设计值；

K_1——折减系数，其意义同式(5-2-28)。

4. 承载力设计值

上述介绍了建筑《钢结构设计规范》(GB 50017—2003) 中栓钉、槽钢及弯筋剪力键的抗剪设计承载力的计算方法，在《公路桥涵钢结构及木结构设计规程》(JTJ 025—86) 中并未直接给出剪力键抗剪承载力的计算公式。《桥梁钢－混凝土组合结构设计原理》（黄侨主编，人民交通出版社出版，2004 年）为与桥梁结构的安全度相匹配，并尽可能采用桥梁结构材料的强度指标，在上述公式的基础上，提出如下的修正建议：

(1) 出于经验和可靠性的考虑，对栓钉剪力键和槽钢剪力键的极限承载力再乘以 0.87 的安全系数，即将系数 0.5 用 0.43 代替。

(2) 将原公式中的混凝土圆柱体强度用棱柱体强度 R_a 代替。

(3) 取钢材的屈服强度 f_y 为其抗拉设计强度 R_g。

(4) 上述公式作为剪力键的极限承载力，尚未考虑安全度的问题。在栓钉设计中亦可根据设计方法的不同，按弹性理论设计或按塑性理论设计。若按弹性理论设计，可将上述公式求出的 $[N_v^c]$ 值除以安全系数 2；若按塑性理论或极限状态设计时，应将混凝土和钢材的设计强度分别除以材料安全系数 1.25。

在上述修正的基础上给出适用于公路桥梁按弹性方法或塑性方法计算的承载力设计值 $[N_v^c]_d$（表 5-2-4）以可供参考。

一个剪力键的承载力设计值 $[N_v^c]_d$ 表 5-2-4

剪力键种类	弹性设计承载力	塑性设计承载力
栓钉剪力键	$0.224A_s\sqrt{E_cR_a}\leqslant 0.31A_sR_g$	$0.401A_s\sqrt{E_cR_a}\leqslant 0.488A_sR_g$
槽钢剪力键	$0.135(t+0.5t_f)L\sqrt{E_cR_a}$	$0.24(t+0.5t_f)L\sqrt{E_cR_a}$
弯筋剪力键	$0.435A_sR_g$	$0.696A_sR_g$

注：A_s——栓钉杆身的截面面积；
E_c——混凝土的弹性模量；
R_a——混凝土的抗压设计强度；
R_g——栓钉杆的抗拉设计强度。
t——槽钢翼缘平均厚度；
t_f——槽钢腹板厚度；
L——槽钢长度。

必须指出的是表 5-2-4 中给出的剪力键承载力设计值 $[N_v^c]_d$ 仅适用于无承托或板托，并满足规范规定构造要求的钢—混凝土组合梁。对于其他不符合上述要求的组合梁，其剪力键的极限承载力应根据模拟实际情况的试验方法予以确定。

第六节　组合梁的截面设计

钢—混凝土组合梁桥的截面设计内容主要包括其截面形式选择、梁高确定、主梁有效宽度确定以及一些构造细节的确定。

一、截面选择及梁高确定

钢—混凝土组合梁桥的断面形式和结构高度应根据梁的跨径、承担的荷载大小及支承条件进行选择。由于我国目前建成的钢—混凝土组合梁桥为数不多，因此还难以总结出较准确的梁高计算公式，只能按一定的原则进行估算。

对于跨径在 10m 以内的简支梁，当承担的荷载较小时，可以采用轧制的工字型钢做钢梁，如图 5-2-1a）所示。当荷载稍大时，可在轧制工字钢下翼板上加焊一块钢板，以增加钢梁的承载力，如图 5-2-1c）所示。

对于跨径较大或承担的荷载较大的组合梁，可以采用焊接工字形钢板梁作为组合梁的钢梁，如图 5-2-1b）、d）所示；亦可采用带承托的组合梁以增加梁的高度，如图 5-2-16 所示。由于焊接工字钢的上缘有混凝土承担压应力，因此焊接工字钢的下翼板应比其上翼板宽一些，以增加钢梁下缘的抗拉能力。

对于带承托的组合梁，根据其承托的高度又分为浅承托和深承托组合梁。当混凝土承托的高度 h_c 小于或等于 1.5 倍顶板厚度，承托的宽度 $b_1 \geqslant 1.5h_c$ 时，称为浅承托组合梁。一般情况下，混凝土承托两侧斜坡不宜大于 45°。

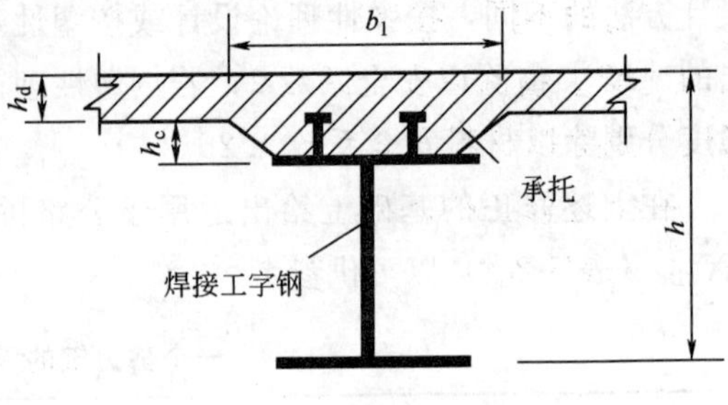

图 5-2-16 带承托的组合梁

二、组合梁其他部分的尺寸估算

钢—混凝土组合梁的截面高度 h 确定后，可参考钢板梁的方法初步估算出钢梁的其他尺寸。

1. 估算钢梁高度 h_s

组合梁钢梁的高度 h_s 可取同跨径普通钢梁高度的 0.75～0.85 倍。

2. 估算钢梁腹板高度 h_f

$$h_f = h - h_d - t \tag{5-2-31}$$

式中：h——组合梁全高；

h_d——桥面板厚度，可取 15～35cm，当主梁或横隔板间距较小时可取下限，否则取上限；

t——钢梁的底板厚度，可取 2～5cm，视跨径而定。

3. 估算钢梁腹板厚度 t_f

$$t_f \geqslant \frac{1.2Q_{max}}{h_f[\tau]} \qquad t_f \approx \sqrt{h_f}/10(\text{cm}) \tag{5-2-32}$$

式中：Q_{max}——梁支点截面作用的最大工作剪力（正常使用极限状态）；

$[\tau]$——钢材的容许剪应力。

按上式求出的钢梁腹板厚度 t_f 应满足局部稳定性的要求，且不得小于 10mm，以减少锈蚀对截面削弱的影响。但也不宜大于 24mm，以便于加工制造。

4. 钢梁的翼缘板尺寸

在钢结构钢板梁设计时，可以用公式 $A_n = \frac{M_{max}}{[\sigma_w]h} - \frac{t_f h}{6}$ 估算钢板梁的上翼板或下翼板的截面面积。上式是假定工字形钢梁上、下翼板面积相等时导出的。对于钢—混凝土组合梁，可以近似认为钢筋混凝土板起到了钢板梁上翼缘的作用，并认为压力中心作用在钢筋混凝土板的中心上。因此可取 $h - h_d/2$ 代替上式中的 h，估算出组合梁的钢梁下翼缘板所需要的截面积 A_d。

$$A_d = \frac{M_{max}}{[\sigma_w](h - h_d/2)} - \frac{1}{6}t_f(h - h_d/2) \tag{5-2-33}$$

式中：M_{max}——组合截面上作用的最大工作弯矩（正常使用极限状态）；

$[\sigma_w]$ ——钢材的允许弯拉应力；

h_d——混凝土板的厚度；

h——组合梁的截面高度；

t_f——钢梁腹板厚度。

根据公式（5-2-33）估算出的钢梁底板面积 A_d，选定底板厚度 t，即可求出底板宽度 b_{sx},反之亦然。值得注意的是，钢梁下翼板的面积是根据上、下翼板面积相等的条件得出的。对于钢—混凝土组合梁的钢梁，通常下翼板的面积应大于上翼板的面积。因此在设计中建议将 A_d 值放大 1.05 倍，而上缘板的面积可取（1/4～1/2）A_d 或按照构造要求确定。

按本节设计的组合梁截面尺寸，须通过前述各节的验算。否则应根据截面各项验算结果对截面尺寸进行修改。

三、剪力键的构造要求

1. 一般规定

（1）剪力键抗掀起端头的底面位置（如栓钉端头底面、槽钢上翼缘内侧等）应高于底部钢筋以上 30mm。

（2）剪力键的最大间距不得大于混凝土翼板（包括承托）厚度的 4 倍，亦不得大于 600mm。

（3）剪力键的外侧边到混凝土翼板边之间的距离应不小于 100mm。

（4）剪力键的外侧边与钢梁翼缘边之间的距离应不小于 20mm。

（5）剪力键顶面的混凝土保护层厚度不得小于 10～15mm。

2. 栓钉剪力键

对于栓钉剪力键的特殊构造要求如下：

（1）当焊接在钢梁翼缘上的栓钉位置不正对钢梁腹板时，如果钢梁翼缘承受拉应力，则栓钉杆直径应不大于钢梁翼缘板厚度的 1.5 倍；如果钢梁翼缘不是承受拉应力，则栓钉杆直径应不大于钢梁翼缘板厚度的 2.5 倍。

（2）栓钉沿梁跨度方向的间距应不小于栓钉杆直径的 6 倍。栓钉垂直于跨度方向的间距应不小于栓钉杆直径的 4 倍。

3. 弯筋剪力键

对于弯筋剪力键的特殊构造要求如下：

（1）弯筋剪力键宜在钢梁上成对设置，用双面长度不小于 4 倍钢筋直径的侧焊缝焊接于钢梁翼缘上。

（2）弯起钢筋的角度宜为 45°，弯折方向应指向纵向水平剪力方向。在跨中纵向水平剪力方向可能产生变化处，必须在两个方向均有弯起钢筋。

（3）弯筋剪力键自弯起点标起的总长度不宜小于 25 倍钢筋直径（光圆钢筋另加弯钩），其中水平段长度不宜小于 10 倍钢筋直径。

（4）弯筋剪力键的间距不得小于桥面板厚度的 0.7 倍，也不得大于桥面板厚度的 2 倍。

第七节　组合梁的施工

一、施工工艺流程

1. 施工准备

包括平整场地、铺设平台、接通电源、安置焊机、准备切割机具、砂轮及其他一切必要的工具。

2. 号料及下料

应根据施工工艺要求，预留焊接收缩余量及切割、刨边和铣平等的加工余量，与一般钢结构制造方法相同。

3. 腹板及其板拼接

一般应设坡口，当采用较薄钢板时（如板厚为 8mm）可不设坡口。为保证焊透，不出气孔，板边缘均用砂轮除锈，用焊条点固后，为防止漏焊，一侧用手工焊先跑一道。上翼缘采用对接或斜接，下翼缘则采用斜接，腹板及翼板接缝要互相错开一定距离。

4. 组装工字型钢梁

组装前，必须将钢板表面及沿焊缝 30～50mm 范围内的铁锈、毛刺和油污清除干净。工字型钢梁的组装可用专门的固定胎具。现场若无专用固定胎具，可在平台上用枋子将腹板填平，用夹具将上、下翼缘板对上。腹板及上、下翼缘的固定采用直径为 4mm 的焊条，焊脚为 4mm，长度 40～50mm，间距 400mm 左右。钢梁端部下翼缘板可采用火焰热煨拼装。

5. 钢梁焊接

钢梁跨度较大时，宜将梁置于临时三脚架上（三脚架间距1.5～2.0m 左右）施焊。对于上窄、下宽的工字形钢梁的焊接顺序，如图 5-2-17 所示，按此焊接顺序可减少梁的焊接变形。

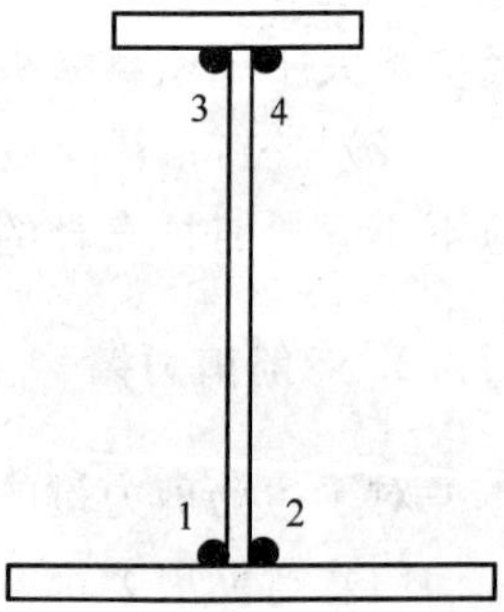

图 5-2-17　钢梁焊接顺序

6. 变形矫正及加劲肋焊接

当梁跨较大而又在施工现场施工时，可用卡具及千斤顶将加劲肋用焊条点固于腹板两侧或一侧。点固后，从梁中分别向梁端施焊二侧及一侧加劲肋，随后用千斤顶、卡具及火焰修正梁腹板的起鼓及上、下翼缘的旁弯，最后将梁立正。在跨中用焊在平台上的短工字钢或槽钢做支点，在工字钢或槽钢上用一对压板及螺栓将支承在上面的梁的下翼缘扣住，同时在梁的两端各侧焊上三角架，以保证梁的垂直位置。

7. 连接件焊接

当组合梁采用弯起钢筋、槽钢等做连接件（圆柱头焊钉除外）时，由于上翼缘板的连接件位于钢梁中和轴上部，因此焊接后必然使梁下挠，焊接连接件时，可采用分层（分两遍焊）、交错等措施，减少焊接变形。如果钢梁在地面上施工时，可使梁中部垫起使其成 T 形悬臂状再进行焊接。梁的两侧仍用三角架保证垂直位置，再分层、交错施焊连接件，减少梁的变形。

8. 钢梁吊装

与一般全钢梁吊装相同。

9. 混凝土板制作

根据设计要求和施工条件，可采用预制和现浇混凝土板。

10. 临时支撑

当根据设计要求，梁需设临时支撑时，应在钢梁吊装后，按设计图纸要求设置临时支撑；一直到混凝土强度等级达到设计要求时，方可拆除临时支撑。

11. 清除钢梁污物

为了保证钢梁与混凝土板之间的粘结作用，钢梁顶面不得涂刷油漆，在现浇（或安装）混凝土板之前应清除铁锈、焊渣、冰层、积雪、泥土及其他杂物。

二、焊钉焊接

1. 圆柱头焊钉和瓷环

需对圆柱头焊钉的外观、形状、尺寸、焊剂及充填质量、化学成分及机械性能按规定进行抽验。

焊接时必须在母材的每个焊钉位置上放置焊接瓷环。焊钉和瓷环的规格与公差均应符合规定的要求。注意选用与焊钉配套的瓷环型号，使焊钉底部在瓷环中留有较大的空隙，形成较好的焊缝，并保证熔化的金属不溢出以致在底部产生气孔，防止外部空气对铁水的氧化作用，不致冷却太快。在自动拉弧焊接过程中，瓷环能起到隔气保温、挡光、防止溶液飞溅的作用。我国生产的圆头栓钉规格如表 5-2-5 及图 5-2-18 所示。焊接瓷环分为 B1 型及 B2 型两种（图 5-2-19），B1 型焊接瓷环适用于普通平焊，B2 型焊接瓷环适用于穿透平焊。

圆头栓钉规格（mm） 表 5-2-5

公称直径	栓钉杆直径 d	大头直径 d_1	大头厚度 t	熔化长度 l_a	熔后长度 L
13	13	22	10	4	70～170
16	16	29	10	5	70～200
19	19	32	12	5	80～200
22	22	35	12	6	90～200

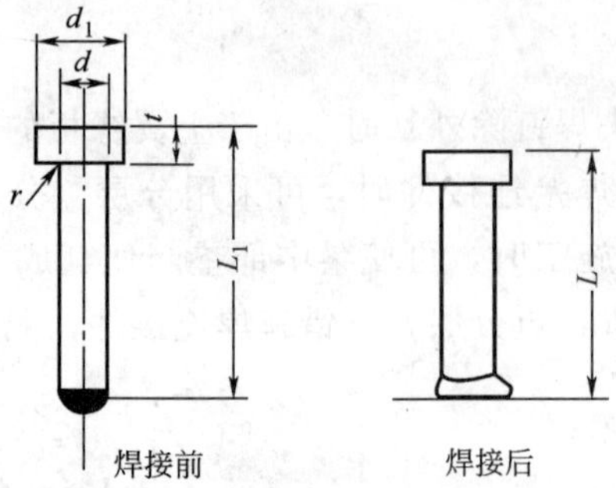

图 5-2-18　圆头栓钉

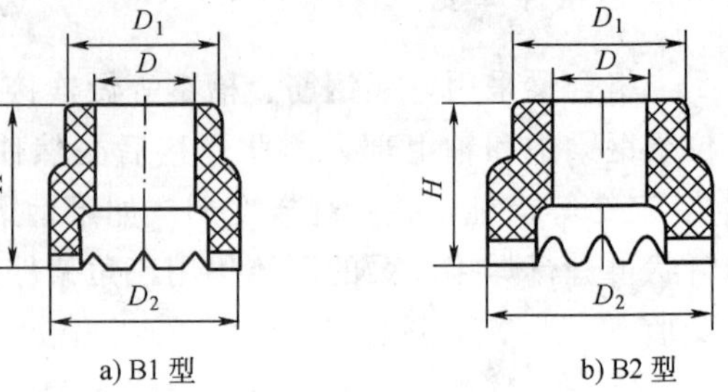

图 5-2-19　焊接瓷环
a）B1 型；b）B2 型

2. 焊接准备工作

工地施焊时应配备专用栓焊设备，且能保证在较差的环境下长时间连续工作。栓焊机必须接在独立电源上（三相 380V，100～300A），并应安放在防潮、防尘、防风雨日晒、清洁通风的环境中，还应具备维修条件和维修空间。配电设施应放在栓焊机附近，便于出现故障时迅速切断电源。在连接焊机的电缆线上严禁压重物、车辆碾压及猛力拽拉，电缆线通过处严禁烟火，全部电缆及接头处均应绝缘，与地线连接的母材表面应除去锈、油或油漆等污物。

焊钉施焊前应认真检查压型钢板是否与钢梁点固焊牢，应在母材表面按焊钉焊接的准确位置放线，然后清除母材上的锈、油、油漆等污物。焊钉端头和圆柱头部不得有锈蚀或污物，严重锈蚀的不得使用。受潮瓷环烘干后方可使用。

气温在 0℃以下，降雨雪或工件上残留水分时不得施焊。

3. 焊接工序

焊接工序如图 5-2-20 所示。

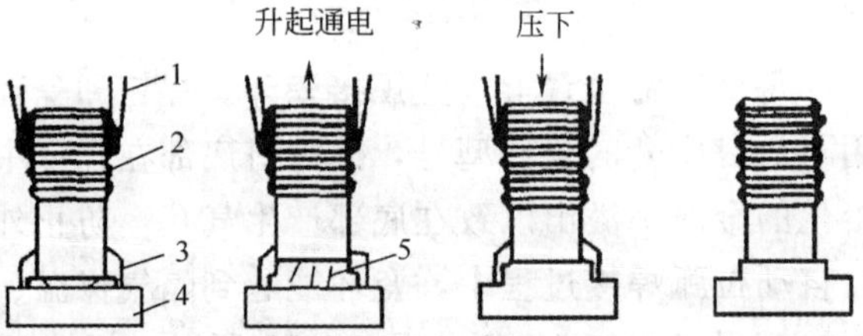

图 5-2-20　焊钉焊接工序
1-焊枪；2-电流；3-瓷环；4-母材；5-电弧

（1）接通电源及制动器，把焊钉插入焊枪的卡口，焊钉的下端置入母材上面的瓷环内。

（2）将控制器中的定时器设在所规定的时间，按焊接电钮，焊接焊钉被提升，在瓷环内产生电弧。

（3）电弧发生后，在指定的时间内焊钉以适当的速度插入母材的融池。

(4) 焊接完毕立即除去瓷环，并去掉焊缝周围的卷边。

焊接工艺应符合《栓焊施工技术规定》的要求。

4. 焊钉焊接部位的检查方法

一般分为外观检查和破坏试验两种方法。

焊钉破坏试验包括弯曲、拉伸及剪切试验。当焊接外观检查合格后，采用同样条件连续焊接 30 个焊钉，然后进行弯曲试验、拉伸试验及剪切试验。试验合格后，再重新焊接 30 个试件进行同样的试验，又都合格后，即可按焊接程序正式施焊。各种检查方法及检验要求如下；

1) 外观检查

应满足以下 3 项要求：

(1) 焊钉底部的焊脚应完整、密实并均匀分布。

(2) 焊接后的焊钉长度正确，其长度公差在±2mm 以内。

(3) 焊钉应垂直于钢梁母材。

2) 弯曲检验

可用锤击使其从原未的轴线弯曲 30°，或采用特制的导管将焊钉弯成 30°，焊钉焊缝完好方为合格。

3) 反复弯曲试验

应在专门的双控拉压装置士进行，直到焊钉反复弯曲功断裂为止，焊缝处不发生裂缝，方为合格。

4) 拉伸试验

应在拉力机上进行试验，焊钉的断裂应在焊接区之外，并应保证屈服抗拉强度、延伸率符合国家有关标准。

5) 剪切试验

用以检验焊缝的抗剪强度。

第三章 钢管混凝土拱桥构造

DISANZHANG

第一节 概　述

钢管混凝土结构最早出现于19世纪80年代，它是在劲性钢筋混凝土结构、螺旋配筋混凝土结构以及钢管结构的基础上演变和发展起来的。

1879年英国赛文（Severn）铁路桥中曾采用了钢管桥墩，为了防止钢管内锈蚀并增加抗压能力，在钢管内灌注了混凝土。1907年美国的Lally公司首次提出了钢管混凝土柱的安全承载能力公式，此后这种被称为Lally Column的圆形钢管混凝土柱在一些房屋建筑中得以应用。1948年在英国结构规范中允许考虑外包混凝土对截面刚度的增大作用，在截面回转半径的计算中包括了混凝土的影响，但在面积及抗力计算中仍不考虑混凝土的作用。

最早将钢管混凝土用于拱桥结构的是前苏联。1937年，列宁格勒在涅瓦河上建造了110m跨径的拱梁组合桥；1939年前苏联又在西伯利亚建造了140m跨径的上承式钢管混凝土桁肋二铰拱桥。此后的相当长时间内，世界范围内没有再修建此类桥梁。

与钢—混凝土组合梁不同，钢管混凝土结构的特点表现为：

（1）承载力高。在钢管混凝土结构中，借助内填混凝土，大大提高了薄壁钢管的侧向刚度，保证了局部稳定性；而混凝土受到钢管约束，改变了受力性能，提高了抗压强度。

（2）塑性性能好。在钢管混凝土中，混凝土受到钢管的约束，处于三向受力状态，不仅改善了使用阶段的弹性性质，而且破坏时产生了较大的塑性变形。

（3）经济效益显著。钢管混凝土结构同钢结构相比大约可以节省钢材50%左右。同钢筋混凝土结构相比，可以减少混凝土50%左右，用钢量大致相当，减轻自重50%以上，并且由于构件截面尺寸大大减小，增加了建筑物的使用面积和有效空间，经济效益显著。

（4）施工简单，缩短工期。在钢管混凝土结构中，钢管既是模板，又是纵筋和箍筋，因此，可以省去模板的制作与安装，节省脚手架、绑扎钢筋等工序。

（5）抗震性能优越。钢管混凝土结构自重轻，可以减小地震作用，特别是由于钢管的存在增加了结构延性，从而提高了构件及结构的抗震性能。

（6）比钢结构抗火性能优越。在钢管混凝土结构中，由于管内混凝土能够吸收大量热能，在遭受火灾时，钢管截面温度场分布不均匀，增加构件的耐火时间，因此，钢管混凝土结构比钢结构具有良好的抗火性能。

(7) 有利于采用高强混凝土。高强混凝土强度高，但延性差、脆性大；将高强混凝土充填到钢管内，可以改善延性差、脆性大的缺点，进一步发挥高强混凝土性能。

我国从1963年开始钢管混凝土结构的研究工作，早期的开发、应用主要在工业与民用建筑及地铁工程中，而且主要以钢管中内填素混凝土的圆形钢管混凝土结构为主。八、九十年代，钢管混凝土结构在高层结构方面得到应用，如28层的厦门金源大厦、28层的广州嘉骏大厦、88层的深圳地王大厦、68层的深圳赛格广场、38层的天津今晚报大厦等。

与此同时，钢管混凝土结构的设计规程也相继颁布实施，主要有：国家建筑材料工业局标准颁布的《钢管混凝土结构设计与施工规程》(JCJ 01—89)、中国工程建设标准化协会标准颁布的《钢管混凝土结构设计与施工规程》(CECS 28:90) 和电力部颁布的行业标准《钢—混凝土组合结构设计规程》(DL/T 5085—1999)。这些规程的颁布对钢管混凝土结构的推广和应用具有重要的意义。

随着对钢管混凝土构件工作性能的深入研究以及计算机技术的不断发展，从20世纪80年代钢管混凝土开始大量用于拱桥结构。

前面在拱桥学习中曾讲到，解决拱桥施工问题，一是要提高材料的强度，以减轻拱圈的自重；二是要使主拱圈本身成为自架设体系，在拱桥中也称为劲性骨架方法，便于无支架施工的实现。钢管混凝土拱桥的发展为解决上述两个问题提供了可能。由于拱桥的拱圈是以承受轴向压力为主的构件，这恰好利用了钢管混凝土结构的优点：可以充分发挥混凝土的抗压能力和钢材的抗压、抗拉能力。

钢管混凝土拱桥 (Concrete Filled Steel Tubular Arch Bridge) 简称 CFST 拱桥，常用的跨径为80～280m。1990年，我国第一座钢管混凝土拱桥——四川旺苍东河大桥建成，它是跨径为115m，矢跨比为1/6的下承式预应力钢管混凝土系杆拱桥。此后钢管混凝土拱桥在我国得到迅速发展，据不完全统计，至今为止我国已建和在建的有200余座钢管混凝土拱桥，其发展速度之快，尤其在公路钢管混凝土拱桥上的发展速度，为中外建桥史上所罕见。

已建的钢管混凝土拱桥中，上承式中跨径最大的是主跨288m的重庆奉节梅溪河桥；中承式中有推力的跨径最大的是2005年建成的重庆巫峡大桥，其主跨达到460m；中承式无推力的是主跨360m的广州丫髻沙大桥；下承式刚架系杆拱跨径最大的是280m的湖北武汉的汉江三桥；下承式无推力跨径最大的是主跨150m的天津彩虹桥。

在钢管混凝土拱桥的基础上又发展了称为劲性骨架的钢管混凝土拱桥 (Steel Reinforced Concrete Arch Bridge)，简称 SRC 拱桥。这种桥型的特点是在钢管混凝土拱的外面包裹混凝土，形成以钢管混凝土为劲性骨架的拱圈断面，从而减轻了施工中的拱圈重量，增加了运营中拱圈的刚度和稳定性，并且大幅增加了拱桥的跨越能力。这种桥型的跨径范围为100～420m，常用矢跨比为1/6～1/5。国内1997年建成的 SRC 拱桥——四川万县长江大桥，跨径达420m，矢跨比为1/5。该桥在世界拱桥类排名第5，而在国际 SRC 拱桥中排名第1。由于 SRC 拱桥在施工阶段仍为钢管混凝土结构，因此常把 CFST 和 SRC 拱桥统称为钢管混凝土拱桥。

但是目前有关钢管混凝土拱桥的设计、施工规范尚未正式出台，在设计和施工中可以参照上述有关钢管混凝土的3种规范进行。

第二节　钢管混凝土拱桥的形式

钢管混凝土拱桥的结构形式丰富多样，按照钢管在结构使用阶段和施工阶段中所起的主要作用来分，可分为钢管混凝土拱桥和钢管混凝土劲性骨架拱桥，或者分为内填型钢管混凝土拱桥与内填外包型钢管混凝土拱桥。

以支承形式划分有上承式、中承式和下承式。3 种形式的适用条件，对拱脚水平推力的处理也不相同。目前已建和在建的钢管混凝土拱桥中，除极少数为上承式外，绝大部分为中、下承式。

上承式钢管混凝土拱桥有肋拱、桁拱、箱拱以及刚架拱和桁架拱，常采用多肋形式以节省材料、方便施工。上承式拱桥构造简单、横向联系容易布置，桥面系支承于立柱上，整体性、横向稳定性和抗震性能均较好。上承式拱桥一般是有推力拱，对地基要求较高，适合于地质条件较好的峡谷桥位。上承式在钢管混凝土拱桥中修建不多，主要是受地形地质条件的限制。

下承式钢管混凝土拱一般带拉杆（系杆拱），为无推力或少推力结构，主要靠风撑将拱肋联成整体。它主要用在建筑高度受限制和地基条件较差的桥位处。下承式拱桥的截面只能是肋式，跨径小时可用单肋，跨径大时可采用桁肋和箱肋。

中承式钢管混凝土肋拱桥建筑造型好，近几年来在城市桥梁中的应用很多。中承式拱桥常用在主跨（跨径较大），边跨采用上承式（跨径较小），一般不带系杆，通过采用小矢跨比和较大恒载集度比（如钢筋混凝土板拱、肋拱、刚架拱）来解决不等跨的不平衡推力问题，如图 5-3-1a）所示。主孔中承式位于广阔的江中，视野开阔，显得雄伟壮观，往往成为城市标志性建筑。有时受建筑高度限制或由于其他原因，边跨也用中承式，如图 5-3-1b）所示。

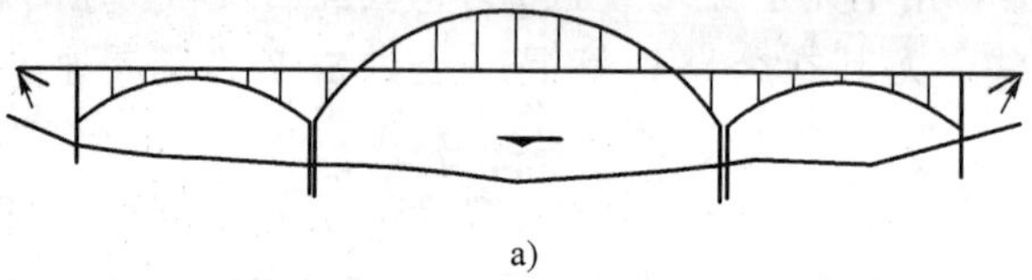

a)

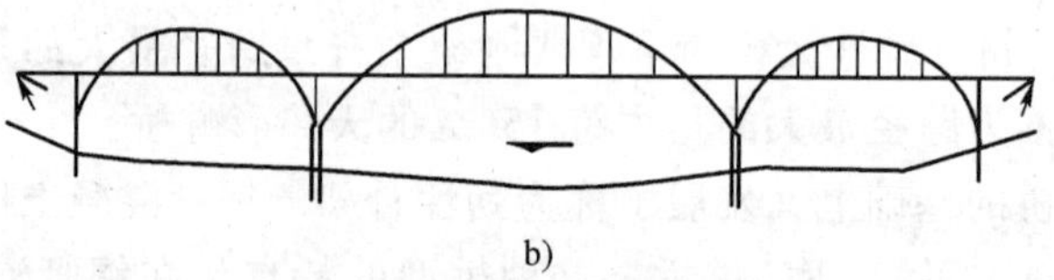

b)

图 5-3-1　中承式拱

为了减小中承式拱桥水平推力对墩台的不利影响，可以采用系杆来平衡水平推力的带悬臂半孔的无推力拱（俗称飞鸟式或飞燕式，也有称自平衡或自锚式），它又可分为带悬臂刚架系杆拱（图 5-3-2a））和连续拱梁组合体系（图 5-3-2b））。钢管混凝土拱桥中应用的大都是带悬臂刚架系杆拱。

中承式拱桥由于有一部分主结构在桥面系之上，所以主拱圈断面形式基本同下承式，常为肋式或桁式，跨径大时也可用箱肋。

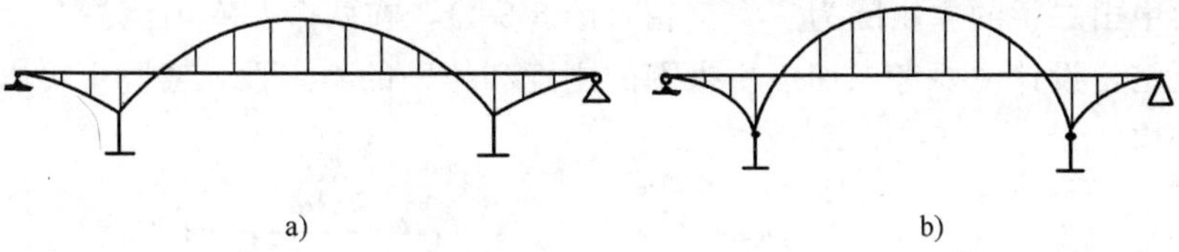

图 5-3-2　无推力中承式拱

第三节　主拱圈构造

钢管混凝土拱桥的主拱圈形式主要有实体拱肋和桁式拱肋。实体拱肋中又分为单管、哑铃形以及集束式；桁式中分为横哑铃形桁式、多肢桁式和混合桁式。

钢管混凝土劲性骨架拱桥的主拱圈形式主要有箱肋、箱拱以及板拱。

一、钢管混凝土单管拱肋

钢管混凝土拱桥中，肋拱数量最多，跨径不大时拱肋可采用单管截面。单管截面主要有圆形和圆端形，如图 5-3-3 所示。

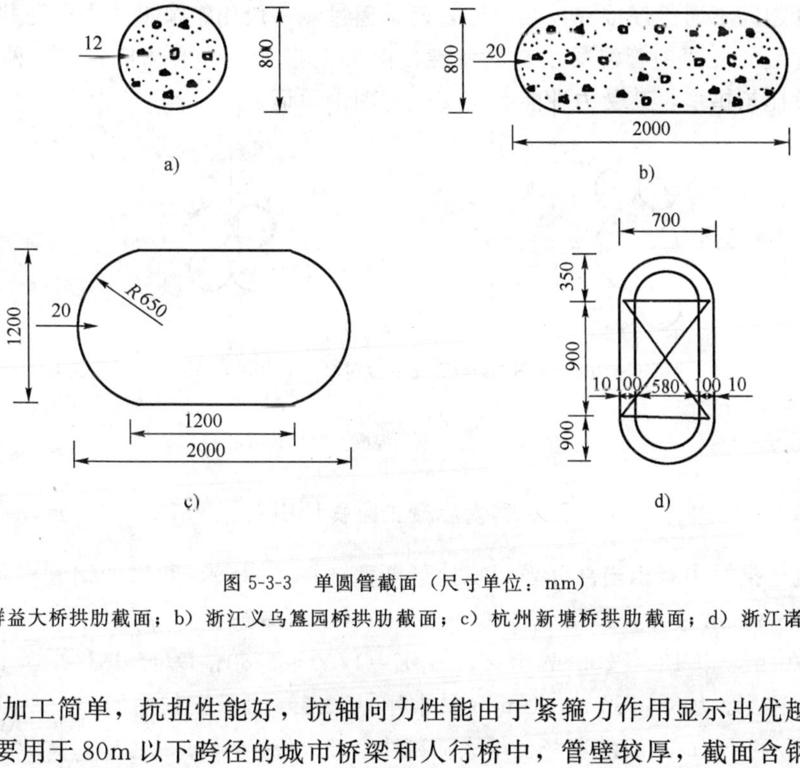

图 5-3-3　单圆管截面（尺寸单位：mm）

a）福建福安群益大桥拱肋截面；b）浙江义乌篁园桥拱肋截面；c）杭州新塘桥拱肋截面；d）浙江诸暨西施桥拱肋截面

单圆管加工简单，抗扭性能好，抗轴向力性能由于紧箍力作用显示出优越性；但抗弯效率低，主要用于 80m 以下跨径的城市桥梁和人行桥中，管壁较厚，截面含钢率较高，一般达 8%。

单管拱肋也有采用圆端形截面。圆端形截面加强了圆端方向的面内抗弯刚度，加工较简单，同时也使拱肋的造型富于变化，但钢管对核心混凝土的套箍作用比圆钢管混凝土的要小。目前，这类结构设计一般不考虑钢管对混凝土的套箍作用，而将其视为钢筋混凝土进行设计计算，含钢率也较高，主要用于无风撑肋拱中。

广东佛山中山二桥的主拱圈为三室钢箱（图 5-3-4），在两个侧室内浇注 C30 混凝土。两侧室充填混凝土，设计主要考虑加强主拱圈的刚度和箱壁的稳定性，实际上可以看成是方形钢管混凝土结构。

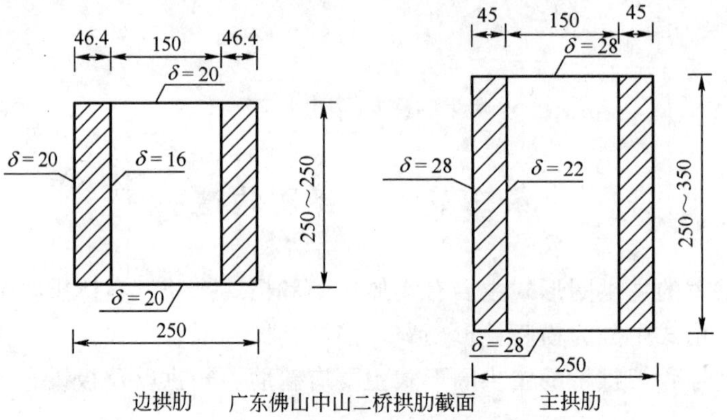

图 5-3-4　方形钢管混凝土结构（尺寸单位：cm）

还有一种采用集束钢管混凝土的肋拱桥，如四川武隆县峡门口乌江大桥，采用集束型钢管混凝土中承式提篮拱，主拱截面如图 5-3-5 所示，中间钢管直径从拱脚的 140cm 变到拱顶为零，集束管之间不通过焊接或栓接连接，而是通过隔一段用钢箍箍住来保证共同受力。设计者认为圆管最能发挥钢管混凝土材料特性，而不主张用哑铃形和桁式。这种结构加工量少，材料用量比桁拱多，其受力性能有待实践与理论验证。

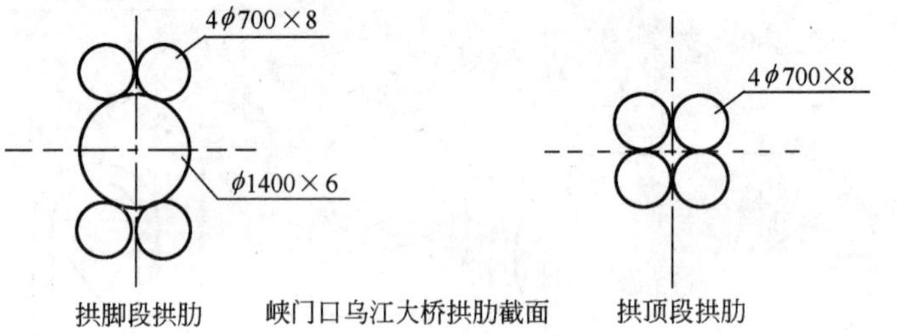

图 5-3-5　集束钢管混凝土肋拱截面

二、钢管混凝土哑铃形拱肋

钢管混凝土拱桥中有相当部分采用哑铃形断面（图 5-3-6），肋拱的钢管直径 D 为 45～150cm，以 75～90cm 最多；D/L 为 1/60～1/150（L 为净跨径）；高度 H 为 120～270cm，以 180～200cm 为多，$H/L=1/30$～$1/60$；D/H 以 1/2.5 居多；钢板厚为 8～16mm，10mm 最常用（16mm 用于变截面的拱脚段）。D/L 和 H/L 一般随着跨径增大而减少。

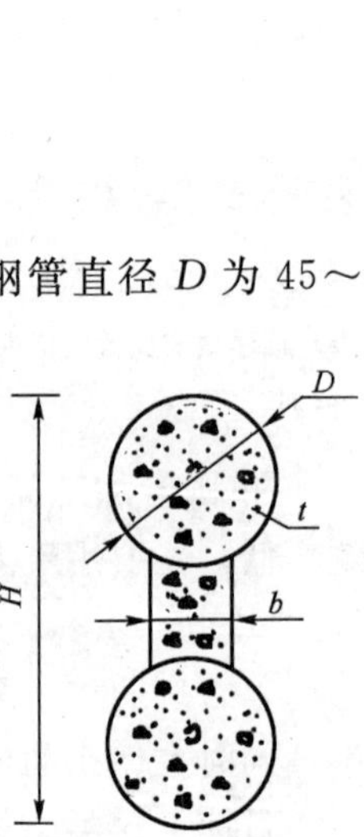

图 5-3-6　哑铃形断面

哑铃形截面较之单圆管截面的抗弯刚度大，类似于工字形截面，但由于两圆管的直径与高度之比在 1/2.5 附近，因而不能视为钢管混凝土格构式截面。现行的计算方法常将其作为钢筋混凝土结构，且考虑到腹腔内混凝土处于中和轴附近，计算时常将其忽略，只计及自重。对哑铃形截面缀板内腔充填混凝土模型试验表明，腹腔内不填充混凝土时，在同等荷载作用下拱肋的位移与填充混凝土后的变形基本一致，但缀板承受的剪力却较后者增大一倍。缀板内的混凝土主要用于防止钢缀板局部失稳和增大截面的抗剪能力。

哑铃形截面的腹板与圆管相接的交角较小，而且上下两管弯曲成形后，腹板的焊接有较大的残余应力，所以加工比较困难，质量不易得到保证。在灌注混凝土过程中，腹板受混凝土压力的作用容易外鼓。近期建造的郑州黄河公路二桥、兰州雁盐黄河大桥及福建福鼎桐山大桥的拱肋均采用腹腔不填充混凝土的哑铃形截面形式。这种截面的腹腔内部需要进行加肋，以传递剪力和承受压力。

三、钢管混凝土桁拱

桁式拱肋能够采用较小的钢管直径以取得较大的纵横向抗弯刚度，并且杆件以受轴向力为主，能够发挥材料的特性。桁肋比较合适跨径超过 100m 的钢管混凝土肋拱的截面形式，桁肋拱通常简称为桁拱。

我国较早出现的桁拱断面为横向哑铃形桁式，其上下为两个横哑铃形断面，腹杆用钢管桁片，如图 5-3-7a）所示。这种截面形式，横哑铃形缀板中的混凝土较之前述的哑铃形断面对加大抗弯刚度有较大的作用，但这种截面的钢—混凝土横腹板的受力特性与圆钢管混凝土相差很大，存在着计算上不能采用套箍理论的问题。因此，其后又发展了混合式的桁式断面，即上弦采取横哑铃形，下弦两根钢管采用钢管下平联联结；上弦为了缩短缀板的长度，宽度较下弦为短而形成梯形断面，如河南安阳文峰立交桥、四川高谷乌江大桥等采用桁式断面，其形式如图 5-3-7b）所示。

直接采用多肢桁式（格构式）断面的钢管混凝土肋拱是近年来的趋势。这种拱肋弦杆采用钢管混凝土材料，腹杆和平联均采用钢管。在多肢桁式断面中，四肢最为常见，截面的高度与宽度之比在 2∶1 附近较为合理，拱肋的面外稳定性主要通过横向联系来保证。如浙江淳安县南浦大桥、杭州市钱江四桥、湖南茅草街大桥、重庆巫峡长江大桥等均采用了完全桁式断面。四肢桁式断面如图 5-3-7c）所示。

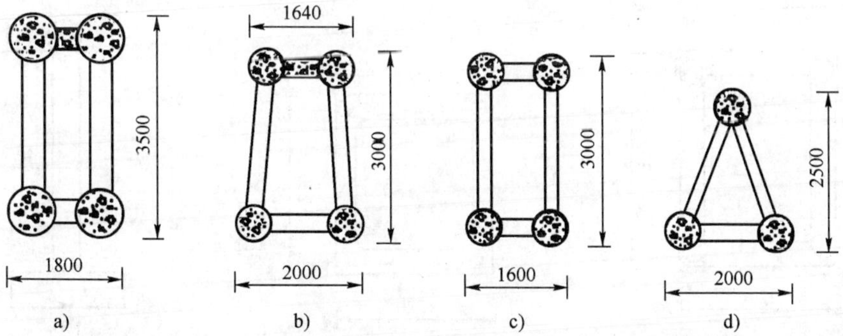

图 5-3-7　钢管混凝土桁拱拱肋截面（尺寸单位：mm）

a）南海三山西大桥横哑铃形桁式；b）安阳文峰路立交桥混合式；c）福建闽清石潭溪大桥四肢式；d）依兰牡丹江大桥二肢桁式

黑龙江依兰牡丹江大桥采用了三肢桁式截面（图 5-3-7d)），从其结构设计方面应理解为两肢加上一肢，加上的一肢是为了增加拱肋横向抗弯刚度，以取消桥面以上的风撑。此外，还有将拱肋设计成上下弦杆各三根的六肢式截面（图 5-3-8）。

桁拱的腹杆常做成拉杆，以避免压杆出现局部失稳的问题。由于受力不大，腹杆采用小直径的空心钢管，如 $\phi 200\times 10$mm～$\phi 350\times 10$mm。腹杆的布置有两种形式，一种是垂直式，即与拱轴垂直（图 5-3-9a)），直腹杆间距一般使斜腹杆成 30°～60°，常在 45°左右。在等高度桁拱中直腹杆和斜腹杆规格一致易于加工，但它与向下的吊杆之间的处理较为复杂，使吊杆布置困难，所以这种形式桁式截面仅在劲性骨架中出现。另一种是平行式，即直腹杆与水平线垂直（图 5-3-9b)），吊杆和直腹杆一致，结构上易于处理。直腹杆的间距除应考虑斜腹杆距离外，还应与吊杆间距综合考虑。但是这种布置，每根直腹杆和斜腹杆的尺寸都不一样，斜腹杆的角度也都在变化，给拱肋的加工带来困难。

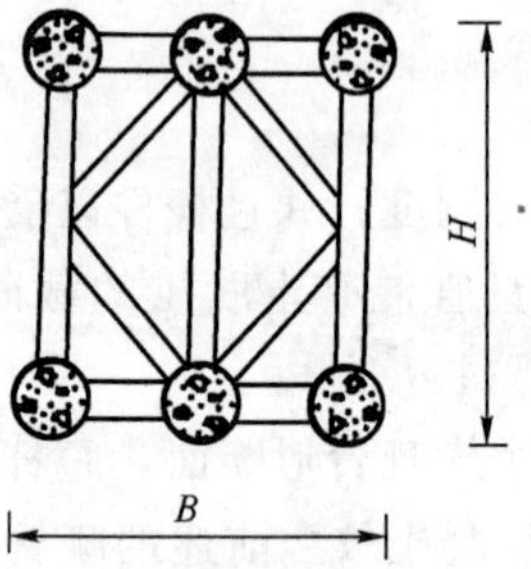

图 5-3-8　六肢桁式断面

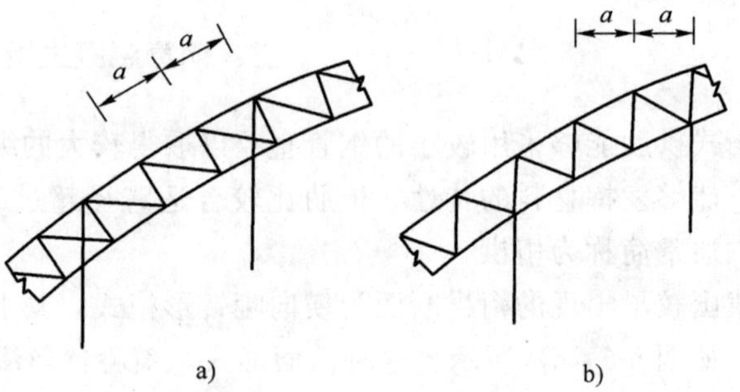

图 5-3-9　桁拱节间构造

a）垂直式；b）平行式

四、钢管混凝土劲性骨架箱肋和工字形肋

钢筋混凝土中、下承形式的肋拱桥，随跨径增大以后，横向稳定问题突出，因而常采用箱肋截面。但钢筋混凝土箱拱吊装重量大，使箱肋拱的发展受到限制。将钢管混凝土作为劲性骨架，吊装时只需吊装空钢管，这样吊装重量大大减轻。箱肋拱的劲性骨架有时部分采用钢管混凝土、部分采用型钢，其断面如图 5-3-10 所示。

对于上承式拱桥，也可以做成工字形截面，采用较密的横向联系来保证结构的整体性和横向稳定性。如图 5-3-11 所示。

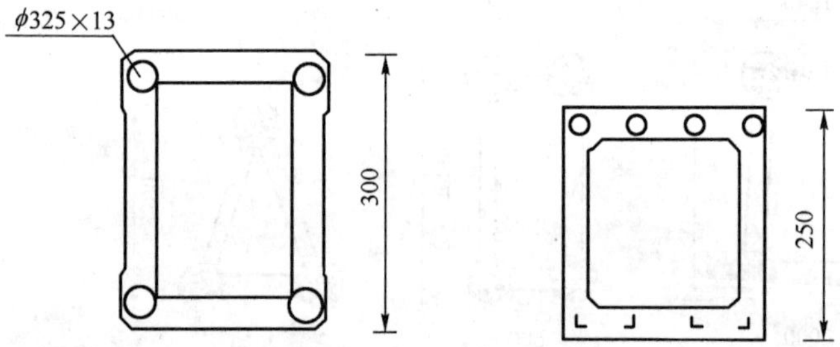

图 5-3-10　箱肋式断面（尺寸单位：cm）

a）内江淅龙坳桥断面；b）白勉峡大桥断面

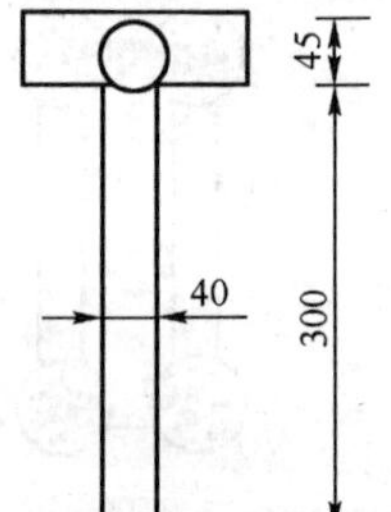

图 5-3-11　工字形拱肋断面

（尺寸单位：cm）

五、钢管混凝土劲性骨架箱拱

箱拱具有良好的抗弯抗扭性能，是钢筋混凝土拱的大跨径的主要形式。采用钢管混凝土作为施工的劲性骨架，是突破其跨径的有效途径。如四川万县长江大桥，主跨 420m，是目

前世界上跨径最大的劲性骨架钢筋混凝土拱桥。

此外，钢管混凝土结构还用于板拱中，纯粹作为劲性骨架用于施工。如图 5-3-12 所示，把钢管内灌混凝土后，在拱顶和两个 $L/4$ 处设置简易支架浇 55cm 厚混凝土形成劲形骨架，而后其上砌筑两层厚 100cm 的粗料石形成主拱。

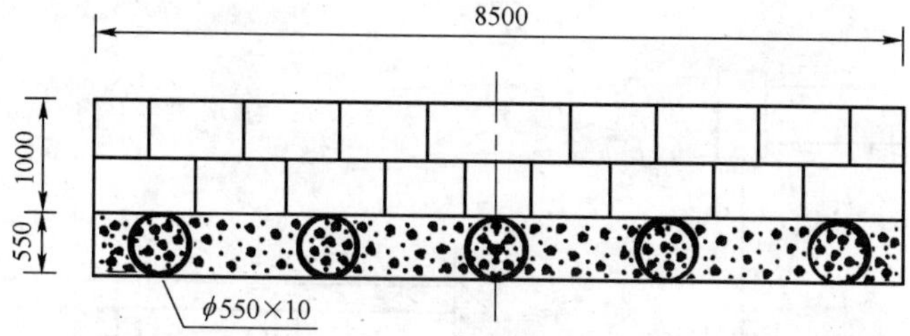

图 5-3-12　钢管混凝土劲性骨架施工的石板拱（尺寸单位：mm）

第四节　肋拱的横向结构与构造

拱桥特别是大跨径肋拱桥，横向稳定问题突出，所以其横向结构的合理采用至关重要。一般肋拱的拱肋设计成平行的，称为平行肋拱；对于中、下承式拱，有时为了加强横向稳定性，将其两肋内倾，称为提篮拱。

一、横向联系的构造

上承式肋拱可采用多肋结构，其横向联系也易于布置，通常采用等间距的径向横撑（或横系梁），其横向稳定主要取决于整桥的宽跨比。对于中、下承式拱，横向联系的布置受到行车空间的限制，因此靠桥面一节的横撑间距较大，拱顶附近则可以密些，这种不等间距的问题随矢跨比的减小而突出。同时，横撑布置过密时，行车空间的压抑感增加。因此，横向联系布置既要能满足横向稳定要求，又要简捷美观。

对于中承式拱，一部分拱肋在桥面以下，而桥面以上部分受行车空间限制和美观要求，不能设置许多横撑，这时，桥面以下部分可采用刚度较大的 K 式或 X 式横撑，以加强拱脚段的横向刚度。在拱肋与桥面交汇处，一般可将横梁与横撑相结合，这根与拱肋固结的横梁，称为固定横梁。

固定横梁既要承受桥面荷载产生的竖向弯矩，又要起横撑的作用承担拱肋水平失稳时产生的横向弯矩；与拱肋相接时，由于拱肋是曲线状的，如果其中部又与 K 撑相接，则几何形状与构造较为复杂。另外，两根固定横梁因与拱肋相交，横梁间的距离常常不是一个整数，划分后吊杆的间距或者零碎，或者出现不等跨。因此设计时在桥面拱肋相交处仅设横撑而不设横梁，这时纵向桥面板一端放在立柱横梁上，另一端放在吊杆横梁上。这根横撑的构造同其他横撑一样，不象固定横梁那么复杂，也可以使横梁间距的划分比较容易。

桥面以上横撑一般设置成奇数，因为拱顶处横撑所起的作用较大。横撑一般与吊杆间距成倍数关系，可将横撑设在吊杆节点处。横撑的布置可以是径向布置（与拱轴线垂直）或竖直平行布置（与水平面垂直），还可以是切向布置（与拱轴线近似平行）。一般在靠近拱顶处将横梁布置成径向、在其他地方按切向布置效果较好。这是因为拱肋横向失稳向面外侧倾时，拱顶处的横撑主要承受拱肋的扭转变形（横撑承受竖向弯矩，如图 5-3-13 所示），采用竖向布置的横撑增强了对拱肋在拱顶处的扭转变形的约束，能提高拱的面外稳定性。在 $L/4$ 附近拱肋侧倾时横撑要承受拱肋的相对错动，对横撑是横向弯矩，因此采用切向布置（如 K 撑），对约束拱肋的相对错动有较大的作用，能提高其稳定系数，如图 5-3-14 所示。

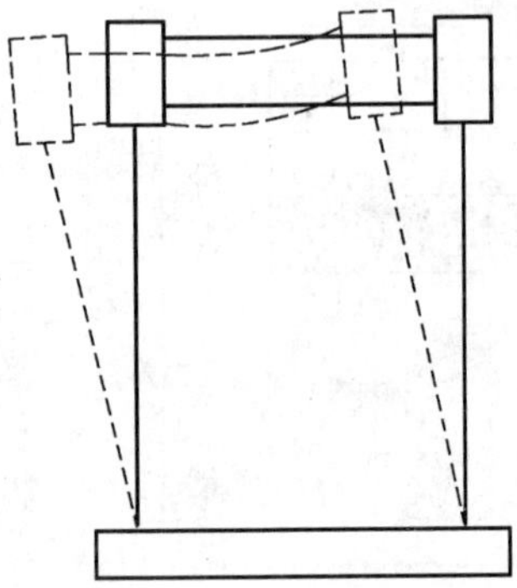

图 5-3-13　拱侧倾时的变形

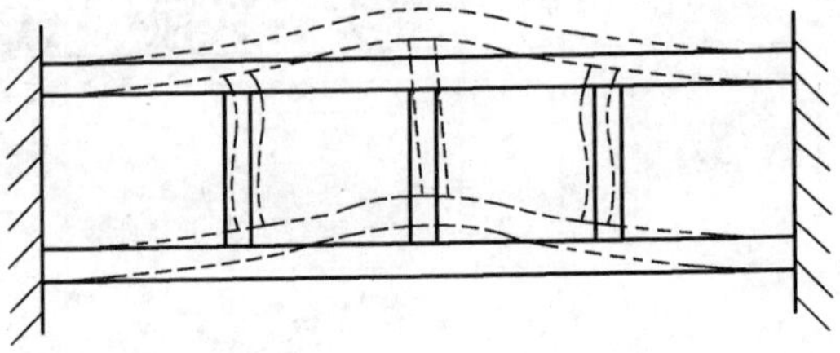

图 5-3-14　$L/4$ 附近横撑在拱肋横向失稳时的变形

哑铃形肋拱的横撑常常采用单根钢管，焊接于两根拱肋的中部，横撑钢管的直径可与哑铃形的圆管相同，也可以稍大些。为了增强联接处的刚度，可进行局部加强，如图 5-3-15 所示。哑铃形拱肋的横撑也有用两根管的，不过上下两管之间不象拱肋一样用实腹板相接，而是用腹杆，通常也是钢管；当两根弦杆的高度较小时仅用直腹杆，如图 5-3-16 所示，高度较大时还用斜腹杆。

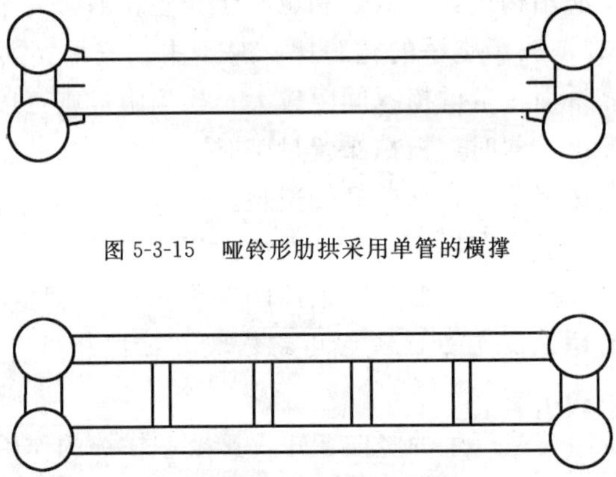

图 5-3-15　哑铃形肋拱采用单管的横撑

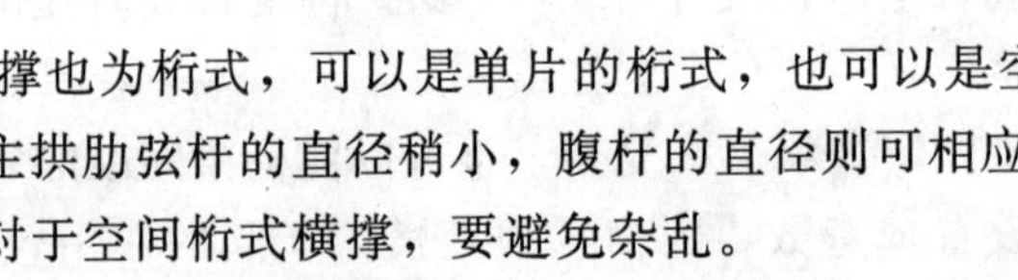

图 5-3-16　哑铃形肋拱采用竖平面桁式的横撑

桁式断面肋拱的横撑也为桁式，可以是单片的桁式，也可以是空间桁式，视桥宽而定。横撑弦杆的直径一般比主拱肋弦杆的直径稍小，腹杆的直径则可相应更小些或相同。横撑的桁式构造要简捷，特别对于空间桁式横撑，要避免杂乱。

下承式肋拱，靠拱脚段由于通行净空的需要，不能布置强大的 K 撑或 X 撑，这是横向稳定问题的不利因素。一般在有横向联系的下承式拱桥中，横向稳定性可以通过强大的端横梁和肋间的横向联系来保证。

二、提 篮 拱

变截面板拱的截面变化形式有两种：一种是变高度。另一种是变宽度。前者是加强拱脚的面内抗弯能力，后者是加强拱的横向稳定性。对于肋拱，变高度引起的内力变化规律同板拱，但拱肋的间矩为X型肋拱，因此内力的增加比板拱要小。因为X型肋拱横向刚度的提高，主要是靠两肋间的距离变化而不是依靠肋自身的横向刚度。

采用X型肋拱以后，拱体的宽度是变化的。假定平行拱的宽度为 B_o，X型拱的拱顶宽度为 B_d，拱脚宽度为 B_j，上承式、中承式和下承式的拱宽与平行拱拱宽的关系一般如图5-3-17所示。X型肋拱中取 B_d 还是 B_j 作为宽跨比中的宽度指标，与平行肋的横向稳定性能进行比较分析，结果影响很大，一般将X型拱的宽跨比定义为拱顶的宽度 B_d 与净跨径之比。

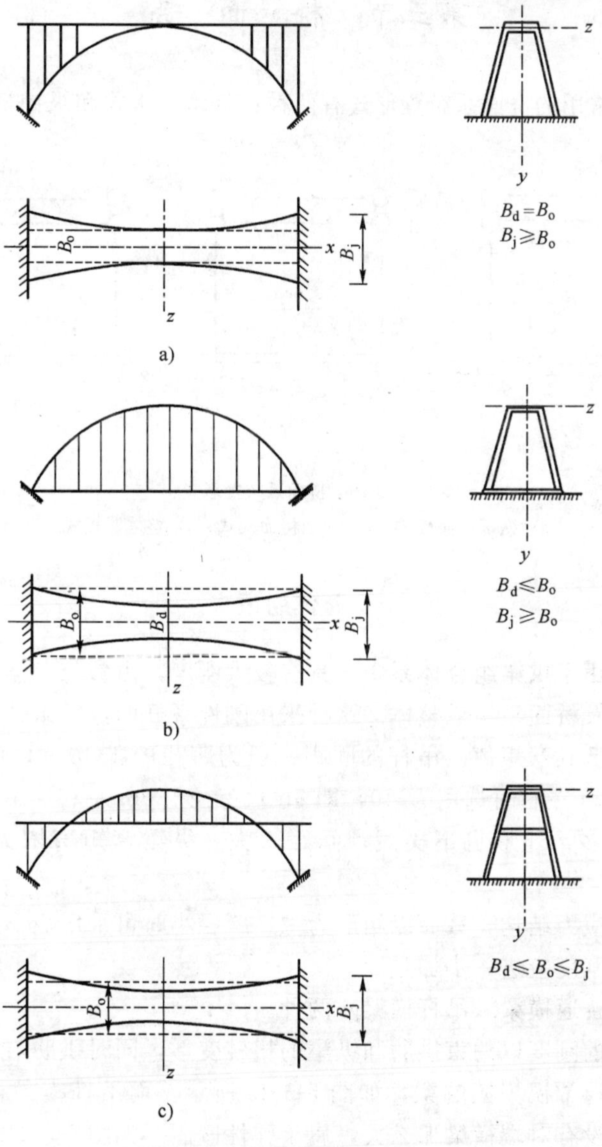

图 5-3-17 提篮拱的类型

a）上承式；b）下承式；c）中承式

X 型肋拱和平行肋拱相比对拱桥横向稳定的影响主要有两个方面。一方面 X 拱的肋距变化，或者拱脚肋距加大，或者拱顶处肋距缩小（对中、下承拱一般情况下两者均有变化）。前者使平均的宽跨比加大，后者使横向联系长度缩短，刚度加大，对横向稳定都是有利的。另一方面，桥面系的自重及汽车、人群等作用传递给拱肋时不是垂直的，而是带有倾角的，有水平分力产生。对上承式，立柱所产生的水平分力有加强侧倾的作用；而对中、下承式，吊杆所产生的水平分力对拱肋的侧倾产生约束作用，如图 5-3-18 所示。

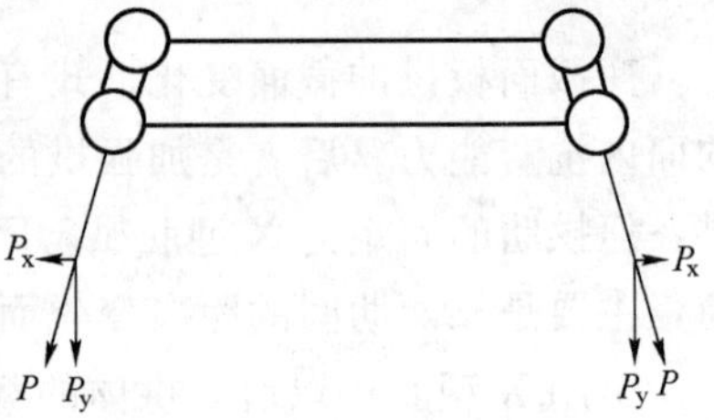

图 5-3-18　桥面系对拱肋横向稳定的作用

第五节　桥　面　系

钢管混凝土拱桥常用的桥面系布置形式有两种：整体肋板式和纵铺桥面板式，如图5-3-19所示。

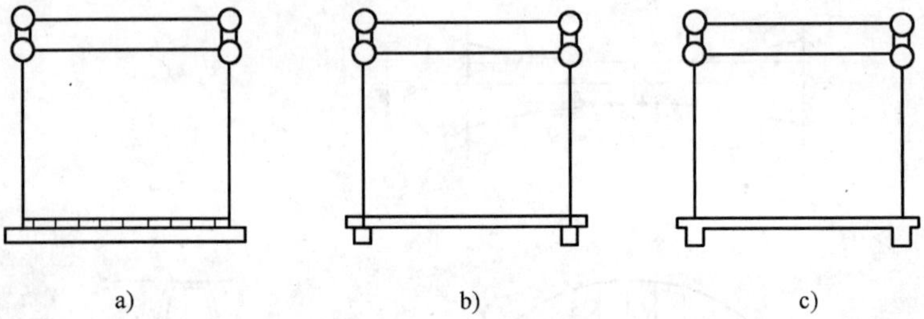

图 5-3-19　桥面系布置形式

a）纵铺桥面板式；b）横铺桥面板式；c）整体肋板式

一、整体肋板式

整体肋板式主要用于拱梁组合体系中，具有较大刚度，由参与总体受力的纵梁和承受主要局部荷载的横梁以及桥面板组成整体。这种采用刚性系杆的拱梁组合体系，可以看成是用拱肋来加强纵梁，降低其弯矩值。吊杆的间距一般为跨径的 1/10～1/16，其比值随跨径的增大而减小。跨径 50m 左右时选用 $L/10$，即 5m；跨径 120m 左右选用 $L/16$，约 7.5m。间距太小，吊杆用量增多，外形也不美观；间距太大，纵梁弯矩值增大，纵梁材料用量也增多。

纵梁一般采用预应力结构，截面以箱形为主，跨径小时可采用矩形截面。若采用无风撑形式，则纵梁的抗扭刚度应进一步加强。

横梁有端横梁和普通横梁（吊杆横梁）两种。

端横梁需要较大的刚度以约束拱肋和纵梁的扭转变形，同时拱肋与纵梁对其梁端转动也有较大的约束，因此通常视为固端梁，如图 5-3-20 所示。而吊杆横梁相对端横梁的刚度要小，纵梁对其约束也没有对端横梁那么大，属于弹性嵌固，如图 5-3-21 所示。

整体肋板式的纵横梁采用固结构造。桥面板可以预制，也可以现浇；当桥面较宽时，桥面板为单向板，桥面较窄时为双向板。

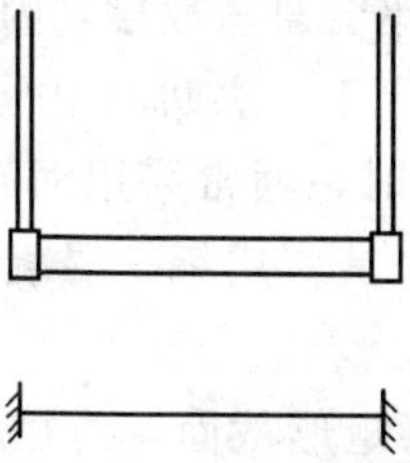

图 5-3-20　端横梁

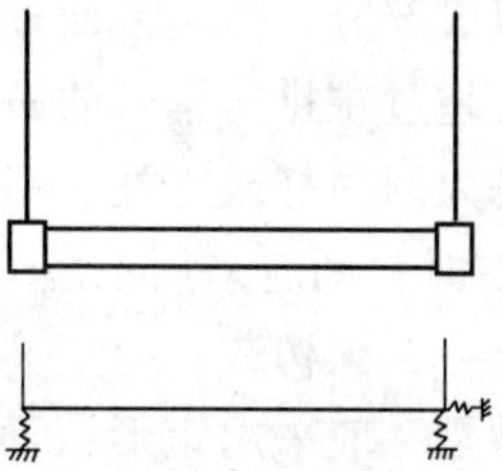

图 5-3-21　吊杆横梁

二、纵铺桥面板式

纵铺桥面板式将横梁设置于立柱上或吊杆下，然后纵向铺设桥面板，活载经桥面系通过横梁传给立柱或吊杆，立柱或吊杆再将荷载传给拱肋，结构受力明确。

纵铺桥面板式的桥面系由横梁和桥面板组成，由于桥面系不参与总体受力，因而属于局部受力传力结构，其结构重力不随着桥梁跨径的增加而明显增加。在已建成的钢管混凝土中、下承式拱桥中，主拱跨径在 60m 以内时，吊杆间距一般在 4m 左右；主拱跨径在 60～150m 时，吊杆间距在 5～10m 之间；跨径超过 150m 以后，吊杆间距宜在 12m 左右。

对于上承式拱桥，当跨径很大时，拱脚附近的立柱很高，其稳定问题突出，立柱的截面与材料主要受稳定控制，适当加大立柱的间距是合理的。可以采用截面高度较大的 T 形梁以抵抗较大的局部弯矩。

为缩短横梁跨径，降低横梁跨中弯矩，横梁一般做成伸臂式，将非机动车道以及人行道悬挑。对下承式拱，虽然与桥面相交的拱肋要占据一定的桥面宽度，但系杆或系梁一般会高出桥面以降低建筑高度，它所占据的宽度与拱肋相当，整个桥梁就可采用同宽，以简化设计与施工，如图 5-3-22 所示。

对于中承式拱，只有当跨径较小时全桥采用同宽，这样或者在桥面与拱肋相交处通行净宽（人行道）宽度不够，或者在其他地方有些浪费。对于跨径较大的，通常在拱肋与桥面相交处加宽桥面，以保证通行净宽，如图 5-3-23a）所示，这样横梁的规格就相应增多。如果上承部分长度较短，也可将拱肋与桥面相交处的横向加宽延伸至墩台处，以减化构造，如图 5-3-23b)所示。由于下承部分通常采用柔性吊杆，而柔性吊杆体积较小，拱肋与桥面系相交的一定范围以外的人行道可利用拱肋的一部分宽度甚至全部，因此人行道宽度又可回缩。

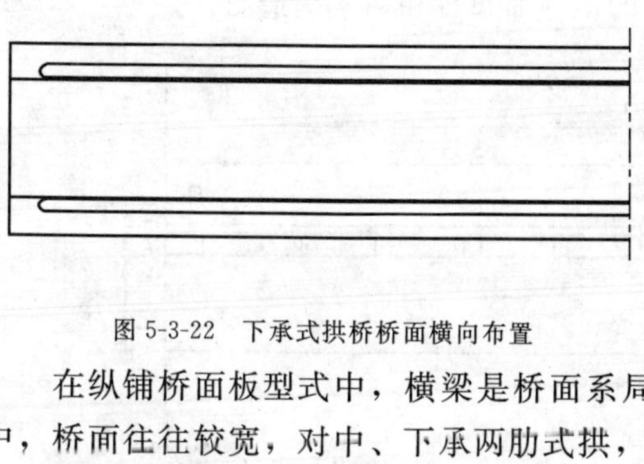

图 5-3-22　下承式拱桥桥面横向布置

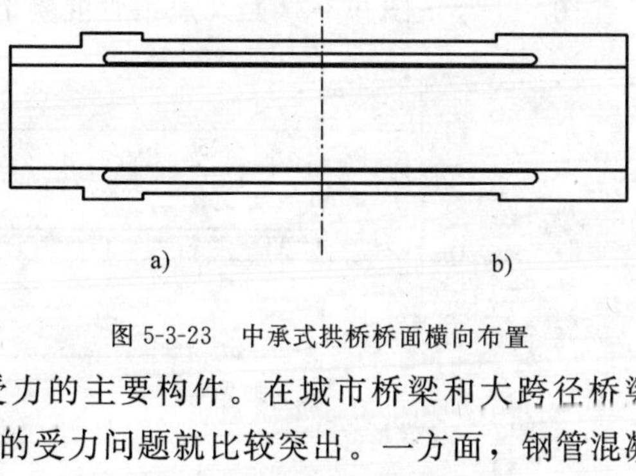

图 5-3-23　中承式拱桥桥面横向布置

在纵铺桥面板型式中，横梁是桥面系局部受力的主要构件。在城市桥梁和大跨径桥梁中，桥面往往较宽，对中、下承两肋式拱，横梁的受力问题就比较突出。一方面，钢管混凝土拱桥由于主拱肋的轻型化，桥面系的结构自重所占比重增大，而横梁重量是桥面系结构自重的重要组成部分；另一方面，主拱肋施工先安装钢管，而钢管自重较轻，因此，横梁的吊装自重不宜超过主拱肋钢管的吊装单元重。横梁的跨度一般等于两拱肋的中距，横梁所承担的荷载长度为两吊杆或立柱的间距。当横梁跨径在 10m 左右时，通常采用钢筋混凝土构造；在 20m 左右时，则应采用预应力构造；跨径更大时，近年来是应用钢—混凝土或者钢—预应力混凝土叠合梁构造。

刚架横梁一般采用矩形截面，吊杆横梁在小跨径时采用矩形截面，跨径稍大后可采用“I”字形截面，大型横梁也可采用箱梁。为发挥箱梁截面的抗扭能力，可以采用纵桥向双吊杆构造。

纵铺桥面板式桥面系中的桥面板根据其跨径的大小可选用实心板、空心板、π 型板、槽型板和 T 型板。跨径小时采用钢筋混凝土结构，跨径大时采用预应力混凝土结构，纵梁可做成简支桥面连续或先简支后连续结构。桥面板一般采用预制吊装，施工快捷简单。但这种搭架式的构造，整体性较差，特别是中、下承式的悬吊结构，桥面动力性能较差，因此应注意桥面板之间和桥面板与横梁之间的联结，以提高整体性和抗震防止落梁的能力。桥面板采用先简支后连续的做法，比简支桥面连续要好。

先简支后连续梁（板）的受力在一期的结构自重时为简支，二期的结构自重（桥面铺装等）及汽车等作用下为连续。预制时负弯矩筋伸出端部，安装时两端钢筋相接，现浇湿接头混凝土，如图 5-3-24 所示。这种纵梁（板）在连接处（内支座）与横梁直接接触，不设支座，也不存在着体系转换，它对横梁的约束可忽略不计。设计计算时，在刚架横梁上支承的桥面板可不计拱肋的变形按连续梁计算，在吊杆横梁处则应视为弹性支承连续梁。连续长度很长时，设计可根据实际影响长度选取有效跨数进行受力计算。

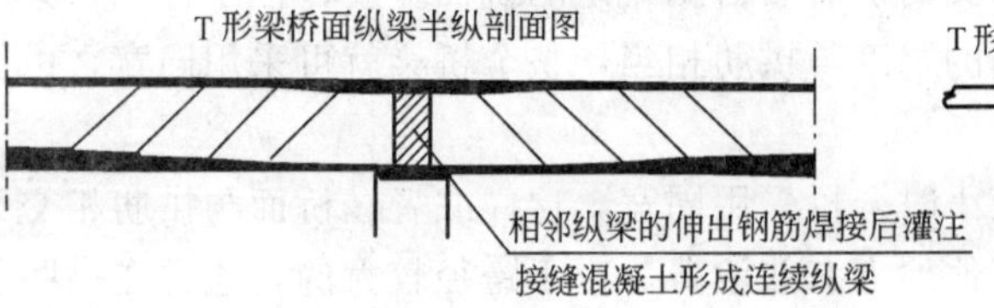

图 5-3-24　先简支后连续桥面

为加强桥面整体性，当横梁间距不大时，还可采用现浇连续的桥面板。这种结构型式还能降低桥面系的建筑高度，因为在横向，现浇的桥面板又可作为横梁的一部分参与受力。但是现浇的桥面连续板，施工较为麻烦，桥面板的负弯矩区也应采取构造措施防止开裂。

图 5-3-25～图 5-3-27 是几座钢管混凝土拱桥的横截面布置和横梁构造图。

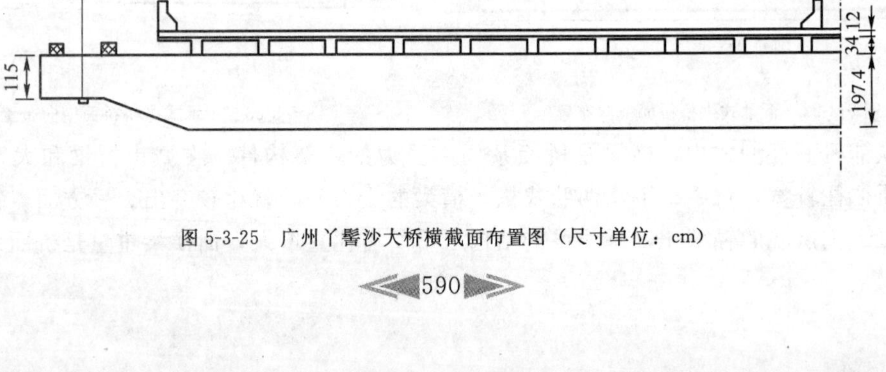

图 5-3-25　广州丫髻沙大桥横截面布置图（尺寸单位：cm）

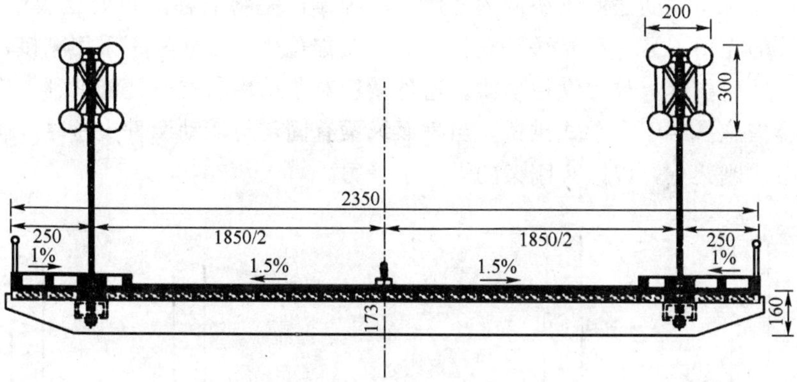

图 5-3-26　深圳北站大桥横截面布置图（尺寸单位：cm）

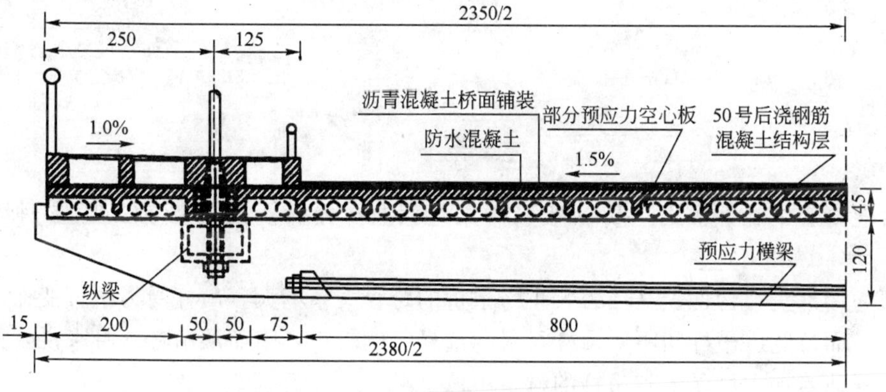

图 5-3-27　深圳北站大桥横梁构造图（尺寸单位：cm）

第六节　立柱与吊杆

一、立　　柱

立柱用于上承式拱桥和中承式拱桥的上承部分，是桥面系与主拱肋之间的传力结构。立柱的主要形式有钢筋混凝土立柱和钢管混凝土立柱。

钢筋混凝土立柱的柱脚通常为焊接于拱肋之上的钢板箱，以适应拱的曲率变化和拱肋钢管的弧线，钢板箱内灌有混凝土，立柱钢筋焊于钢板箱上，如图 5-3-28 所示。对于小跨径拱桥中的短立柱，也有直接采用钢板箱作为立柱的。

对于大跨径或大矢跨比拱桥，立柱高度较大，尤其是靠近拱脚处，可采用钢管混凝土立柱，既能满足结构受力需要，又与轻型的主拱肋相适应。钢管混凝土立柱的构造型式如图 5-3-29 所示。

对于长立柱，因其柔度较大，立柱本身能产生一定的变形以适应桥面系与拱肋变形不协调的问题。对于短立柱，特别是宽桥、长桥的短立柱，因其刚度较大，需要采取一定的构造措施来适应桥面系与拱肋之间不协调的变形。一种做法是将立柱与拱肋相接处的截面削弱，以产生类似铰的作用。另一种做法是立柱横梁（或称盖梁）与立柱不采用刚接，而是在立柱上安放支座，然后在其上放置立柱横梁。这种做法对于结构的抗震性能不利，应在构造上采取一定的防震措施。对于中承式拱桥，当桥面纵梁有固定与活动两种支座时，固定支座一般不设在拱上门式刚架上，以减小刚架的纵向水平力。

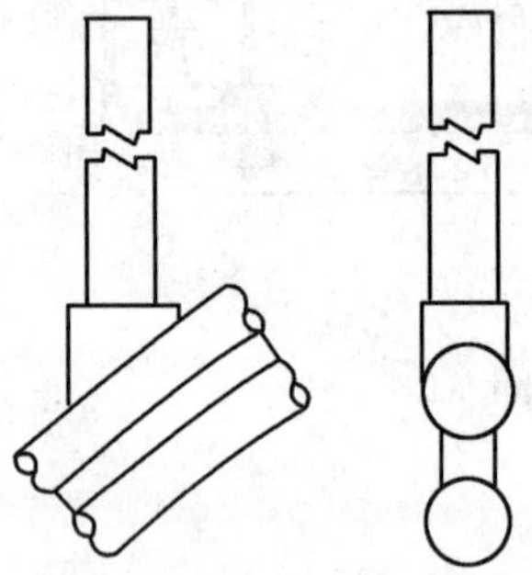

图 5-3-28　钢筋混凝土立柱

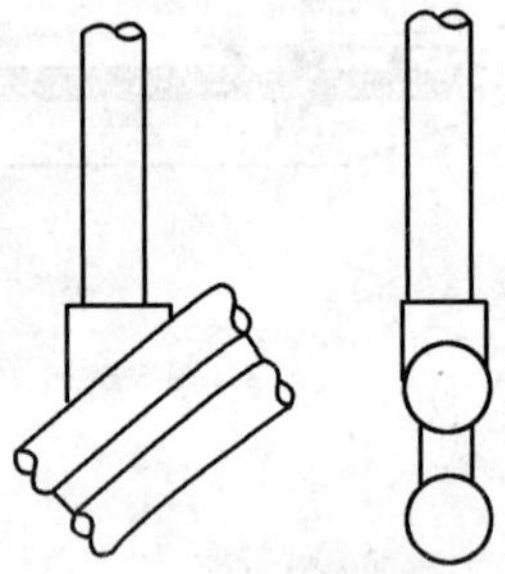

图 5-3-29　钢管混凝土立柱

二、吊　　杆

钢管混凝土中、下承式拱桥一般采用柔性吊杆，吊杆材料有圆钢、高强钢丝和钢绞线。

吊杆为局部受力构件，其受力大小与主桥的跨径关系不大。吊杆受力中可变作用占有较大的比例，而桥宽、吊杆间距对吊杆材料的选择影响较小，因而从吊杆本身来说，吊杆间距在一定范围适当加大可以节省吊杆的材料用量。

吊杆的工作环境与斜拉桥中的斜拉索类似，要求吊杆有高的承载能力和稳定的高弹性模量（低松弛）、良好的耐疲劳和抗腐蚀能力，易于施工，而且价格便宜。

中、下承钢管混凝土拱桥可以直接采用斜拉桥中斜拉索的构造形式。由于配冷铸锚或镦头锚的平行钢丝索在耐疲劳性能和施工方面更优于夹片群锚配平行钢绞线索，所以得到更多的应用。

吊杆的布置有平行式和斜交叉式。平行式构造简单，施工方便；但平行式吊杆桥面系刚度较低。为加强桥面系刚度，减少锚具尺寸和应力集中现象且利于今后换索，近年来在一些钢管混凝土拱桥中采用了双吊杆构造。双吊杆构造有纵桥向双吊杆和横桥向双吊杆两种。

纵桥向双吊杆主要用于箱形横梁中，有利于加强桥面系的纵向刚度和发挥箱形横梁的抗扭刚度，如图 5-3-30 所示。横向双吊杆则有利于加强桥面系的桥向刚度和改善横梁的受力，若横梁为箱形时，则要通过与之固结的纵梁来提供箱梁的抗扭刚度，如图 5-3-31 所示。

斜交叉式吊杆的作用主要是增强桥面系的刚度，降低拱肋和加劲梁的弯矩，也便于换索，如图 5-3-32 所示。

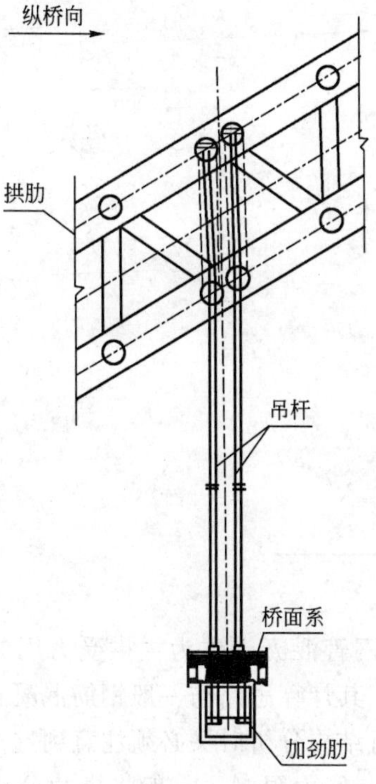

图 5-3-30　纵桥向双吊杆构造

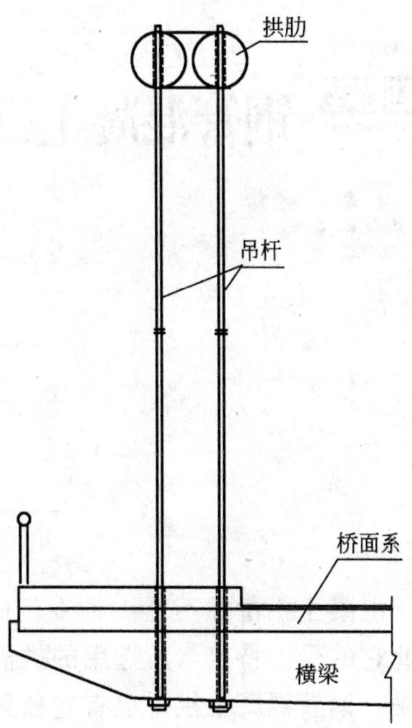

图 5-3-31　横桥向双吊杆构造

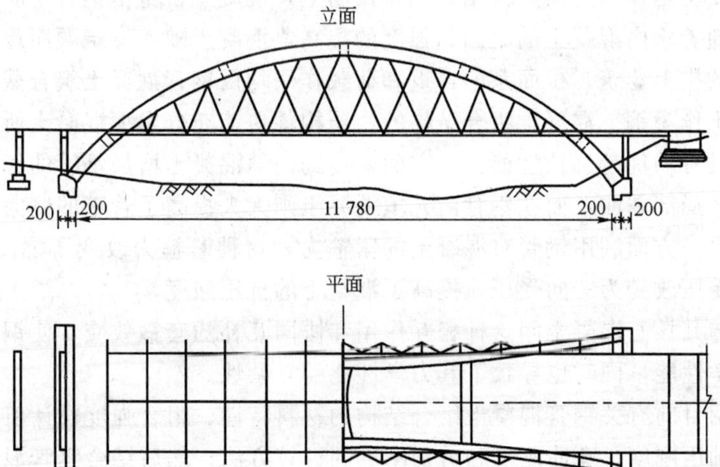

图 5-3-32　斜交叉式吊杆拱桥的总体布置

第四章 DISIZHANG 钢管混凝土拱桥的计算

钢管混凝土拱桥并不是一种专门的桥型，而是把钢管混凝土作为主拱受力用的结构材料，因此它的受力特点与所选用的拱桥形式存在共性，其计算思路与一般钢筋混凝土拱桥一样。但是，钢管混凝土拱桥也有它独具的特点，在进行结构分析时又必须注意到这一点。

钢管混凝土拱桥内力计算与施工过程有关。受吊装能力限制，一般将拱肋分成数段加工，然后吊装形成钢管拱肋桁架，此时钢管拱肋桁架的自重由其自身承受。初始浇注钢管内混凝土时，混凝土是作为外荷载作用在钢管拱肋上，混凝土自重由钢管拱肋承受，应按钢结构计算；以后随着管内混凝土的凝固和强度的提高，混凝土随着浇筑顺序逐渐与钢管一起参与受力；后期的拱上建筑、桥面系的自重和荷载作用均由钢管混凝土组合截面来承担。

钢管混凝土作为钢—混凝土组合结构的受压构件更能充分发挥混凝土所具有的优越抗压性能和钢材所具有的优越抗拉性能。一方面，借助内填混凝土增加钢管的稳定性，对于薄壁钢管很容易发生局部屈曲，而在钢管内充填混凝土则大大提高了管壁的侧向刚度，增加了钢管的稳定性。另一方面利用钢管对混凝土的紧箍力，这种紧箍力改变了混凝土的受力状态，将通常的单向受压改变为三向受压，提高了混凝土的抗压强度。

由于钢管与其核心混凝土间这种相互作用和协同互补的套箍效应，使钢管混凝土具有一系列优越的力学性能，同时也导致了其力学性能的复杂性。

本章先介绍目前有关钢管混凝土组合结构的材料特性、组合强度设计值以及计算时采用的钢管混凝土轴压刚度、弯曲刚度和剪切刚度的计算方法；然后结合钢管混凝土拱桥的结构特点，介绍计算单肢和格构式钢管混凝土构件承载力的基本公式。

第一节　钢管混凝土的材料性能

有关钢管混凝土结构的设计规程目前已有不少，国外的有日本设计规程 AIJ（1997）；美国设计规程 ACI（1999）和 AISC-LRFD（1999）；英国设计规程 BS（1979）以及欧洲规程 EC 4（1994）等。我国也颁布了几本有关钢管混凝土结构设计方面的规程，例如国家建筑材料工业局 JCJ 01—89（1989），中国工程建设标准化协会标准 CECS 28：90（1992），中华人民共和国电力行业标准 DL/T 5085—1999（1999）等均给出了圆钢管混凝土结构设计方面的规定。2003 年颁布实施的福建省工程建设标准《钢管混凝土结构技术规程》（DBJ 13-51—2003）可适合于圆形和方形、矩形钢管混凝土结构的设计计算等。

上述规程所涉及的对象主要以房屋建筑中的柱系为主，没有钢管混凝土拱桥结构方面的有关内容，其规程体系与公路桥梁规范体系存在着差异。但现有的公路桥梁设计规范又缺乏钢管混凝土材料与结构的内容，因此这里介绍的钢管混凝土材料性能主要以上述现有的规程为重点，资料以最新为主，在实际应用中，可以根据具体情况，参考有关规程灵活应用。

一、钢管及连接材料

钢管材料的选用原则可简要归纳如下：

（1）钢管可采用 Q235 和 Q345 钢材，也可采用 Q390 和 Q420 钢材。当采用其他牌号的钢材时，应符合相应有关标准的规定和要求。钢材性能应符合《碳素结构钢》（GB 700—88）和《低合金高强度结构钢》（GB/T 1591—94）中的规定。

（2）对处在外露环境，且对大气腐蚀有特殊要求或在腐蚀性气态和固态介质作用下的钢管混凝土结构，宜采用耐候钢，其质量要求应符合现行国家标准《焊接结构用耐候钢》（GB/T 4172—2000）的规定。

（3）圆钢管宜采用螺纹焊接管或直缝管。焊接钢管的焊缝必须采用对接焊缝，焊接管必须采用对接熔透焊缝，不允许采用钢板搭接的角焊缝。要达到焊缝连接与母材等强的要求。

（4）钢材的强度 f_y、f 和 f_v 可根据表 5-4-1 确定；钢材的物理性能指标可按表 5-4-2 确定。

钢材强度设计值（N/mm^2） 表 5-4-1

钢材			标准值 f_y	抗拉、抗压和抗弯 f	抗剪 f_v
钢管种类	牌号	钢管壁厚（mm）			
普通钢管	Q235 钢	≤16	235	215	125
		>16～40		205	120
		>40～60		200	115
		>60～100		190	110
	Q345 钢	≤16	345	310	180
		>16～35		295	170
		>35～50		265	155
		>50～100		250	145
	Q390 钢	≤16	390	350	205
		>16～35		335	190
		>35～50		315	180
		>50～100		295	170
	Q420 钢	≤16	20	380	220
		>16～35		360	210
		>35～50		340	195
		>50～100		325	185

钢材的物理性能指标　　表 5-4-2

弹性模量 E_s（N/mm²）	剪变模量 G（N/mm²）	线膨胀系数 α	质量密度 ρ（kg/m³）
2.06×10^5	7.9×10^4	12×10^{-6}	7850

二、混　凝　土

钢管混凝土结构中的混凝土可采用普通混凝土或高性能混凝土，由于钢管本身是封闭的，多余水分不能排出，因而要控制混凝土的水灰比，一般不宜大于 0.4。为了方便施工，可掺减水剂，坍落度宜在 160～180mm。为了减少管内混凝土收缩的影响，可在混凝土中掺适量膨胀剂来补偿混凝土的收缩。

采用的混凝土强度等级不宜低于 C30。混凝土的抗压和抗拉强度以及弹性模量可按表 5-4-3 采用。

混凝土强度和弹性模量值（N/mm²）　　表 5-4-3

混凝土强度等级		C30	C40	C50	C60	C70	C80
抗压强度	标准值 f_{ck}	20.1	26.8	32.4	38.5	44.5	50.2
	设计值 f_c	14.3	19.1	23.1	27.5	31.8	35.9
抗拉强度	标准值 f_{tk}	2.01	2.39	2.64	2.85	2.99	3.11
	设计值 f_t	1.43	1.71	1.89	2.04	2.14	2.22
弹性模量 E_c（$\times10^4$）		3.0	3.25	3.45	3.6	3.7	3.8

三、钢管混凝土

根据钢管混凝土的受力特点，为了充分发挥其钢管和和混凝土的性能，可参照下列材料组合：Q235 钢配 C30 或 C40 级混凝土；Q345 钢配 C40、C50 或 C60 级混凝土；Q390 和 Q420 钢配 C50 或 C60 级及以上等级的混凝土。另外，一般情况下，钢管混凝土的约束效应系数标准值 ξ 不宜大于 4，也不宜小于 0.3。

对于实心钢管混凝土，约束效应系数 ξ 定义为：

$$\xi = A_s \cdot f_y / A_c \cdot f_{ck}$$

式中：A_s、A_c——分别为钢管和混凝土的横截面面积，$A_s=\pi\cdot(r_s^2-r_c^2)$，$A_c=\pi\cdot r_c^2$；

r_s——钢管外半径，其值为 $D/2$；

r_c——核心混凝土半径，其值为 r_s-t；

D——圆钢管横截面外直径；

t——钢管壁厚；

f_y——钢材的屈服强度；

f_{ck}——混凝土轴心抗压强度标准值。

根据《钢管混凝土结构技术规程》（DBJ 13-51—2003），钢管混凝土轴心受压组合强度设计值 f_{sc} 的计算公式如下：

对于圆钢管混凝土

$$f_{sc} = (1.14 + 1.02\xi_0)\cdot f_c \tag{5-4-1}$$

式中：f_c——混凝土轴心抗压强度设计值；

ξ_0——构件截面的约束效应系数设计值，$\xi_0=\alpha \cdot f/f_c$；

f——钢材的抗拉、抗压和抗弯强度设计值；

α——钢管混凝土截面含钢率，$\alpha=A_s/A_c$（符号意义同前）。

采用第一组钢材的 f_{sc} 值由式（5-4-1）计算。采用第二、三组钢材的 f_{sc} 值应按式(5-4-1)的计算值再乘以换算系数 k_1 后确定。对 Q235 和 Q345 钢，$k_1=0.96$；对 Q390 和 Q420 钢，$k_1=0.94$。钢材的分组按表 5-4-1 确定。

采用第一组钢材时 f_{sc} 值也可按表 5-4-4 查得。

圆钢管混凝土（第一组钢材）的组合强度设计值 f_{sc}（N/mm^2）　　表 5-4-4

钢材牌号		Q235						
混凝土强度等级		C30	C40	C50	C60	C70	C80	C90
α	0.04	25.1	30.5	35.1	40.1	45.0	49.7	54.4
	0.05	27.3	32.7	37.3	42.3	47.2	51.9	56.6
	0.06	29.5	34.9	39.5	44.5	49.4	54.1	58.8
	0.07	31.7	37.1	41.7	46.7	51.6	56.3	61.0
	0.08	33.8	39.3	43.9	48.9	53.8	58.5	63.1
	0.09	36.0	41.5	46.1	51.1	56.0	60.7	65.3
	0.10	38.2	43.7	48.3	53.3	58.2	62.9	67.5
	0.11	40.4	45.9	50.5	55.5	60.4	65.0	69.7
	0.12	42.6	48.1	52.6	57.7	62.6	67.2	71.9
	0.13	44.8	50.3	54.8	59.9	64.8	69.4	74.1
	0.14	47.0	52.5	57.0	62.1	67.0	71.6	76.3
	0.15	49.2	54.7	59.2	64.2	69.1	73.8	78.5
	0.16	51.4	56.9	61.4	66.4	71.3	76.0	80.7
	0.17	53.6	59.1	63.6	68.6	73.5	78.2	82.9
	0.18	55.8	61.2	65.8	70.8	75.7	80.4	85.1
	0.19	58.0	63.4	68.0	73.0	77.9	82.6	87.3
	0.20	60.2	65.6	70.2	75.2	80.1	84.8	89.5
钢材牌号		Q345						
混凝土强度等级		C30	C40	C50	C60	C70	C80	C90
α	0.04	28.9	34.4	39.0	44.0	48.9	53.6	58.2
	0.05	32.1	37.6	42.1	47.2	52.1	56.7	61.4
	0.06	35.3	40.7	45.3	50.3	55.2	59.9	64.6
	0.07	38.4	43.9	48.5	53.5	58.4	63.1	67.7
	0.08	41.6	47.1	51.6	56.6	61.5	66.2	70.9
	0.09	44.8	50.2	54.8	59.8	64.7	69.4	74.1
	0.10	47.9	53.4	58.0	63.0	67.9	72.5	77.2
	0.11	51.1	56.6	61.1	66.1	71.0	75.7	80.4
	0.12	54.2	59.7	64.3	69.3	74.2	78.9	83.5

续上表

钢材牌号		Q345						
混凝土强度等级		C30	C40	C50	C60	C70	C80	C90
α	0.13	57.4	62.9	67.4	72.5	77.4	82.0	86.7
	0.14	60.6	66.0	70.6	75.6	80.5	85.2	89.9
	0.15	63.7	69.2	73.8	78.8	83.7	88.4	93.0
	0.16	66.9	72.4	76.9	81.9	86.8	91.5	96.2
	0.17	70.1	75.5	80.1	85.1	90.0	94.7	99.4
	0.18	73.2	78.7	83.3	88.3	93.2	97.8	102.5
	0.19	76.4	81.9	86.4	91.4	96.3	101.0	105.7
	0.20	79.5	85.0	89.6	94.6	99.5	104.2	108.8
钢材牌号		Q390						
混凝土强度等级		C30	C40	C50	C60	C70	C80	C90
α	0.04	30.6	36.1	40.6	45.6	50.5	55.2	59.9
	0.05	34.2	39.6	44.2	49.2	54.1	58.8	63.5
	0.06	37.7	43.2	47.8	52.8	57.7	62.3	67.0
	0.07	41.3	46.8	51.3	56.3	61.2	65.9	70.6
	0.08	44.9	50.3	54.9	59.9	64.8	69.5	74.2
	0.09	48.4	53.9	58.5	63.5	68.4	73.1	77.7
	0.10	52.0	57.5	62.0	67.0	72.0	76.6	81.3
	0.11	55.6	61.0	65.6	70.6	75.5	80.2	84.9
	0.12	59.1	64.6	69.2	74.2	79.1	83.8	88.4
	0.13	62.7	68.2	72.7	77.8	82.7	87.3	92.0
	0.14	66.3	71.8	76.3	81.3	86.2	90.9	95.6
	0.15	69.9	75.3	79.9	84.9	89.8	94.5	99.2
	0.16	73.4	78.9	83.5	88.5	93.4	98.0	102.7
	0.17	77.0	82.5	87.0	92.0	96.9	101.6	106.3
	0.18	80.6	86.0	90.6	95.6	100.5	105.2	109.9
	0.19	84.1	89.6	94.2	99.2	104.1	108.8	113.4
	0.20	87.7	93.2	97.7	102.8	107.7	112.3	117.0
钢材牌号		Q420						
混凝土强度等级		C30	C40	C50	C60	C70	C80	C90
α	0.04	31.8	37.3	41.8	46.9	51.8	56.4	61.1
	0.05	35.7	41.2	45.7	50.7	55.6	60.3	65.0
	0.06	39.6	45.0	49.6	54.6	59.5	64.2	68.9
	0.07	43.4	48.9	53.5	58.5	63.4	68.1	72.7
	0.08	47.3	52.8	57.3	62.4	67.3	71.9	76.6
	0.09	51.2	56.7	61.2	66.2	71.1	75.8	80.5

续上表

钢材牌号		Q420						
混凝土强度等级		C30	C40	C50	C60	C70	C80	C90
α	0.10	55.1	60.5	65.1	70.1	75.0	79.7	84.4
	0.11	58.9	64.4	69.0	74.0	78.9	83.6	88.2
	0.12	62.8	68.3	72.8	77.9	82.8	87.4	92.1
	0.13	66.7	72.2	76.7	81.7	86.6	91.3	96.0
	0.14	70.6	76.0	80.6	85.6	90.5	95.2	99.9
	0.15	74.4	79.9	84.5	89.5	94.4	99.1	103.7
	0.16	78.3	83.8	88.3	93.4	98.3	102.9	107.6
	0.17	82.2	87.7	92.2	97.2	102.1	106.8	111.5
	0.18	86.1	91.5	96.1	101.1	106.0	110.7	115.4
	0.19	89.9	95.4	100.0	105.0	109.9	114.6	119.2
	0.20	93.8	99.3	103.9	108.9	113.8	118.4	123.1

第二节　钢管混凝土的刚度计算

一、轴压刚度

规程（DBJ 13-51—2003）、(DL/T 5085—1999 和（GJB 4142—2000）都采用组合模量的方法计算钢管混凝土构件在正常使用极限状态下的轴压刚度：

$$EA = E_{sc}A_{sc} \tag{5-4-2}$$

式中：E_{sc}——钢管混凝土组合轴压弹性模量，按下式确定：

$$E_{sc} = f_{scp}/\varepsilon_{scp} \tag{5-4-3}$$

f_{scp}、ε_{scp}——分别为名义轴压比例极限及其对应的应变，对圆钢管混凝土，$f_{scp}=[0.192(f_y/235)+0.488]\cdot f_{scy}$；$\varepsilon_{scp}=3.25\times10^{-6}f_y$；式中 f_{scy} 为钢管混凝土轴心受压时的强度指标；

其余符号同前。

采用第一组钢材时 E_{sc} 的计算值见表 5-4-5。采用第二、三组钢材的 EA 值应按式(5-4-2)的计算值再乘以换算系数 k_1 后确定。对 Q235 和 Q345 钢，$k_1=0.96$；对 Q390 和 Q420 钢，$k_1=0.94$。钢材的分组按表 5-4-1 确定。

圆钢管混凝土(第一组钢材)的组合轴压弹性模量 E_{sc}(N/mm²)　　表 5-4-5

钢材牌号		Q235						
混凝土强度等级		C30	C40	C50	C60	C70	C80	C90
α	0.04	28916	35712	41391	47578	53664	59445	65226
	0.05	31040	37844	43524	49711	55796	61577	67359
	0.06	33181	39977	45657	51843	57929	63710	69491

续上表

钢材牌号		Q235						
混凝土强度等级		C30	C40	C50	C60	C70	C80	C90
α	0.07	35314	42109	47789	53976	60061	65842	71624
	0.08	37447	44242	49922	56109	62194	67975	73756
	0.09	39579	46375	52054	58241	64326	70108	75889
	0.10	41712	48507	54187	60374	66459	72240	78021
	0.11	43844	50640	56319	62506	68592	74373	80154
	0.12	45977	52772	58452	64639	70724	76505	82286
	0.13	48109	54905	60584	66771	72857	78638	84419
	0.14	50242	57037	62717	68904	74989	80770	86552
	0.15	52375	59170	64850	71036	77122	82903	88684
	0.16	54507	61302	66982	73169	79254	85036	90817
	0.17	56640	63435	69115	75302	81387	87168	92949
	0.18	58772	65568	71247	77434	83520	89301	95082
	0.19	60905	67700	73380	79567	85652	91433	97214
	0.20	63037	69833	75512	81699	87785	93566	99347

钢材牌号		Q345						
混凝土强度等级		C30	C40	C50	C60	C70	C80	C90
α	0.04	25379	30620	35000	39771	44464	48922	53381
	0.05	27794	33034	37414	42185	46878	51337	55795
	0.06	30208	35448	39829	44600	49293	53751	58209
	0.07	32622	37863	42243	47014	51707	56165	60624
	0.08	35037	40277	44657	49429	54122	58580	63038
	0.09	37451	42692	47072	51843	56536	60994	65453
	0.10	39866	45106	49486	54257	58950	63409	67867
	0.11	42280	47520	51901	56672	61365	65823	70281
	0.12	44694	49935	54315	59086	63779	68237	72696
	0.13	47109	52349	56729	61501	66194	70652	75110
	0.14	49523	54764	59144	63915	68608	73066	77525
	0.15	51938	57178	61558	66329	71022	75481	79939
	0.16	54352	59593	63973	68744	73437	77895	82353
	0.17	56766	62007	66387	71158	75851	80310	84768
	0.18	59181	64421	68801	73573	78266	82724	87182
	0.19	61595	66836	71216	75987	80680	85138	89597
	0.20	64010	69250	73630	78401	83094	87553	92011

续上表

钢材牌号		Q390						
混凝土强度等级		C30	C40	C50	C60	C70	C80	C90
α	0.04	24690	29548	33607	38030	42379	46512	50644
	0.05	27220	32077	36137	40559	44909	49041	53174
	0.06	29750	34607	38667	43089	47439	51571	55703
	0.07	32280	37137	41197	45619	49969	54101	58233
	0.08	34809	39667	43726	48149	52498	56630	60763
	0.09	37339	42196	46256	50678	55028	59160	63292
	0.10	39869	44726	48786	53208	57558	61690	65822
	0.11	42398	47256	51315	55738	60087	64220	68352
	0.12	44928	49785	53845	58267	62617	66749	70882
	0.13	47458	52315	56375	60797	65147	69279	73411
	0.14	49988	54845	58905	63327	67677	71809	75941
	0.15	52517	57375	61434	65857	70206	74338	78471
	0.16	55047	59904	63964	68386	72736	76868	81000
	0.17	57577	62434	66494	70916	75266	79398	83530
	0.18	60106	64964	69023	73446	77795	81928	86060
	0.19	62636	67493	71553	75975	80325	84457	88590
	0.20	65166	70023	74083	78505	82855	86987	91119

钢材牌号		Q420						
混凝土强度等级		C30	C40	C50	C60	C70	C80	C90
α	0.04	24368	29016	32900	37131	41293	45246	49200
	0.05	26975	31622	35506	39738	43899	47853	51807
	0.06	29581	34229	38113	42344	46506	50460	54413
	0.07	32188	36835	40720	44951	49113	53066	57020
	0.08	34795	39442	43326	47557	51719	55673	59626
	0.09	37401	42048	45933	50164	54326	58279	62233
	0.10	40008	44655	48539	52771	56932	60886	64840
	0.11	42614	47262	51146	55377	59539	63493	67446
	0.12	45221	49868	53753	57984	62145	66099	70053
	0.13	47827	52475	56359	60590	64752	68706	72659
	0.14	50434	55081	58966	63197	67359	71312	75266
	0.15	53041	57688	61572	65803	69965	73919	77873
	0.16	55647	60295	64179	68410	72572	76525	80479
	0.17	58254	62901	66785	71017	75178	79132	83086
	0.18	60860	65508	69392	73623	77785	81739	85692
	0.19	63467	68114	71999	76230	80392	84345	88299
	0.20	66074	70721	74605	78836	82998	86952	90905

AIJ（1997）、CESC28：90（1992）和 DB 29-57—2003 给出钢管混凝土轴压刚度的计算公式如下：

$$EA = E_s A_s + E_c A_c \tag{5-4-4}$$

式中：E_s、E_c——分别为钢材和混凝土的弹性模量；

A_s、A_c——分别为钢管和核心混凝土的横截面面积。

二、弯曲刚度

《钢管混凝土结构技术规程》（DBJ 13-51—2003）给出钢管混凝土构件在正常使用极限状态下组合弹性抗弯刚度的计算公式如下：

$$EI = E_s \cdot I_s + \alpha \cdot E_c \cdot I_c \tag{5-4-5}$$

式中：E_s、E_c——钢材和混凝土的弹性模量，$E_s = 206000\text{N/mm}^2$，$E_c = \dfrac{10^5}{2.2 + 34.7/f_{cu}}$；

I_s、I_c——钢管和混凝土的截面惯性矩；

α——系数，对于圆钢管混凝土，$\alpha = 0.8$。

以下国外一些规范提供的计算公式也可参考。

日本规程 AIJ（1997）对于钢管混凝土框架柱的抗弯刚度的计算公式为：

$$EI = E_s \cdot I_s + 0.2E_c \cdot I_c \tag{5-4-6}$$

式中，钢材弹性模量 $E_s = 205800\text{N/mm}^2$；

混凝土弹性模量 $E_c = 21000\sqrt{f'_c/19.6}\ \text{N/mm}^2$；$f'_c$ 为混凝土圆柱抗压强度。

美国规程 ACI（1999）的计算公式与 AIJ（1997）类似。

英国规程 BS 5400（1979）的计算公式为：

$$K = E_s \cdot I_s + E_c \cdot I_c \tag{5-4-7}$$

其中，$E_s = 206000\text{N/mm}^2$；$E_c = 450 \cdot f_{cu}\text{N/mm}^2$；$f_{cu}$ 为混凝土立方体抗压强度。

有的文献提出以 $M = 0.6M_u$ 对应的割线刚度作为钢管混凝土使用阶段抗弯刚度 K_s：

$$K_s = 0.6M_u/\phi_{0.6} \tag{5-4-8}$$

式中：M_u——钢管混凝土抗弯承载力。

$$\phi_{0.6} = [(41.48\beta_c + 343.43) + (17.32\beta_c + 30.39) \cdot \xi] \cdot \beta_s^{0.82}/(E_s \cdot D)$$

式中，$\beta_c = f_{cu}/30$，$\beta_s = f_y/345$，f_{cu} 和 f_y 需以“N/mm^2”为单位代入。

其余符号意义同前。

文献还建议，在进行结构分析时，圆钢管混凝土的抗弯刚度可按（DBJ 13-51—2003）提供的式（5-4-5）进行计算；在使用阶段的抗弯刚度可暂按式（5-4-8）计算。

三、剪切刚度

（DB 29-57—2003）给出的钢管混凝土剪切刚度 GA 的计算公式如下：

$$GA = G_s A_s + G_c A_c \tag{5-4-9}$$

式中：G_s、G_c——钢材和混凝土的剪变模量；

其余符号意义同前。

规程（DL/T 5085—1999）给出的剪切刚度 GA 的计算公式如下：

$$GA = G_{sc} A_{sc} \tag{5-4-10}$$

式中：G_{sc}——圆钢管混凝土的剪变模量，采用第一组钢材时 G_{sc} 的计算值见表 5-4-6；

A_{sc}——钢管混凝土横截面面积，对于实心钢管混凝土，$A_{sc}=A_s+A_c$；

其余符号意义同前。

圆钢管混凝土（第一组钢材）的剪变模量 G_{sc}（N/mm^2） 表 5-4-6

钢材牌号		Q235						
混凝土强度等级		C30	C40	C50	C60	C70	C80	C90
α	0.04	7961	9366	10508	11720	12883	13964	15024
	0.05	8810	10229	11388	12620	13806	14909	15990
	0.06	9656	11083	12251	13499	14701	15820	16919
	0.07	10505	11933	13108	14366	15580	16713	17826
	0.08	11359	12785	13964	15229	16452	17595	18719
	0.09	12221	13641	14821	16091	17321	18472	19605
	0.10	13092	14504	15683	16955	18190	19347	20488
	0.11	13972	15374	16550	17823	19062	20224	21371
	0.12	14863	16252	17424	18697	19938	21104	22256
	0.13	15766	17140	18307	19578	20820	21989	23145
	0.14	16679	18038	19199	20467	21709	22880	24039
	0.15	17604	18947	20100	21364	22606	23778	24940
	0.16	18542	19866	21011	22271	23511	24683	25847
	0.17	19492	20797	21933	23187	24425	25597	26763
	0.18	20455	21739	22865	24114	25348	26520	27687
	0.19	21431	22694	23809	25051	26282	27453	28619
	0.20	22420	23661	24765	25999	27227	28396	29562
钢材牌号		Q345						
混凝土强度等级		C30	C40	C50	C60	C70	C80	C90
α	0.04	7344	8449	9357	10327	11263	12137	12996
	0.05	8264	9367	10278	11256	12202	13087	13958
	0.06	9185	10279	11189	12169	13121	14012	14892
	0.07	10110	11190	12095	13075	14028	14923	15808
	0.08	11041	12104	13001	13977	14930	15826	16713
	0.09	11978	13022	13910	14879	15829	16725	17613
	0.10	12924	13945	14822	15784	16729	17623	18511
	0.11	13877	14874	15738	16691	17632	18522	19408
	0.12	14839	15811	16661	17604	18537	19424	20307
	0.13	15810	16754	17589	18521	19447	20328	21208
	0.14	16789	17705	18525	19444	20361	21237	22113
	0.15	17778	18664	19467	20373	21281	22150	23022
	0.16	18775	19632	20417	21310	22207	23070	23936

续上表

钢材牌号		Q345						
混凝土强度等级		C30	C40	C50	C60	C70	C80	C90
α	0.17	19782	20607	21375	22253	23140	23995	24855
	0.18	20799	21592	22340	23203	24079	24926	25780
	0.19	21825	22584	23314	24161	25026	25864	26711
	0.20	22861	23586	24296	25127	25979	26808	27648
钢材牌号		Q390						
混凝土强度等级		C30	C40	C50	C60	C70	C80	C90
α	0.04	7191	8209	9048	9947	10816	11628	12428
	0.05	8120	9128	9965	10865	11739	12557	13365
	0.06	9046	10038	10868	11766	12639	13460	14271
	0.07	9972	10943	11763	12655	13526	14345	15156
	0.08	10898	11847	12655	13537	14402	15219	16029
	0.09	11827	12750	13543	14415	15273	16085	16891
	0.10	12759	13653	14431	15291	16140	16945	17748
	0.11	13693	14558	15319	16165	17004	17802	18599
	0.12	14630	15464	16207	17038	17866	18656	19447
	0.13	15570	16372	17096	17911	18728	19509	20292
	0.14	16512	17282	17986	18785	19589	20361	21136
	0.15	17458	18194	18878	19660	20450	21212	21978
	0.16	18407	19108	19771	20535	21312	22063	22821
	0.17	19358	20024	20665	21412	22174	22914	23663
	0.18	20313	20943	21562	22289	23037	23766	24505
	0.19	21270	21863	22460	23169	23901	24618	25347
	0.20	22230	22786	23360	24049	24767	25471	26190
钢材牌号		Q420						
混凝土强度等级		C30	C40	C50	C60	C70	C80	C90
α	0.04	7103	8069	8867	9723	10552	11328	12092
	0.05	8031	8982	9774	10629	11459	12237	13006
	0.06	8952	9883	10665	11512	12339	13116	13885
	0.07	9869	10775	11543	12381	13201	13974	14741
	0.08	10782	11661	12413	13239	14051	14818	15580
	0.09	11693	12541	13277	14089	14889	15649	16405
	0.10	12600	13418	14135	14931	15720	16470	17219
	0.11	13506	14291	14988	15767	16543	17284	18024

续上表

钢材牌号		Q420						
混凝土强度等级		C30	C40	C50	C60	C70	C80	C90
α	0.12	14409	15160	15836	16598	17360	18090	18821
	0.13	15310	16025	16680	17424	18171	18890	19611
	0.14	16207	16887	17520	18245	18977	19683	20394
	0.15	17103	17746	18356	19061	19778	20472	21172
	0.16	17995	18602	19189	19873	20574	21255	21944
	0.17	18884	19453	20017	20681	21365	22032	22710
	0.18	19770	20301	20841	21485	22152	22805	23471
	0.19	20652	21146	21662	22284	22934	23573	24227
	0.20	21531	21986	22478	23079	23711	24336	24977

第三节　钢管混凝土拱桥的计算

一、强度验算方法

如前所述，钢管混凝上拱桥采用自架设施工方法，主拱圈是逐步形成的，因而各部分受力先后不一，即在拱肋桁架安装、合龙，管内混凝土的浇筑和混凝土硬化前的承载力、变形和稳定性计算，应按钢管结构设计；随着浇筑顺序，管内混凝土开始与钢管共同受力；后期桥面系的自重作用以及活载作用则全部由钢管混凝土组合截面共同承受。因此进行施工阶段的受力分析应该按照混凝土参与受力的施工顺序进行计算。

钢管混凝上结构的强度验算有应力叠加法和内力叠加法两种方法。在施工过程中，以采用应力叠加法验算拱架的强度与稳定性较为合理，并用容许应力法进行验算。当管内混凝土达到没汁强度后，则应采用内力叠加法计算内力，计算内力的截面刚度可以采用前面介绍的有关公式进行计算。这时的验算方法则采用极限状态法。

由于钢管对核心混凝上的套箍作用只有当构件处于轴心或小偏心受压状态，且混凝土进入塑性状态后才能显现，因而对于轴心或小偏心受压构件的承载能力极限状态验算，可考虑套箍作用的有利影响，其他情况则一概不考虑。

二、荷载作用的横向分布计算

钢管混凝土拱桥由于材料强度高，主拱圈的刚度相对较小，而且桥面系一般采用梁板式结构，汽车荷载的横向分布作用明显。由于拱上建筑联合作用较弱，因此双拱肋的荷载横向分布系数计算一般采用杠杆法，如图 5-4-1 所示。

对于多拱肋，弹性支承连续梁法乃是一种有效的计算方法。对于结构自身重力作用，由于对称性，不需考虑横向分布。

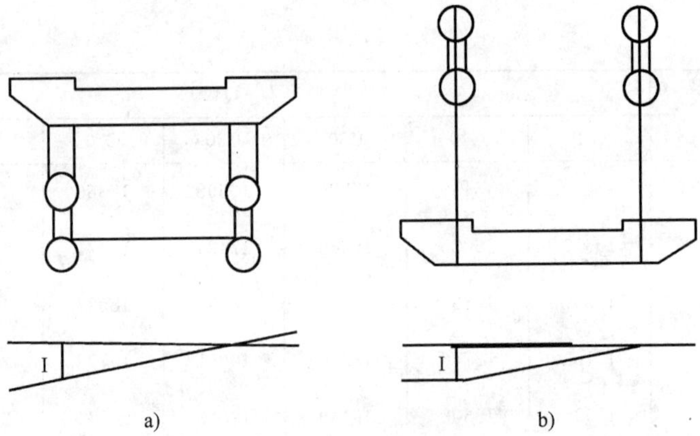

图 5-4-1　双肋拱横向分布计算图式

三、钢管混凝土拱肋承载力计算

钢管混凝土拱肋是一个偏心受压构件，其构件应根据承载能力极限状态和正常使用极限状态的要求，分别进行计算和验算其承载力和变形。

当计算承载能力时，应计算所有的结构或构件，计算时采用作用的代表值，对动力荷载还应考虑动力系数。对需要控制变形值的结构或构件，应进行变形验算，验算时采用相应的作用代表值，但不考虑由动力荷载所引起的动力系数。

对于两根和两根以上钢管混凝土组成的拱肋除进行整体承载力验算外，还需进行组成构件的局部承载力验算，以防局部破坏。对于桁式断面，还应对腹杆、平联等进行局部受力验算。

下面分别介绍单肢钢管混凝土和格构式钢管混凝土构件的承载力计算。

1. 单肢钢管混凝土构件承载力计算

1）轴压强度承载力

钢管混凝土轴压强度承载力计算可按下式计算：

$$N_{uo} = A_{sc} \cdot f_{scy} \tag{5-4-11}$$

式中：f_{scy}——钢管混凝土轴压强度承载力指标，当 $\xi = 0.2 \sim 5$ 内，$f_{scy} = (1.14 + 1.02\xi) \cdot f_{cy}$；

其余符号意义同前。

2）轴压稳定承载力

钢管混凝土轴心受压构件稳定承载力可按下式计算：

$$N_u = \varphi \cdot N_u = \varphi \cdot A_{sc} \cdot f_{scy} \tag{5-4-12}$$

式中：φ——轴心受压稳定系数，圆钢管混凝土的 φ 值可按表 5-4-7 确定，表内中间值可采用插值法求得。当 $\varphi = 1$ 时，构件属强度破坏，承载力计算公式与式（5-4-11）一致；

N_u——钢管混凝土轴心受压时的强度承载力；

其余符号意义同前。

圆钢管混凝土稳定系数 φ 值

表 5-4-7

钢材牌号	混凝土强度等级	α	λ=10	20	30	40	50	60	70	80	90	100	110	120	130	140	150	160	170	180	190	200
Q235	C30	0.04	1.000	0.972	0.923	0.875	0.828	0.783	0.739	0.696	0.654	0.614	0.575	0.516	0.456	0.405	0.362	0.326	0.295	0.268	0.245	0.225
		0.08	1.000	0.975	0.930	0.886	0.843	0.800	0.758	0.716	0.675	0.635	0.595	0.534	0.472	0.419	0.375	0.338	0.306	0.278	0.254	0.233
		0.12	1.000	0.977	0.935	0.893	0.852	0.810	0.769	0.729	0.688	0.648	0.608	0.545	0.481	0.428	0.383	0.345	0.312	0.283	0.259	0.237
		0.16	1.000	0.978	0.938	0.898	0.858	0.818	0.778	0.738	0.697	0.657	0.616	0.553	0.488	0.434	0.388	0.350	0.316	0.288	0.263	0.241
		0.20	1.000	0.980	0.941	0.902	0.863	0.824	0.784	0.745	0.704	0.664	0.623	0.560	0.494	0.439	0.393	0.354	0.320	0.291	0.266	0.243
	C40	0.04	1.000	0.957	0.901	0.847	0.795	0.746	0.699	0.655	0.613	0.573	0.536	0.481	0.424	0.377	0.338	0.304	0.275	0.250	0.228	0.209
		0.08	1.000	0.960	0.908	0.858	0.809	0.762	0.717	0.674	0.632	0.593	0.555	0.498	0.439	0.391	0.349	0.315	0.285	0.259	0.236	0.217
		0.12	1.000	0.962	0.913	0.864	0.818	0.772	0.728	0.685	0.644	0.604	0.566	0.508	0.448	0.399	0.357	0.321	0.290	0.264	0.241	0.221
		0.16	1.000	0.964	0.916	0.869	0.824	0.779	0.736	0.694	0.653	0.613	0.574	0.515	0.455	0.404	0.362	0.326	0.295	0.268	0.245	0.224
		0.20	1.000	0.966	0.919	0.874	0.829	0.785	0.742	0.700	0.660	0.620	0.581	0.521	0.460	0.409	0.366	0.329	0.298	0.271	0.247	0.227
	C50	0.04	1.000	0.946	0.886	0.828	0.773	0.722	0.674	0.628	0.586	0.547	0.510	0.458	0.404	0.359	0.322	0.289	0.262	0.238	0.217	0.199
		0.08	1.000	0.950	0.893	0.839	0.787	0.738	0.691	0.646	0.605	0.565	0.528	0.474	0.418	0.372	0.333	0.300	0.271	0.246	0.225	0.206
		0.12	1.000	0.952	0.898	0.845	0.795	0.747	0.701	0.657	0.616	0.577	0.539	0.484	0.427	0.380	0.340	0.306	0.277	0.252	0.230	0.211
		0.16	1.000	0.954	0.901	0.850	0.801	0.754	0.709	0.665	0.624	0.585	0.547	0.491	0.433	0.385	0.345	0.310	0.281	0.255	0.233	0.214
		0.20	1.000	0.956	0.904	0.854	0.806	0.760	0.715	0.672	0.631	0.591	0.553	0.496	0.438	0.389	0.348	0.314	0.284	0.258	0.236	0.216
	C60	0.04	1.000	0.936	0.872	0.811	0.754	0.700	0.651	0.604	0.562	0.523	0.488	0.438	0.386	0.343	0.307	0.277	0.250	0.228	0.208	0.190
		0.08	1.000	0.940	0.879	0.821	0.767	0.715	0.667	0.622	0.580	0.541	0.505	0.453	0.400	0.356	0.318	0.286	0.259	0.236	0.215	0.197
		0.12	1.000	0.942	0.884	0.828	0.775	0.725	0.677	0.633	0.591	0.552	0.515	0.462	0.408	0.363	0.325	0.292	0.264	0.240	0.219	0.201
		0.16	1.000	0.944	0.887	0.833	0.781	0.731	0.684	0.640	0.599	0.559	0.523	0.469	0.414	0.368	0.329	0.296	0.268	0.244	0.223	0.204
		0.20	1.000	0.946	0.890	0.837	0.785	0.737	0.690	0.646	0.605	0.565	0.529	0.474	0.419	0.372	0.333	0.300	0.271	0.247	0.225	0.206

续上表

钢材牌号	混凝土强度等级	α	λ																			
			10	20	30	40	50	60	70	80	90	100	110	120	130	140	150	160	170	180	190	200
Q235	C70	0.04	0.999	0.928	0.860	0.797	0.738	0.683	0.632	0.585	0.542	0.504	0.469	0.421	0.372	0.330	0.296	0.266	0.241	0.219	0.200	0.183
		0.08	0.999	0.932	0.868	0.807	0.750	0.697	0.648	0.602	0.560	0.521	0.486	0.436	0.385	0.342	0.306	0.275	0.249	0.227	0.207	0.190
		0.12	1.000	0.934	0.872	0.814	0.758	0.706	0.657	0.612	0.570	0.531	0.496	0.445	0.393	0.349	0.312	0.281	0.254	0.231	0.211	0.194
		0.16	1.000	0.936	0.876	0.818	0.764	0.713	0.665	0.619	0.578	0.539	0.503	0.461	0.398	0.354	0.317	0.285	0.258	0.235	0.214	0.196
		0.20	1.000	0.939	0.879	0.822	0.769	0.718	0.670	0.625	0.583	0.545	0.509	0.456	0.403	0.358	0.320	0.288	0.261	0.237	0.217	0.199
	C80	0.04	0.995	0.921	0.851	0.785	0.724	0.668	0.616	0.569	0.526	0.488	0.454	0.408	0.360	0.320	0.286	0.258	0.233	0.212	0.193	0.177
		0.08	0.995	0.925	0.858	0.795	0.737	0.682	0.632	0.585	0.543	0.505	0.470	0.422	0.372	0.331	0.296	0.267	0.241	0.219	0.200	0.184
		0.12	0.996	0.927	0.863	0.802	0.744	0.691	0.641	0.595	0.553	0.515	0.480	0.431	0.380	0.338	0.302	0.272	0.246	0.224	0.204	0.187
		0.16	0.996	0.929	0.866	0.806	0.750	0.697	0.648	0.603	0.560	0.522	0.487	0.737	0.385	0.343	0.307	0.276	0.250	0.227	0.207	0.190
		0.20	0.997	0.932	0.869	0.810	0.755	0.702	0.654	0.608	0.566	0.528	0.492	0.442	0.390	0.347	0.310	0.279	0.253	0.230	0.210	0.192
	C90	0.04	0.991	0.914	0.842	0.775	0.713	0.655	0.603	0.555	0.512	0.474	0.441	0.396	0.349	0.310	0.278	0.250	0.226	0.206	0.188	0.172
		0.08	0.991	0.918	0.849	0.785	0.725	0.669	0.618	0.571	0.529	0.490	0.457	0.410	0.362	0.321	0.288	0.259	0.234	0.213	0.194	0.178
		0.12	0.992	0.921	0.854	0.791	0.732	0.678	0.627	0.581	0.538	0.500	0.466	0.418	0.369	0.328	0.293	0.264	0.239	0.217	0.198	0.182
		0.16	0.993	0.923	0.858	0.796	0.738	0.684	0.634	0.588	0.545	0.507	0.473	0.424	0.374	0.333	0.298	0.268	0.242	0.220	0.201	0.185
		0.20	0.994	0.925	0.861	0.800	0.742	0.689	0.639	0.593	0.551	0.513	0.478	0.429	0.378	0.336	0.301	0.271	0.245	0.223	0.204	0.187
Q345	C30	0.04	1.000	0.977	0.937	0.895	0.851	0.806	0.760	0.713	0.664	0.587	0.509	0.445	0.393	0.349	0.313	0.281	0.255	0.231	0.211	0.194
		0.08	1.000	0.981	0.947	0.910	0.870	0.828	0.784	0.737	0.687	0.608	0.527	0.461	0.407	0.362	0.324	0.291	0.264	0.240	0.219	0.201
		0.12	1.000	0.984	0.953	0.919	0.882	0.842	0.798	0.751	0.701	0.620	0.538	0.470	0.415	0.369	0.330	0.297	0.269	0.244	0.223	0.205
		0.16	1.000	0.986	0.958	0.926	0.891	0.851	0.808	0.762	0.711	0.629	0.545	0.477	0.421	0.374	0.335	0.302	0.273	0.248	0.226	0.208
		0.20	1.000	0.988	0.962	0.932	0.897	0.859	0.816	0.770	0.719	0.636	0.551	0.483	0.426	0.379	0.339	0.305	0.276	0.251	0.229	0.210

续上表

钢材牌号	混凝土强度等级	α	λ																			
			10	20	30	40	50	60	70	80	90	100	110	120	130	140	150	160	170	180	190	200
Q345	C40	0.04	1.000	0.961	0.911	0.860	0.811	0.762	0.713	0.666	0.618	0.547	0.474	0.415	0.366	0.325	0.291	0.262	0.237	0.216	0.197	0.180
		0.08	1.000	0.966	0.921	0.875	0.829	0.782	0.736	0.688	0.640	0.566	0.491	0.429	0.379	0.337	0.301	0.271	0.245	0.223	0.204	0.187
		0.12	1.000	0.969	0.927	0.884	0.840	0.795	0.749	0.702	0.653	0.578	0.501	0.438	0.387	0.344	0.308	0.277	0.250	0.288	0.208	0.191
		0.16	1.000	0.972	0.932	0.891	0.848	0.804	0.759	0.711	0.663	0.586	0.508	0.445	0.392	0.349	0.312	0.281	0.254	0.231	0.211	0.193
		0.20	1.000	0.974	0.963	0.896	0.855	0.811	0.766	0.719	0.670	0.593	0.514	0.449	0.397	0.353	0.316	0.284	0.257	0.234	0.213	0.196
	C50	0.04	1.000	0.950	0.893	0.837	0.784	0.733	0.683	0.635	0.589	0.521	0.451	0.395	0.349	0.310	0.277	0.250	0.226	0.205	0.187	0.172
		0.08	1.000	0.954	0.903	0.852	0.802	0.753	0.704	0.657	0.610	0.539	0.467	0.409	0.361	0.321	0.287	0.258	0.234	0.213	0.194	0.178
		0.12	1.000	0.958	0.909	0.861	0.812	0.765	0.717	0.669	0.622	0.550	0.477	0.417	0.368	0.327	0.293	0.264	0.239	0.217	0.198	0.182
		0.16	1.000	0.961	0.914	0.867	0.820	0.773	0.726	0.679	0.631	0.558	0.484	0.423	0.374	0.332	0.297	0.268	0.242	0.220	0.201	0.184
		0.20	1.000	0.963	0.918	0.873	0.827	0.780	0.733	0.686	0.638	0.564	0.489	0.428	0.378	0.336	0.301	0.271	0.245	0.223	0.203	0.186
	C60	0.04	1.000	0.938	0.876	0.817	0.760	0.707	0.656	0.608	0.563	0.498	0.431	0.378	0.333	0.296	0.265	0.239	0.216	0.196	0.179	0.164
		0.08	1.000	0.943	0.886	0.831	0.777	0.726	0.676	0.629	0.583	0.515	0.447	0.391	0.345	0.307	0.274	0.247	0.223	0.203	0.185	0.170
		0.12	1.000	0.947	0.892	0.839	0.788	0.737	0.688	0.641	0.595	0.526	0.456	0.399	0.352	0.313	0.280	0.252	0.228	0.207	0.189	0.174
		0.16	1.000	0.950	0.897	0.846	0.795	0.746	0.697	0.650	0.603	0.533	0.462	0.405	0.357	0.317	0.284	0.256	0.231	0.210	0.192	0.176
		0.20	1.000	0.952	0.901	0.851	0.801	0.752	0.704	0.657	0.610	0.539	0.468	0.409	0.361	0.321	0.287	0.259	0.234	0.213	0.194	0.178
	C70	0.04	0.998	0.928	0.862	0.799	0.740	0.685	0.634	0.586	0.542	0.479	0.415	0.363	0.320	0.285	0.255	0.229	0.208	0.189	0.172	0.158
		0.08	0.998	0.934	0.872	0.813	0.757	0.704	0.653	0.606	0.561	0.496	0.430	0.376	0.332	0.295	0.264	0.238	0.215	0.195	0.178	0.164
		0.12	0.999	0.937	0.878	0.821	0.767	0.715	0.665	0.617	0.572	0.506	0.438	0.384	0.339	0.301	0.269	0.242	0.219	0.199	0.182	0.167
		0.16	1.000	0.940	0.883	0.828	0.774	0.723	0.674	0.626	0.581	0.513	0.445	0.389	0.343	0.305	0.273	0.246	0.223	0.202	0.185	0.169
		0.20	1.000	0.943	0.887	0.833	0.780	0.729	0.680	0.633	0.587	0.519	0.450	0.394	0.347	0.309	0.276	0.249	0.225	0.205	0.187	0.171

续上表

钢材牌号	混凝土强度等级	α	λ																			
			10	20	30	40	50	60	70	80	90	100	110	120	130	140	150	160	170	180	190	200
Q345	C80	0.04	0.994	0.920	0.850	0.785	0.724	0.668	0.616	0.568	0.524	0.463	0.402	0.351	0.310	0.276	0.247	0.222	0.201	0.183	0.167	0.153
		0.08	0.994	0.926	0.860	0.799	0.740	0.686	0.634	0.587	0.543	0.480	0.416	0.364	0.321	0.285	0.255	0.230	0.208	0.198	0.173	0.158
		0.12	0.995	0.929	0.866	0.807	0.750	0.696	0.646	0.598	0.554	0.490	0.424	0.371	0.328	0.291	0.261	0.235	0.212	0.193	0.176	0.162
		0.16	0.996	0.932	0.871	0.813	0.757	0.704	0.654	0.607	0.562	0.497	0.430	0.377	0.332	0.296	0.264	0.238	0.215	0.196	0.179	0.164
		0.20	0.997	0.935	0.875	0.818	0.763	0.711	0.661	0.613	0.568	0.502	0.435	0.381	0.336	0.299	0.267	0.241	0.218	0.198	0.181	0.166
	C90	0.04	0.990	0.913	0.840	0.773	0.710	0.652	0.600	0.552	0.509	0.450	0.390	0.341	0.301	0.268	0.240	0.216	0.195	0.177	0.162	0.148
		0.08	0.991	0.918	0.850	0.786	0.726	0.670	0.618	0.571	0.527	0.466	0.404	0.353	0.312	0.277	0.248	0.223	0.202	0.184	0.168	0.154
		0.12	0.992	0.922	0.856	0.794	0.735	0.680	0.629	0.582	0.538	0.475	0.412	0.361	0.318	0.283	0.253	0.228	0.206	0.187	0.171	0.157
		0.16	0.993	0.925	0.861	0.800	0.742	0.688	0.637	0.590	0.546	0.482	0.418	0.366	0.323	0.287	0.257	0.231	0.209	0.190	0.174	0.159
		0.20	0.994	0.928	0.865	0.805	0.748	0.694	0.644	0.596	0.552	0.488	0.423	0.370	0.326	0.290	0.260	0.234	0.211	0.192	0.176	0.161
Q390	C30	0.04	1.000	0.979	0.941	0.900	0.857	0.812	0.763	0.712	0.650	0.557	0.483	0.423	0.373	0.332	0.297	0.267	0.242	0.220	0.201	0.184
		0.08	1.000	0.983	0.952	0.917	0.878	0.835	0.788	0.737	0.673	0.577	0.500	0.437	0.386	0.343	0.307	0.276	0.520	0.227	0.208	0.190
		0.12	1.000	0.986	0.959	0.927	0.891	0.849	0.803	0.752	0.686	0.589	0.510	0.446	0.394	0.350	0.313	0.282	0.255	0.232	0.212	0.94
		0.16	1.000	0.989	0.964	0.935	0.900	0.860	0.814	0.763	0.696	0.597	0.518	0.453	0.400	0.355	0.318	0.286	0.259	0.235	0.215	0.197
		0.20	1.000	0.991	0.969	0.941	0.907	0.868	0.822	0.771	0.704	0.604	0.523	0.458	0.404	0.359	0.321	0.289	0.262	0.238	0.217	0.199
	C40	0.04	1.000	0.963	0.913	0.864	0.815	0.765	0.715	0.664	0.605	0.519	0.450	0.394	0.347	0.309	0.276	0.249	0.225	0.205	0.187	0.171
		0.08	1.000	0.968	0.925	0.880	0.834	0.787	0.738	0.687	0.627	0.537	0.466	0.407	0.360	0.320	0.286	0.257	0.233	0.212	0.193	0.177
		0.12	1.000	0.971	0.932	0.890	0.846	0.800	0.752	0.701	0.639	0.548	0.475	0.416	0.367	0.326	0.292	0.263	0.238	0.216	0.197	0.181
		0.16	1.000	0.974	0.937	0.897	0.855	0.810	0.762	0.711	0.649	0.556	0.482	0.422	0.372	0.331	0.296	0.267	0.241	0.219	0.200	0.184
		0.20	1.000	0.977	0.941	0.903	0.862	0.817	0.770	0.719	0.656	0.562	0.487	0.427	0.376	0.335	0.299	0.270	0.244	0.222	0.202	0.186

续上表

钢材牌号	混凝土强度等级	α	λ																			
			10	20	30	40	50	60	70	80	90	100	110	120	130	140	150	160	170	180	190	200
Q390	C50	0.04	1.000	0.950	0.895	0.840	0.786	0.734	0.683	0.633	0.576	0.494	0.428	0.375	0.331	0.294	0.263	0.237	0.214	0.195	0.178	0.163
		0.08	1.000	0.956	0.906	0.855	0.805	0.755	0.705	0.655	0.597	0.512	0.444	0.388	0.343	0.304	0.272	0.245	0.222	0.202	0.184	0.169
		0.12	1.000	0.960	0.913	0.865	0.817	0.768	0.718	0.668	0.609	0.522	0.453	0.396	0.350	0.311	0.278	0.250	0.226	0.206	0.188	0.172
		0.16	1.000	0.963	0.918	0.872	0.825	0.777	0.728	0.678	0.618	0.530	0.459	0.402	0.355	0.315	0.282	0.254	0.230	0.209	0.191	0.175
		0.20	1.000	0.965	0.922	0.878	0.832	0.785	0.736	0.685	0.625	0.536	0.464	0.406	0.359	0.319	0.285	0.257	0.232	0.211	0.193	0.177
	C60	0.04	1.000	0.939	0.877	0.818	0.761	0.707	0.655	0.606	0.551	0.472	0.409	0.358	0.316	0.281	0.252	0.226	0.205	0.186	0.170	0.156
		0.08	1.000	0.944	0.888	0.833	0.779	0.727	0.676	0.627	0.570	0.489	0.424	0.371	0.327	0.291	0.260	0.234	0.212	0.193	0.176	0.161
		0.12	1.000	0.948	0.895	0.842	0.790	0.739	0.689	0.639	0.582	0.499	0.433	0.379	0.334	0.297	0.266	0.239	0.216	0.197	0.180	0.165
		0.16	1.000	0.951	0.900	0.849	0.798	0.748	0.698	0.648	0.590	0.506	0.439	0.384	0.339	0.301	0.270	0.243	0.220	0.200	0.182	0.167
		0.20	1.000	0.954	0.905	0.855	0.805	0.755	0.705	0.656	0.597	0.512	0.444	0.388	0.343	0.305	0.273	0.245	0.222	0.202	0.184	0.169
	C70	0.04	0.998	0.928	0.862	0.799	0.740	0.684	0.632	0.583	0.530	0.454	0.394	0.345	0.304	0.270	0.242	0.218	0.197	0.179	0.164	0.150
		0.08	0.998	0.934	0.873	0.814	0.758	0.704	0.652	0.603	0.549	0.470	0.408	0.357	0.315	0.280	0.250	0.225	0.204	0.185	0.169	0.155
		0.12	0.999	0.938	0.880	0.823	0.768	0.716	0.665	0.615	0.560	0.480	0.416	0.364	0.321	0.286	0.256	0.230	0.208	0.189	0.173	0.158
		0.16	1.000	0.942	0.885	0.830	0.776	0.724	0.673	0.624	0.568	0.487	0.422	0.369	0.326	0.290	0.259	0.233	0.211	0.192	0.175	0.161
		0.20	1.000	0.945	0.890	0.936	0.783	0.731	0.680	0.631	0.574	0.492	0.427	0.374	0.330	0.293	0.262	0.236	0.214	0.194	0.177	0.163
	C80	0.04	0.994	0.920	0.850	0.784	0.723	0.666	0.613	0.565	0.513	0.440	0.381	0.334	0.294	0.262	0.234	0.211	0.191	0.173	0.158	0.145
		0.08	0.994	0.926	0.860	0.799	0.740	0.685	0.633	0.584	0.531	0.455	0.395	0.345	0.305	0.271	0.242	0.218	0.197	0.179	0.164	0.150
		0.12	0.995	0.930	0.867	0.808	0.751	0.696	0.645	0.596	0.542	0.465	0.403	0.352	0.311	0.276	0.247	0.223	0.201	0.183	0.167	0.153
		0.16	0.996	0.933	0.872	0.814	0.758	0.705	0.653	0.604	0.550	0.471	0.409	0.358	0.316	0.280	0.251	0.226	0.204	0.186	0.170	0.156
		0.20	0.997	0.936	0.877	0.820	0.764	0.711	0.660	0.611	0.556	0.477	0.413	0.362	0.319	0.284	0.254	0.228	0.207	0.188	0.172	0.157

续上表

钢材牌号	混凝土强度等级	α	λ																			
			10	20	30	40	50	60	70	80	90	100	110	120	130	140	150	160	170	180	190	200
Q390	C90	0.04	0.990	0.912	0.839	0.771	0.708	0.650	0.597	0.548	0.498	0.427	0.370	0.324	0.286	0.254	0.227	0.205	0.185	0.168	0.154	0.141
		0.08	0.990	0.918	0.849	0.785	0.725	0.668	0.616	0.567	0.516	0.442	0.383	0.335	0.296	0.263	0.235	0.212	0.192	0.174	0.159	0.146
		0.12	0.991	0.922	0.856	0.794	0.735	0.679	0.627	0.579	0.526	0.451	0.391	0.342	0.302	0.268	0.240	0.216	0.196	0.178	0.162	0.149
		0.16	0.992	0.925	0.861	0.800	0.742	0.687	0.636	0.587	0.534	0.458	0.397	0.347	0.306	0.272	0.244	0.219	0.198	0.180	0.165	0.151
		0.20	0.994	0.928	0.866	0.806	0.748	0.694	0.642	0.594	0.540	0.463	0.401	0.351	0.310	0.275	0.246	0.222	0.201	0.182	0.167	0.153
Q420	C30	0.04	1.000	0.980	0.943	0.904	0.860	0.814	0.764	0.710	0.629	0.539	0.467	0.409	0.361	0.321	0.287	0.258	0.234	0.213	0.194	0.178
		0.08	1.000	0.985	0.955	0.921	0.882	0.838	0.789	0.735	0.651	0.558	0.484	0.423	0.374	0.332	0.297	0.267	0.242	0.220	0.201	0.184
		0.12	1.000	0.988	0.963	0.932	0.895	0.853	0.804	0.750	0.664	0.569	0.494	0.432	0.381	0.339	0.303	0.273	0.247	0.225	0.205	0.188
		0.16	1.000	0.990	0.968	0.940	0.905	0.863	0.815	0.761	0.674	0.578	0.501	0.438	0.387	0.344	0.308	0.277	0.251	0.228	0.208	0.191
		0.20	1.000	0.992	0.973	0.946	0.912	0.872	0.824	0.769	0.681	0.584	0.506	0.443	0.391	0.348	0.311	0.280	0.253	0.230	0.210	0.193
	C40	0.04	1.000	0.963	0.915	0.866	0.816	0.765	0.714	0.662	0.586	0.502	0.435	0.381	0.336	0.299	0.267	0.241	0.218	0.198	0.181	0.166
		0.08	1.000	0.969	0.927	0.883	0.837	0.788	0.738	0.685	0.606	0.520	0.451	0.394	0.348	0.309	0.277	0.249	0.225	0.205	0.187	0.172
		0.12	1.000	0.973	0.934	0.893	0.849	0.802	0.752	0.699	0.619	0.530	0.460	0.402	0.355	0.316	0.282	0.254	0.230	0.209	0.191	0.175
		0.16	1.000	0.976	0.940	0.901	0.858	0.812	0.762	0.709	0.628	0.538	0.466	0.408	0.360	0.320	0.287	0.258	0.233	0.212	0.194	0.178
		0.20	1.000	0.978	0.945	0.907	0.865	0.820	0.770	0.717	0.635	0.544	0.472	0.413	0.364	0.324	0.290	0.261	0.236	0.215	0.196	0.180
	C50	0.04	1.000	0.951	0.895	0.841	0.787	0.734	0.682	0.631	0.558	0.478	0.415	0.363	0.320	0.285	0.255	0.229	0.207	0.189	0.172	0.158
		0.08	1.000	0.957	0.907	0.857	0.807	0.756	0.704	0.653	0.577	0.495	0.429	0.376	0.331	0.295	0.264	0.237	0.215	0.195	0.178	0.163
		0.12	1.000	0.961	0.915	0.867	0.819	0.769	0.718	0.666	0.589	0.505	0.438	0.383	0.338	0.301	0.269	0.242	0.219	0.199	0.182	0.167
		0.16	1.000	0.964	0.920	0.875	0.827	0.778	0.728	0.675	0.598	0.513	0.444	0.389	0.343	0.305	0.273	0.246	0.222	0.202	0.185	0.169
		0.20	1.000	0.967	0.925	0.881	0.834	0.786	0.736	0.683	0.605	0.518	0.449	0.393	0.347	0.308	0.276	0.248	0.225	0.204	0.187	0.171

续上表

钢材牌号	混凝土强度等级	α	λ																			
			10	20	30	40	50	60	70	80	90	100	110	120	130	140	150	160	170	180	190	200
Q420	C60	0.04	1.000	0.939	0.877	0.818	0.761	0.706	0.653	0.603	0.533	0.457	0.396	0.347	0.306	0.272	0.243	0.219	0.198	0.180	0.165	0.151
		0.08	1.000	0.945	0.889	0.834	0.780	0.727	0.675	0.624	0.552	0.473	0.410	0.359	0.317	0.282	0.252	0.227	0.205	0.187	0.170	0.156
		0.12	1.000	0.949	0.896	0.844	0.791	0.739	0.688	0.637	0.563	0.483	0.419	0.366	0.323	0.287	0.257	0.231	0.209	0.190	0.174	0.159
		0.16	1.000	0.952	0.902	0.851	0.300	0.749	0.697	0.646	0.571	0.490	0.425	0.372	0.328	0.291	0.261	0.235	0.212	0.193	0.176	0.162
		0.20	1.000	0.955	0.906	0.857	0.806	0.756	0.705	0.653	0.578	0.495	0.429	0.376	0.332	0.295	0.264	0.237	0.215	0.195	0.178	0.163
	C70	0.04	0.998	0.928	0.862	0.799	0.739	0.683	0.630	0.580	0.513	0.440	0.381	0.334	0.294	0.262	0.234	0.211	0.191	0.173	0.158	0.145
		0.08	0.998	0.934	0.873	0.814	0.757	0.703	0.651	0.600	0.531	0.455	0.395	0.345	0.305	0.271	0.242	0.218	0.197	0.179	0.164	0.150
		0.12	0.998	0.939	0.880	0.824	0.769	0.715	0.663	0.613	0.542	0.464	0.403	0.352	0.311	0.276	0.247	0.223	0.201	0.183	0.167	0.153
		0.16	0.999	0.942	0.886	0.831	0.777	0.724	0.672	0.621	0.550	0.471	0.408	0.357	0.315	0.280	0.251	0.226	0.204	0.186	0.170	0.156
		0.20	1.000	0.945	0.891	0.837	0.783	0.731	0.679	0.628	0.556	0.476	0.413	0.361	0.319	0.284	0.254	0.228	0.207	0.188	0.172	0.157
	C80	0.04	0.994	0.919	0.849	0.783	0.721	0.664	0.611	0.561	0.496	0.425	0.369	0.323	0.285	0.253	0.227	0.204	0.185	0.168	0.153	0.140
		0.08	0.994	0.925	0.860	0.798	0.739	0.683	0.631	0.581	0.514	0.441	0.382	0.334	0.295	0.262	0.235	0.211	0.191	0.174	0.159	0.145
		0.12	0.995	0.930	0.867	0.808	0.750	0.695	0.643	0.593	0.524	0.450	0.390	0.341	0.301	0.268	0.239	0.215	0.195	0.177	0.162	0.148
		0.16	0.996	0.933	0.873	0.814	0.758	0.704	0.652	0.601	0.532	0.456	0.395	0.346	0.305	0.271	0.243	0.219	0.198	0.180	0.164	0.150
		0.20	0.997	0.937	0.877	0.820	0.765	0.711	0.659	0.608	0.538	0.461	0.400	0.350	0.309	0.274	0.246	0.221	0.200	0.182	0.166	0.152
	C90	0.04	0.990	0.911	0.838	0.769	0.706	0.647	0.594	0.545	0.482	0.413	0.358	0.313	0.277	0.246	0.220	0.198	0.179	0.163	0.149	0.136
		0.08	0.990	0.917	0.849	0.784	0.723	0.666	0.613	0.564	0.499	0.428	0.371	0.324	0.286	0.255	0.228	0.205	0.185	0.169	0.154	0.141
		0.12	0.991	0.922	0.856	0.793	0.734	0.678	0.625	0.576	0.509	0.436	0.378	0.331	0.292	0.260	0.232	0.209	0.189	0.172	0.157	0.144
		0.16	0.992	0.925	0.861	0.800	0.742	0.686	0.634	0.584	0.516	0.443	0.384	0.336	0.296	0.264	0.236	0.212	0.192	0.175	0.159	0.146
		0.20	0.994	0.929	0.866	0.806	0.748	0.693	0.640	0.591	0.522	0.448	0.388	0.340	0.300	0.266	0.238	0.215	0.194	0.177	0.161	0.148

3）压弯构件

考虑构件长细比的影响，钢管混凝土压弯构件 $N/N_u-M/M_u$ 相关方程如下：

$$\begin{cases}\dfrac{1}{\varphi}\cdot\left(\dfrac{N}{N_{u0}}\right)+\dfrac{a}{d}\cdot\left(\dfrac{M}{M_u}\right)=1 & (N/N_{u0}\geqslant 2\varphi^3\cdot\eta_0)\\ -b\cdot\left(\dfrac{N}{N_{u0}}\right)^2-c\cdot\left(\dfrac{N}{N_{u0}}\right)+\dfrac{1}{d}\cdot\left(\dfrac{M}{M_u}\right)=1 & (N/N_{u0}<2\varphi^3\cdot\eta_0)\end{cases} \tag{5-4-13}$$

式中：$a=1-2\varphi^2\cdot\eta_0$；$b=\dfrac{1-\zeta_0}{\varphi^3\cdot\eta_0^2}$；$c=\dfrac{2\cdot(\zeta_0-1)}{\eta_0}$；$d=1-0.4\left(\dfrac{N}{N_E}\right)$；

$$\zeta_0=1+0.18\xi^{-1.15};\eta_0=\begin{cases}0.5-0.245\cdot\xi & (\xi\leqslant 0.4)\\ 0.1+0.14\cdot\xi^{-0.84} & (\xi>0.4)\end{cases}$$

$1/d$ 是考虑二阶效应影响对弯矩的放大系数，其中，$N_E=\pi^2\cdot E_{sc}\cdot A_{sc}/\lambda^2$，$N_E$ 为欧拉临界力；E_{sc}按式（5-4-3）确定；λ 为钢管混凝土构件长细比（L/i）；φ 为轴心受压稳定系数，由表 5-4-7 确定。

其余符号意义同前。

4）横向受剪构件

横向受剪圆钢管混凝土构件的抗剪承载力可按下式计算（韩林海和钟善桐，1996；钟善桐，2003）：

$$V_u=\gamma_v A_{sc} f_{scvy} \tag{5-4-14}$$

$$f_{scvy}=(0.385+0.25\alpha^{1.5})\cdot\xi^{0.125}\cdot f_{scy} \tag{5-4-15}$$

式中：V_u——横向抗剪承载力；

γ_v——构件截面抗剪塑性发展系数。当 $\xi\geqslant 0.85$ 时，$\gamma_v=0.85$；当 $\xi<0.85$ 时，$\gamma_v=1.0$；

f_{scvy}——组合抗剪强度值，可按式（5-4-15）计算；

其余符号意义同前。

2. 格构式钢管混凝土构件承载力计算

1）格构式钢管混凝土轴心受压计算

格构式钢管混凝土轴心受压构件承载力按公式（5-4-12）计算，其受压稳定系数 φ 值，应根据构件的换算长细比（表 5-4-8）查表 5-4-7 确定。

通常把穿过柱肢的轴称为实轴，穿过缀材平面的轴称为虚轴。表 5-4-9 中只有双肢柱截面的 x 轴为实轴，其余均为虚轴。

格构式构件的换算长细比 表 5-4-8

截面型式		腹杆类别	计算公式	符号意义
双肢柱	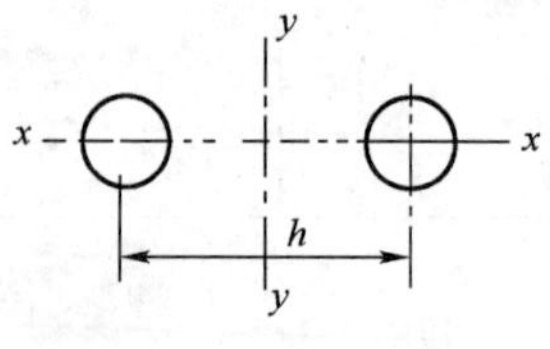	平腹杆 斜腹杆	$\lambda_{0y}=\sqrt{\lambda_y^2+17\lambda_1^2}$ $\lambda_{0y}=\sqrt{\lambda_y^2+67.5\dfrac{A_s}{A_w}}$	

续上表

截面型式		腹杆类别	计算公式	符号意义
三肢柱	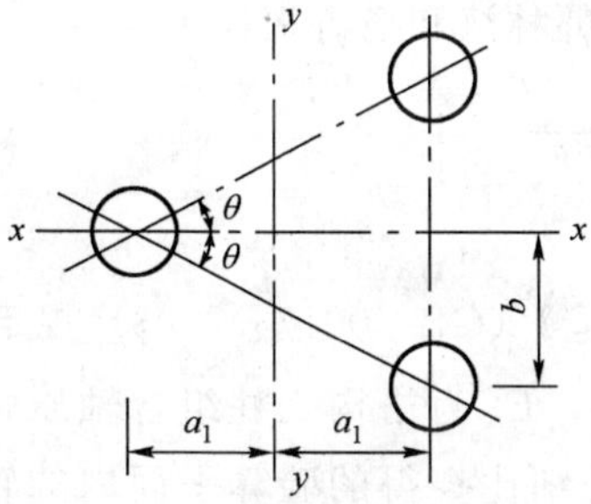	斜腹杆	$\lambda_{0y}=\sqrt{\lambda_y^2+200\dfrac{A_s}{A_w}}$	λ_y 和 λ_x 是整个构件对 $y-y$ 轴和 $x-x$ 轴的长细比；λ_1 是单肢一个节间的长细比；A_s 是一根柱肢的钢管面积；A_w 是一根腹杆空钢管的面积
四肢柱	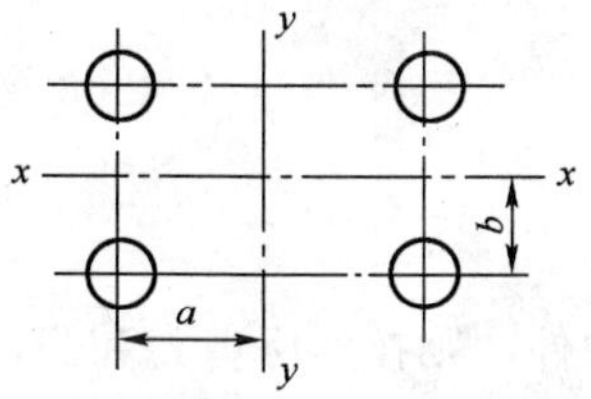	斜腹杆	$\lambda_{0y}=\lambda_{0y}=\sqrt{\lambda_y^2+135\dfrac{A_s}{A_w}}$	

构件长细比的计算公式如下：

$$\lambda_y=\frac{l_{0y}}{\sqrt{I_y/\sum A_{sc}}}\qquad \lambda_x=\frac{l_{0x}}{\sqrt{I_x/\sum A_{sc}}}$$

单柱肢长细比：

$$\lambda_1=\frac{l_1}{\sqrt{I_{sc}/A_{sc}}}$$

$$I_y=\sum_{i=1}^{m}(I_{sc}+a^2A_{sc});\qquad I_x=\sum_{i=1}^{m}(I_{sc}+b^2A_{sc})$$

式中：l_{0x}、l_{0y}——沿 $x-x$ 轴和 $y-y$ 轴的计算长度；

l_1——柱肢节间的距离；

m——柱肢数；

A_{sc}、I_{oc}——单根柱肢的截面面积和惯性矩；

a、b——分别为柱肢中心到 $y-y$ 轴和 $x-x$ 轴的距离，见表 5-4-8 中所列。

格构式钢管混凝土构件除了按式（5-4-12）验算整体稳定承载力外，尚需验算单柱肢的稳定承载力。当单柱肢长细比 λ_1 满足下列条件时，可不验算单柱肢稳定承载力：

平腹杆格构式构件：$\lambda_1\leqslant 40$ 及 $\lambda_1\leqslant 0.5\lambda_{max}$；

斜腹杆格构式构件：$\lambda_1\leqslant 0.7\lambda_{max}$。

其中，λ_{max} 取构件在 $x-x$ 轴和 $y-y$ 轴方向长细比的较大值。

2）格构式钢管混凝土轴心受压构件的腹杆所受剪力计算

格构式钢管混凝土腹杆承受的剪力，按临界状态时产生的剪力计算，并认为此剪力沿构件全长保持不变。根据规程（DL/T 5085—1999）和（DBJ 13-51—2003），可按下式计算平腹杆格构式钢管混凝土轴心受压构件每根腹杆所受剪力：

$$V=\sum A_{sc}f_{sc}/85 \tag{5-4-16}$$

式中：A_{sc}——一根钢管混凝土柱肢的截面面积；

f_{sc}——一根钢管混凝土组合轴压强度设计值。

3）格构式钢管混凝土构件承受压、弯、剪及其共同作用时平面内的整体稳定承载力计算

可按下式验算弯矩作用平面内的整体稳定承载力（韩林海和杨有福，2004）：

$$\frac{N}{\varphi A_{sc} f_{sc}}+\frac{\beta_{m} M}{W_{sc}(1-\varphi N / N_{E}) f_{sc}} \leqslant 1 \tag{5-4-17}$$

式中：A_{sc}、W_{sc}——格构式构件截面总面积和总抵抗矩；

β_m——等效弯矩系数，按《钢结构设计规范》（GB 50017—2003）规定取值；

N_E——欧拉临界力。$N_E=\pi^2 \cdot E_{sc} \cdot A_{sc}/\lambda^2$，$E_{sc}$为格构式柱组合轴压强度设计值，$\lambda$为换算长细比；$\varphi$为按换算长细比查得的验算平面内的轴心受压构件稳定系数，由表 5-4-7 确定；

E_{sc}——格构式柱组合轴压弹性模量。

3. 缀条或缀板的计算

如系轴心受压，则按假设剪力计算；如为偏心受压构件，则按实际剪力和假设剪力的较大值计算。

假设剪力按式（5-4-16）计算。

四、温度变化、混凝土收缩和徐变的内力计算

目前我国应用的钢管混凝土拱桥全是超静定结构，对于温度变化，混凝土收缩和徐变产生的次内力尚缺乏系统的试验和理论研究，因此在采用现行桥梁设计规范时，在缺乏可靠资料的情况下，应偏安全地取值。

鉴于影响合龙温度的因素较多，当没有更精确与详细的资料时，建议在考虑温降计算时取合龙当月平均温度加上 4℃～5℃；计算温升时则以当月平均温度作为计算合龙温度。

钢管混凝土的收缩徐变仍然采用钢筋混凝土拱桥的计算方法，即收缩影响当作额外的温度降低 15℃～20℃，徐变对结构内力的不利影响可不计，仅计及徐变对温度变化、混凝土收缩引起的附加内力的调整作用，即在无可靠资料时，温度变化内力和混凝土收缩产生的内力分别乘以 0.7 和 0.45 的徐变影响系数。

但是，混凝土的徐变将导致截面上原先由混凝土承担的应力部分向钢管转移，使钢管应力增大。因此，在钢管应力控制中必须考虑这一不利影响。

五、钢管混凝土拱桥的变形计算

变形计算的关键是结构的刚度取值，有关钢管混凝土拱肋的刚度取值，可参考本章第一节的详细叙述。钢管混凝土拱桥的变形计算也与施工过程有关，应逐步计算施工阶段和运营阶段产生的变形，将其叠加。现行桥规中还没有钢管混凝土拱桥变形控制的规定。

为了保证拱轴线在自重作用和混凝土收缩、徐变作用下尽量与设计拱轴线吻合，拱肋钢桁架必须设置预拱度。对自重作用较大又地处严寒地区的钢管混凝土拱桥，混凝土收缩徐变较大，必须考虑其影响。

由于钢管混凝土拱桥是一个超静定结构，一般采用有限元方法计算变形。

六、钢管混凝土拱桥的稳定性计算

拱的稳定从失稳形态分为面内稳定和面外稳定，从失稳时是否发生平衡分支可分为分支点失稳和极值点失稳；拱的稳定在材料性能方面又有线弹性稳定问题和非线弹性稳定问题，在几何方面又有小挠度稳定和大挠度稳定问题。因此拱的稳定是个复杂的问题。

分支点失稳是通过解特征值求弹性临界荷载，由于没有考虑材料的非线性和大挠度影响，因此它是真实解的上限。根据国内已建钢管混凝土拱桥的设计经验，一般要求弹性分支点失稳的临界荷载为实际荷载的 4.0～6.0 倍能基本满足要求。

极值点失稳的计算方法一般采用数值方法，目前这一方法还不成熟，因此在工程实践中，无论是面内稳定还是面外稳定，通常都进行弹性分支点失稳（又称为一类失稳）的计算。

钢管混凝土整体稳定性计算是以空间模型来分析，目前常用的有 ANSYS、MIDAS 等结构分析程序。钢管混凝土拱桥在施工过程中稳定性变化较大，因此需根据不同的横撑类型与位置进行稳定系数计算。设计资料表明，K 撑对整体稳定性影响较大，而哑铃型钢管混凝土拱桥侧向刚度较小，相应侧向稳定性比较突出。

第五章 钢管混凝土拱桥施工技术简介

DIWUZHANG

钢管混凝土拱桥的施工方法本质上是劲性骨架方法，即成桥过程中先合龙钢管骨架，再浇筑管内混凝土形成主拱圈。对于100m以下的跨径，钢管骨架一般分为3段，可根据实际情况采用浮吊、汽车吊等进行吊装。边段采用扣索进行合龙，也可以采用少支架支撑。当跨径超过百米以上，常用的架设方法主要是缆索吊装和转体施工方法，在条件许可的地方还提出了整体吊装的施工方法。

第一节 钢管拱肋的制作

钢管混凝土拱桥中的钢管可采用直缝焊接管、螺旋形缝焊接管和无缝钢管。管径大的采用有缝管，其造价低，质量易于控制。只有当管径较小无法卷制时，才采用无缝管。

螺旋形缝焊接管适于大批量生产，加工费用较低，管节较长，成管焊缝质量容易控制，螺旋焊缝有利于钢管与混凝土的共同作用。但螺旋形缝焊接管的成管焊缝比直缝焊接管长，在由多管组成拱肋时，容易与其他焊缝相交叉。

直缝焊接管加工设备要求较低，管节较短运输方便，焊缝少，易于与其他焊缝错开。对于钢管应着重于其受力性能与几何尺寸方面的技术要求确定，对成品管进行质量控制，对钢管的加工工艺可由生产产家根据技术要求确定。

当采用直缝焊接管时，由于管节较短（通常为1.2～2.0m），钢管拱肋骨架的弧线可以采用分段直线逼近，相邻管节长度不应过于悬殊；当采用螺旋焊接管时，由于管节较长（一般为12～20m），则应将其弯成弧形。直缝焊接管当管节较长时，也应将其弯成弧形。

成品钢管加工的工序为：接头→弯制→组装→形成拱肋→防腐处理。

1. 施工详图绘制

在钢管拱肋加工制作前，首先应根据设计图的要求绘制施工详图。施工详图按工艺程序要求，绘成零件图、单元构件、节段构成图及试装图。为防止失误，明确工艺程序，还需绘制从零件至单元构件至节段单元的加工、组焊、试装工艺流程图。

2. 放样

钢骨架的加工制作台应能满足每段拱肋按1∶1大样放样的要求。钢管组拼时以拱肋中轴线为准。要求台座地基基础密实、稳定，表面平整度良好，并按设计要求采用红外测距仪或精度更高的测量仪器放样，用水准仪抄平。

加工前，首先在现场平台上对拱肋进行放样。根据大样下料和加工。拱肋放样方法与其他拱桥相同（一般为坐标法），量测时应考虑温度的影响。

3. 钢管接长

按拱肋加工段长度进行钢管接长。首先应对两管对接端进行校圆，除成品管按相应国家标准外，失圆度不宜大于钢管外径的0.003倍，达不到要求时应进行调校。校圆可采用比管径稍小的薄钢板弧形样板，内靠管口附近多处，若不密贴则表明该处不圆，可局部垂击，直至密贴为止。接下来进行坡口处理，包括对接端不平度的检查，然后焊接。

钢管的对接环焊缝可采用有衬管的单面坡口焊和无衬管的双面熔透焊，两条对接环焊缝的间距应符合设计要求，设计无规定时，直缝焊接管不小于管的直径，螺旋焊接管不小于3m。对接径向偏差不得超过壁厚的0.2倍。为了减少运输及安装过程中对口处的失圆变形，应适当在该处加设内支撑。

4. 弯管

工地弯管一般采用加热顶压方式，所需设备包括模架、反力架、加工设备等。其中模架台座采用钢筋混凝土结构，主要用于支承模架和装反力架。模架用钢材做成，其高度自两端向中间由小到大，且模架可沿台座纵向移动，以适应拟弯制的各段钢管线形变化需要；反力架用于对钢管两端施加压力。

弯管前首先根据拟弯管节的设计轴线形式调整模架，并对其反复测量，确保弯成的管节符合要求；然后将直管吊运至模架上，用气割枪对管进行加热，一般单处加热范围为管的周边，宽度5～8cm，从中间至两端，每隔20～50cm加热一处，加热温度严格控制在800℃以下。随着加热的进行，不断旋紧螺杆，以对管两端施加压力，从而使管弯曲，直至成形，吊离模架。

5. 拱肋段拼装

钢管拱肋的制作安装过程应按设计要求将吊点孔开好并装上各附属构件，不得遗漏。对于钢管上预留的混凝土浇灌孔、振捣孔以及排气孔，可在工厂中开好，也可在拱肋安装好后在工地开孔。不论何时开孔，开孔留下的盖片，均应编号并妥善保管或点焊在原位上，待灌注混凝土后再盖上焊接。浇注混凝土的预留孔焊接应平整光滑，不突出和漏焊，不烧伤混凝土。

两段钢拱肋的接头部位安装要同时进行，并上紧螺栓试拼，以保证大段吊装顺利连接合龙。

钢管混凝土拱桥中钢管拱肋的连接方式以焊接为主，焊接宜要求与母材等强度焊接。所有焊缝均应按规定进行强度和外观检查，宜要求主拱的焊缝达到二级焊缝标准。对接焊缝应100%进行超声波探伤，其质量检查标准可按照有关规定执行。焊缝质量检查结果应记入检查记录簿。焊接工艺必须经过评定，以保证焊接接头的质量。确定的工艺参数施工中不得随意改动。

弦杆与腹杆及平联的连接焊缝，应沿全周连续焊接并平滑过渡，可沿全周采用角焊缝，也可部分采用角焊缝，部分采用对接焊缝。主管管壁与肢管管壁之间的夹角大于或等于120°的区域内宜采用对接焊缝或带坡口的角焊缝。角焊缝的焊脚尺寸不宜大于肢管管壁的2倍。对于承受拉应力的连接斜腹杆与主弦杆的焊缝，强度和质量要求较高，打磨、施焊每一道工序必须经过监理工程师或质检员严格检查后才能实施。对于厂内加工的焊缝，应严格按设计要求进行质量检查和控制。

6. 防腐处理

钢管拱肋（桁架）节段形成后，钢管外露面应按设计要求做长效防护处理。钢管外表面的防腐，目前主要有富锌涂料防护、金属热喷涂防护以及玻璃纤维复合防腐防护等。相对而言，金属热喷涂防护近年来在钢管混凝土拱桥中应用得较多。

防腐涂装施工前，应制定出详细的涂装工艺设计并进行试涂。对于重要的桥梁和处于易腐蚀环境的桥梁，应进行涂层工艺试验。涂层工艺试验包括切割试验、中性盐雾试验、涂层密度试验和涂层附着力试验等。

表面预处理和基层涂装对于防腐涂装的质量至关重要，应引起特别的注意。涂装前钢材表面除锈程度对钢材锈蚀的影响程度占所有因素中的50%左右，故而应强调除锈的质量等级要求。随着除锈质量等级的提高，除锈费用也急剧增加，因此在确定选用除锈质量等级时，应根据构件的重要性，从经济、技术效果方面作综合权衡，还应结合被涂构件所选用涂料的品种和使用环境等进行分析。

为保证防锈和基层涂装的质量，表面预处理和基层涂装宜在室内进行，主要是从施工环境与条件方面考虑，最好是在钢结构加工厂内进行，对于个别因条件限制在工地拼装拱肋节段的，也应搭设工棚。最后一道面漆可在成桥后进行。

第二节 钢管拱的架设

钢管拱的架设方法主要有缆索吊装施工方法和转体施工方法。

一、缆索吊装施工方法

采用缆索吊装施工方法吊装钢管混凝土拱肋一般分为两个步骤来完成，即先采用缆索起重机（或其他起重设备），分节段地安装钢管拱肋结构，待合龙并连接好两肋之间的K形撑之后，再向钢管内泵送微胀混凝土，以形成承重结构。

当跨径不大时，拱肋分成3段吊装，两边段吊装后用斜扣索扣住，横向加浪风。一般情况下，应该双肋吊装、双肋合龙，两肋之间设临时横撑，或将横撑临时固定。由于双肋吊装、双肋合龙的吊装质量较大，段与段之间的拼装难度也较大，若拱肋宽度较大（如桁式），则可采用单肋合龙。在合龙前各段之间的接头为上开口，要注意接头的传力情况；为合龙方便，各段应略有上抬，合龙后逐步落下，调至设计标高（留预拱度）；联接各接头和横撑，封拱脚形成无铰拱，然后进行管内混凝土浇筑。

当跨径较大，钢管劲性骨架节段多、质量较大时，缆索吊装方法需在传统施工的基础上加以改进，采用一些新技术、新工艺。图5-5-1示出了拱肋吊装合龙示意图。

下面以广西邕宁邕江大桥为例，简要介绍缆索吊装的施工方法。

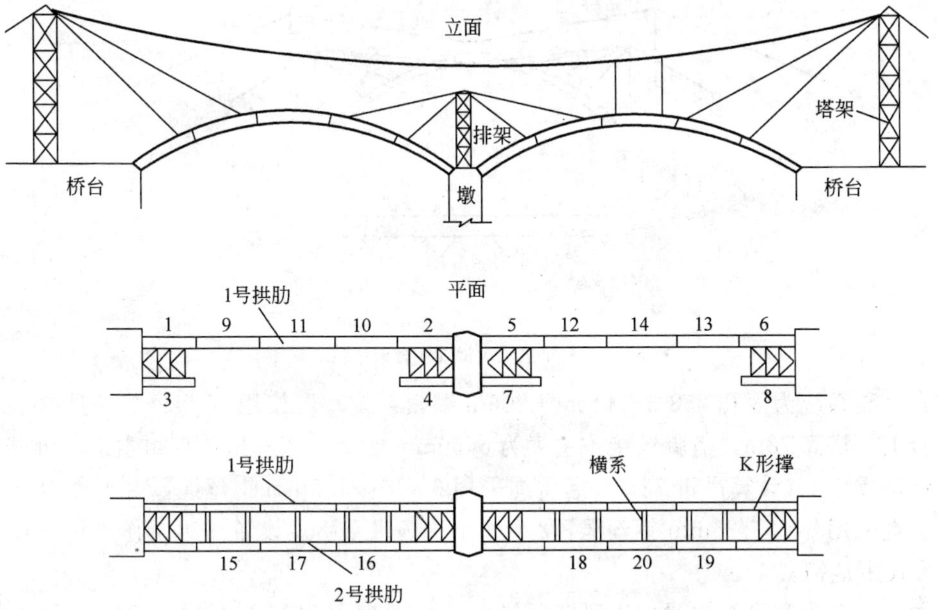

图 5-5-1　拱肋吊装合龙顺序图

图 5-5-2 是广西邕宁邕江大桥的总体布置图，主跨 $L=312\text{m}$，计算矢高 $f=52\text{m}$，桥宽 $B=18.9m$，主拱圈为箱形截面，它由 4 根钢管构成的钢管拱桁架作为劲性骨架，每侧的拱箱高度×宽度=$5m\times3m$。每根肋的钢管骨架分 9 段制作安装，最大节段重达 $59t$。该桥由于跨径大，钢管劲性骨架节段多、质量大，传统的卷扬机钢丝绳斜拉扣挂悬臂系统设备较多，拉力大，调整困难，施工难度大。因此在该桥的施工中开发研究了千斤顶斜拉扣挂悬拼架设法。扣索采用 7ϕ5mm 钢绞线，以千斤顶张拉系统实现钢管骨架标高调整时的扣索张拉和抬放。吊装布置如图 5-5-3 所示。

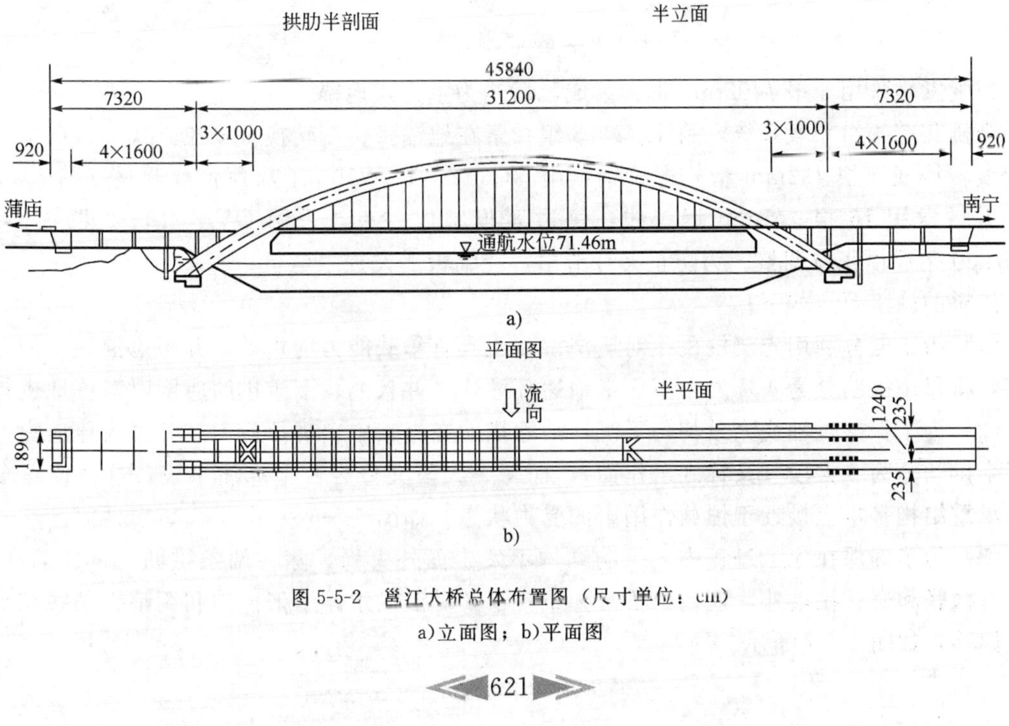

图 5-5-2　邕江大桥总体布置图（尺寸单位：cm）

a)立面图；b)平面图

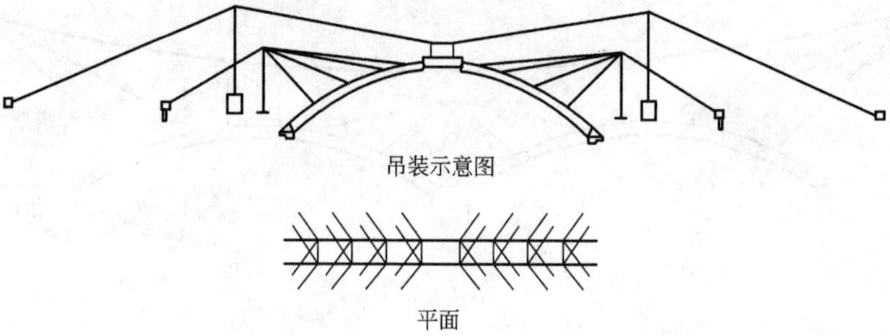

图 5-5-3　邕宁邕江大桥劲性骨架吊装示意图

缆索吊装系统为 3 孔 258m＋442m＋206m 缆索系统，塔架用 N 型万能杆件拼装，置于引桥桥台上，塔高 78m，塔脚铰接。主索为 6ϕ50mm 密封式钢丝绳，单组索道，可移动式索鞍，设计吊重 60t（计算吊重 72t）。起重绳采用 6×37ϕ21.5mm 钢丝绳，由 4 台 8t 卷扬机起吊。牵引绳采用 6×37ϕ26mm 钢丝绳，2 台 10t 卷扬机牵引。设置 4 组工作索道，设计吊重 5t。重力式主地锚。

扣索在钢管一侧设钢挑梁，P 型挤压锚头，扣索为 1570MPa 的 ϕ15.24mm 钢绞线，扣索最大索力达 2494.4kN，采用安全系数为 2，最多需 16 根 ϕ15.24 钢丝绳。扣点布置如图 5-5-4 所示。

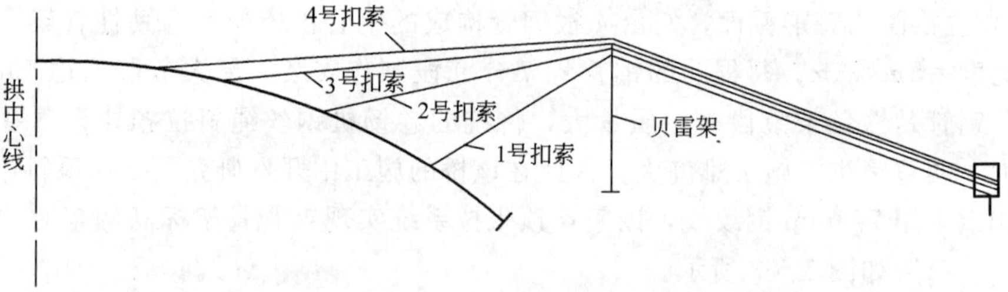

图 5-5-4　邕江大桥扣索布置图

扣索索鞍采用 3 根 ϕ402mm 钢管组成，后锚为重力式地锚。

全桥共有 4 组扣索系统，第 1、2、3 组扣索在地锚张拉端转换了张拉方式——两根扣索钢绞线转换成一根 ϕ32mm 精轧螺纹钢，用 YC60 和 YCW100 千斤顶张拉调整（图 5-5-5）。第 4 组扣索用 16 根 7ϕ5mm 钢绞线，每边 8 根编成一束，采用 OVM 15—9 群锚体系，YCW250 千斤顶张拉调整。为防止夹片滑出，在锚板后设置限位板。

该桥的施工要点如下；

(1) 为了充分利用先浇混凝土对后浇混凝土具有承载能力的贡献，并考虑混凝土的浇筑速度，将每个拱肋分为 4 环、自下而上地逐环灌注，并且上、下游拱肋应同时对称地进行。

(2) 为了保持拱轴线大致均匀下沉，消除拱肋在施工中出现拉应力或者过大压应力，便将每个拱肋分为 8 大段（又称 8 工作面），而每一大段又分为 4 个浇注小段，这样使每个阶段的承重结构基本上接近于恒载作用下的受力状态，如图 5-5-6 所示。

(3) 为了确保在施工过程中，拱肋结构不发生面外失稳，除在两条拱肋之间设置了 29 道临时横联和交叉拉索外，还在全桥对称布置了 8 对浪风索，用来控制和调整拱轴线在平面外的偏移，如图 5-5-7 所示。

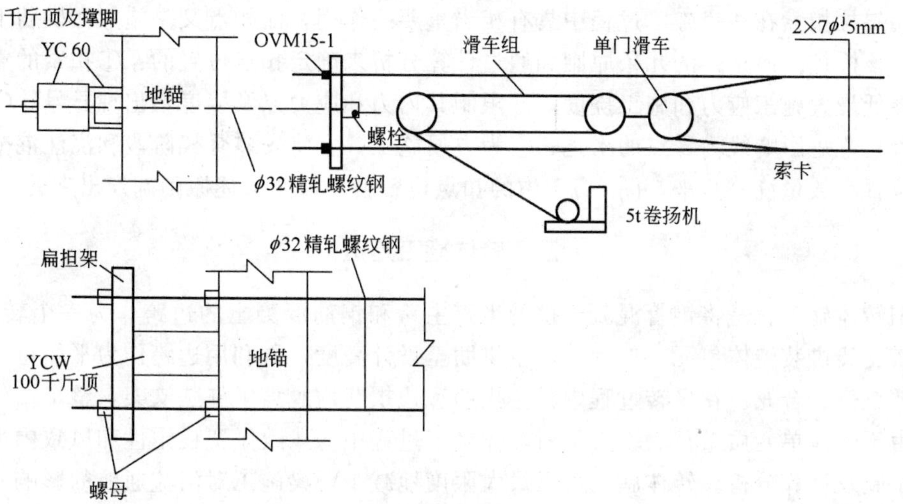

图 5-5-5 邕宁邕江大桥扣索调整系统示意图

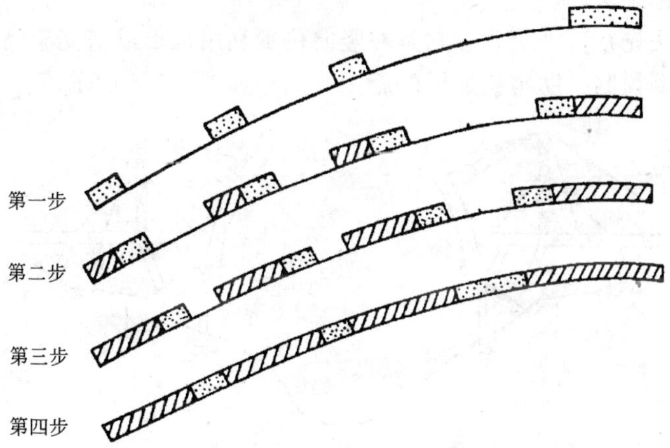

图 5-5-6 主拱各肋 8 个工作面浇注示意

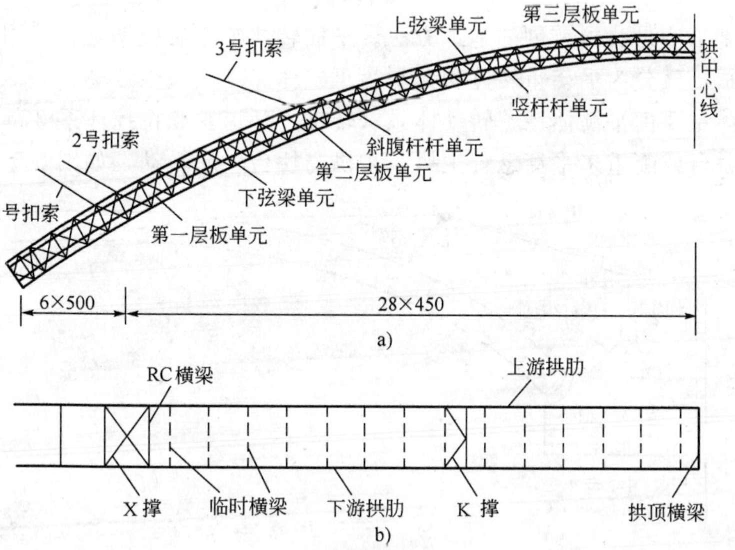

图 5-5-7 临时横梁及扣索布置图

(4) 斜拉扣索在整个施工过程中具有相当重要的作用，而扣点又是施加在拱肋上拉力的作用点，该桥是按照这样的几条原则和通过计算分析来确定扣点位置的：①扣索的索力能最有效地降低最大施工应力和施工挠度，并限制其内力和应力以及挠度不出现异号；②扣点位置宜设置在弯矩影响线为零点的附近；③为方便施工，宜将安装骨架阶段和浇注混凝土阶段的扣点位置和数量统一起来，图 5-5-7 中的扣点位置就是依照上述原则确定出来的。

二、转体施工方法

所谓转体施工就是将钢管混凝土拱的半跨主跨和钢筋混凝土的边跨作为一个转体单元，沿河岸搭支架拼装转体单元，然后竖转主拱肋至设计高度，再利用边跨作为平衡重，平转转体单元，就位、合龙。在平转过程中，主拱肋和边拱肋均脱离了施工支架，整个结构由转盘支撑。由于转体单元质量很大，必须对转体施工过程中的风致倾覆稳定性和风致内力进行模型风洞试验及计算分析。转体施工可以最大限度地减少桥梁施工对河流通航的影响。

转体施工中，拱圈绕拱座做竖直旋转合龙的称为竖向转体施工法；拱圈绕拱座做水平旋转的称为平面转体施工法。

竖向转体施工法先在国外出现，它是在竖向位置利用地形或搭支架浇筑拱肋混凝土，然后再从两边逐渐放倒预制拱肋搭接成桥的施工方法，如图 5-5-8 所示。

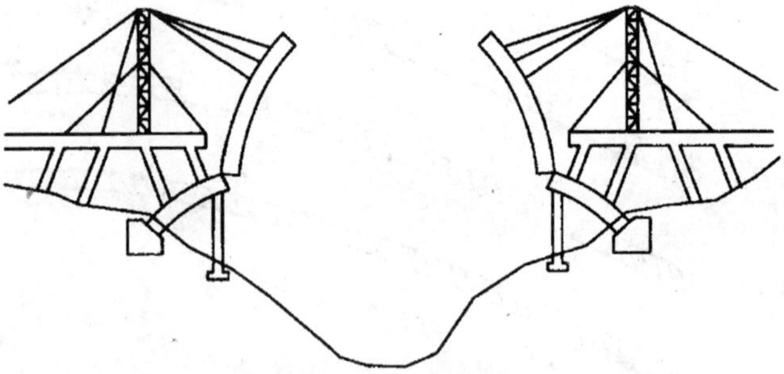

图 5-5-8　竖向转体施工法

平面转体施工法是我国首创的施工方法。平面转体施工法根据是否采用平衡块来防止转体过程中的倾覆，又分为平衡重转体和无平衡重转体。

平衡重转体主要由平衡体系、转动体系（转轴、环道）和位控体系 3 部分组成。其平衡体系一般利用桥台或配重来平衡悬臂主拱，主拱与桥台一起转动，如图 5-5-9 所示。

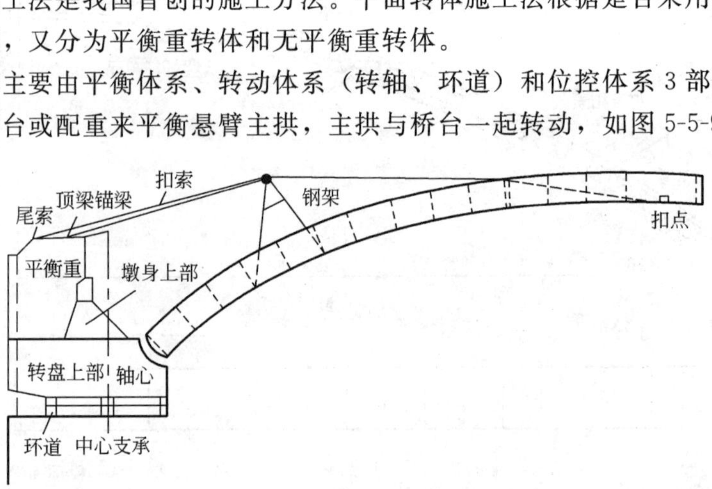

图 5-5-9　平衡重（平面）转体施工法

对于平衡重转体施工方法，跨径增大后，因平衡重而大大增加了转体质量，给转盘的设计、制造和转动、控制都带来很大困难，而且增加了材料的费用，因此随后又发展了无平衡重转体施工方法。

无平衡重转体施工法采用锚旋体系平衡悬臂主拱，取消平衡重。锚旋体系通常由作为压杆的立柱、作为撑梁的引桥主梁以及后锚等部分组成，如图 5-5-10 所示。1990 年建成的四川涪凌乌江大桥，采用无平衡重的双箱对称同步转体施工方法，使我国钢筋混凝土拱桥的跨径跃上 200m 大关。

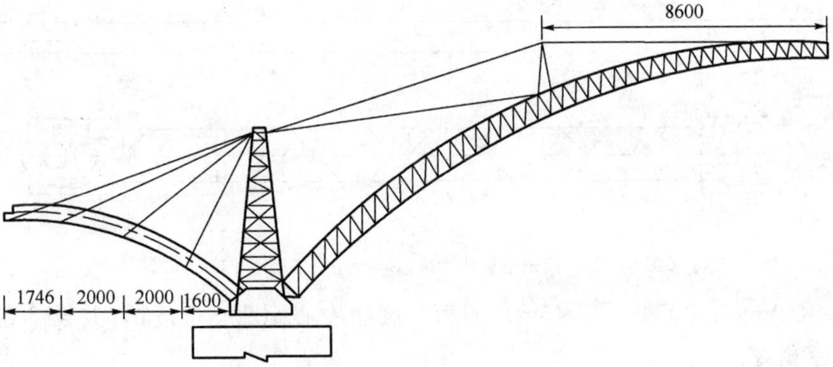

a)

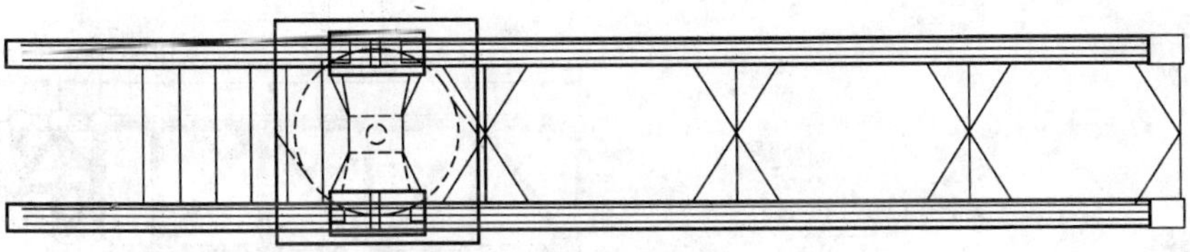

b)

图 5-5-10　无平衡重（平面）转体施工法（尺寸单位：cm）
a）立面；b）平面

与钢筋混凝土拱桥相比，钢管混凝土拱桥的转体质量是钢管骨架，相对比较轻，当转体质量相当时，钢管混凝土拱桥的跨径就比钢筋混凝土拱桥大很多。

转体施工法在钢管混凝土拱桥应用时，不仅由于自身的优势使跨径有了很大突破，并且在转体质量、施工工艺、施工方法等方面均有新的突破。

下面以广州丫髻沙大桥为例，介绍钢管混凝土拱桥的竖转加平转的施工方法。

1. 总体设计

修建在广州市环城高速公路跨越珠江南航道的丫髻沙大桥，采用 76＋360＋76m 三跨连续自锚式中承式钢管混凝土拱桥的桥型，边跨与主跨跨度比为 0.211，边跨、主跨拱脚均固结于拱座，边跨曲梁与边墩之间设置轴向活动盆式橡胶支座，在两边跨端部之间设置钢绞线系杆，通过张拉系杆由边拱肋平衡主拱拱肋所产生的水平推力，系杆总长约 520m，这种有系杆带悬臂半孔（即边拱）的自锚式拱桥俗称为飞鸟（燕）式拱桥，如图 5-5-11 所示。

主拱肋计算跨度 344m，矢高 76.45m，矢跨比 1/4.5，其横截面图如图 5-5-12 所示。该桥在国际上首次采用六管式拱肋截面，每根拱肋由 6 根 ϕ750mm 钢管混凝土组成，由横向平联板、腹杆连接成为钢管混凝土桁架。沿拱轴采用变高度（拱脚钢管中心距 8.039m，拱顶

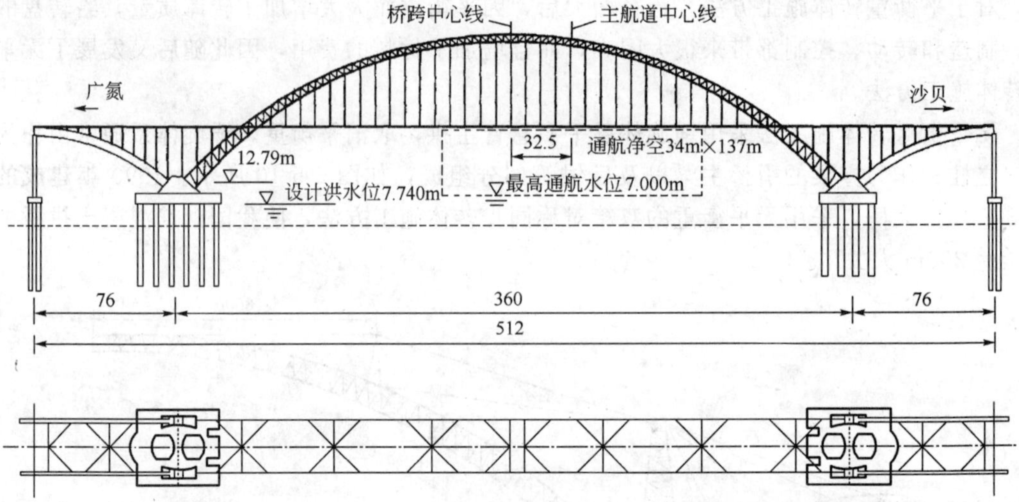

图 5-5-11　广州丫髻沙大桥总体布置图（尺寸单位：m）

钢管中心距 4.0m）、等宽度（3.45m）截面，两肋中心距为 35.95m，共设 6 组“米”字、两组“K”字横撑。

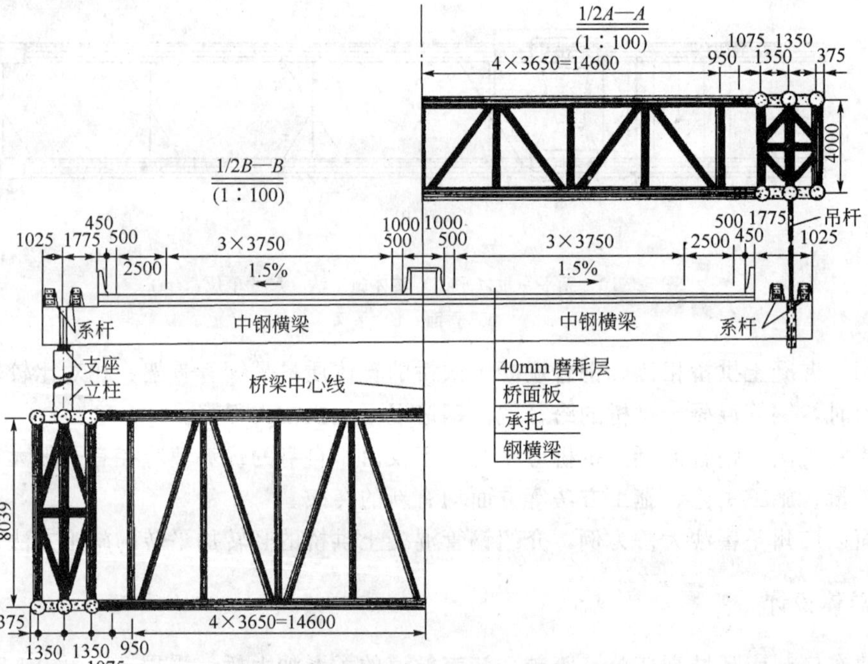

图 5-5-12　主拱横断面图（尺寸单位：mm）

边拱拱肋采用上承式双肋悬链线半拱，计算跨径 71.0m，矢高 27.3m，矢跨比为1/5.2。每肋由高 4.5m、宽 3.45m 的钢筋混凝土箱梁组成，两肋间设有一组“K”字型和一组“米”字型钢管桁架式横撑，它们与边拱端部固结的预应力混凝土端横梁一起，组成一个稳定的空间梁系结构。

为使主桥能用转体施工，将边拱设计为劲性骨架结构，在转体施工时，边拱拱肋为钢管混凝土结构。

拱座承台设计成图 5-5-13 所示形式，以便于边拱拱肋、拱座、主拱拱肋及施工用索塔组成的体系在承台上平转，拱座承台下共设有 $\phi3.0$m 桩 24 根，$\phi2.0$m 桩 10 根，承台及滑道均能承受 136000kN 的施工荷载。

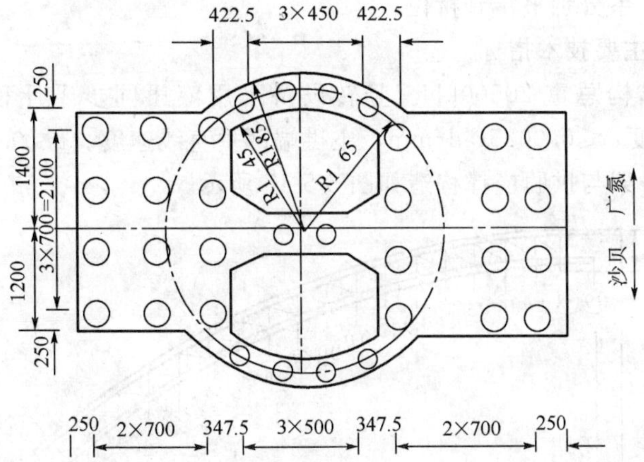

图 5-5-13　南岸拱座承台、桩基（尺寸单位：cm）

为了实现主拱拱肋竖转施工，还在主拱拱肋与拱座间设置了竖转铰，其中铰座为钢结构，铰轴为钢管混凝土结构，二者的接触面经过机加工，粗糙度为 12.5。竖转铰的构造如图 5-5-14 所示。

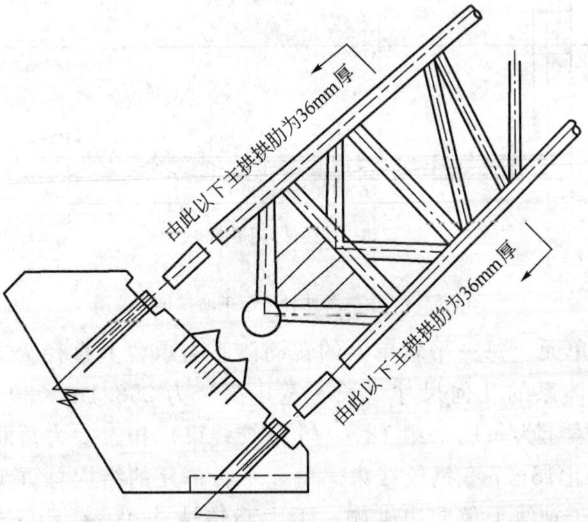

图 5-5-14　竖转铰简图

2. 主桥转体施工简述

1）转体施工的主要施工步骤

（1）安装承台上的转体环道、拱座及竖转铰，沿江岸搭设边拱劲性拱架、主拱拱肋卧拼用支架。

(2) 安装转体塔架、边拱劲性骨架、主拱拱肋。

(3) 安装边拱端部及其他设计规定部位压重钢筋混凝土。

(4) 安装转体用扣索、千斤顶及施工监测设备。

(5) 两岸主拱拱肋分别竖转。

(6) 两岸转动体系分别平转到桥位。

2) 转体施工的主要技术指标

主拱拱肋竖转结构总重 20500kN。竖转设备采用液压同步千斤顶系统。竖转角度为 24.701°。竖转角速度 $\omega \leqslant 0.0025$rad/min，主拱端部垂直线速度。$v \leqslant 0.42$m/min。主拱拱肋竖转时，边拱劲性骨架与拱肋横撑构造如图 5-5-15 所示。

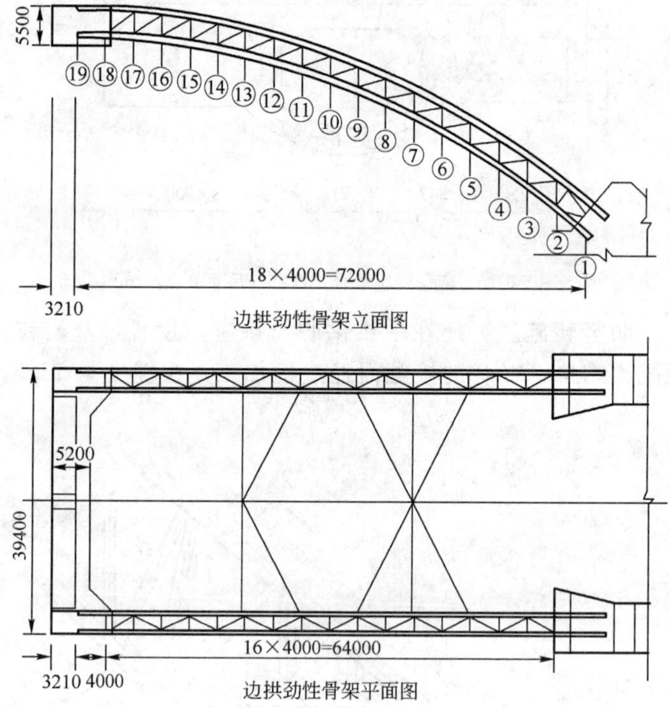

图 5-5-15 边拱劲性骨架与拱肋横撑构造图

主桥有两个平转单元。每一平转单元的转动体系由承台上直径为 33m、宽度为 1.1m 的转体环道支撑。转动体系的几何尺寸（长×宽×高）为 258.1m×39.4m×86.3m。转动体系中设 3 组扣索，扣索①为每肋 7 组 18×7ϕ5 钢绞线束；扣索②为每肋 3 组 18×7ϕ5 钢绞线束；扣索③为每肋 2 组 18×7ϕ5 钢绞线束。每一平转单元的结构总重 136000kN。

平转结构重心位于轴线上偏向边拱侧，距中心转轴 0.03m，距下转盘高 19.49m。平转设备为同步提升千斤顶，平转角速度 $\omega \leqslant 0.01$rad/min，主拱端部水平线速度 $v \leqslant 1.2$m/min。

3. 竖向转体施工

1) 竖转工艺

扣索的张拉端布置在边拱拱肋端部，在竖转过程中，主拱拱肋的角度在不断改变，扣索的索力也相应地不断变化。竖转时将随施工进程测取的油压值、位移值送到计算机内，经过计算，对泵站比例阀发出控制信号，通过调节流量达到每束钢绞线受力均匀、运动同步，采取以高程为主、索力为辅的原则进行施工控制，具体施工步骤为：

(1) 扣索①、扣索②预紧至设计索力的50%，然后将平衡索③预紧至设计索力的50%。

(2) 分级张拉扣索①、扣索②直至主拱拱肋启动脱架，再将平衡索③张拉至设计索力，保持脱架状态12h进行结构观察。

(3) 正式开始竖转，竖转到位后测取边拱支架的内力，进行边拱称重，按从拱脚到拱顶的顺序解除边拱支架的约束，必要时调整边拱端部的配重，使转动体系处于平衡状态。

(4) 在塔顶索鞍部位锁定扣索①、扣索②，并将主拱拱脚临时固结。

2) 主跨竖转施工工作原理

根据主跨结构的吊装要求，分别在 a、b 两肋各设置两组锚点，即锚点组1和锚点组2，用来将扣索①和扣索②固定在主跨结构上（图5-5-16）。扣索均采用 ϕ15.24mm 高强度钢绞线。两组扣索通过立柱顶上的索鞍分别连到两组油缸中。穿心式油缸是竖转设备的执行机构，其内部穿过18根钢绞线，两端还装有可控的锚具油缸，以配合主缸对锚片进行控制。主缸伸缸时，上锚利用锚片的自锁原理紧紧夹住钢绞线，而下锚松开，张拉钢绞线一次，使主跨竖转一个角度。主缸满行程时，主缸缩缸，使荷载转换到下锚上，而上锚松开。如此反复，可以使主跨结构竖转至要求位置。

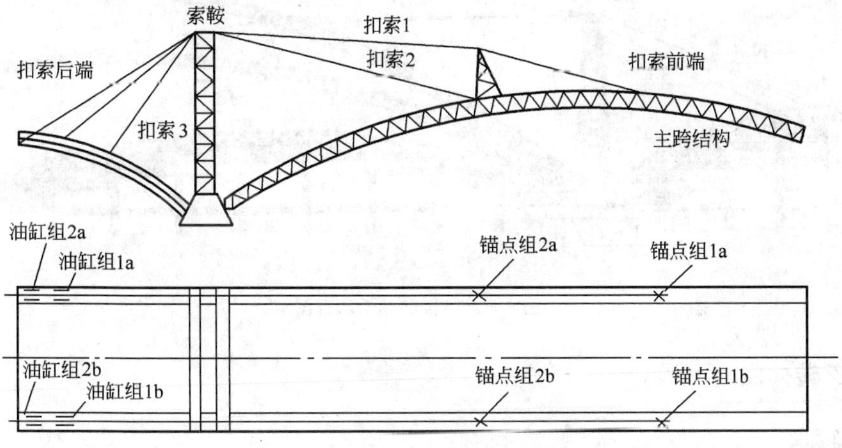

图5-5-16　主桥竖转系统布置图

主缸及上下锚具的动作控制均由计算机通过比例液压系统来实现。控制系统根据一定的控制策略和算法不仅可以实现对主跨结构的位置控制，而且还可以实现对主跨结构的荷载控制。

3) 竖转控制系统简介

竖转控制系统的控制任务分别由两套计算机系统来完成：一套是以8098单片机为核心的同步调节系统，另一套是以可编程控制器为核心的动作联控系统。同步调节是通过调节液压系统的比例阀流量来控制提升油缸升降速度，来达到位置同步或压力均衡等控制目的。它由信号检测传感器（例如压力传感器、角度传感器等）、信号调理、A/D采样、单片机和比例阀功率驱动等硬件组成。在竖转施工过程中，要达到控制要求，控制系统的控制策略是关键。

由于在竖转施工中采用提升油缸集群作业，因此提升油缸动作的协调控制是关键。动作控制系统由检测油缸位置和锚具位置的传感器、可编程控制器和液压系统的电磁阀功率驱动等硬件组成。在设计动作控制系统时，充分考虑了油缸动作的闭锁问题，使得系统具有防误操作、掉电保护等功能。

4）竖转控制系统的控制策略

（1）根据计算出的扣索①和扣索②随竖转角的变化曲线，确定扣索①和扣索②的索力比 i_{12} 随竖转角的变化规律，计算机控制系统根据这一规律进行调节，就可以有效地控制扣索①和扣索②之间的荷载分配。

（2）在竖转过程中，计算机控制系统根据两肋的高度差进行必要的调节，这样可以保证两肋之间的位置同步关系。

（3）通过调节液压系统的溢流阀可以设定各点提升油缸的最大荷载，从而可以有效地控制扣索①和扣索②的索力上限。通过安装在各点的油压传感器，计算机可以知道当前每一根扣索的荷载，当索力超出计算值的10%时，计算机控制系统将自动报警并停机。

通过以上控制策略可以实现位置同步和荷载均衡的双重控制。由于提升油缸的伸缩速度较慢，由此所引起的加速度可以忽略。

竖转施工示意图如图 5-5-17 所示。

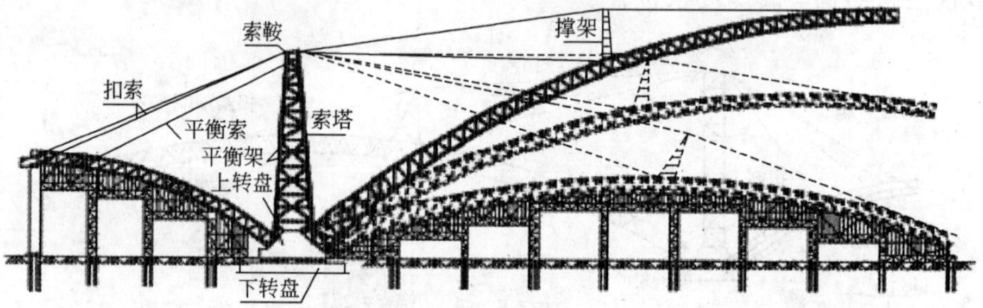

图 5-5-17 竖转体系示意图

4. 平面转体施工

1）上转盘

上转盘由拱座、撑脚、中心转轴等组成（图 5-5-18）。转动体系的重量由撑脚传递给下转盘，中心转轴仅起定位的作用。

2）下转盘

下转盘由环道、牵引体系、中心转轴等组成（图 5-5-19）。为保证环道的平整度、光洁度，施工时将预埋环道顶面钢板的劲性骨架，用螺栓连接钢板与劲性骨架，精确调平后再灌注钢板下混凝土，任意 3m 弧长环道的高差不大于 1mm。

3）牵引体系

牵引体系主要包括牵引钢绞线、2 组牵引千斤顶（每组 4 台）、多台辅助千斤顶组成，启动牵引力按静摩擦系数 $\mu_s=0.1$，转动牵引力按动摩擦系数 $\mu_d=0.05$ 准备，实测启动牵引力约 8000kN、静摩擦系数 $\mu_s=0.06$，实测动摩擦系数 $\mu_d=0.03$。

4）施工步骤

（1）调试牵引系统，清理、润滑环道，拆除有碍平转的障碍物。

（2）先让辅助千斤顶达到预定吨位，再启动牵引千斤顶使转动体系启动，然后由牵引千斤顶拉动牵引索平转。

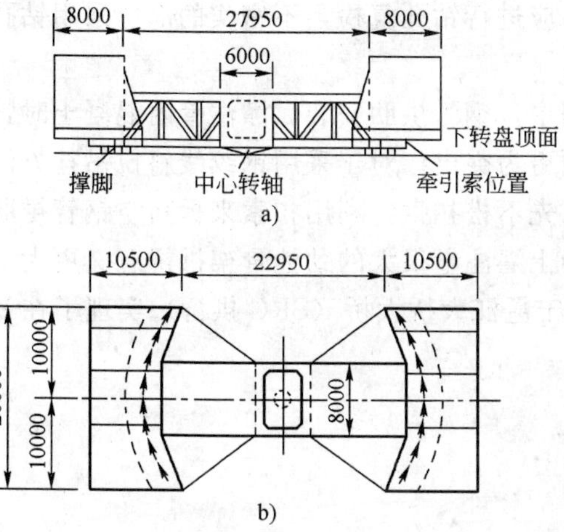

图 5-5-18　上转盘构造
a）立面图；b）平面图

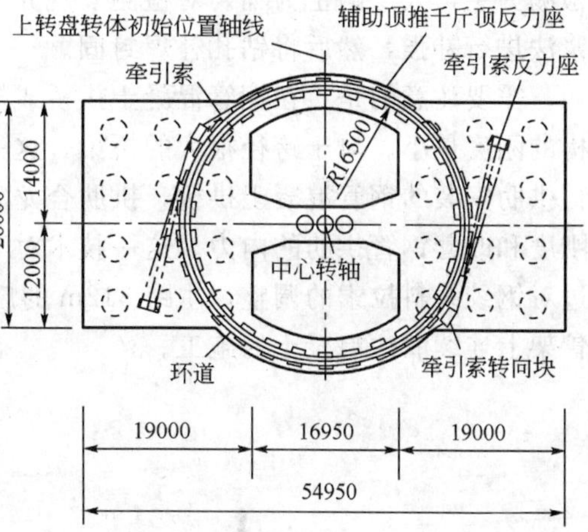

图 5-5-19　下转盘平面布置图

(3) 在平转就位处设置限位卡梁，阻止撑脚到位后继续往前走。

(4) 平转基本到位后降低平转速度，采用点控牵引法对好主拱拱肋的中线。

(5) 恢复边拱支架，焊接上、下转盘的钢骨架，绑扎钢筋，清除杂物后浇注上、下转盘间的混凝土。

5）合龙控制

平转施工完成后，调整好主拱拱肋的高程，然后立即在主拱拱顶安装临时合龙构件，使之能承受两铰拱状态的温度力，保证合龙段在无应力状态下定位、焊接。

第三节　钢管内混凝土的灌注

管内混凝土的灌注除个别小桥和哑铃形拱肋的腹腔内混凝土采用人工灌注外，一般采用泵送顶升法施工。泵送施工从两拱脚至拱顶同时对称地进行。在拱顶应设置隔仓板和排浆溢流管，以保证将泵送混凝土的前端不良部分排出并使拱顶段有一定的压力，减小其收缩量，增加密实性。注意，除拱顶外的其余部位不宜设置横隔。

管内的泵送混凝土除满足强度要求外，应具有低泡、高流动性、微膨胀补偿收缩、低水化热、缓凝和早强等工作性能。坍落度宜不小于15cm，粗骨料最大粒径在3cm以内。管内的混凝土一般在C40～C60之间。采用C50、C60时建议采用粉煤灰混凝土，以提高工作性能和降低水化热。为补偿收缩，可以在管内混凝土中掺入一定数量的微膨胀剂。

管内混凝土的配合比试验，除满足上述要求外，还应注意混凝土弹性模量要与设计计算取值相一致，以保证预拱度设置的合理性。

混凝土压注前应清洗钢管内污物，润湿管壁，泵入适当水泥浆后再压注混凝土，直到钢管顶端排气孔排出合格的混凝土时停止，完成以后应关闭设于压注口的倒流截止阀。

混凝土的泵送顺序应按设计要求进行，宜采用先钢管后腹箱的程序。为保证混凝土泵送工艺的顺利进行，对大跨径钢管混凝土拱桥，需按实际泵送距离和高度进行模拟混凝土压注试验。

管内混凝土的压注应连续进行，不得中断。管内混凝土填充密实度检测方法应以超声波检测为主，人工敲击为辅。对检测发现异常的，应进行钻孔复检，不密实的部位采用钻孔压浆法进行补强，然后将钻孔补焊封固。

需要注意的是，在钢管混凝土拱桥成桥过程中，钢管拱肋安装后灌注管内混凝土时，结构的刚度最小。对于跨径很大的桥梁，这一问题更为突出。对于采用钢绞线斜拉吊挂方法进行拱肋安装的钢管混凝土拱桥，拱肋合龙后可以先不松扣索，利用扣索来提高空钢管拱肋的刚度和改善钢管拱肋的内力。这一技术对于混凝土灌注量很大的劲性骨架拱桥意义更大。通过对钢绞线斜拉索的调整，主跨 312m 的广西邕宁邕江大桥大桥（SRC 拱桥）实现了在劲性骨架上连续灌注混凝土的施工。

第六章 钢管混凝土拱桥实例

DILIUZHANG

第一节　浙江新安江大桥

一、概　　况

新安江大桥位于浙江省建德市市中心，跨越新安江。新安江为钱塘江的主要支流，发源于安徽省黄山，河流东南向流入浙江，全长 216km，流域面积 11850km^2。1958 年在新安江上游 5km 处修建了当时我国规模最大的水电站新安江电站，形成了风景秀丽的千岛湖风景区。

新安江大桥为三跨中承式钢管混凝土拱桥，桥梁全长 374m，主跨为 84m＋120m＋84m，如图 5-6-1 所示，于 1994 年建成通车。

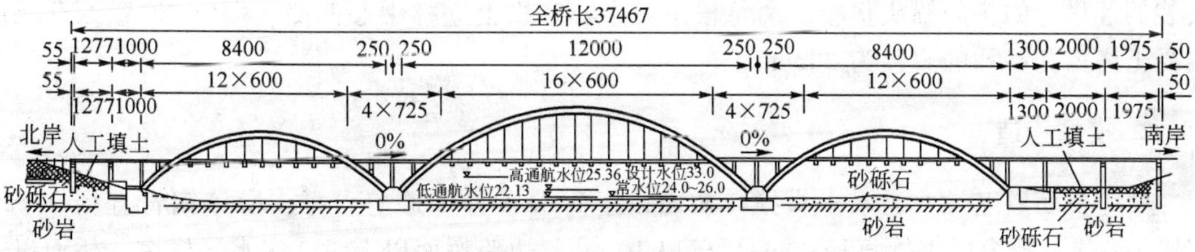

图 5-6-1　新安江大桥总体布置（尺寸单位：cm）

二、主要技术标准

设计荷载：汽—15 级，人群荷载 3.5kN/m^2；

桥面宽度：净 7m＋2×1.5m 人行道；

洪水频率：百年一遇，设计水位 33.0m；

最高通航水位：25.36m；

通航等级：5 级航道，可通航 300t 级船舶。

三、设计要点

1. 钢管拱肋

新安江大桥为双肋中承式拱，拱肋断面哑铃形，拱肋高度中孔为 2.0m，边孔为 1.8m，拱肋布置在桥面宽度以外。

中跨和边跨钢管拱肋的拱轴线均为二次抛物线，矢跨比为 1/4，拱肋断面采用哑铃形。中跨拱肋高为 2m，由上下两根直径为 800mm 钢管组成，上下管之间为 40cm 高腹板；边跨拱肋高为 1.8m，由上下两根直径为 750mm 钢管组成，上下钢管之间为 30cm 高腹板，拱肋钢管和腹板内均浇注 C40 混凝土，如图 5-6-2 所示。

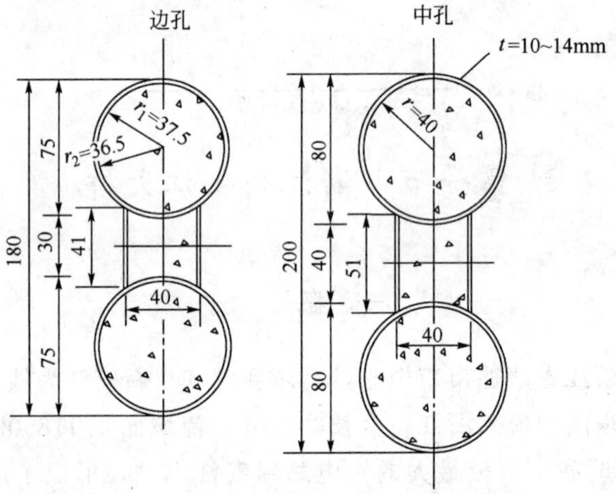

图 5-6-2 拱肋断面图（尺寸单位：cm）

吊杆间距为 6m，拱肋在各吊杆处开孔，孔的直径为 28cm，并焊接穿吊杆的预留导管和安装搁置吊杆锚头的锚头垫板。离每根吊杆中心和拱上立柱中心两侧各 1.0m 位置处开拱肋混凝土浇捣孔，孔的直径为 20cm。

2. 横撑构造

中跨桥面以上设 6 道水平横撑，桥面以下每端布置 2 道剪力撑。横撑钢管直径 90cm，壁厚 14mm；剪力撑钢管直径 80cm，壁厚 10mm。边跨桥面以上设 3 道水平横撑，桥面以下每端布置 2 道剪力撑。横撑钢管直径 60cm，壁厚 10mm；剪力撑钢管直径 80cm，壁厚 10mm。横撑和剪刀撑内不浇筑混凝土，水平横撑如图 5-6-3 所示。

3. 吊杆和立柱

吊杆和立柱的布置间距，除考虑传力的合理外，应考虑美观的要求，该桥吊杆间距为 6.0m，采用 109 根直径为 5mm 碳素钢丝组成，钢丝的标准强度为 1600MPa。吊杆上下端采用墩头锚，锚头直径 150mm，下端锚头在吊杆制造厂安装，上端锚头在现场安装时墩头。吊杆外包防护采用二层 PE 套，内层为 5mm 厚黑色 PE 套，外层再包 1 mm 彩色 PE 套。吊杆与横梁及拱肋的连接如图 5-6-4、图 5-6-5 所示。

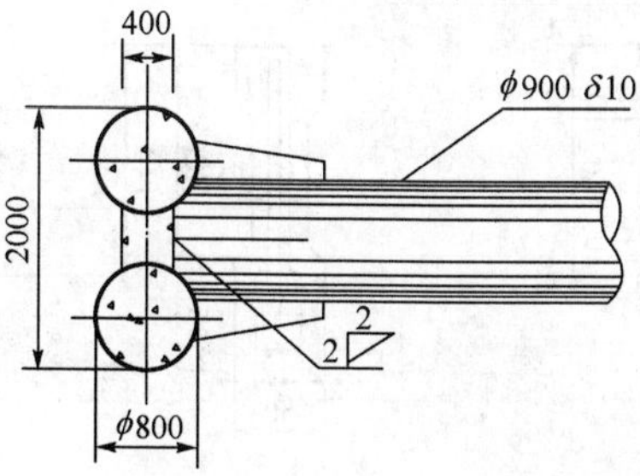

图 5-6-3　水平横撑构造图（尺寸单位：mm）

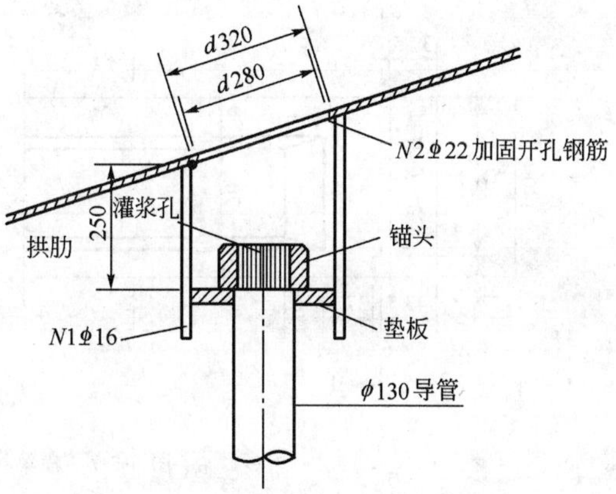

图 5-6-4　吊杆与横梁连接图（尺寸单位：mm）

立柱间距为 6～7m，断面尺寸顺桥向 50cm，横桥向 60cm。立柱采用 C25 钢筋混凝土结构，立柱与拱肋、立柱与顶面盖梁均采用焊接钢板连接。拱上立柱采用预制安装，墩台立柱采用现浇。立柱与拱肋连接如图 5-6-6 所示。

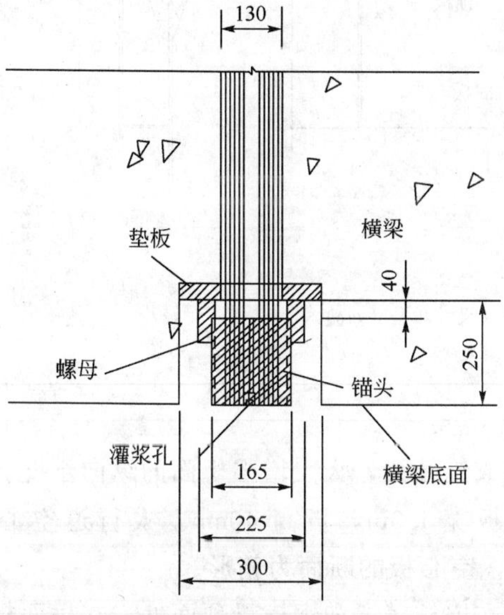

图 5-6-5　吊杆与拱肋连接图（尺寸单位：mm）

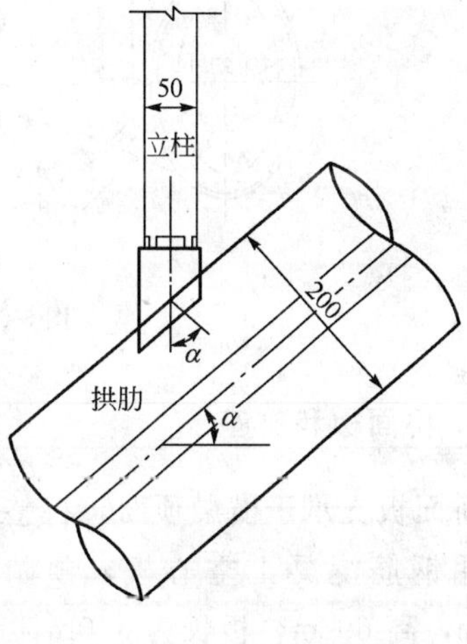

图 5-6-6　立柱与拱肋连接（尺寸单位：cm）

4. 横梁和盖梁

横梁和盖梁是上部结构设计和安装中较困难的部件。新安江大桥的吊杆布置在桥面宽度以外，吊杆置于横梁端部，吊杆从横梁两端侧面预留槽中推入，如图 5-6-7 所示。

横梁梁高 1.4m，中部断面为Ⅰ字形，两端吊杆部分变为矩形。盖梁高度和断面形状与横梁相同，它与拱上立柱形成刚接。横梁和盖梁均为 C40 钢筋混凝土结构。

与拱肋相连的横梁采用钢结构，通过电焊与拱肋连接。钢横梁为箱形梁，顶板宽60cm，板厚 12mm，底板宽 36cm，板厚 16mm，腹板高 117.2cm，板厚 12mm，如图 5-6-8 所示。

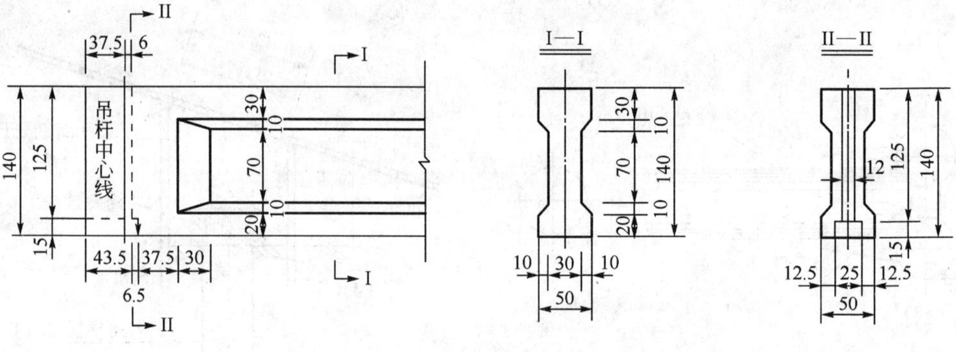

图 5-6-7　横梁构造图（尺寸单位：cm）

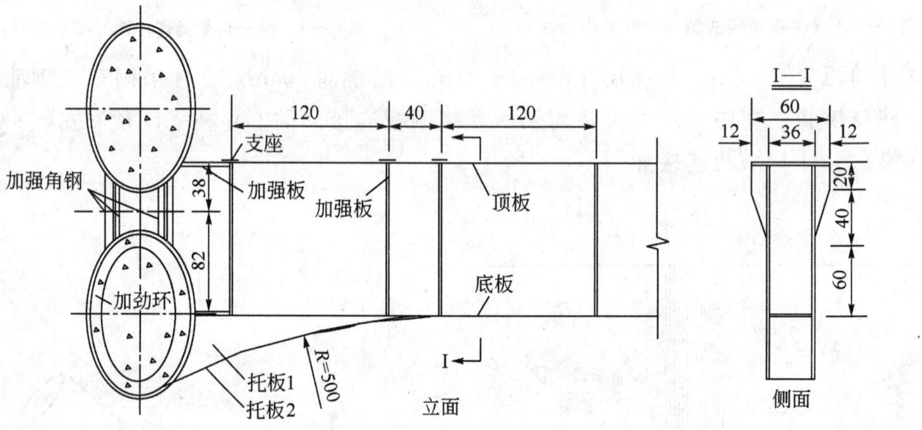

图 5-6-8　钢横梁构造图（尺寸单位：cm）

5. 桥面板和支座

桥面板支承于横梁顶面，将整孔桥面板连接成连续梁，大大增强桥面的纵向刚度。桥面板采用钢筋混凝土空心板，预制段长 5.8m，板宽 1.0m，板高 40cm。人行道空心板宽 1.75m，高 69cm，板长为 6.0m，简支置于横梁，空心板的断面为箱形。

支承于吊杆横梁上的桥面板均不设支座，仅在立柱盖梁和钢横梁顶面处，在桥面板下布置带四氟板和不锈钢板的板式橡胶支座。

6. 桥墩和桥台

墩身顶面由于钢管拱肋插入，局部范围内布置钢筋网，并将顶部 3m 高度内采用 C40 混凝土，墩身其余部分和基础采用 C25 混凝土。墩身表面设直径 $\phi16$ 和 $\phi12$ 的钢筋网，以防止船舶撞击。

桥台为组合式桥台，横桥向宽度 13.4m，顺桥向设长度 7m 的实体桥台。台后增设钢筋混凝土摩阻板，摩阻板顺桥向 6m，横桥向 14m，板厚 1m。摩阻板顶面与台后接触面及两侧面设置挡土墙。拱肋传来的水平推力由桥台和台后摩阻板共同抵抗。北岸桥台构造如图 5-6-9 所示。南岸桥台为飞机式轻型桥台。

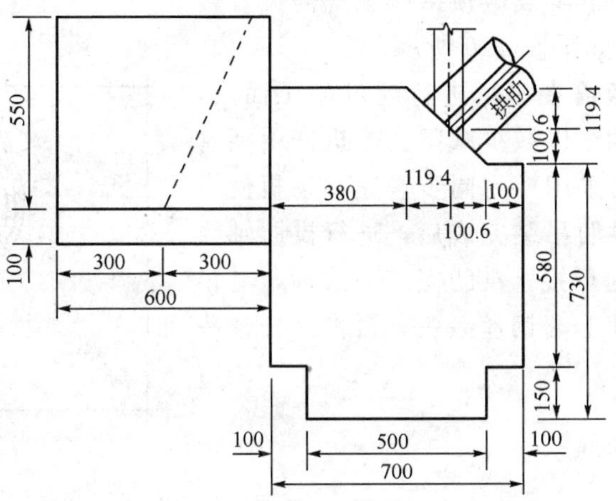

图 5-6-9 北岸桥台构造图（尺寸单位：cm）

四、施 工 要 点

1. 水中桥墩施工

新安江的常年水深为 4m 左右，流速较大，河底以下 2m 深度内为砂卵石，基底需穿过砂卵石层，进入岩层 1.5m，施工比较困难。承担施工的单位有很多潜水员，能进行潜水操作，对浇注水下混凝土有较丰富经验，能确保水下混凝土的浇注质量。根据施工单位的特长，水中桥墩基坑开挖采用水中钻孔爆破，用高压水枪进行水下爆破后石碴清理。基坑开挖至基底后，用钢套箱作为模板，采用水下浇注混凝土至常水位水面高程，水面以上墩身按常规方法施工。对于水中墩的水下浇注混凝土的质量检查，采用钻机钻孔取芯，进行混凝土强度检验。试验结果表明，水下混凝土强度均达到设计要求。

2. 钢管拱肋制作

在工厂内将 16Mn 钢板卷成直钢管，直钢管焊成 4～9m 长 段，用汽车运至工地。在桥位南岸建立钢管拱肋拼装场地，将直管焊接成哑铃形断面拱肋段，再将拱肋段吊装在放样托架上组拼成半跨钢管拱肋，然后把横向风撑等与拱肋焊接。所有焊缝均采用超声探伤，并抽取 10%焊缝进行 X 光拍片检查。

3. 钢管拱肋安装

钢管拱肋采用竖向转体安装。从拼装场地至桥位的半跨拱肋运输采用由钢浮箱组拼成的浮运工作平台浮运。浮运工作平台上铺装二条移动轨道，拱肋从拼装位置用横移轨道上的台车缓慢横移至浮运工作平台上，浮运工作平台顺流而下，将半跨拱肋运至桥位处后（拱脚在浮运工作平台的高程略高于墩顶拱座的安装高程），向浮运工作平台的钢浮箱内灌水，浮运平台下沉，使拱脚高程达到墩顶拱座预留槽的高程。竖向转体安装是利用设置在安装跨两侧桥墩顶面的扒杆将平放于船上的拱肋绕拱脚转动至设计位置。

竖向转体安装主要设备有扒杆、卷扬机、地锚、平衡梁、钢丝绳、滑轮等。为使拱肋能绕拱脚转动，在拱肋的拱脚及墩顶拱脚位置需设置转动装置，拱脚转动装置如图 5-6-10 所示。

拱脚转动装置钢板需在工厂进行配对冲压而成，弧形钢板之间涂上黄油，以减少摩阻力。扒杆由钢管分段用法兰接长。起吊采用两台同步慢速卷扬机使拱肋绕拱脚转动升起。拱肋吊装完成后，进行拱肋轴线调整和跨中拱肋接头的焊接。拱肋安装完成后，将吊杆穿入拱肋导管，吊杆上端钢丝镦头，再将吊杆锚头上垫板调平。

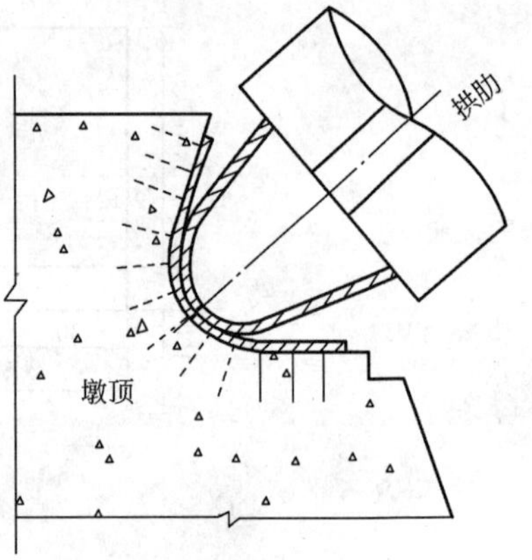

图 5-6-10 拱脚转动装置图

4. 拱肋混凝土浇注

拱肋沿拱轴线每隔 4m 有混凝土浇捣孔，混凝土在岸上搅拌后，通过混凝土泵送至拱肋混凝土浇注孔，再用漏斗灌入孔内，由附着式和插入式振捣器对混凝土进行振捣。浇注时，先浇注下钢管，再浇腹板，最后浇注上钢管。为减少混凝土收缩量，拱肋混凝土中掺入微膨胀剂。采用小铁锤敲击钢管听声音的方法可以检查拱肋内混凝土是否密实，混凝土收缩后与钢管壁之间是否形成空隙等问题。发现有空隙时，可采用钻孔检查，对空隙部位进行压浆补强。

第二节 深圳彩虹（北站）大桥

一、概　况

深圳市彩虹（北站）大桥位于广东省深圳市区的一座城市跨线桥，全长 1200m，跨越深圳火车北站 29 条股道，是目前世界上跨越铁路股道最多的桥梁之一。大桥主跨为 150m 的下承式钢管混凝土刚架系杆拱桥，矢跨比 1/4.5，总体布置如图 5-6-11 所示，2000 年 3 月竣工通车。

二、主要技术标准

设计荷载：汽—超 20 级，挂—120，人群荷载 4.5kN/m^2；

桥面宽度：23.5m，拱脚处桥面宽 28m；

桥下净空：按电气化列车运营要求预留净空，不小于 7.2m。

三、设 计 要 点

1. 主拱结构

(1) 拱肋设 2 片竖向拱肋，由 4 根上下弦钢管（ϕ750×12mm）、上下平联（ϕ400×10mm）和腹杆（ϕ245×10mm）焊接成四肢格构桁式截面，截面高度 3.0m，宽度 2.0m。在拱脚实腹段取消了上下平联与腹杆，用钢板连接上下弦钢管。上下弦钢管和拱脚实腹腔内泵送 C50 微膨胀混凝土，进料位置设在拱肋截面下弦钢管底部。两片拱肋的横向中心线距离为 18.5m。

(2) 全桥横向连接系设两道横、斜撑组成的 K 形和四道一字形横撑，拱脚实腹段内设

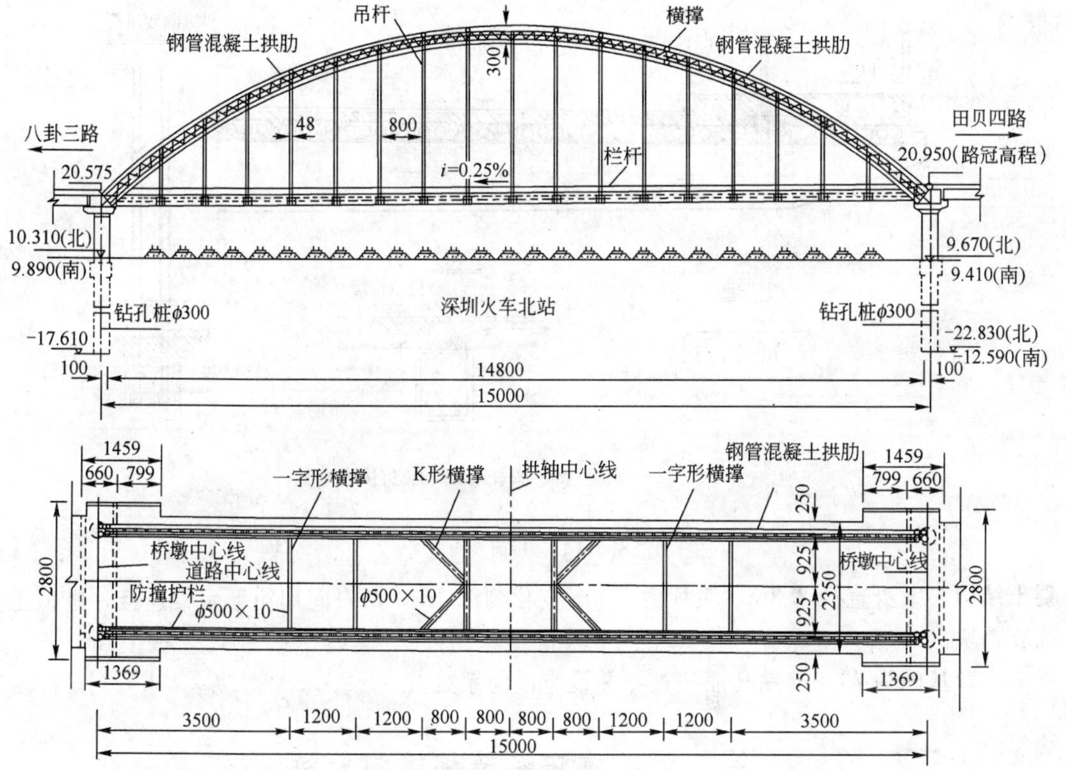

图 5-6-11　深圳彩虹（北站）大桥总体布置（尺寸单位：cm）

剪刀形连接。横撑和斜撑均由 ϕ500×10mm 的钢管组成，上下横撑和上下斜撑之间由腹杆（ϕ299×8mm）连接。横、斜撑的钢管内不填充混凝土。

（3）全桥吊杆设 17 对，吊点中心间距 8.0m。每点吊杆为双吊杆，其中心距 48cm。每根吊杆钢束由 61 根 ϕ7mm 镀锌高强度低松弛预应力钢丝组成，钢丝的标准强度 $R_y^b=1670$MPa，高密度聚乙烯（PE 护层）双护层防护。吊杆上、下端均采用可调式冷铸墩头锚。

（4）纵向水平系杆每片拱肋设 16 根高强低松弛预应力钢绞线束，每根钢束由 12 根 7ϕ5mm 钢绞线组成，钢绞线标准强度 $R_y^b=1860$MPa。系杆钢束设置在拱肋下防撞护栏外侧，在拱脚处穿过拱肋，锚固于帽梁的外侧。系杆锚具采用 OVM15—12 型。系杆钢绞线束防护同吊杆钢丝束。

2. 桥面系

桥面系采用悬浮体系，端部简支在桥墩帽梁牛腿上，不与拱肋端横梁固结。横梁为预应力钢—混凝土组合梁，箱形截面，宽 0.98m，横梁通过吊杆和拱肋连接。如图 5-6-12 所示。

每片横梁内设置 2 束 7 根 7ϕ5mm 钢绞线，锚具为 OVM 15—7 型。箱梁顶板上设有剪力栓钉，与桥面空心板连成整体。桥面整体化层采用 3cm 厚水密性 G50 防水混凝土，内设钢筋网，桥面铺装为 5cm 厚的沥青混凝土。

3. 下部结构

主桥桥墩采用整体承台上中心间距为 18.5m 的两个相同截面圆形墩身。墩身为钢管混

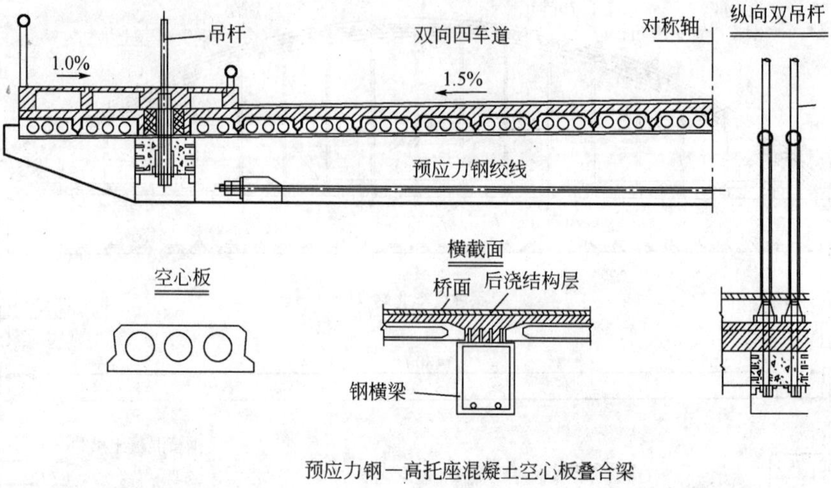

图 5-6-12　桥面系构造图

凝土结构。墩身直径 2.8m，墩顶由 2.8m 变化到 2.4m，墩身间用箱形帽梁连接，墩顶上设抗震挡块。

主墩基础为 ϕ3.0m 钻孔灌注桩，并设有横向系梁。

第三节　重庆奉节梅溪河大桥

一、概　　况

梅溪河大桥位于重庆市奉节县以东 2km、原梅溪河吊桥上游约 170m 处，是奉节新县城内的主要交通枢纽。大桥全长 491m，主桥为净跨 288m 的上承式钢管混凝土变截面拱桥，矢跨比 1/5，总体布置如图 5-6-13 所示，2001 年 11 月建成通车。

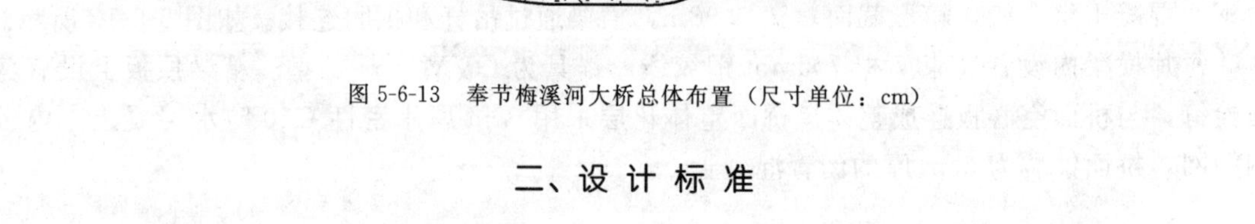

图 5-6-13　奉节梅溪河大桥总体布置（尺寸单位：cm）

二、设 计 标 准

（1）设计荷载：汽车—20 级，挂车—100，人群荷载 3.5kN/m²；

（2）桥面宽度：净 14＋2×1.75m 人行道及栏杆，全宽 17.5m。

三、设 计 要 点

1. 主拱圈

主桥为上承式钢管混凝土桁构式肋拱，拱肋为变高等宽的钢管混凝土桁构，肋高5.0～8.0m，肋宽4.4m。上、下弦杆是ϕ20×14mm钢管内灌C60混凝土；腹杆是ϕ351×8mm钢管，仅在立柱处的双竖腹杆及拱脚与铰连接处的两斜腹杆内灌C60混凝土；平联杆采用ϕ351×7mm钢管，管内不灌混凝土；拱肋间横向联系采用钢管桁片连接，横系梁采用ϕ351×7mm钢管，斜撑及肋内剪力撑采用ϕ175×6mm钢管（图5-6-14）。

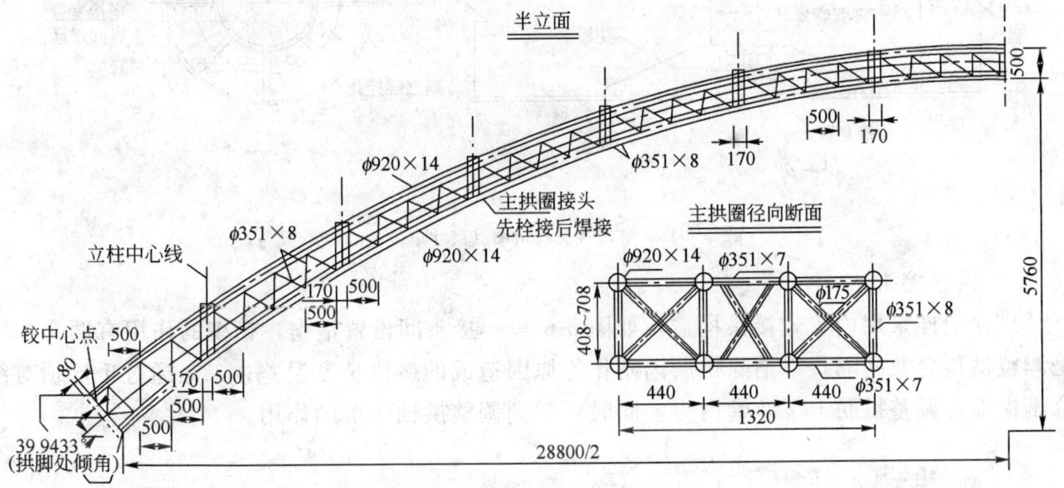

图5-6-14　拱肋一般构造图（尺寸单位：除管径及管壁厚为mm外，其余为cm）

2. 主拱接头构造

接头构造分拱脚接头、节段接头和拱顶接头3种。

1）拱脚接头

采用竖向可转动的铰接头型式，即拱脚截面中心处设一弧形铰，铰轴采用钢管混凝土。上下弦杆留一道20cm的断缝，如图5-6-15所示。在主拱合龙前，拱脚始终处于铰接状态。

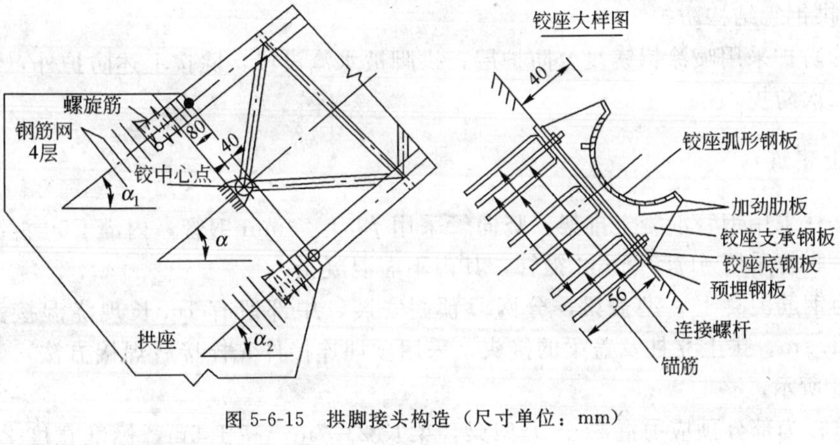

图5-6-15　拱脚接头构造（尺寸单位：mm）

2）节段接头

节段间接头采用内法兰形式，管内焊接肋板和法兰盘，法兰盘间用高强螺栓等强度连接。待安装就位并连接好法兰后，焊接搭接套管。搭接套管由与主管等直径和厚度的两半圆组成，如图 5-6-16 所示。

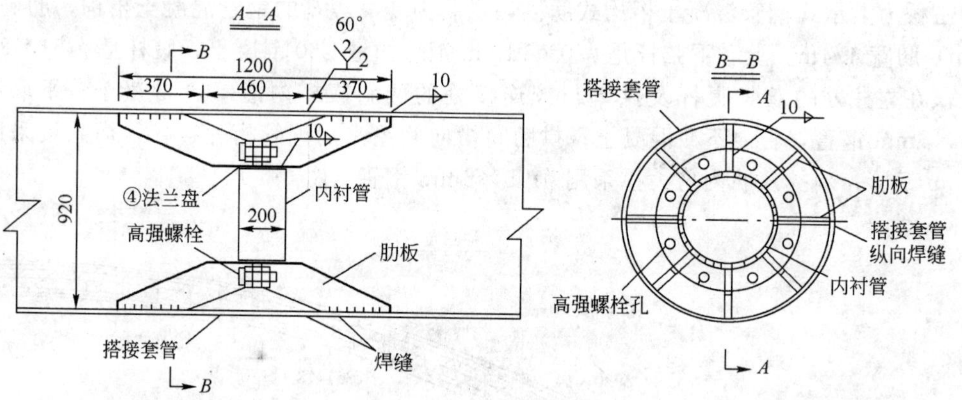

图 5-6-16 节段接头构造图（尺寸单位：mm）

3）拱顶接头

拱顶同样采用内置式接头构造，如图 5-6-17。接头间设置钢楔，钢楔的作用有两个：一是调整拱顶合龙间隔，以消除拱肋因制作等原因造成的接段长度误差；二是通过千斤顶对组合钢楔施力调整拱肋上下弦管内力，同时可起到调整拱轴线形的作用。

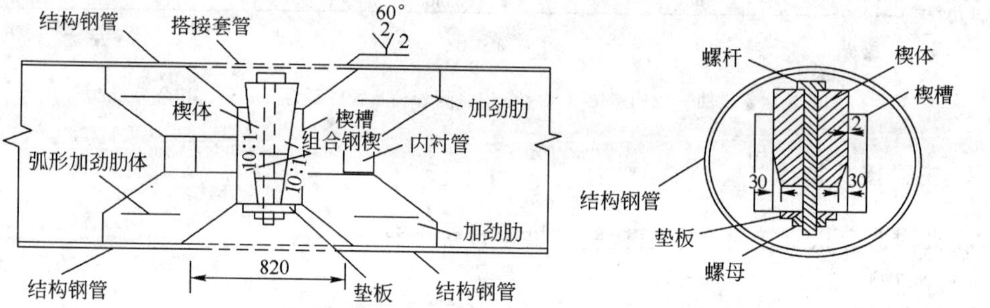

图 5-6-17 拱顶接头构造图（尺寸单位：mm）

4）主拱钢管结构防护

钢结构防护采用喷涂铝镁复合防护层；拱脚被水淹没段，除按上述防护外，再用钢丝网水泥进行二次防护。

3. 拱上建筑

拱上立柱采用钢管混凝土排架。竖向管采用 ϕ351×8mm 钢管，内灌 C50 混凝土，主管间纵横向平联管采用 ϕ175×6mm 钢管，其内不灌混凝土。

盖梁为钢筋混凝土 π 型盖梁，分两段预制安装，中部留有 1m 长现浇湿接头，盖梁宽 1.8m，高 1.2m。拱上立柱及盖梁的接头，采用预埋连接件先栓接后焊接方法，其接头构造如图 5-6-18 所示。

行车道板为部分预应力混凝土 T 型梁，梁长 21.7m，高 1.5m，标准宽度 2.187m，预制宽度 1.6m，安装后现浇 0.5875m 宽翼板，加强桥面横向刚度。预应力钢绞线采用 ϕ15.24mm 高强低松弛钢绞线，其强度 $R_y^b=1860MPa$。

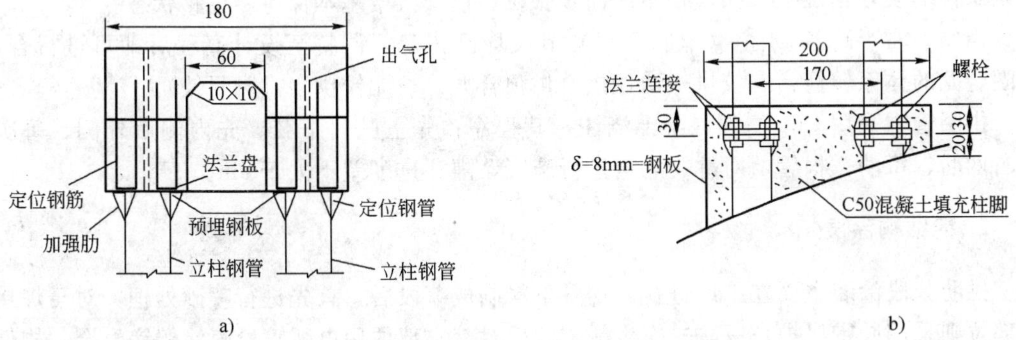

图 5-6-18 立柱接头构造图（尺寸单位：除注明外，均为 cm）
a)立柱与盖梁接头；b)立柱与主拱接头

4. 下部结构

主桥拱座置于中风化灰岩，强度高，但岩体内裂隙明显，完整性差。因此在拱座处设置平撑及竖撑，西岸水平撑长 10m，竖撑长 8m；东岸水平撑长 20m，竖撑长 8m。

桥墩基础分别按嵌岩桩或柱桩设计，双柱式桥墩，墩柱为变截面矩形空心柱。

两岸桥台为 U 型桥台，基础置于碎块石土覆盖层上。

四、施 工 要 点

1. 吊装与灌注混凝土

拱圈桁架的安装采用缆索吊装，斜拉索扣挂拱肋节段的方法施工，如图 5-6-19 所示。

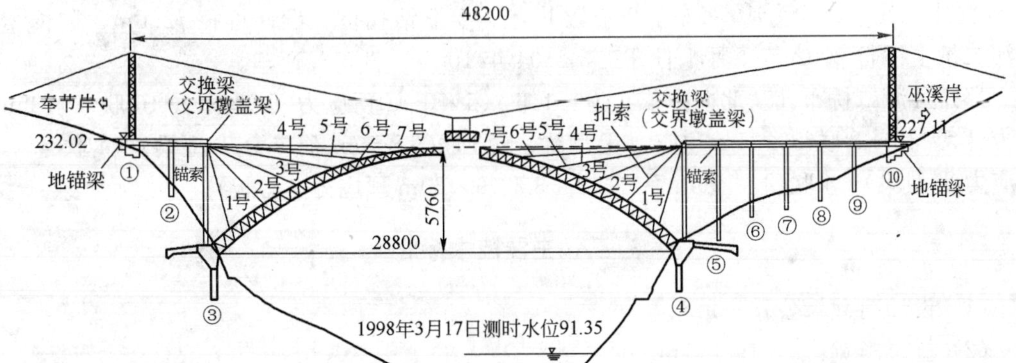

图 5-6-19 拱肋桁架节段吊装示意图（尺寸单位：除高程为 m 外，其余为 cm）

由交界墩顶交换梁（盖梁）处向河心与拱肋桁架连接者为扣索，向岸边与锚锭连接者为锚索。扣、锚索均采用钢绞线。

西岸利用 1 号桥台，东岸利用 10 号桥台，分别在台后增设地锚梁并与桥台连接，共同组成重力式锚锭。在交换梁上扣、锚索交错布置，每个交换梁上有56根扣索、36根锚索穿过。

全桥拱肋节段共28段，每岸共14个扣索单元（单肋7个）。扣索张拉端设在交换梁上，锚索张拉端设在锚旋上，扣、锚索应同步张拉，使交换梁基本保持零位移状态。

当左、右半跨各14个（单肋7个）节段均已扣定并调整至设计高程后即可进行合龙。拱圈合龙的体系转换：三铰拱→两铰拱（拱顶合龙）→无铰拱（拱脚封铰）。

拱圈管内采用C60高强混凝土浇注，其程序：先上弦后下弦、先内侧后外侧、每次分左右两肋、每肋一根管，对称、均衡进行施工，灌注进度差不大于5m。

2. 钢结构涂层

拱肋分段涂装主要在工厂进行。钢管下料制成节段后，首先进行喷砂处理，对于焊接预留部位则采用胶带保护，以防二次生锈，然后对其它部位用电弧喷枪喷涂铝镁合金，构件尚有余热时刷涂锌磺环氧醋底漆一道。

节段组装后，对焊接部位再进行上述工艺处理（喷砂—喷镀—封闭3个工序），然后对整个节段涂装一道橘红色面漆，检验合格后等待发运吊装。

节段吊装完成后，对于节段焊缝及吊装破损部位严格按照上述工艺进行处理，然后对整个桥梁钢结构再涂装一道橘红色面漆。

第四节　郑州黄河二桥

一、概　　况

郑州黄河二桥是国道主干线北京至珠海高速公路跨越黄河的特大型桥梁，位于郑州市东部，桥梁全长9848.16m，桥宽42m，双向8车道，是目前亚洲最长、最宽的高速公路大桥，也是我国跨数最多的钢管混凝土拱桥。其中主桥上部结构为8×100m，下承式四拱肋钢管混凝土简支系杆拱（刚性系杆）；下部结构为薄壁空心墩，高桩承台，群桩基础。除216#墩为14根桩外，其余墩均为16根桩，9个墩共有142根钻孔桩。设计桩径ϕ2.0m，桩长78m。黄河二桥主桥自2002年4月1日开工，2004年10月1日正式通车。

郑州黄河二桥布孔从北向南依次为：1联（5×35m预应力T型梁）+16联(7×35m预应力T型梁)+2联(5×35m预应力T型梁)+13联(5×50m预应力T型梁)+4联(4×50m预应力T型梁)+4联(2×100m系杆拱)+3联(9×20m预应力空心板)。

二、主要技术标准

（1）设计荷载：公路—I级。

（2）桥梁净宽：2×19.377m。

（3）行车速度：120km/h。

（4）洪水频度：300年一遇。

三、设 计 要 点

主桥上部结构为上、下分离的两幅桥，每幅桥宽24.38m。由钢管混凝土拱、吊杆、拱座、系杆梁、端横梁、中横梁、桥面板等部分组成，如图5-6-20所示。系杆梁为预应力钢筋混凝土结构，采用分段预制、吊装上桥，现浇湿接缝的方法施工；端横梁与拱座为现浇预应力钢筋混凝土结构；中横梁为预制预应力钢筋混凝土结构，与系杆梁通过现浇湿接缝连接。拱座、系杆梁、端横梁、中横梁相互之间刚性连接，形成整体框架结构。每跨每幅钢管拱由两片拱肋（中心距离为22.377m）和一道一字型和两边各一道K型横撑联系，形成空间结构；横撑为ϕ1500×16mm的钢管，管内不填充混凝土。单片拱肋由2根ϕ1000mm×16mm的钢管和腹板组成高2.4m的哑铃形断面结构。吊杆采用91根镀锌高强钢丝，双层PE保护，采用OVM冷铸墩头锚，吊点中心距为7.1m。

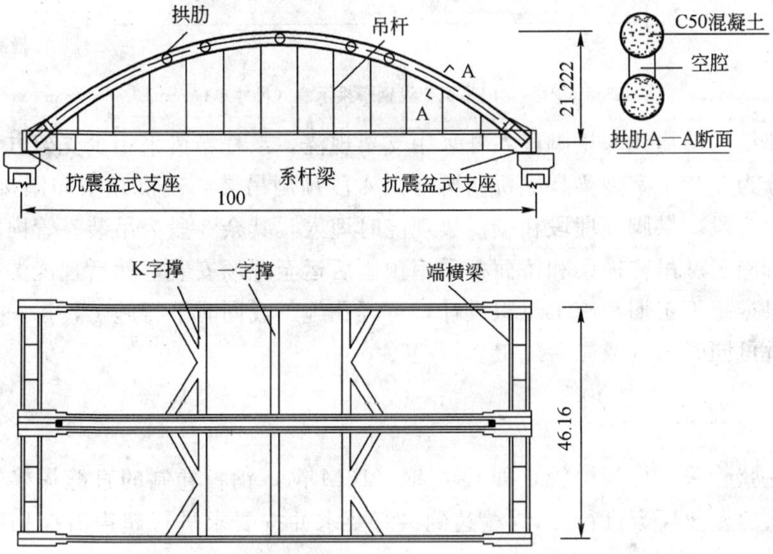

图5-6-20 黄河二桥主桥钢管拱示意图（尺寸单位：m）

主桥每跨两墩中心距为100m，计算跨度为95.5m，矢跨比为1/4.5，矢高21.222m。拱轴线为$m=1.347$的悬链线。每片钢管拱肋分11个运输节段在工厂加工制作，每个运输节段一般长度为12m（拱脚段4.5m），重量为100～150kN。根据郑州黄河二桥的施工特点，将单片拱肋划分为拱脚预埋段、中间节段、拱顶节段3部分共5个吊装节段。其中中间节段和拱顶节段需在工地平面组拼场拼焊成长度约为33m的吊装节段，最大设计吊装重量为360kN，全桥钢管拱总重54000kN。主拱架设采用龙门吊机吊装法施工，龙门吊机最大起重量为600kN。拱肋内填充C50混凝土，支座与第一根吊杆间的拱肋腹腔内浇注C50混凝土，其余部分腹腔内均不浇注混凝土。每片拱肋与系杆梁之间有12根吊杆连接，吊杆中心与横梁中心线重合。

四、施 工 要 点

1. 总体施工方案

郑州黄河二桥主桥位于黄河主河槽，根据黄河的水文特点，确定“双线施工栈桥加跨墩龙门吊机”的总体实施方案，即在黄河主河槽上架设施工栈桥，在施工栈桥上拼装大型跨墩龙门吊机，利用龙门吊机进行大型构件的吊装作业，如图5-6-21所示。根据这一方案，从缩短工期和降低施工难度的目标出发，所有混凝土构件均采用预制吊装的方法施工。钢管拱采用工厂分节制造，现场组拼成段，分段吊装上桥的方法安装。

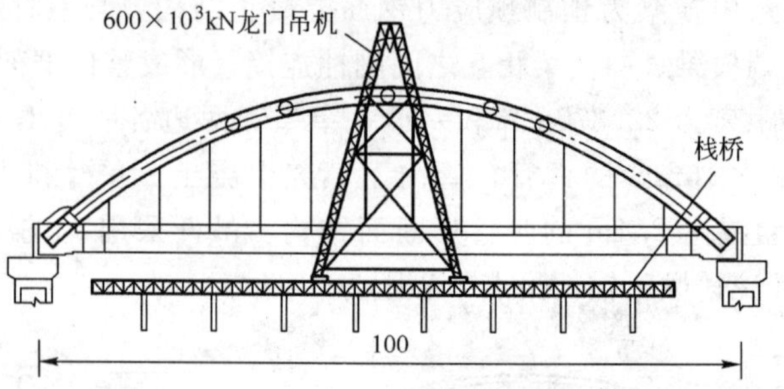

图 5-6-21　龙门吊机架设钢管拱示意（尺寸单位：m）

主桥上部结构端横梁和拱脚段系杆采用支架现浇，系杆箱梁采用少支架方法安装，一根系杆横桥向分为 2 片工字型梁、纵桥向再分为 4 段预制吊装，现浇纵横向湿接头形成整体。钢管拱肋分为 5 段，拱脚预埋段在端横梁现浇时埋入，其余 3 段为吊装。管内混凝土采用泵送顶升法进行施工。吊杆横梁和桥面板采用预制后运至现场安装，然后现浇湿接头和现浇层形成整体。根据施工工期和施工组织设计，可逐孔施工或同时平行施工，每一孔中的上下行分离式两座桥可同时施工或先后施工。

2. 钢管制作加工

钢管拱主弦管采用螺旋焊管，即 Q_{345c}钢（16M 钢）钢板卷制的直缝焊接管（钢管的卷制和焊接必须由专业厂家进行），焊缝达到一级要求并按要求进行超声波探伤和射线探伤检测。

焊接钢管的卷钢焊缝应采用埋弧自动焊，对于首次采用的钢材、焊接材料、焊接方法、焊前预热、焊后热处理等，应进行焊接工艺评定，并根据评定报告确定焊接工艺，以保证焊接接头的质量。经确定的工艺参数在施工中不得随意改动。

焊接钢管的对接焊缝和钢管拱肋加工制作中根据设计要求进行开坡口焊接的构件，应在施焊前开好坡口。

3. 钢管拱肋节段制作

钢管进入拱肋加工前，应进行验收。拱肋曲线采用弧形钢管拼接，卷制的直缝焊接管每段长约 2m，用自动焊对接成约 10～12m 的直管，然后采用加热顶压法弯曲成弧形，每节弧形钢管的轴线不允许出现 *S* 形。在实施前应做钢管弯曲工艺评定试验。螺旋焊管弯曲成型在中频弯管机上进行，热弯温度控制在 850℃左右，弯曲成型后应使钢管缓慢冷却，严禁用水骤冷。弯管成型后的材料性质没有明显改变，管径误差小于 2mm，壁厚误差小于 1mm，热弯成型后的单元部件需放入特制胎具检验，验证成型后的拱轴线与理论轴线是否一致。否则，应采取措施进行校正。

哑铃型的上下钢管的卷管直焊缝应上管朝上、下管朝下，若上下管直焊缝在平面上应错开至少 20cm。节段拼装时上下钢管的环向拼接缝也应错开。每个阶段内缀板与钢管之间的纵缝、缀板之间的横向焊缝宜采用埋弧焊或 CO_2 气体保护焊。

单元节段（图 5-6-22）装焊程序如下：①上弦管部件上胎架，检查其轴线、径向定位线以及吊杆孔位置是否与胎架上的定位标记吻合。检查合格后将其与胎架刚性连接；②下弦管部件上胎架，保证上、下弦管吊杆开孔轴心线处于同一直线上；③安装吊杆索导管、腹腔部件，完成焊接。焊接采用CO_2气体保护焊；④安装外侧腹板并焊接，横焊接采用CO_2气体保护焊，与上、下弦管连接焊缝采用埋弧自动焊；⑤节段翻转，安装内侧腹板并焊接。

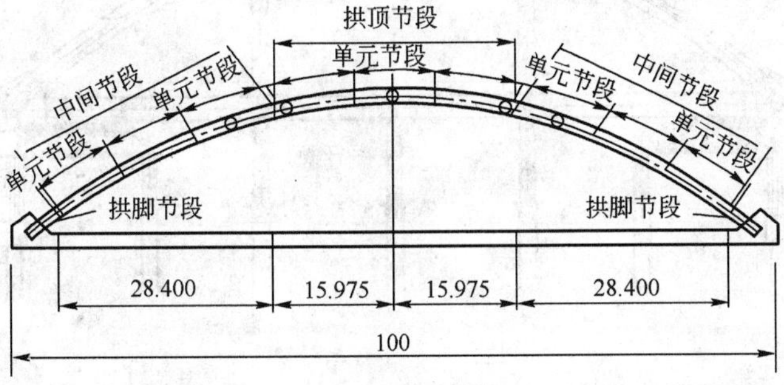

图 5-6-22 单元节段划分（尺寸单位：m）

单元节段焊接完成后，检查线形是否与理论线形相符，否则，采用火工矫正法进行校正。

每根拱肋包括拱脚预埋段共分为五段，每段拱肋均应按 1∶1 放样。加工台座大小应满足每段拱肋的放样要求。台座基础应密实、稳定，表面平整度良好。

组拼拱肋阶段时钢管之间的对接焊接，除应控制几何尺寸外，还应注意焊接变形的影响。焊接宜采用分段反向顺序，但分段施焊时应尽量保持对称。

4. 钢管拱肋安装

郑州黄河二桥钢管拱采用双线施工栈桥加跨墩龙门吊机并辅以少量支架的方法安装。钢管拱单元节段制造好后通过公路运输至工地组拼场，在工地组拼场将单元节段装焊成吊装段，再用组拼场龙门吊机将钢管拱吊装段吊装上栈桥装车，然后用轨道运输车将吊装段运送至施工点，最后用跨墩龙门吊机将吊装段吊装上桥安装合龙。

钢管拱分 3 段吊装合龙，拱脚预埋段与拱中段之间预留 80mm 调整量。拱肋吊装采用“边—中—边”的顺序，合龙口设在任意一个 80 mm 预留口均可。拱肋合龙锁定温度为10℃～15℃。合龙口法兰盘采用高强度螺栓连接。法兰盘之间的间隙采用钢内衬套填塞。

钢管拱采用支架法安装。为便于拱肋精度的调整，本桥采用吊挂式支架，如图 5-6-23 所示。

该支架采用万能杆件组拼，支架下端支承在系杆梁上并采用精轧螺纹钢筋与系杆梁固定，支架上端设横向连接系，将 3 片支架连成整体，以增强横向稳定性。支架顶部设分配梁，分配梁下悬挂 10t 走 4 导链滑车组。安装第①吊拱肋时，先用导链将拱肋上口临时悬挂定位，再通过收放导链精确调整拼接口的空间位置，然后锁定下口。安装第②吊拱肋时，先将左侧接口与第①吊拱肋连接，然后调整右侧接口空间位置。用同样的方法安装第③吊拱肋并选择合适温度合龙。拱肋安装合龙后，焊接拼接口嵌补钢管，安装一字撑及 K 字撑，形成完整拱肋。

5. 拱肋混凝土灌注

拱肋混凝土采用 C50 微膨胀混凝土，为使混凝土拌合物可泵性好、自密实和较长时间

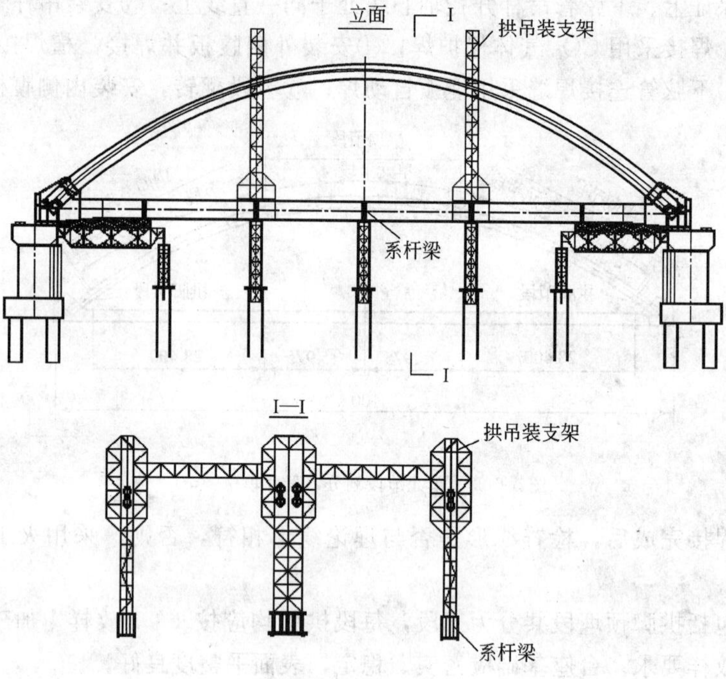

图 5-6-23　拱肋吊装支架示意

的缓凝性，配合比中掺入 20%粉煤灰和泵送剂，并掺入一定量的膨胀剂，使混凝土具有补偿收缩性。施工前要提前 6 个月开始拱肋混凝土的配合比试验。拱肋混凝土采用泵送顶推的方法施工。本桥拱肋矢高 22m，采用泵灌入口设在钢管拱根部，两侧两端对称共用 4 台泵机泵从拱脚预留压注口向上平衡顶推送混凝土，钢管两端泵送速度加强协调，对称顶升，逐渐将根部混凝土泵送至拱顶，一次顶推到位，并尽可能在短时间内灌注完成。泵送过程中，应注意观测拱轴线的变位情况。

工艺流程：堵塞钢管法兰间隙→清洗管内圬垢、润湿内壁→安装压注头和闸阀→压水、浇注砂浆→压注管内混凝土→关闭压注闸阀稳压→拆除闸阀完成压注→养护。

施工时按设计要求在钢管上每隔 30m 设一个排气孔，且排气孔钢管出口要高于拱肋 2m 以上，利于排出空气，保证混凝土密实度。

全桥 32 片拱肋内压注混凝土共 $32 \times 144.75m^3$，对混凝土的等级要求是 C50，7d 抗压强度大于 40MPa，坍落度 200～240mm，14d 限制膨胀率（实测 3.5×10^{-4}）大于 2×10^{-4}，初凝时间大于 l6h，有良好的可泵性。

每片混凝土灌注完毕后，都用敲击钢管听音法进行初步检查，声音混而哑，表明混凝土充填饱满，14d 后进一步用超声波和钻孔法检测，出现首波声时短，混凝土无空洞，与钢管密贴。若发现管内混凝土不密实，可钻小孔压注环氧树脂浆液补实。

6. 防腐处理

全桥钢结构在出厂前均采用长效复合防护涂层技术进行防腐处理。处理方案为：外表面喷砂等级为国标 Sa3.0 级，内表面喷砂等级不低于 Sa2.0 级；拱肋外表面第 1 层为 160μm 热喷铝，第 2 层为 80μm 环氧云铁防锈漆封闭层，第 3 层为 50μm 氟碳面漆；拱肋内表面为 100μmL 的 S—1 水性无机环氧富锌涂料。构件经运输进场、现场预拼、起吊安装及最终成拱之后，对运输和施工过程中被损伤的防护层，应进行现场防护处理，确保钢管拱在25～30年内不受腐蚀（30年后应进行第2次防腐处理）。

7. 预应力混凝土系杆梁（纵箱梁）

系杆箱梁采用少支架方法安装，一根系杆横桥向分为2片工字型梁，顺桥向再分为4段预制吊装（另有靠拱脚的两段为现浇），现浇纵横向湿接头形成整体。

预应力混凝土吊杆横梁采用预制，在预制场内张拉一束预应力束，运至现场安装，与系杆梁间采用湿接头联接，然后张拉其余的预应力束与系梁固接。

预应力混凝土端横梁位于墩顶，连同拱肋拱脚预埋段和系杆梁拱脚实心段采用支架现浇。

钢筋混凝土行车道板采用预制安装，先浇湿接头后将预制板、横梁和系梁连成整体。

第六篇　轻　　轨

第一章 概述
DIYIZHANG

轻轨和地铁都属于城市快速轨道交通的一部分，因其运量大、速度快、正点、能耗低、污染少、乘坐方便等优点而迅速发展。

随着城市现代化进程的加快，大中型城市人口密集，普遍出现了交通阻塞、环境污染严重问题。解决现代化大城市交通问题的根本出路在于建立一个以轨道交通系统为骨干，以道路交通为主体，多种交通方式相结合的综合交通系统。与汽车交通相比，轨道交通在土地利用，维持城市持续发展等方面较为有利，同时还能减缓由汽车交通带来的环境污染、能源消耗、交通事故频发等一系列社会问题。

第一节 轨道交通的发展

一、轨道交通发展的几个阶段

回顾历史，轨道交通的发展经历了一个曲折的过程，大致可分为以下几个阶段。

(1) 初步发展阶段 (1863～1924 年)

1863 年，在英国伦敦建成的世界上第一条地铁通车。列车采用蒸气机车牵引，轨道线路全长约 6.4km。这一阶段欧美的城市轨道交通发展较快，除了有轨电车外，还有 13 个城市建成了地铁。

(2) 停滞萎缩阶段 (1924 年～1949 年)

由于汽车工业的高速发展，致使了城市轨道交通的停滞和萎缩。汽车的灵活性、便捷性及可达性，一度成为城市交通的主流工具。轨道交通因投资大、建设周期长而发展缓慢，这一阶段只有 5 个城市发展了地铁。有轨电车也停滞不前，甚至有些线路被拆除。

(3) 再发展阶段 (1949 年～1969 年)

随着汽车数量激增，城市道路逐渐被堵塞，行车速度下降，同时汽车交通带来了空气污染、噪声、能耗、停车位等问题日益严重，因此轨道交通再次得到重视和发展，而且从欧美扩展到日本、中国、南朝鲜、巴西、伊朗、埃及等国家。这期间有 17 个城市新建了地铁。

(4) 高速发展阶段 (1970 年至今)

这一时期，世界各国城市化的趋势，导致人口向城市高度集聚，世界上很多国家都确立了优先发展轨道交通的方针，各大城市都将轨道交通纳入城市长远发展规划，发展中国家也不例外，轻轨和地铁及其它轨道交通成为城区居民出行的主流交通工具。

二、我国城市轨道交通的发展

1908 年，上海静安寺至外滩有轨电车线路建成通车，全长 6.04km，这是我国最早的有轨城市公共交通。

1969 年 10 月，我国第一条地铁在北京建成通车（1971 年投入运营）。我国部分大城市的第一条地铁建设情况见表 6-1-1 所列。

我国部分城市的第一条地铁建设时间及里程 表 6-1-1

城 市	北 京	天 津	上 海	广 州	南 京
建设时间（年）	1965～1971	1970 年后停 1983～1984	1990～1995	1993～1999	2000～2005
里程（km）	22.17	7.4	21	18.47	21.7

香港于 1975 年 11 月开始修建地铁，至 1989 年 8 月，历经 14 年建成了香港地铁线网络，总里程 43.21km，其中地下 34.4km，高架 7.6km，地面 1.2km。沿线共设车站 38 座，其中地下 28 座，高架 9 座，地面 1 座。1994 年香港地铁公司动工修建香港岛至新机场的地铁新线，使香港地铁线网络增加至 4 条线路，即观塘线、荃湾线、港岛线和新机场线，使快速轨道线交通系统总里程达 70km，共有 44 个车站。全港约有 30％的人口使用地铁提供的交通服务。

截止到 2003 年，我国轨道开通运营的城市有北京、香港、台北、天津、上海和广州，正在建设中的城市有深圳、南京、重庆、沈阳、青岛、武汉等。列入规划或正在筹建的城市有大连、成都、长春、哈尔滨、鞍山、杭州、宁波、乌鲁木齐、西安、合肥、兰州、佛山、桂林、昆明、济南、福州等，部分城市有望近年开工修建。

目前，我国人口为 50 万～100 万的大中城市 44 个，100 万以上的大城市 35 个，根据发达国家的经验，要使快速轨道交通承担客运交通的 50％～80％，居民出行百万以上人口的城市控制在 40min，中等城市为 30min 以内，那么中等城市要修建轨道交通 1～3 条，百万人口以上的大城市则要修建 4～8 条快速轨道交通线。

随着综合国力的日益增强，我国地铁和轻轨交通工程建设已经呈现出快速发展的势头，各大城市均提出把轨道交通作为城市交通的骨干，不断修订城市轨道交通线网络规划，如北京线网络规划了 13 条线路，总里程达 408km；上海线网络规划了 21 条，总里程 560km。已获得国家批准建设的城市线网规划都有一定的规模，少则数十公里，多则几百公里。特别是北京申奥成功，北京市的城市轨道交通建设速度更要加快，到 2008 年，北京要形成里程达 340km 的运营线网，提前完成原有规划。

第二节 轻轨的特点

地铁和轻轨都属于城市快速轨道交通的一部分。轨道交通还包括单轨交通、新交通、磁悬浮交通等交通系统。地铁和轻轨交通客运量大、速度快、安全、正点、污染少、能耗低、乘坐方便舒适，世界上又称之为“绿色交通”。

一、轨道交通的特点

自20世纪80年代以来，随着我国国民经济的高速发展，城市交通堵塞，交通事故频繁，污染严重等问题也日渐严重。近年来，人口百万以上的城市，道路每年以3%～4%的速度增加，但机动车每年却以15%～20%的更高速度增长，因此交通拥挤堵塞日趋严重。轨道交通在20世纪之所以备受青睐，是因为与道路交通相比，轨道交通具有运量大、速度快、时间准、污染少、安全舒适、与城市道路交通采用立体交叉、干扰少等优势。

（1）运量大

一辆公共汽车的载客量只有40～80人，轻轨一节车厢的载客量为60～150人，地铁一节车厢载客量为150～200人；轻轨一般2～6辆编为一组，地铁为4～10辆一组。每小时单向输送能力，公共汽车为2000～5000人，轻轨为5000～40000人，地铁达30000～70000人，轨道交通输送能力是公共汽车的2.5～14倍。

（2）速度快

通常情况下，公共汽车的时速为10～20km，轻轨时速为20～40km，地铁时速为40～50km，最高达70～80km，轻轨和地铁的速度是公共汽车速度的2～4倍。

（3）污染少

轨道交通以电力为动力，是一种清洁、绿色的运输方式。

（4）能耗少

轨道交通每公里能耗为道路交通的15%～40%。

（5）占地省

按每小时输送5万人计算所需道路宽度是：小汽车180m，公共汽车9m，轨道交通综合仅为道路交通方式的1/3左右，而地铁和高架式轻轨交通几乎不占土地。

（6）安全与环保

轨道交通工具的事故率大大低于道路交通工具，噪声和空气污染等环境保护方面也优于道路交通。所以，城市轨道交通是在满足城市居民交通需求的条件下，全社会总付出最少的方式。

二、轻 轨 交 通

轻轨交通系统比较灵活，可与任何类型的城市及郊区交通网络相连接，轻轨交通系统的运行有它自己的专用轨道。在独立的轨道上以20～40km的速度运行，因而能够保证时刻表的按时运行。轻轨系统可以根据实际情况，在2～6节车厢之间改变编组方式。典型的轻轨电车宽为2650mm，长为7500mm，各节车厢间通常为铰接式连接。轻轨由于新技术的广泛使用，其客运量越来越大。如图6-1-1所示。

三、地铁与轻轨的比较

“地铁”与“轻轨”的称谓缘于其交通量的划分，一般认为，地铁为大容量交通体系，约为30000～60000人/h。轻轨为中容量交通体系，约为10000～40000人/h。因此，交通量的不同会对地铁与轻轨的工程设计标准如钢轨的类型、线路坡度、曲线半径、车辆编组、牵引动力带来差异。

图 6-1-1　某地高架轨道交通

轻轨交通以高架线路和地面线路为主，当地形条件限制时，也可以采用地下线，但一般浅埋为宜，通常不设地下车站。轻轨线路主要沿街展线，时而转弯，时而高架或入地，线路平曲线的曲率半径小，坡度大。一般情况下，正线营运速度以 35km/h 为宜，最小曲率半径采用 100m，特殊地段可以采用半径为 50m，最大坡度值为 60‰。

早期的地铁线路大部分都设在地下。自 20 世纪 70 年代以后，地铁吸收了轻轨的一些技术优点，并且为了减少造价，只在市区建筑物密集的地段设在地下，而在城乡结合部和郊区等建筑场地和环境允许的情况下，线路和车站均建设在地面和高架上。地铁线路沿主要交通干道展线，在商业、文化、政治中心和交通枢纽附近设置地下车站。为了减少轮轨的磨耗，一般情况下，轨道正线的平曲线最小曲率半径为 300～600m，特殊地段为 250～300m。正线坡度最大为 30‰～35‰，隧道线路要满足纵向排水要求，最小坡度一般不宜小于 30‰。

线路设置方式直接影响投资数额，同样规模线路，地面、高架、地下 3 种不同的线路设置方式的直接投资比例一般为 1∶3∶9。如果考虑对城市交通、环境、景观等的综合影响，则地铁不一定全部在地下，轻轨也不一定全部在地上。地铁和轻轨互相渗透发展，其差别越来越小，以至于有些系统很难说它是地铁还是轻轨。例如上海市轨道交通明珠线是高架，大容量系统，既不能完全称为地铁，也不能确切称为轻轨。又如加拿大温哥华的空中列车线(SKY TRAIN)，有人将它称为地铁，也有人将它归为轻轨。

第二章 DIERZHANG 轻轨的规划与设计

第一节 规划设计原则

城市轨道交通线网是城市总体规划的一个组成部分。轨道交通线网布局的合理性，对城市轨道交通的效率、建设费用、沿线建筑文物的保护、噪声防治及城市景观都会产生巨大影响，对城市发展起着重要的推动作用。城市轨道交通线网的布局，除考虑地区的繁华程度、人口稠密程度外，还须考虑到轨道交通线网具有调整优化城市布局和用地功能的潜在优势。做好轨道交通线网规划，可减少拆迁和避免发生错误的布局。

一、设 计 原 则

(1) 线网的规划要与城市客流预测相适应。交通容量即运送能力，指单方向每小时断面客流通过量。按照不同的交通容量范围，轨道交通可分为特大、大、中、小容量 4 种系统，见表 6-2-1 所列。

按照交通容量划分的轨道交通类型　　表 6-2-1

分　类	特　大	大	中	小
交通容量（万人/h）	>5	3～6	1～4	<0.5
交通形式	市郊铁路	地铁	轻轨、单轨、小型地铁、新交通系统	有轨电车

其中，特大容量系统一般指市郊铁路；大容量轨道交通通常指常规地铁；中容量轨道交通包括轻轨、单轨、小型地铁和新交通系统；小容量轨道交通系统则多指有轨电车。

(2) 线网规划必须符合城市的总体规划。快速轨道交通网络规划是大城市总体规划的重要组成部分。交通引导城市发展是一条普遍规律。交通设施的完善，改善了投资环境，可以带动沿线住宅和商业区的开发和升值，使得城市走上良性发展的轨道。

(3) 规划线路要尽量沿城市主干道布置。线路要贯穿连接城市交通枢纽对外中心（如火车站、飞机场、码头和长途汽车站），以便于乘客直达目的地，减少换乘次数。

(4) 线网中线路基本走向应结合地形、地质状况，尽量选择在施工条件好的城市主干道上。要对施工方法进行比选，选择合理的线路位置、埋置方式和深度，减少施工过程中对现有建筑物的拆迁，减少对城市交通的干扰。在郊区及次中心区有条件地段，可以选择地面线路或高架线路。

(5) 线路采用浅埋或地面线路，或高架线路。线路通常是沿着较宽的城市干道，或是通过建筑物较稀少的地区，尽可能减少线路穿越建筑群区域时，因避让桩基或拆迁房屋而增加的困难及费用，为线路施工创造了较好条件，同时还为车站位置的选择增加了自由度。

(6) 如轨道交通线路预定与远期规划线路联络时，应考虑先期建设的线路与远期规划线路交叉点处的衔接，做好必要的衔接点设计。虽然暂时费用支出有所增加，但为未来路网的施工及乘客的换乘方便创造了条件。

(7) 选择轨道交通线路走向时还要考虑车辆段停车场的位置以及连接两相邻轨道线路间的联络线。

(8) 选择轨道交通线路走向要考虑地质条件，历史文物的保护，地面建筑和地下建筑等情况，尽量避开不良地质地段和重要的地下管线等构筑物。

(9) 城市轨道交通系统的主要技术参数见表 6-2-2。

城市轨道交通系统的主要技术参数 表 6-2-2

类　型	平均运行速度 (km/h)	最小行车间隔 (min)	编组数 (辆)	线路形式	平均站距 (m)	运输能力 (万人/h)
市郊铁路	35～40	2	4～10	全封闭	1000～3000	5～8
地铁	25～40	1.5	4～10	全封闭	500～1500	4～6
轻轨	25～35	2	2～4	专用线	500～1200	1～4
单轨	25～30	1	4～6	高 架	500～1000	1～2
新交通	20～30	2	4～6	高架	500～1000	0.8～1.5

二、网 络 规 划

目前，世界上已有 100 多个城市建有轨道交通系统，其中伦敦、巴黎、柏林、纽约、东京、莫斯科等早已形成网络。虽然轨道交通系统形态多种多样，但都是与各自城市的结构相适应，又相互影响的结果。城市现有街道的基本形式及地理条件，对轨道交通网形成起的了决定性的作用。在我国，进行了地铁和轻轨交通规划的大中城市约有 20 余个，目前除北京、香港的地铁初步形成网络之外，上海、天津、广州在运营的地铁和轻轨的条数也不多。因此，分析国内外已有轨道交通网络的结构形式及其对城市结构的影响和作用，从中借鉴可供我国大城市发展轨道交通的有益经验，建立与我国大城市发展方向相适应的交通网络结构，对于轨道网络规划，有着重要的意义。

轨道交通网络要因地制宜，结构形式应合理，并与城市特征相协调。图 6-2-1 表示为上海的地铁和轻轨交通线路图。

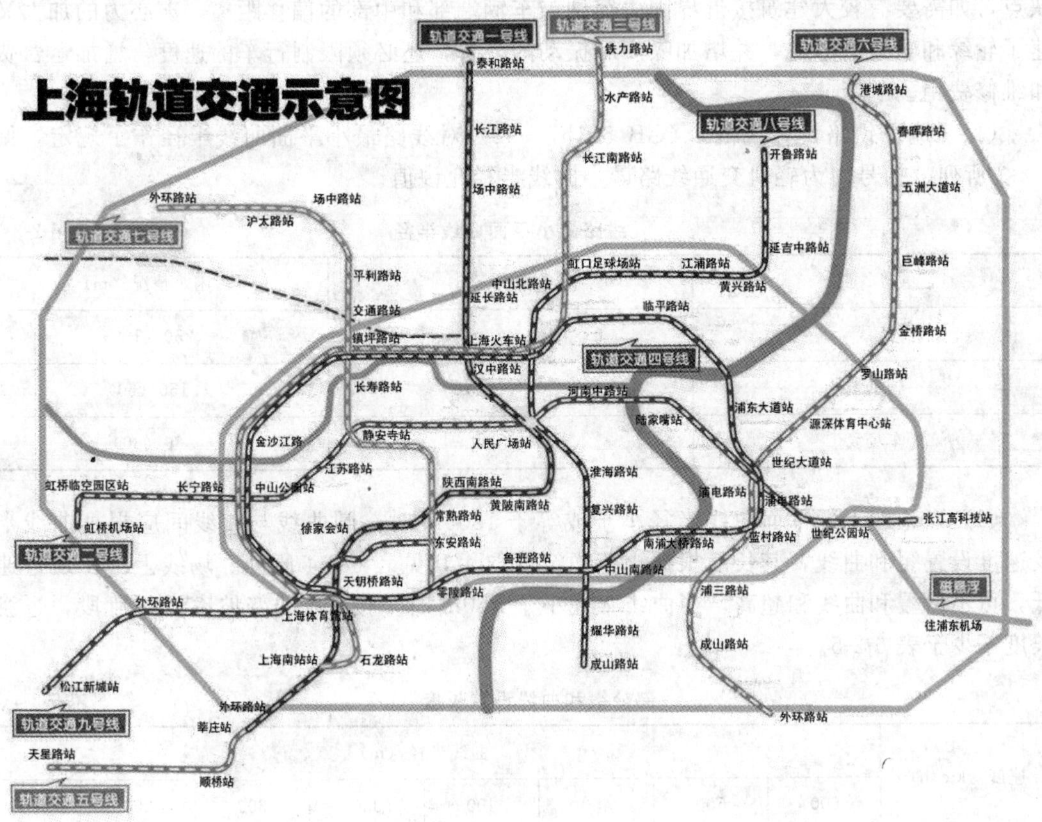

图 6-2-1　上海地铁和轻轨交通线路图

第二节　线 路 设 计

轻轨线路设计通常经过可行性研究阶段、初步设计阶段、技术设计阶段及施工图设计阶段。通过不同的设计阶段，逐步由浅入深，不断地比较线路平面、线路纵断面图，最后得到轻轨线路在城市三维空间中的位置。

一、线路平面图

线路设计包括线路走向、车站分布、辅助线分布、线路交叉形式及路线敷设方式的选择。

1. 线路平面设计

线路平面设计的主要要素有曲线半径、两曲线间的直线长度、最小圆曲线长度以及缓和曲线的线形和长度。

缓和曲线一般为放射螺旋线或 3 次抛物线线形。

轻轨交通线路一般由直线、圆曲线以及连接直线与圆曲线的缓和曲线构成。理想的轨道交通线路在水平面上的投影，应是由直线和很少数量的曲线组成，其曲线半径应采用尽可能大的半径，并且在曲线和直线之间设置有变曲率的过渡缓和曲线。小半径的线路存在了许多缺点，如需要有较大建筑接近界限去容纳与车辆端部和中部的偏移距离，离心力的加大又加速了轮缘和轨道的磨耗，并增加噪声和振动的公害，还必须限制行车的速度，增加运营费用和维修费用。

(1)《地下铁路设计规范》(GB 50157—92) 对线路最小平面曲线半径作了规定，见表6-2-3所列。括号内为轻轨交通线路最小曲线半径允许值。

线路最小平面曲线半径　　表6-2-3

线　路	一般情况 (m)	困难情况 (m)
正线	300 (200)	250 (100)
辅助线	200 (150)	150 (60)
车场线	110 (80)	80 (30)

(2) 当正线上的平面曲线半径小于或等于1500m时，圆曲线与直线间应根据曲线半径及速度设置缓和曲线，其长度根据规范规定值取用，见表6-2-4所列。场线上由于运行速度低，可不设缓和曲线和超高，当曲线半径小于150m时，按3‰的变坡率设过渡段，过渡段长度不少于表6-2-5。

部分缓和曲线设置长度 (m)　　表6-2-4

速度 (km/h)	曲线半径 (m)							
	600	500	450	400	350	300	250	240
40	20	20	20	20	20	25	25	30
35	—	20	20	20	20	20	20	20
30	—	—	—	—	20	20	20	20

速度 (km/h)	曲线半径 (m)								
	230	220	210	200	190	180	170	160	150
40	30	30	30	35	35	35	40	40	40
35	25	25	25	25	25	30	30	30	35
30	20	20	20	20	20	20	20	25	25

过 渡 段 长 段 (m)　　表6-2-5

R	30	40	50	60	80	100
过渡段	5	4	3	2	1	1

(3) 道岔附带曲线可不设缓和曲线，但其曲线半径不得小于道岔导曲线半径。

(4) 两平面曲线间所夹直线，一般情况下不短于50m，困难情况下不短于25m。场线上两曲线夹直线不短于12.5m (均不含过渡段)。圆曲线最小长度为12.5m，不小于最大转向架中心销距11.0m，进整为标准轨长的一半。

(5) 车站线路应设在直线上。在困难地段，其平曲线半径不少于800 m。

2. 曲线函数计算公式

(1) 缓和曲线示意图如图 6-2-2 所示。

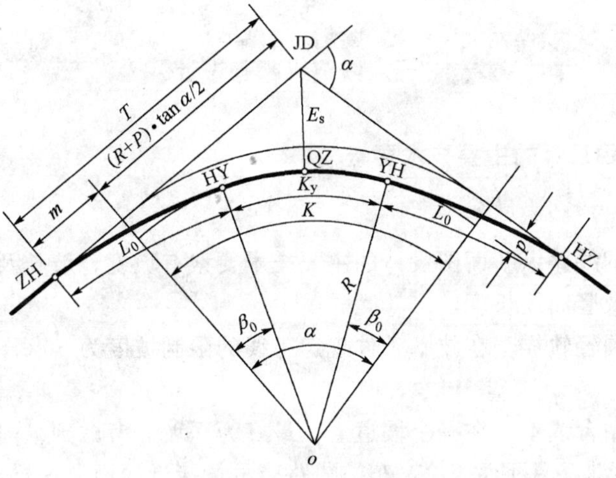

图 6-2-2 设有缓和曲线的平曲线要素图

(2) 相关曲线的切线长度 T，曲线总长 L，外距 E 的计算公式如下：

$$\begin{cases} T = (R+P)\cdot\tan\dfrac{\alpha}{2}+m \\ L = R\times\dfrac{\pi\alpha}{180}+L_0 \\ E_0 = (R+P)\cdot\sec\dfrac{\alpha}{2}-R \end{cases} \tag{6-2-1}$$

式中：R——圆曲线半径（m）；

α——线路交点偏角（度）；

L_0——缓和曲线长度（m）；

P——圆曲线内移距离（m），其值 $P=\dfrac{L_0^2}{240R}-\dfrac{L_0^4}{2688R^3}$；

m——切垂距（m），其值 $m=\dfrac{L_0}{2}-\dfrac{L_0^3}{240R^2}$。

二、车 站 分 布

车站数目的多少，直接影响居民乘轨道交通的出行时间；车站多，居民步行到车站距离短，节省步行时间，可以增加短程乘客的客流量；车站少，则提高了交通速度。站间距越小，车站数量就越多，在轨道交通的造价越高的同时，轨道交通的运营费用也会上升。站间距增大，车站数量减少，车站造价可以节省，但乘客步行距离及时间加长，轨道交通在综合交通中的客流量吸引能力就会降低，同时单个车站的负荷有所增加。

一般情况下，车站宜设在：

(1) 轨道交通与城市主要交通干道的交汇处。

(2) 城市的政治、经济、文化中心，有较大客流集散处，如道路十字交叉口、商业区、公园、影剧院、体育场出口附近设站。

(3) 人口密度大，在同样吸引半径范围内，发生的交通客流量大，宜设站且宜密。

(4) 我国地铁轻轨规定："车站间的距离应根据实际需要确定，市区宜为1km左右，郊区不宜大于2km"。

三、线路纵断面设计

1. 线路纵断面图设计的主要技术要素

1) 最大纵坡

城市轨道交通的线路纵断面图设计的主要技术要素有坡度、坡长及竖曲线。竖曲线的参数又包括曲线半径及竖曲线长度。

高架轻轨按我国轻轨样车在技术条件规定正线的限制坡度为60‰。

2) 车站纵坡

地下轨道车站站台线不应在一个坡道上，最好为平坡。考虑到纵向排水沟的坡度，最大坡度一般为3‰，困难条件下为5‰，车站线路应尽量接近地面，这样不仅可以减少工程量，节约工程造价，也可以方便乘客进出站。车站在有条件时，应尽量布置在纵断面图的凸形部位上，即车辆进站时上坡，出站时下坡，有利于列车的起动和制动。

地面和高架桥的车站站台线路应设置在平坡道上，在困难地段可设在不大于8‰的坡道上。

设在隧道内的车站线路纵坡应尽可能平缓，根据相关技术标准不宜大于5‰。

3) 最小纵坡

隧道内的最小纵坡主要为满足纵向排水需要，一般情况下线路的坡度与排水沟坡度取一致，一般不少于3‰。车场线设在不大于1.5‰的坡度上。因为坡度过大时，停车不稳，易发生溜车事故。

道岔应铺设在较平缓的坡道上，一般规定设在不大于5‰的坡度上。困难地段坡度不大于10‰。

隧道内折返线和存车线，既要保持隧道内最小的排水坡度，又需满足停放车辆和检修作业的要求，一般选取20‰。

2. 竖曲线

纵断面上两个坡度的转折处，为了便于行车用一段曲线来缓和，称为竖曲线。

竖曲线有圆弧线形，也有抛物线形。抛物线形曲率渐变，更适合列车运行，但铺设和养护复杂；竖曲线通常为圆曲线形。

列车通过变坡点的竖曲线时要产生附加加速度 a_v (m/s^2)，其与竖曲线半径 R_v (m) 和行车速度 v (km/h) 之间关系为：

$$R_v = \frac{v^2}{(3.6)^2 a_v} \tag{6-2-2}$$

对于轻轨线路，设计行车速度 $v=30\sim60$km/h，竖向离心加速度 $a_v=0.3\sim0.6m/s^2$，把这些参数代入式(6-2-2)后所计算结果列于表6-2-6。其结果均在500m以下，为便于线路铺设养护，建议统一标准，安全系数取4，进整后 $R_v=2000$m。困难条件下，当 $v\leqslant$ 30km/h，R_v 最小限值为1000m。

竖曲线 R_v 计算　　表 6-2-6

序　号	v（km/h）	a_v（m/s²）	R_v 计算值（m）	R_v 取值（m）	R_v 最小限值（m）
1	30	0.3	232	2000	1000
2	40	0.3	412		
3	50	0.45	430		
4	60	0.6	463		

3. 坡长

为保证行车的平稳，宜设计较长的坡段，以减少列车通过变坡点时产生的附加离心力和加速度。但是为了适应线路高程的变化，坡长也不宜太长，否则将引起较大的工程量，增加工程投资。因此应综合考虑两者的影响来确定最短坡长。

(1) 一般情况下线路纵向坡长小于列车长度时，可以使列车长度范围内只有一个变坡点，避免变坡点的附加力叠加影响和附加力频繁变化，保证行车平稳。

(2) 坡长还应满足竖曲线不相互重叠，且又要相隔一定的距离，两竖曲线夹直线长度不宜小于 50m，以利于列车运行和线路的维修。

竖曲线不应侵入车站站台范围，以保证站台的平稳和乘客的安全，并有利于车站设计施工。竖曲线可紧邻站台端设置。

对于轻轨高架线，最小坡长应不短于远期列车长度，同时保证两竖曲线间的夹直线不短于 25m。当坡度为 60‰时，坡长限长为 500m，当坡度为 50‰时，坡长限长为 1000m；如坡度小于 50‰时，坡段的长度不限。

4. 轨距、轨距加宽和超高

1) 轨距

地铁及轻轨一般采用 1435mm 的国际标准轨距。

2) 轨距加宽

为使轨道交通车辆顺畅通过曲率半径较小的平曲线，对轨道曲线部分的轨距应适当加宽。即加宽后，曲线外轨水平面投影位置保持不变，而内轨内移，加宽值在缓和曲线长度范围内完成。平曲线轨距加宽值见表 6-2-7 所列。

平曲线轨距加宽标准　　表 6-2-7

曲线半径（m）	$R \geq 350$	$350 > R > 300$	$R < 300$
轨距加宽（mm）	0	5	15

3) 平曲线轨道外轨超高

轨道交通车辆在曲线上通行时，将产生离心力。为了平衡产生的离心力，必须在平曲线外轨上设置超高。即把外轨适当抬高，借助车辆重力的分力平衡离心力，达到内外钢轨均衡受力，使乘客不因离心加速度的存在而带来不适。超高量和车辆重力、速度、曲率半径有关，应根据实际计算或规范规定取用。

第三节　轨道结构工程设计

轨道是由钢轨、扣件、轨枕、道床、道岔及其他附属设置等组成的构造物。组成轨道部件材料的力学性质差异极大，通过科学方式把它们可靠地组合在一起，用以驱动、导向列车的运行，承受高速行驶轨道交通车辆的荷载并传递给支撑轨道结构的基础。

城市轨道交通线路通常由地下、地面或高架穿过居民区，因此，还应考虑以下的一些问题：

(1) 为保护城市环境，控制噪声，除了车辆结构采取减振措施，必要时修筑声屏障外，对轨道结构也要采取减振措施。

(2) 轨道交通行车密度大，运营时间长，留给轨道维修作业的时间少，因而一般采用较强的轨道部件。新建轨道交通系统时，对浅埋隧道和高架结构，一般采用无碴道床等维修少的轨道结构。

(3) 轨道交通车辆一般采用电力牵引，以走行轨道作为供电回路，为减少因漏泄电流，而造成周围金属设施的腐蚀，要求钢轨与轨下基础有较高的绝缘性能。

(4) 城市轨道交通曲线段占线路的比重较大，在小半径曲线地段，应采用耐磨钢轨，并在运营时钢轨涂油，以减少磨耗。

一、钢　　轨

钢轨是轨道结构的主要组成部分，直接承受列车荷载并传递到扣件、轨枕、道床和结构底板（路基、桥梁），依靠钢轨的头部内侧和列车轮缘的相互作用，引导列车前进。在列车静载和动载的作用效应下，钢轨产生弹性挠曲和横向弹性变形，所以钢轨应有足够的承受作用能力、抗弯强度、断裂韧性、稳定性、耐磨性及耐腐蚀性。

钢轨断面形状主要为工字形，由轨头、轨腰、轨底 3 部分组成。

1. 选型

钢轨的类型通常以每米重力数表示，目前我国铁路的钢轨类型主要有 43kg/m、50kg/m、60kg/m 和 75kg/m。重力数越大，表示断面尺寸越大，钢轨强度等力学性能指标越高。

在我国城市轨道交通的线路中，早期的北京地铁使用了 50kg/m 钢轨，上世纪 90 年代的上海、广州地铁都采用了较重的 60kg/m 钢轨，以期延长维修周期。轨道交通的停车线、站场线等非运营线路则采用较轻的 50kg/m 钢轨，甚至 43kg/m 钢轨，以减少投资。

钢轨的长度通常为 12.5m 和 25m。

我国轻轨交通车辆的轴重比较轻，如轻轨样车轴重为 100kN，但为保证客运车辆的运行质量和钢轨有较长的使用寿命及适应铺设无缝线路的需要，通常采用 50kg/m 的钢轨，钢轨断面如图 6-2-3 所示。

2. 钢轨的材质

钢轨的材质是指钢的化学成分及组织，是钢轨质量的第一个特征。钢轨钢中，碳是钢轨抗拉强度和硬度主要来源，一般含量为 0.65%。锰可以提高钢的强度、韧性和抗磨性能，但焊接性能大大降低。道岔、辙岔通常是锰含量高的钢种。

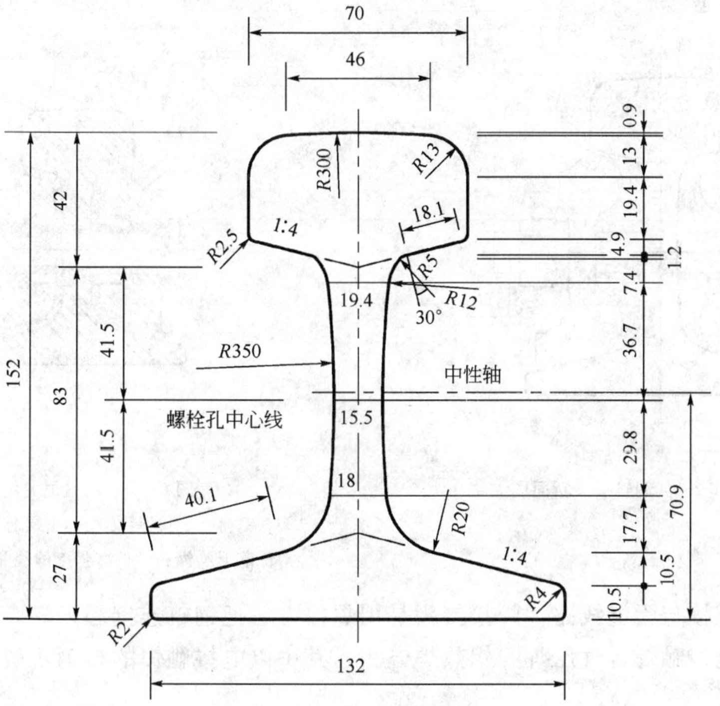

图 6-2-3　50kg/m 钢轨断面图（尺寸单位：mm）

力学性能是钢轨质量的第二个特征，它包括强度极限 σ_b、屈服极限 σ_s、疲劳极限 σ_r、伸长率 δ_s、断面收缩率 ψ、冲击韧性（落锤试验）σ_h 及硬度指标。这些指标对钢轨的作用效应能力、磨耗、压溃、断裂和其他损伤有很大的影响。我国地铁及轻轨在材质方面选择高碳微钇钢轨（PD_3）。

3. 钢轨的连接

在轨道上的两根钢轨之间，用夹板等配件连接，把定长钢轨接成连续的轨道线，即为钢轨接头。在城市轨道交通的结构中，虽然大量采用了无缝线路结构，使钢轨接头数量大为减少，但是在无缝线路的缓冲区，轨道电路的绝缘区，有道岔的线路区段中，钢轨接头还是不能少的。

钢轨接头的联结零件包括夹板、螺栓、螺母、弹簧垫圈等，如图 6-2-4 所示。

钢轨的接头分类有以下几种：

（1）接头连接形式相对于轻轨的位置，分为悬空式和承垫式两种。线路上的大部接头是悬空式，承垫式只是在绝缘接头处使用。

（2）按两股钢轨接头相互位置分为相对式和相差式两种。

（3）按连接接头的用途及工作性能来分，有普通接头、异形接头、传电接头、绝缘接头、尖轨接头与冻结接头等。

普通接头是线路上用得最多的接头，异形接头用于连接两种不同断面的钢轨。传电接头用于自动闭塞区段及电力牵引地段，供传导轨道电路电流或作为牵引电流的回路之用。轮间传导连接装置用左右两根 ϕ5mm 的镀锌铁丝组成。

绝缘接头用于自动闭塞分区两端的钢轨接头上，以隔断电流，防止漏电，绝缘材料采用高强度尼龙绝缘层，如图 6-2-5 所示。冻结接头是采用高强度的胶粘剂将夹板与钢轨胶结，再用高强螺栓拧紧。

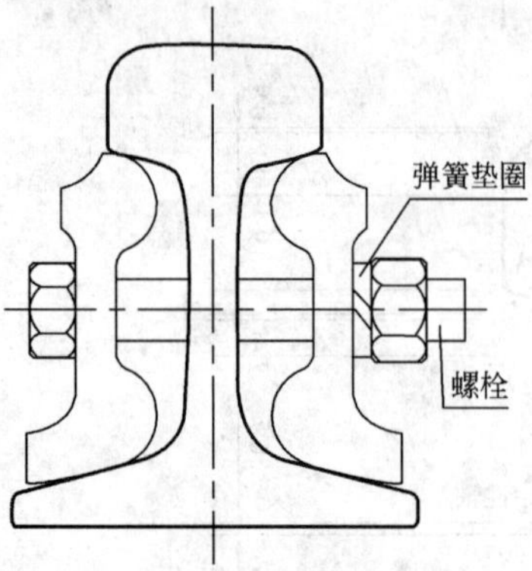

图 6-2-4 钢轨接头断面图

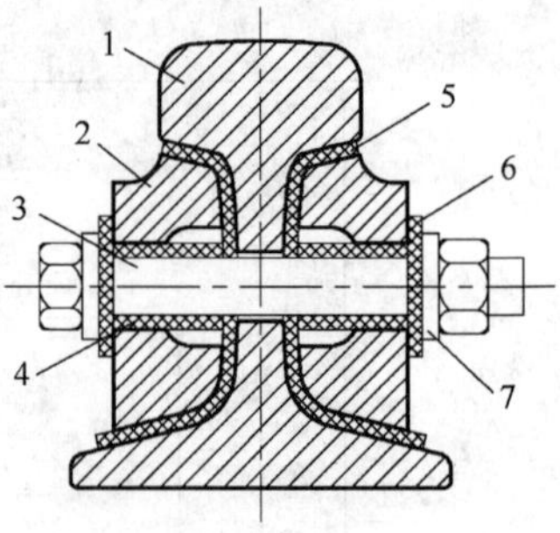

图 6-2-5 高强尼龙绝缘接头

1-钢轨；2-接头夹板；3-螺栓；4-绝缘套管；5-槽形绝缘板；6-高强度绝缘垫圈；7-平垫圈

(4) 焊接连接与无缝线路。焊接接头是用焊接方法把钢轨连接起来，广泛用于无缝线路上。通常采用电接触焊，气压焊、铝热焊方法，其中以电接触焊的长钢轨质量好，效率高。

二、轨　　枕

轨枕类型随轨距、道床种类、使用的地点不同而异。地下铁道正线一般采用短轨枕或无轨枕的整体钢筋混凝土道床；车场线采用普通钢筋预应力混凝土轨枕；在道岔范围内少数区段采用木枕。

高架轻轨线宜采用新型轨下基础。这种新型的轨道结构不同于传统的道碴床上铺设木枕或混凝土的轨下基础，而是以混凝土道床为主的构造形式。

轻轨车辆轴重小，可以直接采用常规铁路强度最低的预应力混凝土枕，如 J—1 型轨枕。其尺寸如图 6-2-6 所示，重力数约为 260kg。地面线路为碎石道床上铺预应力钢筋混凝土轨枕，直线段每公里配置根数 1600 根，在曲线半径 300m 以下地段，每公里增加 80 根。

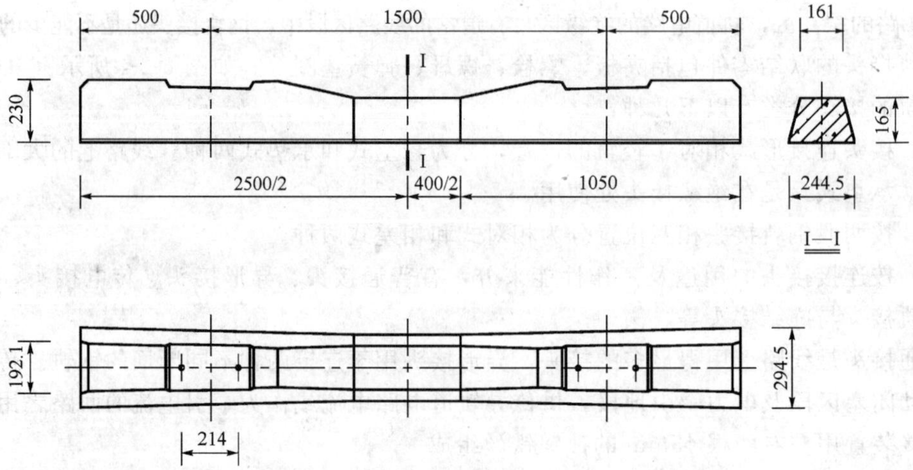

图 6-2-6 J—1 型轨枕图（尺寸单位：mm）

三、扣　　件

扣件是钢轨与轨枕或轨下基础连接的重要联件，是固定钢轨、阻止钢轨纵向和横向位移，防止钢轨倾斜，并能提供适当的弹性，将钢轨承受的作用力传递给轨枕或道床承轨台的重要部件。扣件由钢轨扣压件和轨下垫层两部分组成。

1. 扣件的设计

扣件应具有足够的强度、扣压力和耐久性。在高架桥无碴、无枕的轨道上，扣件还必须具有一定的弹性，保持轨距和轨距有较大的水平调整量，以适应预应力梁的徐变和桥墩的不均匀沉降，满足减振、降噪、绝缘的要求。且扣件的构件应简单，标准化程度高，通用性好，造价低。扣件的铁件部位应做防腐处理。

扣件的技术性能主要有：

(1) 调整量：轻轨高架线路轨距调整量为＋14mm、－22mm，高低调整量为＋30mm。

(2) 抗横向力：40kN；防爬力：大于11kN；绝缘电阻：均大于$10^8\Omega$；扣件垂直静止刚度：20～29kN/mm，横向静止刚度：22～60kN/mm。

2. 轻轨线路扣件

轻轨Ⅰ型扣件，如图6-2-7所示，主要配件B型弹条、T型螺栓等紧固件、绝缘轨距块兼作绝缘和调整轨距作用。Ⅰ型扣件结构简单，安装方便，通用性好，造价低。主要技术性能如下：抗横向力大于等于400N；轨顶高程调整量10mm；轨距调整量：有备件时为－8m＋4mn，无备件时－4～0mm，用于有碴轨道静刚度50kN/mm，动刚度为静刚度的1.5倍；无碴轨道的静刚度为20kN/mm，其动刚度为静刚度的1.5倍。

轻轨Ⅱ型扣件如图6-2-8所示，上下铁垫板用硫化橡胶联成整件，橡胶承受荷载的作用

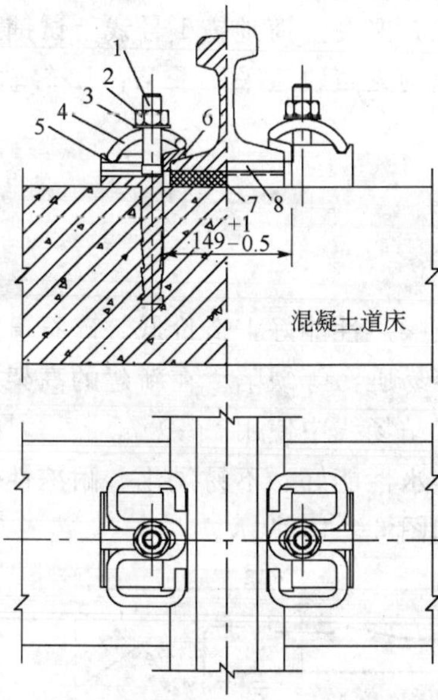

图6-2-7　轻轨Ⅰ型扣件（尺寸单位：mm）

1-T型螺栓；2-螺母；3-平垫圈；4-弹条；5-T型螺栓插入座；6-绝缘轨距块；7-橡胶垫板；8-调高垫板

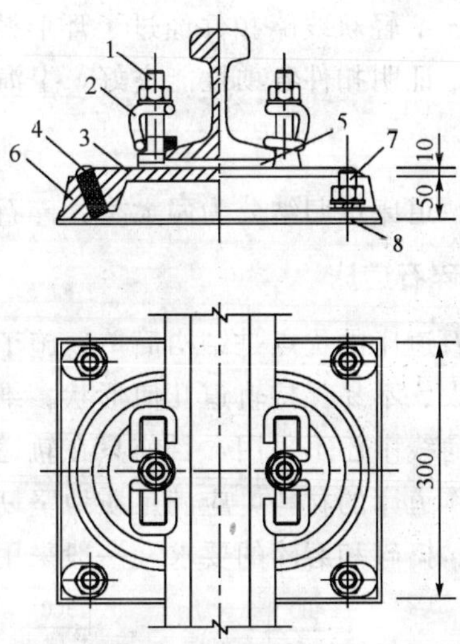

图6-2-8　轻轨Ⅱ型扣件（尺寸单位：mm）

1-T型螺栓；2-弹条；3-上铁垫板；4-硫化橡胶；5-轨下衬垫；6-下铁垫板；7-垫板螺栓；8-垫块衬垫

效应以剪力为主，橡胶可产生较大的剪切变形，弹性较好。且硫化橡胶又具有良好的绝缘性能，起到既减振又绝缘的作用。其各个特点是扣件承受垂直荷载时，轨下衬垫（塑料制作）压缩变形小，扣压钢轨的部件不容易松驰。试验证明，轻轨II型扣件各项技术性能均优于轻轨I型。但II型构造较复杂，造价高，所以一般只用于环境要求极高的地段。其主要技术性能如下：垂直静刚度8.46kN/mm；百万次疲劳试验下减振垫完好；在30kN横压疲劳荷载作用下，各部件良好无损，轨距扩大3.5mm；减振效果好，加速度幅值从钢轨到承托梁衰减97.7%，加速度自振频率谱从钢轨到承托梁衰减99.3%；绝缘性能好，在洒水状态下，两股钢轨绝缘电阻满足设计要求。

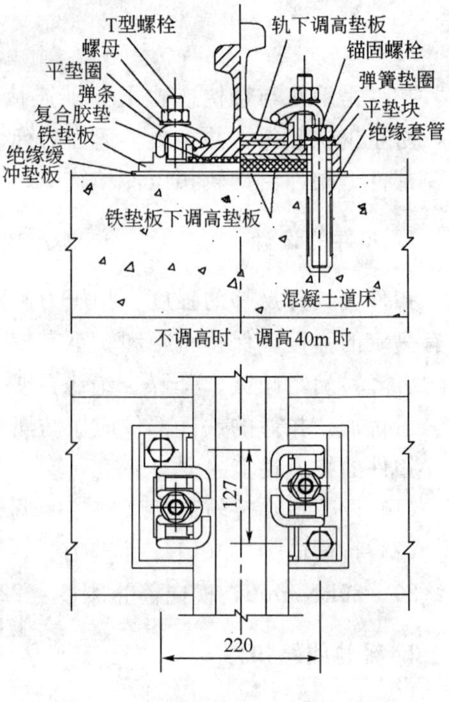

图 6-2-9　W_J—2 型弹性小阻力轻轨扣件（尺寸单位：mm）

W_J—2型扣件，如图6-2-9所示。弹性分开式，采用W形弹条固定件，由预埋于承轨台内的塑料套管和锚固螺栓配合紧固铁垫板。铁垫板上设有T型螺栓孔座，轨下为含不锈钢的复合垫块。铁垫板与承轨台之间设置5 mm绝缘缓冲击垫块。本扣件钢轨调高量为40mm，其中轨下调整量为10mm，铁垫板下调整量为30mm，轨间距调整量为±20mm（每股轨±10），可承受最大横向力40kN（疲劳荷载）。承轨台上支承块不设挡肩。扣件垂直点刚度为40～60kN/ mm，锚螺栓拧紧扭矩为300N·m。预埋绝缘套管抗拔力大于100kN，钢轨与承轨台间电阻不大于$10^{-8}\Omega$。

W_J—2轻轨线路扣件经过了环形铁道试验基地试验，又在上海地铁1号线上试铺运营疲劳检验，证明扣件各项性能良好，上海明珠轻轨高架线的无碴轨道采用了W_J—2轻轨扣件。

四、道　　床

轻轨道床可归纳分为两大类：碎石道床和整体道床。

1. 碎石道床

碎石道床的优点是结构简单，施工容易，减振、减噪声性能好，造价低。碎石道床存在自重力大、不易保持轨道几何形状、维修工作量大、容易脏污等缺陷。在新建的高架、地下轨道交通线中已不采用，目前只在轨道交通的地面线、站场线中使用。

用作道床的材料，应满足质地坚韧、吸水度低、排水性能好、不易风化、耐冻性强、不易压碎、捣碎和磨碎的要求，一般采用的碎石道碴，如图6-2-10所示。

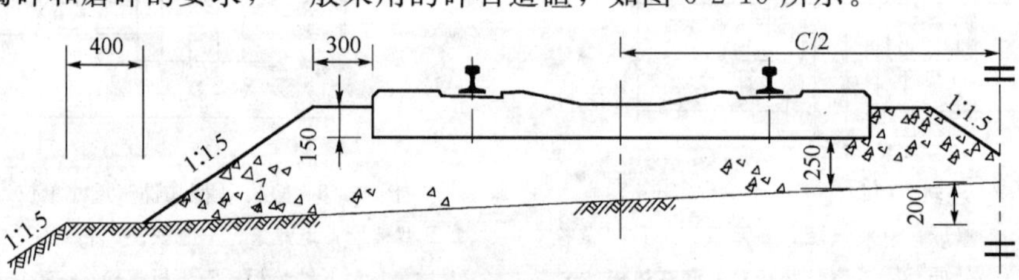

图 6-2-10　碎石道床断面图（尺寸单位：mm）

2. 整体式道床

整体式道床的优点是整体性好，坚固、稳定、耐久、轨道建筑高度小，减少隧道净空，节省投资；轨道维修量小，适应轨道交通运营时间长，维修时间短。

1）无枕式整体道床

无枕式整体道床也称为整体灌注式道床，轨道建筑高度小，道床混凝土可采用 C30，一般自下而上施工；先使用专用施工机具把联结扣件的玻璃钢套管按设计位置预埋在道床内，上面做成承轨台，然后再安装扣件和钢轨。

2）轨枕式整体道床

这类道床可分为短枕式和长枕式。

把预制好的混凝土枕与混凝土道床浇筑成整体。其优点是可采用轨排施工，施工进度快，施工精度也容易保证。

3）支承块式

预制的钢筋混凝土支承块与混凝土道床浇筑成一体。这种形式的整体性及减振性能较差，施工较整体浇筑式简单，而比轻轨枕式复杂，成本较低，施工精度较整体浇筑式容易保证。

4）轻轨整体道床

轻轨高架桥上以无碴整体道床为主。这类结构就是通过扣件把钢轨与混凝土桥面连接起来，应用较广泛的是在混凝土梁上二次浇筑混凝土纵向承轨台，如图 6-2-11a）所示的我国设计的轻轨高架桥无碴轨道结构。纵向承轨台高 150mm，分段断开，便于排水，两纵向支承间设置防脱轨矮墙代替通常使用的护轨。

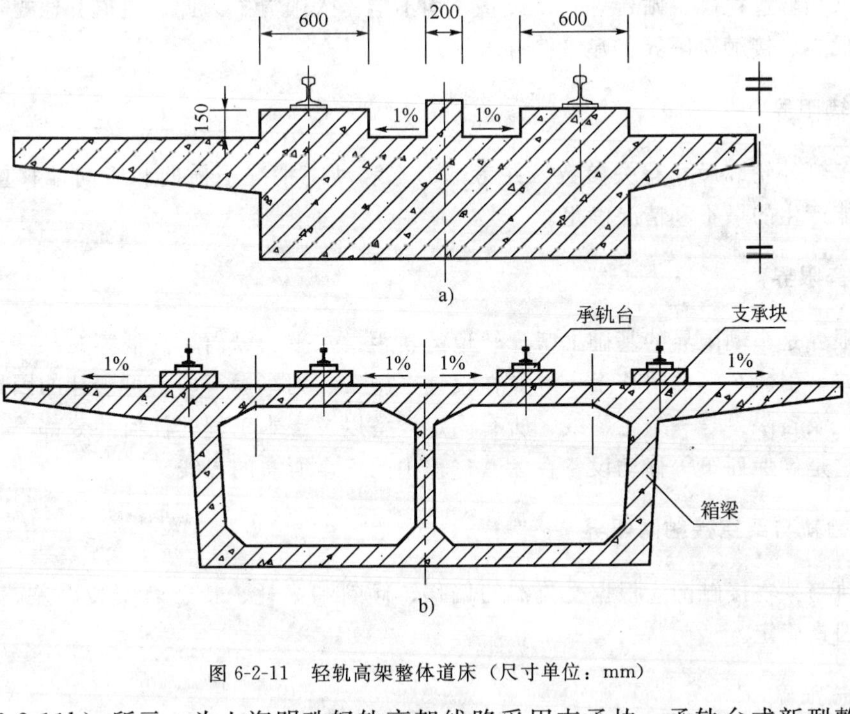

图 6-2-11 轻轨高架整体道床（尺寸单位：mm）

如图 6-2-11b）所示，为上海明珠轻轨高架线路采用支承块、承轨台式新型整体道床结构。支承块为钢筋混凝土预制短轨块，在相邻两股钢轨下每间隔一定距离各垫一块，每个支承块顶面预留两只锚固螺栓孔，并与钢轨连接。混凝土强度等级为C50。支承块底部预留6根钢筋，与梁面预埋钢筋连接，以提高与承轨台间锚固的整体性。支承块按1680对/km，规格为600×250×180mm，如图6-2-12所示。

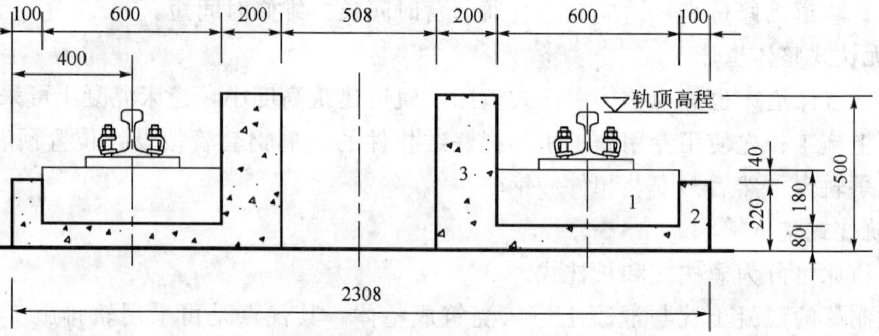

图6-2-12 支承垫块轨下基础构造（尺寸单位：mm）
1-支承块；2-道床板；3-护轮矮墙

承轨台为现浇钢筋混凝土块体，顶部埋设支承块，其混凝土等级为C40。承轨台与桥面之间，通过预埋于桥面的钢筋，而使两者结合为一个整体。

五、限　界

列车沿轨道安全运行时所需要的净空尺寸称为限界。车辆限界应根据车辆主要尺寸等有关参数。一方面隧道结构内部要有足够的空间，以供车辆通行和布置线路结构、通讯、信号、供电、给排水等设备；另一方面，为确保列车安全运行，凡接近城市轨道交通线路的各种建筑物（如隧道衬砌、站台等）及设备，均不能侵入限界。因此，轨道交通规定了车辆限界、设备限界、接触轨限界、建筑接近限界。

1. 车辆限界

根据车辆外轮廓尺寸有关参数，并考虑静态和动态情况下横向和竖向偏移量及偏移角度，按可能产生的最不利情况确定。

2. 设备限界

设备限界是车辆限界的基础上考虑轨道的轨距，水平、纵向、高低等在某些地段出现最大容许误差，引起车辆的附移量，以及在设计、施工、列车运行中不可预计的因素在内的安全预留量。设备限界是一条轮廓线，所有固定设备以及土木工程的任何部分都不得侵入此轮廓线内，它是确保列车等移动设备在运营过程中的安全所需的界线。

3. 接触轨与架空接触网限界

接触轨与架空接触网应根据受流器的偏移、倾斜和磨耗、接触轨安装误差、轨道偏差、电间隙等因素确定。

4. 建筑限界

行车隧道和高架桥等结构物的最小横断面所形成的有效内轮廓线基础上，计入其施工误差、测量误差、结构变形等因素，并满足固定设备和管线安装的需要而必须的限界。

六、轻轨交通建筑限界

(1) 区间直线地段及隧道建筑限界应满足各种设备安装的要求

曲线地段的建筑限界，则应按直线地段的建筑限界分别进行加宽和加高。其加宽、加高量应参见《地下铁道设计规范》(GB 50157—92)。

(2) 轻轨高架桥面建筑限界宽度一般为 8600mm，线路中心到防护栏内距离为 2400mm，侧向人行道宽度为 750mm。如两线之间设接触受电，线路中心间距宜为 3800mm，区间高架桥直线段限界如图 6-2-13 所示，其坐标值见表 6-2-8～表 6-2-12。

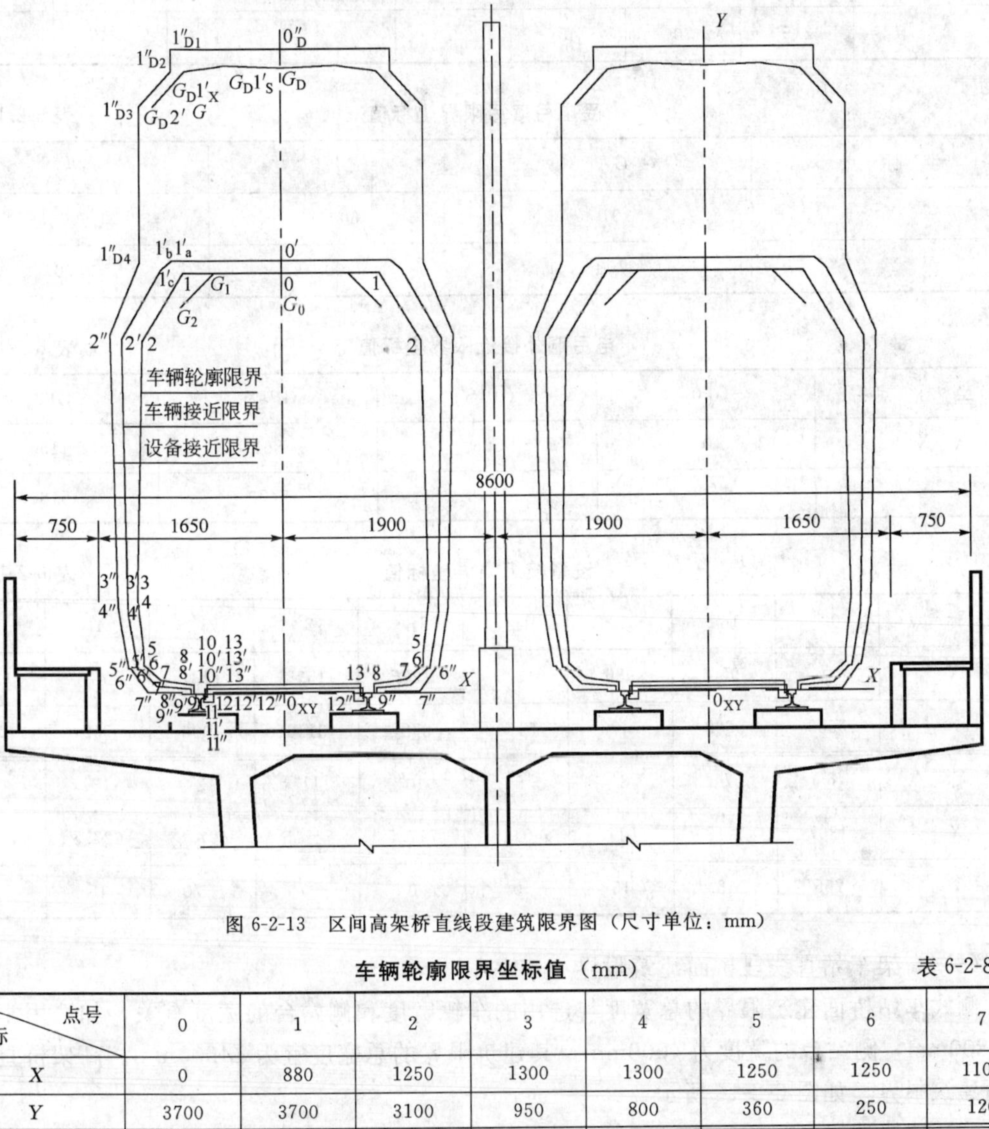

图 6-2-13 区间高架桥直线段建筑限界图（尺寸单位：mm）

车辆轮廓限界坐标值（mm） 表 6-2-8

坐标 \ 点号	0	1	2	3	4	5	6	7
X	0	880	1250	1300	1300	1250	1250	1100
Y	3700	3700	3100	950	800	360	250	120

坐标 \ 点号	8	9	10	11	12	13		
X	806	806	717.5	717.5	686	680		
Y	80	0	0	0	−25	80		

车轮接近限界坐标值　表 6-2-9

点号 坐标	0′	1a′	1b′	1c′	2′	3′	4′	5′
X	0	978	984	1081	1433	1393	1378	1305
Y	3809	3809	3807	3728	3117	967	703	215
点号 坐标	6′	7′	8′	9′	10′	11′	12′	13′
X	1285	1137	831	831	717.5	717.5	661	661
Y	215	70	45	0	0	−45	−45	45

受电弓落弓限界坐标值　表 6-2-10

坐　标　点	G_0	G_1	G_2
X	0	600	900
Y	3700	3700	3400

电弓洞外接近限界坐标值　表 6-2-11

坐　标　点	GP0′	GP1S′	GP1X′	GP2′
X	0	505	861	1150
Y	5500	5518	5470	5160

设备接近限界坐标值　表 6-2-12

坐　标　点	00″	$1_{D1''}$	$1_{D2''}$	$1_{D3''}$	$1_{D4''}$	2″	3″	4″	5″
X	0	986	986	1275	1275	1538	1481	1473	1387
Y	5668	5668	5470	5160	3787	3156	1006	742	255
坐　标　点	6″	7″	8″	9″	10″	11″	12″	13″	
X	1367	1218	911	911	717.5	717.5	627.5	627.5	
Y	255	15	15	0	0	−70	−70	15	

(3) 高架车站直线段桥面建筑限界

侧式车站桥面建筑限界的总宽度与选用的车辆宽度和侧站台的宽度有关，如选用车辆宽度 2800mm，侧站台的宽度为 4000mm，其建筑限界的总宽度宜为 14600mm。高架桥直线段桥面建筑限界，如图 6-2-14 所示。

(4) 曲线地段高架桥面区间和车站限界

在曲线地段的区间和车站高架桥面建筑限界，应在直线地段的各有关尺寸的基础上，根据所选用车辆的有关尺寸及平面曲线半径是否设置超高进行加宽。

(5) 高架桥下净空应满足城市汽车通行的净空尺寸、洪水设计频率及通航标准。

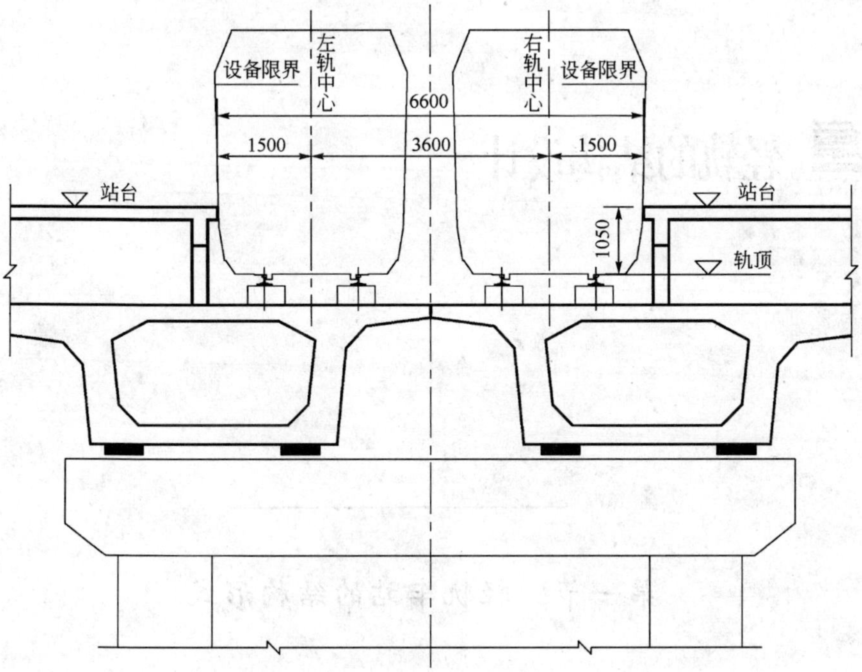

图 6-2-14　高架桥直线车站建筑限界（尺寸单位：mm）

第三章 轻轨的结构设计

DISANZHANG

第一节 轻轨车站的结构形式

一、轻轨车站建筑设计

轻轨交通是指在城市地面或地面上空行驶的轨道交通。它的车站建筑属于交通建筑设计，轻轨车站保留了交通建筑的一般共性。车站客流主要以上班族及城市居民为主体，轻轨交通车次间隔时间少，发车定时，因此，客流在车站候车滞留的时间短，具有城市地面公共交通的特征，所以不需要设置大量的候车面积，车站主要任务之一是解决在短时间内安全和顺畅的客流集散。车站建筑通常呈线状布置，主要建筑于地面上空，有时也可设置于地面或地下。

车站间距通常为 1.0～1.5km，一般不大于 2.0km。

车站的建筑造型应力求简洁明快，新颖脱俗，外型与城市景观相协调。建筑装修应使车站富有个性和时代感。

1. 车站的平面设计

若以高架轻轨车站为例，一般由站台、站房、站前小广场、升降设施及跨线设施等构造物组成。其中站台是最基本部分，其余几部分在一般情况下均需设置。但在特定的情况下、在满足功能要求的前提下，它们中的某些部分可被省略。

轻轨车站平面设计与地铁车站相比，有其相似之处，但也有它的不同的特点。相同处在于站台候车方式、站台长度（根据车辆编组确定）、售票检票方式等，不同处在于一个在地下，一个在地上。客流引进的方向和站厅站台的组织顺序相反。轻轨车站的站台层在最上层，客流向上经站厅层检票后到达站台层候车。因此车站总体布局时，应按照客流的活动顺序，合理布置进出站线路，减少干扰。并且要求客流线路简捷通畅。

站台布置的位置为了满足功能要求，可以采用侧式站台布置和岛式站台布置。侧式站台又可分为横列和纵列两种形式。一般的侧式站台以候车为主，有利于城市架空桥道铺设。如图 6-3-1 所示。

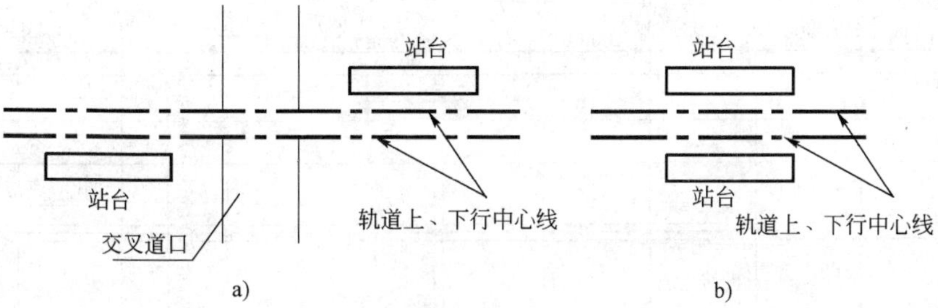

图 6-3-1 高架车站侧式站台布置图
a）纵向布置；b）横列布置

站房是根据运营管理工作的需要而设置的各种用房，车站管理及设备用房见表 6-3-1 所列。

车站管理及设备用房 表 6-3-1

管 理 用 房	参考面积（m^2）	设 备 用 房	参考面积（m^2）
车站控制室	50	信号机械室	60
站长室	10	通信机械室	60
副值班室	侧式 8×2 岛式 8	蓄电池室	15
值班室	10	防灾报警	20
站台服务室	侧台 10×2 岛式 10	自动售检票机房	25
交接班室	15	票务	25
公安用房	15×2	通风机房	根据设备要求定
更衣室	15×2	降式、变开关柜室	根据设备要求定
车站用品库	15	泵房	30～50
清扫室	10	配电	12×2
茶水	10	卫生间	10×2

站前小广场是指车站进出口附近的站前空间。

高架车站与地面联系必须通过升降设施来疏导乘客。因此，车站的站台、站房、站前小广场及升降设施和跨线设施必须进行统筹考虑，使车站建筑设施布局合理，紧凑，节约用地，成为建筑体量相宜、和谐统一的整体，既满足轨道交通的运营功能，又起到美化城市景观的作用，如图 6-3-2 所示，为车站底层平面位置布置。

本车站分为站厅层和站台层。在站厅层设置客流出入大厅及售、检票厅，利用回栏分隔付费区及非付费区。车站的过街人行天桥或地道的出入口必须设于非付费区内，如图 6-3-3 所示。管理及设备用房尽量设置于一端。由于车站站台候车方式不同，带来站厅层楼梯位置及组合方式的不同，同时也影响到管理用房的布置及检票口位置的设置。如图 6-3-4 所示的站台层平面。

2. 车站建筑的剖面设计

剖面图可分为水平剖面图和竖直铅垂剖面图。水平剖面图又简称为平面图，所以，剖面图通常指的是竖直铅垂剖面图。根据车站高度及规模的不同，在地面上有二层、三层的，甚

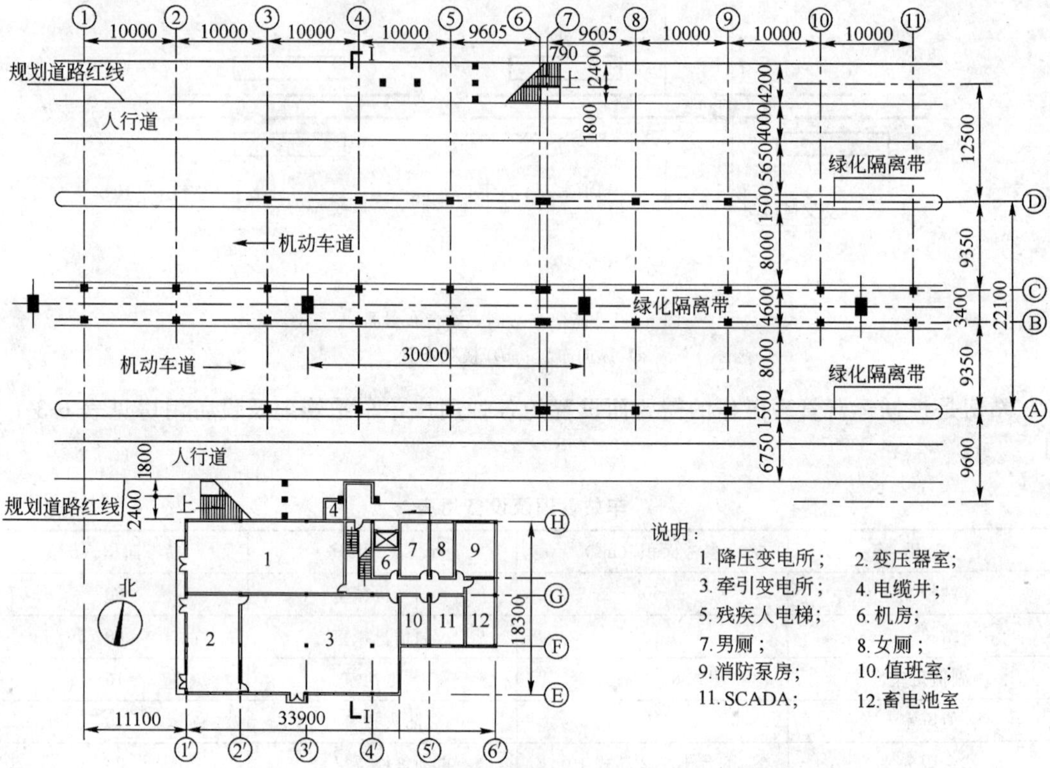

图 6-3-2 某车站底层平面图（尺寸单位：mm）

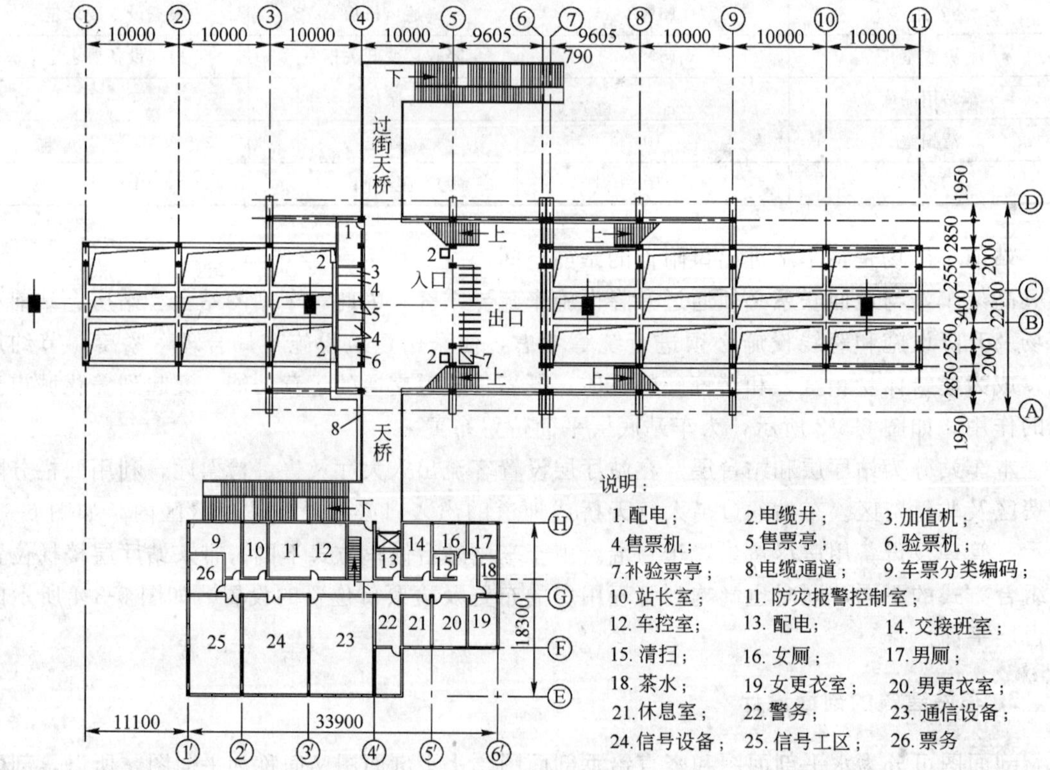

图 6-3-3 某车站的站厅层（夹层）平面图（尺寸单位：mm）

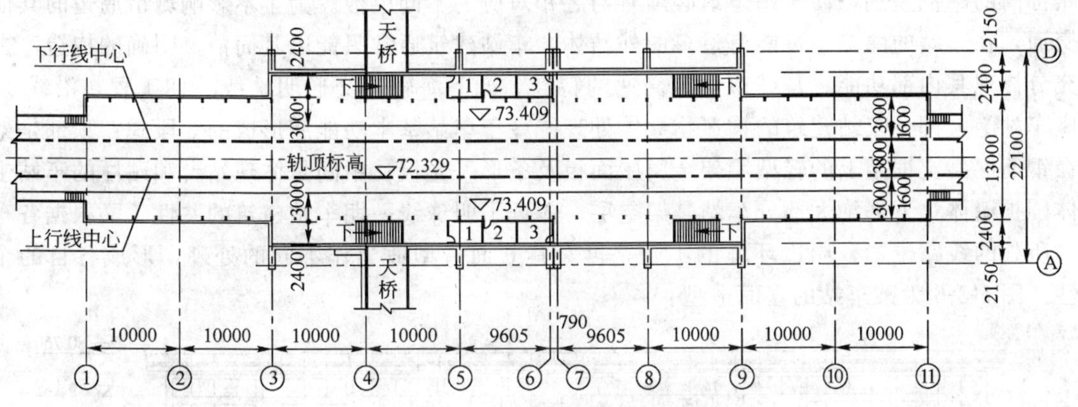

图 6-3-4 某车站的站台层平面图（单位：高程 m，尺寸 mm）

1-配电；2-副值班；3-清扫

至高达四层的车站，而真正作为车站本体所有仅为二层。各层平面布置设计如图 6-3-2～图 6-3-4 所示。竖直剖面图则表示了车站铅垂方向的结构方案、结构各部分的安装关系、采用的材料、构造做法、有关高程、站台候车方式、构件尺寸、车辆尺寸、桥孔下净空、车辆运行限界等，如图 6 3 5 所示。

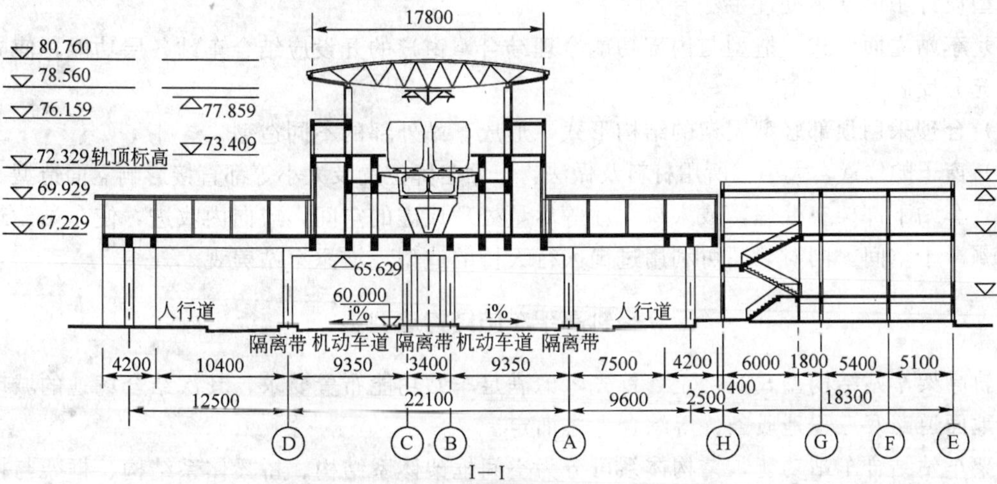

I—I

图 6-3-5 某车站的侧剖面图（单位：高程 m，尺寸 mm）

车站建筑结构以钢筋混凝土框架为主，也有车站在升至站台层后采用钢结构，上覆轻型钢结构屋盖。屋顶可以是全部覆盖，也可以在候车站台上部只作局部覆盖。

3. 立面造型设计

车站形体及立面设计对周边环境及城市景观有一定的影响，同时，车站周边的环境及城市的景观同样对轻轨车站的造型设计也会产生一定的制约。

轻轨车站的造型主要由功能确定，车站是沿轨道线路走向布置而呈长条形的建筑。有时车站建在曲线上，它就成了弧形的条状体建筑。车站本体一般为二层的车站建筑，但由于线路标高的高低差别，使车站建筑必须有与之相对应的不同层数。为了不影响城市周边的其他交通，在车站的两侧不可能有过多的外凸体，车站建筑通常只能以其简洁、明确的构造，去充分体现其内部功能，是城市轨道交通的特性。如上海轨道交通明珠线一期工程，沿线19座车站绝大部分车站建筑的构造物立体处理统一于车站基本功能所形成的3段式：顶部是架在钢筋混凝土框架上的轻型屋架金属屋面板及条形采光板；中间是体现站台和站厅的车站主体围护墙体；下部绝大部分车站是架空层。体现了明珠线一期车站建筑的共性。又根据各车站所处的线路位置、周边环境的不同，再对其立面造型适当作不同的处理，形成各自的个性。图6-3-6为某车站的立面造型。

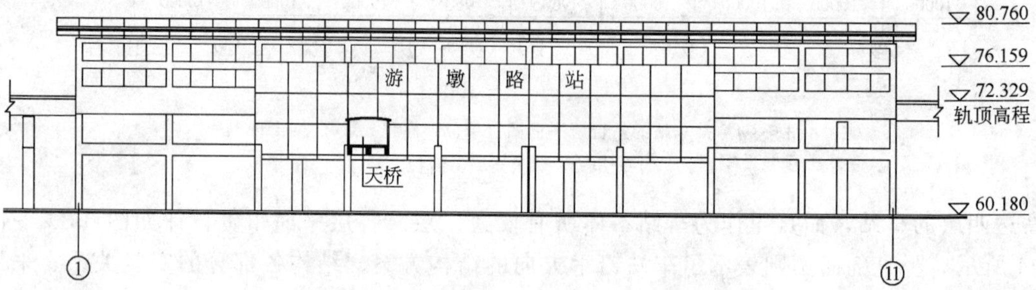

图6-3-6 某车站1～11轴立面图（单位：高程m）

造型设计中的基本处理手法有：

(1) 车站立面形式、造型与内部功能合理结合。窗户的开设应结合车站各层功能，使立面形式充分反映内部功能。

(2) 合理采用顶部轻型屋架的结构形式，形成车站外部的不同造型。

(3) 窗子的位置、大小，所用材料及做法，车站名牌位置及大小等都直接影响立面造型。

(4) 车站下部架空处理，或入口大厅等尽量处理成虚的空间，或向内收进，使车站建筑轻巧地飘浮于空间。同时，还可利用过街人行天桥的造型，增添车站美观。

二、轻轨高架车站结构选型

轻轨高架车站结构型式的确定，首先考虑满足车站功能布置要求，其次结合场地的城市规划、地面道路及工程地质条件等综合考虑而定。

高架车站结合车站功能，结构体系可分为空间框架体系结构、桥梁体系结构、框架与桥梁结构。

1. 空间框架结构

钢筋混凝土框架结构适用于用地范围大、车站体积大的地段，可做成双层甚至三层，以利开发利用。如图6-3-7所示，该结构属桥梁、房建结合方案。轨道交通的桥梁架设在框架体系的主横梁上，桥墩则是车站框架结构体系柱网的一部分。结构受力合理，结构整体性和稳定性好。框架的纵、横梁对桥墩均能起到约束作用，可节省工程造价。

但高架车站所承受作用与一般房屋建筑承受的作用完全不同，高架车站的可变作用所占比重大。而且，由于列车荷载作用点不断变化，使框架结构受力复杂。高架车站的框架结构由于受载的不均匀，容易造成基础的不均匀沉降，尤其在地质条件不良的地段。一旦发生基础不均匀沉降，变位作用将损坏结构，并且修复困难。其次由于框架结构的动力稳定性一般

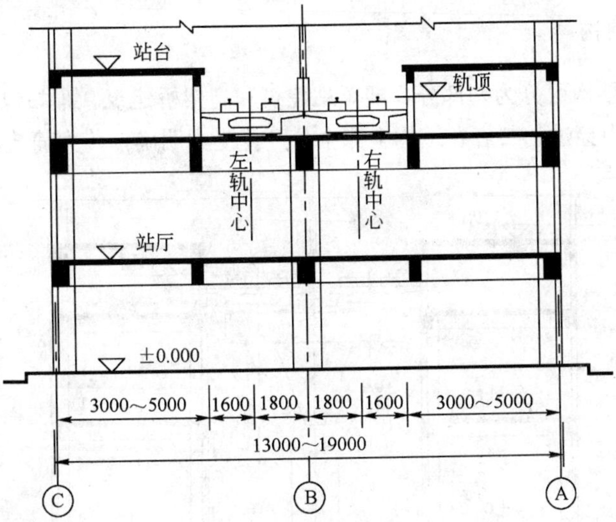

图 6-3-7　钢筋混凝土框架车站结构示意图（单位：高程 m，尺寸 mm）

比桥梁结构差，因此，框架结构的振动控制，是结构分析和设计的关键问题之一。

2. 桥梁结构

高架车站的桥梁建筑方案是先形成桥梁结构，即建好基础墩柱、梁跨后，然后再在桥上布置车站，如图 6-3-8 所示。

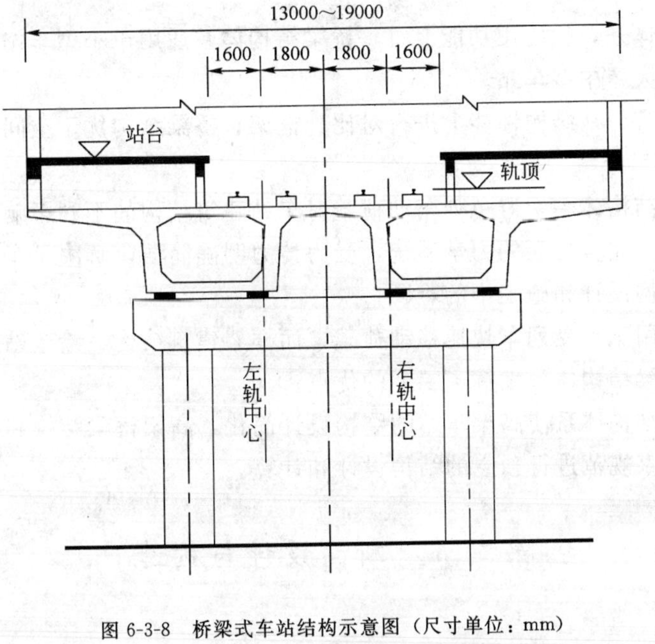

图 6-3-8　桥梁式车站结构示意图（尺寸单位：mm）

桥梁桥跨结构可供选择的断面形式有箱梁、T 梁、空心板梁和槽形梁等。箱梁断面抗扭刚度大，整体受力性能和动力稳定性好。T 梁刚度大，材料用量省，可采用预制吊装施工。

墩柱常用结构形式有 T 形墩、双柱墩、V 形墩和 Y 形墩。高架车站中的柱墩应具备足够的强度和稳定性，应避免在承受轨道列车作用而产生的较大位移。

3. 框架与桥梁结构

高架车站的主体结构可分为两部分，即车站建筑和高架桥建筑。车站包在高架桥之外，高架桥的车站在房屋建筑中穿过，二者在结构上完全分开，受力明确，传力简洁，如图 6-3-9 所示。

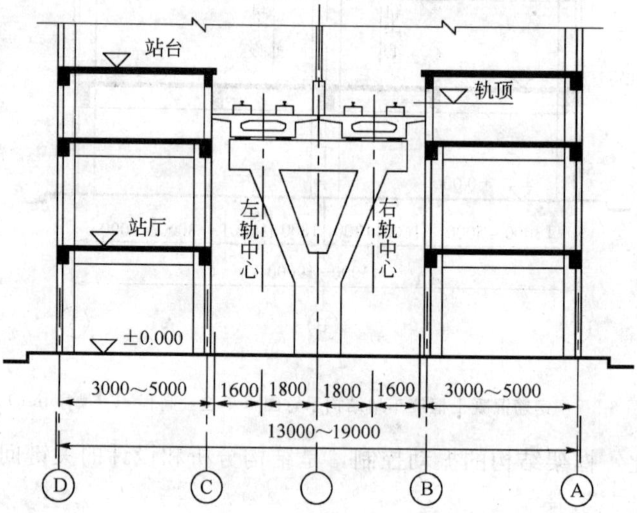

图 6-3-9　框架、桥梁式车站结构示意图（单位：标高 m，尺寸 mm）

车站结构与桥梁结构在受力上自成体系，避免了列车运行对车站建筑结构的影响，解决了基础不均匀沉降和车站建筑结构的振动问题。

上述 3 种结构体系，从使用功能上看，桥梁结构体系适用于小型车站和中间站，其他两种结构体系适用于大、中型车站。

就大型车站而言，从结构性能上进行对比，框架、桥梁结构优于空间框架建筑结构，其理由为：

（1）框架桥梁结构体系中避免列车动荷载对车站建筑结构的不利影响。由于桥梁结构和车站建筑结构是两个完全独立的力学系统，受力传力明确简洁，解决了车站振动控制和基础沉降控制这两个结构设计和施工中的难题。

（2）高架桥适用于承受列车快速移动荷载，而框架建筑结构，给车站的功能布置和使用带来方便，框架桥梁结构体系发挥了二者的优点。

（3）框架桥梁结构体系使高架车站的结构设计简化，高架桥梁结构和车站建筑结构可以分别依据现行的国家规范进行独立的结构设计和计算。

第二节　断面设计与构造

一、轻轨高架桥梁断面型式

轻轨高架桥桥面主要承受列车荷载，一般宽度较小。

轻轨高架桥梁断面设计实际上是桥梁的上部结构设计。其断面的建筑高度、断面的形式、材料的选用，必须从实用、经济、施工及美观等方面综合考虑。一方面要求结构安全，经济美观，满足桥下交通要求等；另一方面要结合工程及场地的特点，采用既经济又成熟的施工工艺、施工方法与结构型式；再则，还需满足无碴、长枕式整体道床及长钢轨结构对高架桥梁结构的特殊要求。目前比较合适城市轨道交通高架桥梁的上部结构有预应力混凝土箱梁，后张法预应力混凝土T形梁、下承式槽形梁、脊梁式箱梁和槽形梁结构。常用断面如图6-3-10所示。

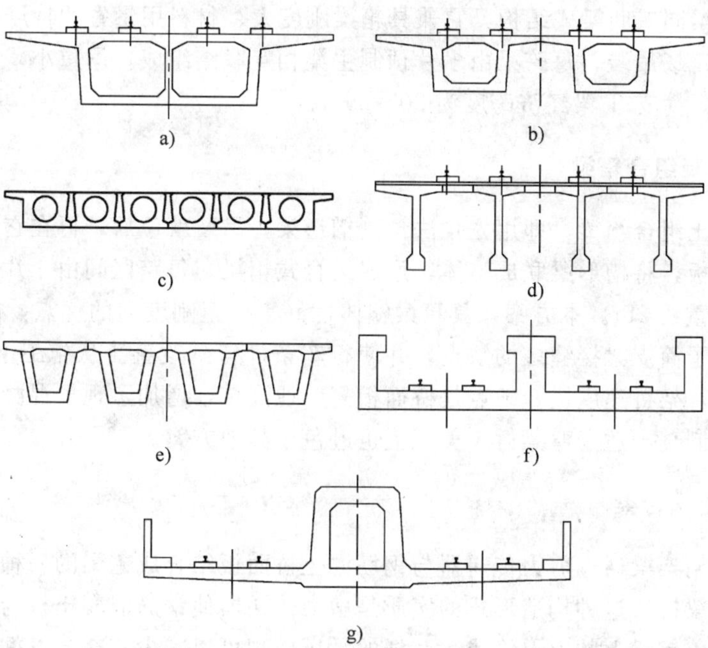

图 6-3-10 桥梁常用断面

a）单箱双室箱梁；b）单室双箱梁；c）空心板梁；d）T形梁；e）组合箱梁；f）槽形梁；g）脊梁式箱梁

1. 预应力混凝土箱梁

桥梁上部桥跨结构的箱形断面是目前比较先进且已被广泛采用的梁跨断面形式。这种闭合薄壁断面抗扭刚度大，整体受力性能好，尤其对于弯桥、斜桥，优点更是突出。同时，梁顶部和底板都具有较大的面积，所以能够满足配筋要求，并能有效抵抗正负弯矩等作用效应。箱形断面具有良好的动力特性，其收缩变形系数小，材料用量小，箱形断面外形简洁，箱底面平整，线条流畅，再配以造型简洁的圆柱墩或Y形墩，非常适宜于现代化的城市桥梁。

箱形断面有各种形式。单室双箱梁宜作为标准区间梁使用，适用于景观要求高、设备技术好、施工能力强、场地干扰少的环境条件。单室单箱以及单箱双室梁材料用量少，外型可做成流线形，造型新颖美观、景观效果好，常用现浇法施工，可以用在大跨度桥梁或曲线桥梁上。

2. 预应力混凝土板梁

板梁结构建筑高度小，外型简洁，便于预制吊装施工。预应力板梁的经济跨度为16～20m，板梁断面主要有空心板，低高薄板和异形板，空心板梁每跨可根据桥宽采用4～8片梁拼装成桥，每片梁吊重约40～50t；而低高度板梁采用2片拼装，吊装重力相对较大，异形板梁在美观上占有优势。桥跨的单片梁形式，一般采用支架现浇施工，可以用在斜桥和曲线桥梁上，但工期相对较长。板梁的抗扭刚度小，对抵抗列车偏载不利。多片空心板梁也可用在道岔区及有配线的地段。

3. 预应力混凝土T形梁

T形梁与箱梁同属肋梁式结构，它兼具箱梁刚度大、材料用量省的特点，主要采用预制场预制，运输至现场吊装，每跨梁由多片预制主梁相互联结组成，吊重小，构件容易修复或更换，施工便利。简支T梁经济跨度为20～25m。

4. 预应力混凝组合箱梁

预应力混凝土组合箱梁，即用先张法预制槽形梁，吊装就位后，再在它上面现浇筑钢筋混凝土连续桥面板，将槽形梁联成整体，形成组合式箱梁。每跨区间由4片简支梁组成，经济跨度23m，吊重约25t。本方案兼具箱梁整体性好、抗扭刚度大的优点，同时通过现浇连续桥面结构克服了简支梁接缝多的缺点，并使行车条件得到改善。从施工上讲组合梁预制、运输、吊装方便，架桥速度快。缺点是桥面板需就地浇筑，增加了现场混凝土施工量，且先张法只能直线预制，不适于弯梁桥，美观上也逊色于其他方案。

5. 钢-混凝土迭合梁

钢板梁或钢桁架梁通过剪力传递器与钢筋混土桥面板结合成主梁的一种桥梁，称为组合梁桥，又称迭合梁桥。这种构造形式的实质是剪力传递器使钢筋混凝土板与钢梁在竖向荷载作用下共同受弯，钢梁上的上翼缘或上弦杆的承压面积可以减少，充分发挥了混凝土和钢材的受力特征。

高架轨道交通中，采用迭合梁的优势有：

(1) 钢筋混凝土与钢梁结合成一体，其断面刚度增大而钢材用量减少。

(2) 与同跨径钢桥相比，梁高可以减低约20%。

(3) 组合梁在可变作用的作用下的噪声比全钢梁桥小。

(4) 钢梁由工厂化生产，运输现场吊装，并以钢梁为依托进行桥面的混凝土施工，从而免除桥跨下的支架搭设，减少了施工期间的城市交通干扰。

6. 其他形式的桥梁

一般认为，任何形式的桥梁都有可能成为城市轨道交通高架桥，从景观出发各种形式的拱桥、拱梁组合体梁，包括斜拉桥都有可能成为城市轨道交通中的桥梁。

综上分析，如果从构件系统化、标准化、便于从工厂化生产预制和机械化施工的原则出发，那么在同一条高架桥线路上的结构类型不宜过多。综合进度工期、施工工艺及经济造价等方面的要求，应当优先推荐中、小跨径的预制梁桥方案。在特殊的地理条件下，考虑环境的协调、美观等因素，特殊类型的桥梁也常常成为因地制宜的合理选择。

二、高架桥上部断面构造

目前，轻轨高架桥上通常以无碴整体道床为主，且桥面采用无碴无枕承轨台结构。因此，进行桥面施工时应预留足够空间，以便于施工承轨台。承轨台构造见图6-2-12支承垫

块轨下基础构造 。高架桥断面设计构造尺寸详如图 6-3-11 所示。

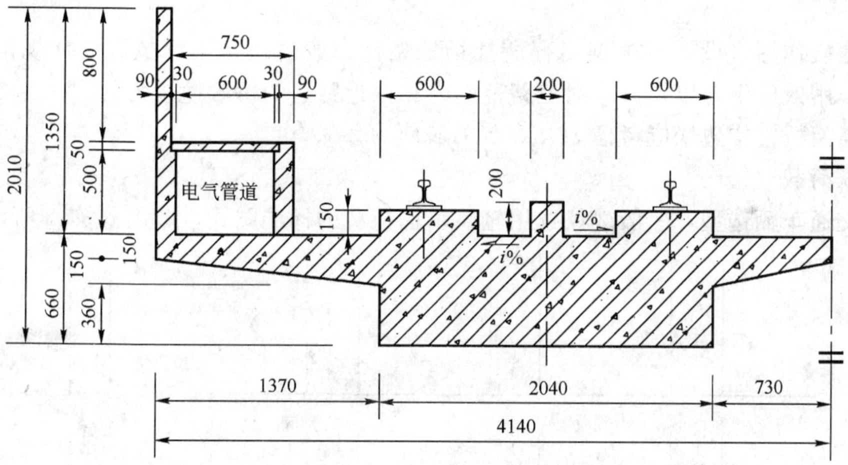

图 6-3-11　轻轨高架桥上部断面构造图（尺寸单位：mm）

桥面断面构造尺寸应根据轨距宽度、轨道限界、设备、管线布置所需断面设定。断面构造尺寸的拟定必须合符各相关规范的构造要求。

第三节　高架桥上部结构设计

轻轨轨道交通体系的高架桥同公路交通体系的桥梁一样，在设计计算过程要考虑构件自重力的永久作用，列车荷载的可变作用及其它偶然作用对于桥梁的影响。城市轨道交通高架桥结构应参照铁路桥涵设计基本规范，车辆荷载根据所采用的车辆确定，对高架建筑结构的作用参照建筑结构规范规定采用。

一、设计的各类作用

在高架桥上和高架车站上的作用主要有：

1. 永久作用

主要包括结构自重力、上部建筑重力、预加应力、设备重力、混凝土收缩徐变作用和基础沉降的变位作用。

2. 可变作用

（1）车辆荷载（根据车辆选型资料，确定荷载图式，双线段按 90％车辆荷载计）地铁或轻轨列车的冲击力。曲线地段应考虑离心力，离心力作用点在列车的重心位置，距轨顶高度为 1.8m。区间高架桥应考虑双侧人行道荷载。

（2）附加力：制动力或引牵力、风力、列车的横向摇摆力以及超静定结构考虑温度变化的作用。

（3）若高架桥上轨道采用无缝线路，还要考虑线路产生对桥墩的水平附加力。

（4）区间高架结构的挡板设计，除考虑其重力及风载外，还应考虑 0.75kN/m 的水平推力。

（5）车站站台、楼板和楼梯部位的人群均布荷载（采用 4.0kPa）。

3. 偶然作用

（1）地震作用（设计时根据工程所处场地条件，按《铁路工程抗震设计规范》计算），施工阶段作用效应组合以及汽车对道路范围内和接近路边的桥墩撞击力。

（2）高架桥结构边缘应考虑 30kN/m 的脱轨力。

①车辆荷载

轻轨交通车辆选型，一般建议选用轻轨车辆荷载的标准图式，如图 6-3-12 所示。

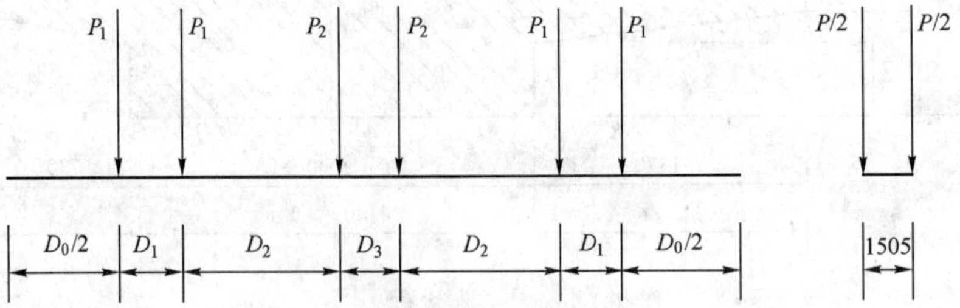

图 6-3-12 轻轨车辆荷载的标准图式（尺寸单位：mm）

图中轴重 P_1、P_2，轴距 D_1、D_2、D_3 及连挂车辆相邻轴距 D_0 按照所选车型的各项数据采用。设计计算时，具体可采用 $P_1=100$kN、$P_2=70$kN、$D_0=6900$mm、$D_1=1900$mm、$D_2=4850$mm、$D_3=1800$mm。上海轨道交通明珠线车辆荷载为 4 轴式，分为重车与轻车，重车轴重 170kN，轻车轴重 80kN，如图 6-3-13 所示。

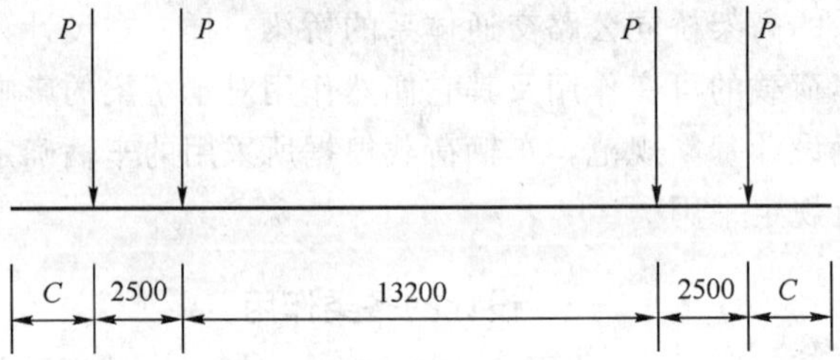

图 6-3-13 上海明珠线轨道交通车辆荷载图式（尺寸单位：mm）

无司机室动车：C＝2300mm；有司机室挂车：C＝3095mm

②车辆制动力、牵引力及横向摇摆力

轨道交通车辆的制动力或牵引力可按竖向静列车重力的 10％计算，当其与离心力或冲击力同时计算时，可按竖向静列车重力的 7％计入。双线时，只计算一线的制动力或牵引力。

车辆的横向摇摆力作用于轨顶处，其值按 2.5kN/m 考虑，横向摇摆力不与风力或离心力组合。

③长钢轨纵向力

当桥面上铺设无缝线路时，长钢轨除受到温度力的作用，还受到梁、轨相互作用的两项纵向附加力作用，即伸缩力和挠曲力。此外，如果桥上发生断轨或是无缝线路伸缩区设置在梁上时，梁跨（支座）和墩台又受到断轨力。作用在桥上的长钢轨纵向力包括伸缩力、挠曲力和断轨力 3 项。

长钢轨纵向力与桥跨结构的跨度、体系、钢轨重量及钢轨本身的温度力有关。其中作用在桥梁墩台及固定支座上的断轨力按一跨简支梁长或一连续梁长内的线路纵向阻力之和计算，但断轨力不得超过最大温度拉力。无论单线还是双线桥梁，取计算一轨断折的断轨力。具体计算参阅文献《铁路无缝线路》。

4. 混凝土收缩徐变的作用

混凝土收缩徐变作用的直接影响，相当于混凝土变形模量的降低，导致预应力损失，使构件应力增大，变形也随之增大。并导致曾经出现了铁路桥梁上道碴越来越薄，无碴无枕桥梁的轨顶标高无法调节的现象。

设计时，可以在构件中预留 2～3 根备用索，施工时，根据梁的状态，利用备用索调节预加力的增减来控制梁的上拱或下挠，可不必要求拱度为零，只要控制在毫米级，就可以保证混凝土收缩、徐变的作用下，使构件缩短而不会产生无法调节的拱度。

二、作 用 效 应

1. 作用效应组合

高架桥梁设计时，应对最不利作用效应组合情况进行计算。作用效应组合分为 6 类，其中基本组合三类，另有撞击力组合、施工阶段作用效应组合和地震作用组合各一类，分述如下：

基本组合 I：永久作用中的一种或数种（视可能同时出现的情况而定，下同），加基本可变作用的一种或数种，加其他可变作用的一种或数种。分别给出强度极限状态和使用极限状态的分项系数。

基本组合 II：永久作用中的自重力、附加力和基础变位作用（根据设计需要参与组合），加基本可变作用效应组合（不计制动力或牵引力），加其他可变作用中的风荷载。此类组合只须验算强度极限状态。

基本组合 III：永久作用和基本可变作用同上，加其他可变作用中的温度作用；此类组合也只须验算强度极限状态。

施工组合 V：除永久作用中的一种或数种，加其他可变作用中的一种或数种外，再加上施工阶段作用效应组合，分别给出强度极限状态和施工状态的分项系数，施工状态的容许应力限值可参阅相关文献。

撞击作用效应组合 IV：除永久作用的一种或数种及列车荷载外，只考虑船只或车辆的撞击作用。分别给出强度极限状态和使用极限状态的分项系数，使用极限状态的容许应力限值应依据有关规范适当提高。

地震作用效应组合 VI：除永久作用的一种或数种加基本可变作用的一种或数种外，再加上地震作用。分别给出强度极限状态和使用极限状态的分项系数，使用极限状态的容许应力限值应依据有关规范适当提高。

2. 作用效应组合的分项系数

表 6-3-2 摘自文献《预应力混凝土结构设计规范》中规定的城市轨道交通桥梁的作用效应组合及其分项系数，它是依据国家标准《工程结构可靠度设计统一标准》（GB 50153—92）和《铁路工程结构可靠度设计统一标准》（GB 50216—94）规定的原则制定的地方性标准，

具有广泛的适用性和先进性。

城市轨道交通桥梁的作用效应组合及其分项系数 表 6-3-2

荷载分类		基本组合 I	基本组合 II	基本组合 III	撞击力组合 IV	施工组合 V	地震力组合 VI
永久作用	结构自重力	Δ_1/1.0	Δ_1	Δ_1	1.0/1.0	Δ_3/Δ_3	1.0/1.0
永久作用	结构附加力	Δ_2/1.0	Δ_2	Δ_2	1.0/1.0	1.2/1.0	1.0/1.0
永久作用	预加力	—/1.0	—	—	—/1.0	—/1.0	—/1.0
永久作用	混凝土收缩、徐变	—/1.0	—	—	—	—	—
永久作用	基础变位作用	根据设计需要参与组合					
基本不变作用	列车荷载及动力效应 $(1+\mu_k)Q_{1k}$	1.4/1.0	1.2	1.2	1.0/1.0*	—	0.75*/0.75*
基本不变作用	离心力	1.4/1.0	1.2	1.2	—		—
基本不变作用	列车横向摇摆力	1.4/1.0	1.2	1.2	—		0.75/0.75
基本不变作用	列车制动力或牵引力	—/1.0	—	—	—	—	—
其他可变作用	风荷载	—/0.3	1.1	—	—	0.75/0.75	—
其他可变作用	温度作用：年温差外约束	—/1.0	—	1.3	—	1.0/1.0	—
其他可变作用	温度作用：日温差效应	—/0.8	—	1.0	—	0.8/0.8	—
其他可变作用	长钢轨纵向力	Δ_4	—	—	—	—	—
其他可变作用	人行道荷载	检算人行道时，$r_Q=1.4$，检算主梁时，不参与组合，即 $r_Q=0$					
偶然作用	地震作用	—	—	—	—	—	Δ5/1.0
偶然作用	船只或车辆撞击作用	—	—	—	1.0/1.0	—	—
偶然作用	施工阶段作用效应	—	—	—	—	1.5/1.0	—

注：①分项系数中，分子用于强度极限状态，分母用于使用极限状态或施工状态；

②短划一表示该项不参与组合；

③基本组合 II、III 只适用于强度极限状态；

④Δ_1、Δ_2、Δ_3 表示结构自重或附加恒载效应与可变荷载效应同号时为 1.1、1.4、1.2，异号时为 1.0、1.0、0.85；

⑤Δ_4 表示在桥梁铺设无缝线路时，应对桥上无缝线路作专门设计及试验研究，以确定其长钢轨纵向力，并根据不同结构特性及极限状态确定其作用效应用分项系数；

⑥Δ_5 表示验算支座部件、梁与支座间连接、锚栓及橡胶支挡设施时，为 1.5，验算其他构件时，为 1.0；

⑦符合 * 表示根据设计需要采用静活载或动活载。

三、高架结构计算

轻轨线路高架结构目前尚无系统的设计规范，现暂用《铁路桥涵设计规范》（TBJ 2—85）、《地下铁道设计规范》（GB 50157—92）、《建筑结构设计规范》并参考其他有关规范，建议按以下原则进行：

（1）结构构件的内力按弹性受力阶段计算。

（2）预应力混凝土桥梁结构应按《铁路桥涵设计规范》规定验算其强度、抗裂性、稳定性、应力及变形。

（3）计算预应力混凝土连续梁内力时，应考虑温差、基础不均匀沉降以及由于混凝土收缩、徐变和预应力所引起的二次内力。计算二次内力时，还应考虑体系转换的影响。

(4) 结构应满足《铁路桥涵设计规范》要求的最小配筋率和最大裂缝宽度的要求。

(5) 箱梁应考虑抗扭计算。

(6) 墩顶允许位移除满足行车安全及桥梁自身的受力外，还应结合轨道结构形式作具体分析，保证轨道结构的正常使用。

(7) 计算桥墩内力时，应特别注意考虑无缝线路引起的墩顶水平力。

(8) 墩台身应验算强度、纵向弯曲稳定、墩顶弹性水平位移。

(9) 墩顶弹性水平位移、顶帽尺寸及构造要求，暂执行《铁路桥涵设计规范》的规定。

(10) 桩基设计考虑土的弹性抗力可按“k 法”或“m”法计算。

(11) 摩擦桩设计，按土的摩阻力验算桩的承载力，按材料强度验算混凝土及钢筋应力验算桩身开裂宽度。

(12) 基础的允许沉降量应满足列车安全运营和乘客舒适度的要求，并控制在轨道结构允许变形的范围之内。

(13) 特别重要或复杂的高架结构，应进行抗震危险性评估。

第四节 高架桥下部结构设计

高架桥墩台的基础形式应根据地质资料确定。当地质情况良好时，应尽可能采用扩大基础。若为软土地基，为确保基础安全、满足承载能力的要求，并尽可能减少沉降，则宜采用桩基础。如采用沉桩工艺，应根据地面建筑和地下管线的分布状况确定可否使用。大部分高架桥的下部结构一般采用施工速度快、工艺成熟的打入桩基础，对于局部离已有建筑物较近的地段宜选用钻孔桩。钻孔桩施工时，应采取有效措施，防止泥浆外溢污染道路，影响正常交通和道路排水设施，保持环境清洁。

高架桥墩除应有足够的强度和稳定性外，还应结合上部结构的选型使上下部结构协调一致，相互辉映，轻巧美观，与城市景观相和谐，尽量少占地，透空性好，保证桥下行车有较好的视线，给行人一种愉快感。

城市高架桥常用的桥墩型式有以下几种。

1. T形桥墩

T形桥墩占地面积小，是城市轻轨交通高架桥常用的桥墩型式。这种桥墩既为桥下交通提供最大的空间，又能减轻墩身重量，节约圬工材料，外形轻巧美观。特别适用于高架桥和地面道路斜交的情况。T形桥墩由基础之上的承台、墩身和盖梁组成，如图 6-3-14 所示。墩身断面一般为圆形、矩形或六角形的普通钢筋混凝土结构。桥墩的大伸臂盖梁由于承受较大的弯矩和剪力，可采用预应力混凝土结构。墩身高度一般不超过 8～10m。

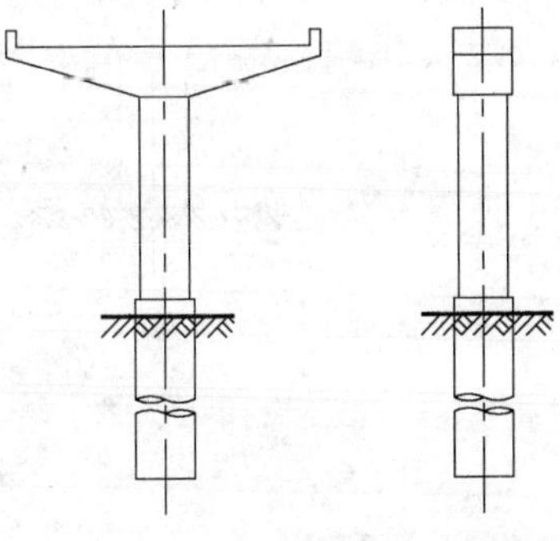

图 6-3-14 悬臂 T 形桥墩

2. 双柱式桥墩

双柱式墩在横桥向形成钢筋混凝土刚架，受力情况清晰，横桥向稳定性好，因其盖梁的工作条件比 T 形桥墩的盖梁好，可不必施加预应力，其墩身使用高度一般在 30m 以内，常用的型式如图 6-3-15a）所示。为了避免河中桥墩被较大的漂流物卡在两柱之间影响桥梁安全，桥墩断面可做成如图 6-3-15b）所示的哑铃式。在城市立交桥中，哑铃式墩可抵抗更大的侧向撞击力。同样，也可在高水位以上或撞击高度以上为两柱，以下部分则为实体圆端形墩，如图 6-3-15c）所示。上海明珠线的双柱式桥墩设计成无盖梁结构，上部箱梁结构直接支承在双柱上，双柱之间加设了一横系梁。

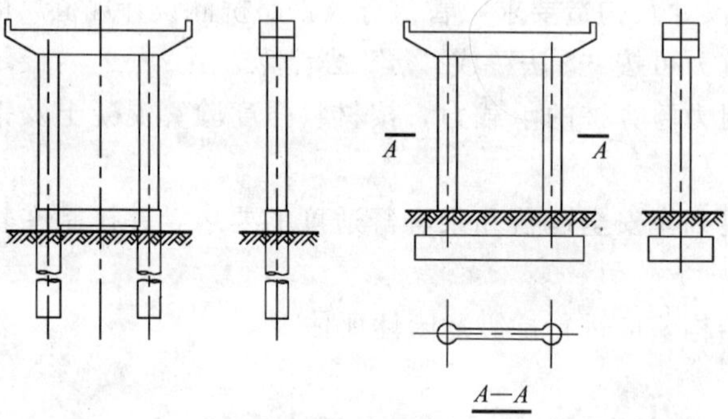

a)　　b)　　c)

图 6-3-15　双柱式桥墩

3. Y 形桥墩

Y 型桥墩如图 6-3-16 所示，结合了 T 形桥墩和双柱式墩的优点，桥墩下段成单柱式，占地面积小，透空性好，有利于桥下交通，而上段分叉做成双斜柱式与盖梁相连，对盖梁工作条件有利，也可不必施加预应力，且造型轻巧，比较美观。虽然施工相对比较复杂，但困难并不太大。墩身高度可根据设计计算确定。

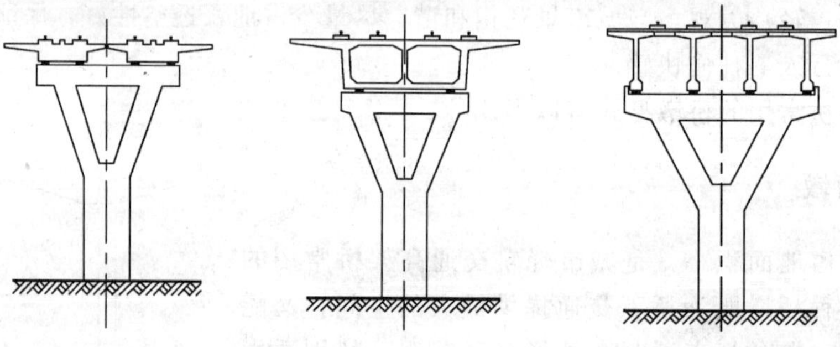

a)　　b)　　c)

图 6-3-16　Y 形桥墩

第四章 轻轨高架桥结构的施工

DISIZHANG

轻轨高架桥车站及线路的施工要进行施工方法的选择，做到因地制宜，施工方案合理，工艺科学，技术先进，施工简便快捷，对城市交通干扰少。同时，所指“施工”还应包含施工组织和管理。合理施工组织，科学的管理，可以做到统筹全局，增强预见性，把握主动性，使得工程项目高工效、低能耗、高质量，并在预定的工期内投产使用。本章内容着重叙述轻轨高架结构的施工方法及技术问题。

一、高架桥下部结构施工

高架桥的下部基础形式有扩大基础、桩基础、管桩（柱）基础和沉井基础几种，它们的施工基本类同于公路桥梁的基础施工。由于基础形式的采用主要受到工程地质、水文环境、施工技术、施工进度等因素的控制，因此城市轨道基础中，较多的采用预制钢筋混凝土方桩、钻孔灌注桩等基础和单柱桩式桥墩的下部结构。

1. 基础的施工

轻轨高架桥桥墩及车站框架柱对沉降限制，要求严格，因此墩基、柱基均采用独立承台下桩基础，同时对于车站框架结构还另加连系梁，以确保整体框架结构整体性。

1）桩基施工

桩基规格主要有：①预应力钢筋混凝土桩，桩径 ϕ600mm；②预制钢筋混凝土方桩，一般断面为 450mm × 450mm；③钻孔灌注桩和挖孔桩，桩径有 ϕ800mm、ϕ1200mm 和 ϕ1500mm 等。桩长由地质情况和承载力确定。桩基底一般埋置于粉细砂层等承载力较高的持力层或基岩上。

预制桩可分为上、下两节，上节桩为 C40 混凝土，下节桩为 C35 混凝土。吊运时混凝土强度达到设计值的 85%，打桩时混凝土强度达到 100%，且龄期不小于 28d。对打桩要求满足贯入度控制为 30～70mm/10 击。

应注意以下两种情况的处理：一是贯入度满足要求，但桩顶高程大于设计高程，其值小于 500mm 时，继续锤击 30～50 次，如异常可停锤；如其值大于 500mm 时，与设计单位联系研究确定；二是沉桩达到设计标高，但最后 10 击贯入度超过要求时，应超打 60 次，使贯入度满足要求。如贯入度仍不满足时，停锤10d后再复打，复打后仍不满足，同样需与设计单位联系研究确定。对于与灌注桩距离小于50m范围内的沉入桩，应在灌注桩龄期28d后进行，或者先施工沉入桩，后施工灌注桩。

钻孔灌注桩采用强度等级不低于C25的水下混凝土。施工方法同公路桥梁钻孔灌注桩。当钻孔达到设计高程后，利用钻机反循环系统的泥浆持续吸碴，使孔底沉碴基本清除，并同步灌入相对比重较小的泥浆。

2）承台施工

当承台土方即将挖到桩顶标高时，宜改为人工挖土，避免抓斗碰坏桩头。为防止土方塌陷，应采取放坡或打钢板桩、加木支撑等支护方式。承台位于河沟范围内，如承台底标高高于河床底标高时，挖去剩余淤泥，填充碎石，排清积水后再浇混凝土。

承台模板采用大型木模，尺寸为1.83m×0.914m，表面为七夹板，模板拼装采用12mm拉条螺栓，拆摸后凿除外露螺栓，并用砂浆修补。

2. 桥墩施工

1）立柱施工

为保证立柱外观的光滑、平整及内在质量，又能加快施工进度，应使用拆装方便的大型整体式钢模。施工时要现场预拼装，符合要求后，再由吊车整体吊装就位。在吊装前，须对拼缝进行嵌密处理，钢模内表面涂两次脱模剂。立柱混凝土必须连续浇筑，避免产生冷缝。对于双柱有连系梁的立柱，由于立柱模板的模数可能与连系梁位置错位，为了保证立柱混凝土外观质量，立柱采用一次成型再做连系梁的施工方法，连系横梁内预留16mm钢筋，采用预埋钢筋接驳器施工。

2）盖梁施工

盖梁分为预应力钢筋混凝土盖梁和普通钢筋混凝土两种。盖梁自重力较大，其支架下的地基应进行预先处理，先对原状上进行压实，铺设厚30mm砾石砂压实，再在支架水平投影范围内铺设厚150mm强度等级为C25素混凝土。

盖梁脚手架采用ϕ48mm钢管脚手，脚手管层高不大于1.7m，剪力管布置密度一般不小于立杆总数的1/4。脚手架的顶部水平管控制标高层，应严格按换算的标高布置，并且该管的连接扣件需要加强。

盖梁模板采用大模板形式，九夹板直接铺设于下层的50mm×150mm木板之上，50mm×150mm木板平铺于下层75cm×150cm木格栅和牵杆之上。铺设前预先计算好夹板尺寸，使拼缝对称合理，并牢固密封。盖梁侧模也为木模，木模外侧设围檩，采用对拉方式固定。

桥墩盖梁预应力钢绞线一般采用7ϕ15高强度低松驰钢绞线，抗拉标准强度为1860MPa。采用超张拉工艺，使用千斤顶为YCQ150型及配套的油泵，张拉形式为双向张拉，盖梁的张拉控制应力为$\sigma_k=0.75R_y^b=1395MPa$，锚下控制应力为$N_y=13358kN$，采用超张拉工艺：$\sigma_{初}\rightarrow 1.03\sigma k$持荷5min$\rightarrow\sigma_k\rightarrow$锚固。张拉分两阶段进行，第一阶段混凝土强度达90%后进行张拉，第二阶段待板梁吊装完毕后再进行张拉。

3. 高架下部结构基础的基本施工方法

高架下部结构基础施工方法与公路工程结构基础施工方法基本类似，表6-4-1列出常用的高架下部结构基础施工方法及其优缺点。

高架下部结构基础的基本施工方法 表 6-4-1

序号	施工方法		环境、场地与技术要求	优　　点	缺　　点	发展方向
1	明挖扩大基础		施工场地开阔，持力地层较浅，中小型桥涵基础，地层软弱时，辅以降水、围堰、支撑、水下浇筑混凝土	施工速度快，大面积施工、便于机械化施工，造价低	污染环境，阻断交通航运	（1）有效井点或深层深井泵降水系统；（2）钢板桩、预制桩、SMW 法支护
2	桩基础	打入桩	市郊远离居民、软黏土、粉砂、砂砾，承载基岩较深	施工速度快、质量有保证、承载力较高	振动、挤土影响大、噪声大、桩截面有限	（1）发展轻型、易于拆卸安装、效率高的沉桩机；（2）发展振动、射水等对土体、环境干扰小的机械；（3）大口径钻机、无泥浆成孔、适应各类土层施工
		静压桩	市区，房屋建筑相对远离，软黏土，粉质黏土，承载基岩较深	施工速度较快、单桩的承载力较高	挤土明显，单桩承载力有限制	
		钻孔灌注桩（挖孔桩）	市区黏土、软岩、砂土、砾石各类地层，挖孔桩相对较浅，如广州、南京；钻孔灌注桩可以较深，如上海	适应各种土层中的施工，桩径可大可小，单桩的承载力大，挖孔桩施工灵活	泥浆污染，施工质量有时难以保证	
3	管桩（桩）基础		地质条件复杂、深水、岩面不平	适于复杂地质条件，预制分节下沉接高，便于机械化施工，效率高	工艺较复杂，水中施工需要有船队配合	预制大型混凝土管桩、钢管桩施工工艺研究
4	沉井基础		持力层较深，地表浅层或河中有较大卵石不方便桩基础工，河水深，冲刷大	埋深大、整体性强、稳定性好、承载力大	施工周期长，粉砂土易出现流流，自重下沉困难时，需采用泥浆润滑套、浮式沉井、空气幕沉井等辅助方法	困难地质条件下沉井下沉施工机具及工艺

采用何种基础形式，应根据工程地质、水文地质、环境要求、施工进度等实际情况选用。如上海明珠高架轻轨线上的高架桥基础多为打入预制钢筋混凝土方桩，浇筑桩平台，其上浇筑桥墩；南京地铁 1 号线南北端高架桥多为钻孔灌注桩基础，单柱式桥墩。

二、高架桥上部结构施工

轨道交通的高架桥上部结构施工方法受到桥梁类型、跨径、城市环境要求、施工机械化水平等因素影响，主要有就地现浇混凝土、移动模架逐孔现浇、预制拼装、顶推施工、悬臂施工、提升浮运。各种施工方法各具有优缺点和适用条件，在选择施工方法时，应做到因地制宜。

1. 无支架施工

T 梁、空心板梁一般采用预制场制作，运输至现场，运用设备进行吊装成桥或由架桥机铺设，因此采用无支架施工的方法，下面以板梁施工为例说明。

板梁分为先张法预应力空心板梁和后张法预应力空心板梁。板梁长度大，重量重，吊装高度高，一般采用双机台吊的方法。使用两部 50t 履带吊，把杆长 22m，把杆仰角 75°～80°，起重量 19～31t，幅度 7～15m，吊钩高度 19m。实现双机抬吊作业的关键是因地制宜地选择吊车的最佳作业位置和动作协调，大都采用隔跨同向位或同跨同向位作业，板梁运输进入的位置基本和架设方向平行。

2. 有支架施工

对于箱梁结构或曲线桥梁等某些桥梁结构需要现场就地浇筑混凝土，就必须采用有支架施工的方法，下面以箱梁施工为例说明。

某高架桥的桥跨断面设计采用单箱双室截面，桥跨结构主要采用简支梁，标准跨径为 30m，主梁高 1.90m，梁宽 9.00m，腹板厚 200～300mm。标准断面如图 6-4-1 所示。预应力钢筋采用 ϕ15.24mm 高强度低松驰钢绞线，标准强度 1860MPa，预应力系统采用每束 7 股钢绞线，在标准跨径断面上配置了 21 束，锚具采用 OVM15—7。预应力钢束在断面上的配置如图 6-4-2 所示。

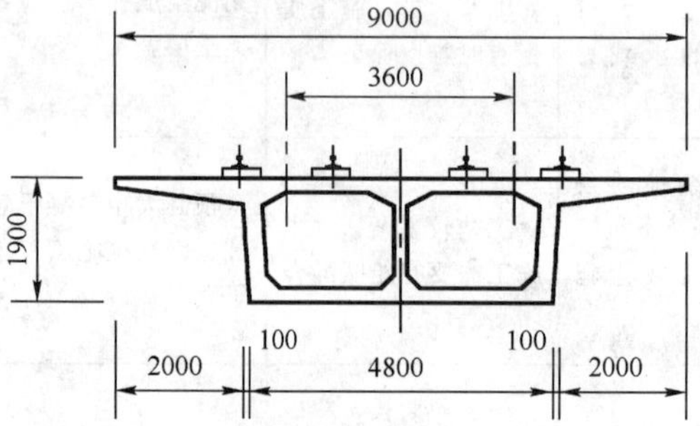

图 6-4-1 某高架桥跨标准断面图（尺寸单位：mm）

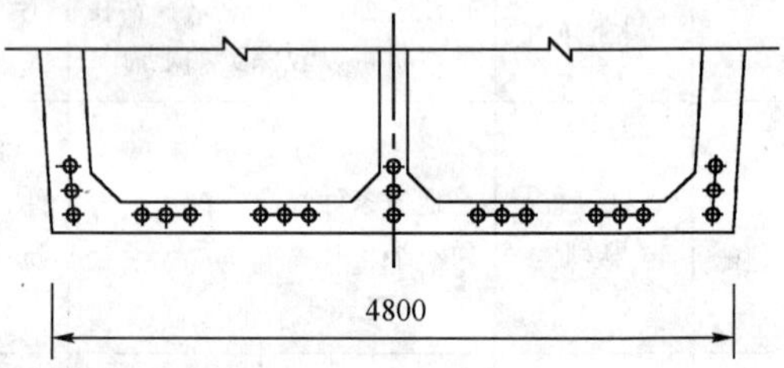

图 6-4-2 某高架桥跨预应力布置图（尺寸单位：mm）

1）满堂脚手支架现场浇筑施工技术

箱梁施工流程为：地基处理→测量放样→脚手架→底模→第一次钢筋绑扎→钢绞线及波纹管安装→第一次混凝土浇筑→第一次拆模→第二次钢筋绑扎→钢绞线及波纹管安装→第二次混凝土浇筑→拆模→张拉→落架。

（1）基础处理

施工过程中分批张拉预应力，箱梁自重力逐步从临时支架转移到永久桥墩上，在施工过程中，临时支撑出现了较大反力，因此搭设支架前必须对地基进行处理。处理方式同盖梁脚手塔设对地基处理要求。

（2）支模体系

支模采用两种形式：一是 ϕ45mm 钢管满堂脚手排架，用于不影响交通的部位，在 ϕ48mm 脚手管上端放置 75×150 板组成牵杆格栅，满铺九夹板。二是 ϕ580 钢支撑平台排架用于交通要道处，确保交通的正常通行。图 6-4-3 为跨越快速车道和人车混行道模板搭设的方式。以 30 号工字钢作横梁搭设在 ϕ580 钢管支撑上，横梁上搁置 28 号工字钢纵梁，上面用厚 50mm 木板满铺作为操作平台，再在平台上搭设满堂支架，ϕ48mm 钢管下用 75×150 板横桥向布置作为垫木。

箱梁箱孔内的模板采用大模板形式，并用木架支撑、固定。在每仓两头各开一个洞，作为人孔，进入拆除模板。

图 6-4-3 跨越公路脚手架搭设示意图（尺寸单位：mm）

（3）绑扎钢筋及安装预应力波纹管

由于是预应力构件，普通钢筋的用量并不多，但梁端头的锚具区钢筋较密，因此在钢筋绑扎同时，必须注意到波纹管安放的位置，部分钢筋要等到波纹管穿好后再进行绑扎。波纹管在安装中一是要确保位置的正确性，二是要满足线形的连续性畅顺。管道与管道的接口用密封胶带缠紧，并保证接口的严密性，张拉端与固定锚垫板后通常设有螺旋筋和钢筋网。在浇混凝土时要预防管道漏浆而造成穿索和张拉困难。

另外，钢筋焊接时严格控制火星溅落，防止模板烧焦。对于使用的张拉设备，要提前进行标定检查，保证油表数据的准确性。

（4）混凝土施工

箱梁混凝土应分两次浇筑：第一次先施工箱梁翼缘以下部分，第二次施工翼缘以上部分。混凝土施工缝严格按图纸设置，水平方向在翼缘的下口设置。第二次浇筑混凝土前，按要求对施工缝进行凿毛处理。由于每次浇筑混凝土数量都较大，因此在每一次浇筑前需协调混凝土的供应，充分做好混凝土浇筑准备工作，每次混凝土浇筑应在初凝前完成。要求混凝土供应有连续性并控制混凝土初凝时间。混凝土浇筑由一端向另一端进行（由低向高处），泵车放料控制好速度，浇筑高度要均匀。在混凝土浇筑过程中，避免震捣器直接碰撞波纹管和预埋件等。施工的同时对支架体系及模板体系进行观测，防止发生过大变形。

箱梁混凝土在养护过程中必须严防发生裂缝等现象，宜采用湿润养护。当混凝土收水结束后，用土工布覆盖并浇水保持浸湿状态。对于处在冬季施工，要采用必要的防冻措施。一般在收水后先盖一层塑料薄膜，再覆盖上工布进行保温养护。

（5）预应力张拉和压浆

箱梁采用的锚具应选用质量合格的优质系列群锚体系。张拉控制应力和张拉力由设计确定为 $0.73R_y^b$。采取双控张拉，即以应力控制为主，钢索延伸量为校核。实际延伸量与理论伸值相比较，误差应保持在6%以内。一旦发现延伸值异常时，要停止张拉，进行分析，找出原因后，再继续施工。张拉时采取对称张拉，先中心轴附近各束，后上下各束。张拉采用超张拉工艺，张拉程序为 0→初应力→105%σ_k（持荷 5min）→σ_k（锚固）。张拉结束后，应随即压浆，一般不超过24h，最迟不超过3d，以免预应力索松驰。在压浆前要先用压力水冲洗孔道，并用压缩空气排除孔内积水。浆液由波纹管一端向另一端压入，管端部设置排气孔，当出现原浆后即可堵住气孔，并再增压两次，保持3min左右再关闭阀门。在压浆施工前，应提前2h用快速水泥封堵夹具与钢束间的缝隙，防止漏浆。另外需对排气孔、压浆孔等全面检查，并对压浆设备系统安装检查。

压浆顺序为：应先压下面孔道，后压上面孔道，并应将集中一处的孔道一次压完，以免因孔道漏浆堵塞临近孔道，如集中孔道无法一次压完时，应将相邻未压浆的孔道用压力水冲洗，使得再次压浆时孔道能通畅无阻；曲线孔道由侧向压浆时，应由最低点的压浆孔压入水泥浆，并由最高点的排气孔溢出浓浆。

压浆浆液采用水泥浆，膨胀剂U型，减水剂为SI-II，水泥采用525号普通硅酸盐水泥，配置完成的水泥浆水灰比为0.4，流动速度可采用14～20s。

2）桩基支墩和贝雷架平台支模方案

对于特别软弱的地基，又要跨越一定跨度的障碍时，可以选用桩基支墩和贝雷架平台支模方案。跨中布置两排桩基支墩，两侧用原结构系梁（承台）作支墩，实际形成10m＋10m＋10m＝30m的跨度布置。跨中每排桩基支墩设3个支承台，每个支承台下布置2根ϕ400mm长约20m的泥粉煤灰碎石桩，如图6-4-4a）所示。

贝雷架平台以纵横梁形式布置，横梁为主梁，双榀贝雷片组合，横桥向搁置于支承台上。纵梁为次梁，双榀贝雷片组合，纵桥向搁置于贝雷片横梁上。在贝雷桁架平台上布置双榀20号槽钢作为枕梁，间距为1m。槽钢枕梁之上为常规的ϕ48mm钢管支架及竹夹板底模，如图6-4-4b）、图c）所示。

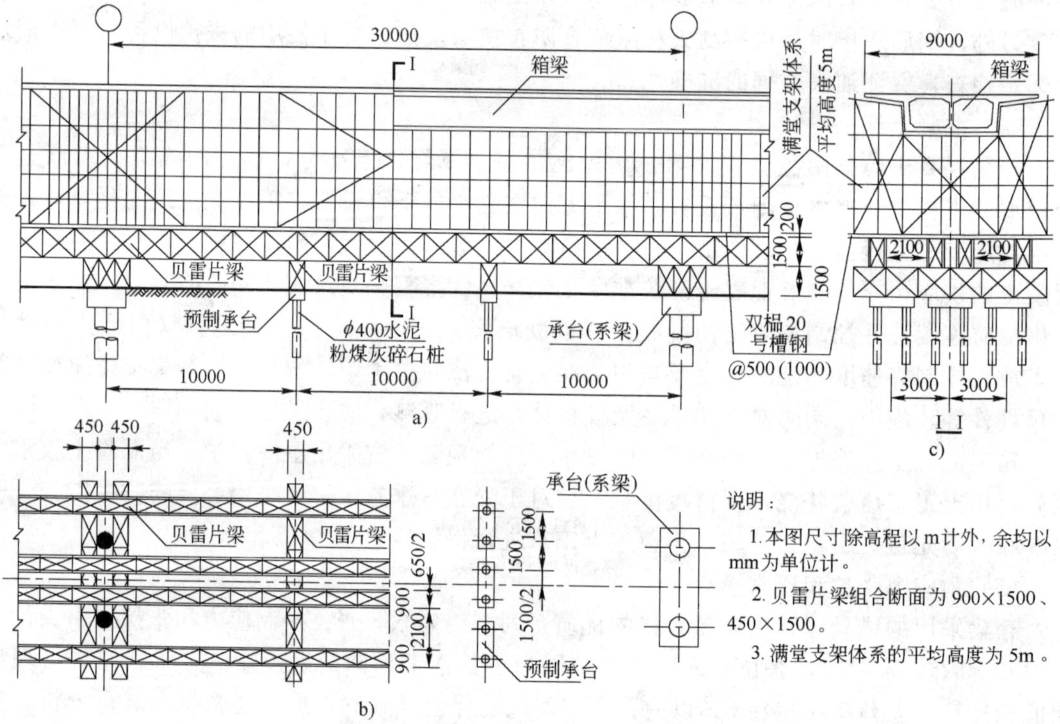

图6-4-4　某高架桥支架构造示意图（尺寸单位：mm）

a）立面图；b）平面图；c）跨中断面图

3）预制节段拼装施工

箱梁跨径比预制空心板梁大，桥梁完成后也较之美观，但箱梁施工中一般要搭设满堂脚手架，因此在施工过程中有时会严重妨碍周围环境和现有交通，增加了施工组织难度，难以把握施工质量，也难以形成产业化。为此，设计把箱梁按模块进行，采用体外预应力结构设计方案。相应的施工方法即根据跨径把箱梁分成3m的标准节段和1.5m的墩顶锚固节段，并对节段进行编号。

在预制过程中，下一节段的接头利用已预制好的上一节段混凝土箱梁的连接面作为模板，进行镶接预制，确保接头接触面的密贴吻合。

现场施工过程中，采用架在桥墩两侧支架上的钢制架梁来架设预制箱梁节段，如图6-4-5所示，在钢制架梁上拼装预制节段。钢制架梁比跨径尺寸略长。

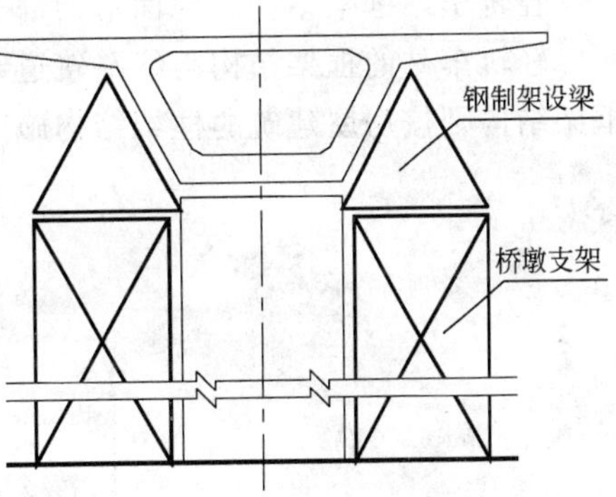

图6-4-5 架设梁示意图

为确保节段之间的密贴，各预制节段接头接触面还预留有安装齿块。预制节段逐块镶接拼装，待全部在钢制架梁上就位后，再布置并张拉体外预应力钢索。张拉结束后，将钢制架前移并安装到下一跨，依此类行。

全桥施工主要步骤为：

（1）预制上部结构箱梁节段。

（2）上部结构逐跨施工，拼装桥墩支架，架设钢制架梁，梁上拼装预制节段。

（3）张拉体外预应力钢索，形成整跨结构。

（4）前移墩支架和钢制架梁，进行下一跨施工。

3. 高架桥上部结构常用施工方法归类

城市轨道高架桥的施工方法可参照公路工程桥梁的施工方法进行，表6-4-2为城市轨道高架上部结构常用施工方法。

高架上部结构常用施工方法 表6 4-2

施工方法	PC简支梁	PC连续梁	PC刚架	组合箱梁	钢—混凝土叠合梁	特殊桥型（如拱桥、斜拉桥）
就地现浇	√	√	√	√	√	√
逐孔现浇		√				
预制拼装	√	√	√	√	√	√
预推施工		√			√	
悬臂施工		√	√			√
提升与浮运	√	√	√	√		

三、轻轨高架车站施工

轻轨高架车站通常为地上3层钢筋混凝土框架体系结构，顶盖为轻型钢网架，上覆盖彩色钢板屋面。

轻轨车站框架结构的地面框架部分按房屋建筑框架结构施工。

轻轨车站的框架结构与线路轨道结构分离的结构中的线路结构按高架桥结构施工，车站框架结构则按房屋建筑的框架结构施工。

第五章 轻轨实例
DIWUZHANG

轻轨线路高架桥的结构计算参照第三章轻轨结构设计对永久作用、可变作用以及偶然作用的各作用标准值、代表值、设计值进行计算，并进行了作用效应组合，本章以高架轻轨某车站为例，进行说明。

一、工 程 概 况

车站的形式为侧站式车站，车站主体为地上二层框架结构，一层为车站办公、设备用房及站厅层；二层为站台层、局部埋设地下电缆夹层。车站总长 149.9m，宽 21.3m，车站单侧站台宽 4.4cm，站台长度 142m，柱距 10cm（局部为 11m），纵向共设 3 道伸缩缝。屋面为单柱网架结构。

二、设计原则与技术标准

1. 设计原则

结构方案应根据车站的工程地质、水文地质及周围建筑、道路等环境条件、区间高架桥的施工方法，经技术、经济、环境影响和使用效果等综合比较后合理地选择。结构的净空尺寸应满足车辆、建筑限界、施工工艺及使用功能的要求，并考虑施工误差、结构变形和使用阶段基础沉降变位的影响。结构构件力求简单，便于机械化施工。施工方法经济合理，成熟可靠，尽量减少对周边环境的影响。结构计算满足抗震设计要求，并采取必要的措施满足防迷流、防火、防水、防锈等要求。车站结构抗震设防烈度为 7 度，设防分类为乙类，按 8 度采取抗震构造措施，以提高结构和接头处的整体抗震能力。

2. 技术标准

（1）主体框架结构设计应分别按施工阶段和正常使用阶段，按照承载能力极限状态及正常使用极限状态的要求，进行强度. 刚度和裂缝宽度等方面的计算。主要受力构件（框架横梁）的最大裂缝宽度不应大于 0.2mm，竖向挠度不超过跨度的 1/800；其余结构构件的最大裂缝宽度不应大于 0. 3mm，竖向挠度不超过跨度的 1/500。

（2）纵向轨道梁的结构设计应按容许应力法计算，并应满足《铁路桥涵钢筋混凝土和预应力混凝土结构设计规范》的安全要求。轨道梁由静活载（即不计冲击力）所引起的竖向挠度不超过跨度的 1/3000。裂缝宽度容许值、混凝土、钢筋的容许应力值等均应满足《铁路桥涵钢筋混凝土和预应力混凝土结构设计规范》的相关技术要求

（3）采用的地铁车辆荷载标准

车辆采用两动一拖单元车，按 6 节车辆编组。列车荷载布置图式如图 6-5-1 所示。车辆轴重按 160kN 设计。

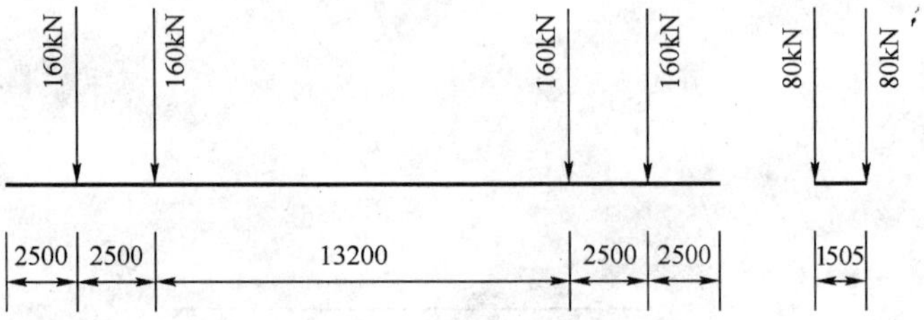

图 6-5-1 列车荷载布置图式（单位：mm）

三、结 构 式

（1）根据车站的工程地质、水文地质及周边环境等条件，结合区间高架桥的施工方法、经技术、经济等因素综合比较后，车站主体结构形式确定为二层三跨框架结构为站桥合建式高架车站。直接承受列车荷载的纵向轨道梁采用橡胶支座简支于主框架横梁之上，其荷载通过支座传递给主框架结构横梁。车站结构横剖面如图 6-5-2 所示。

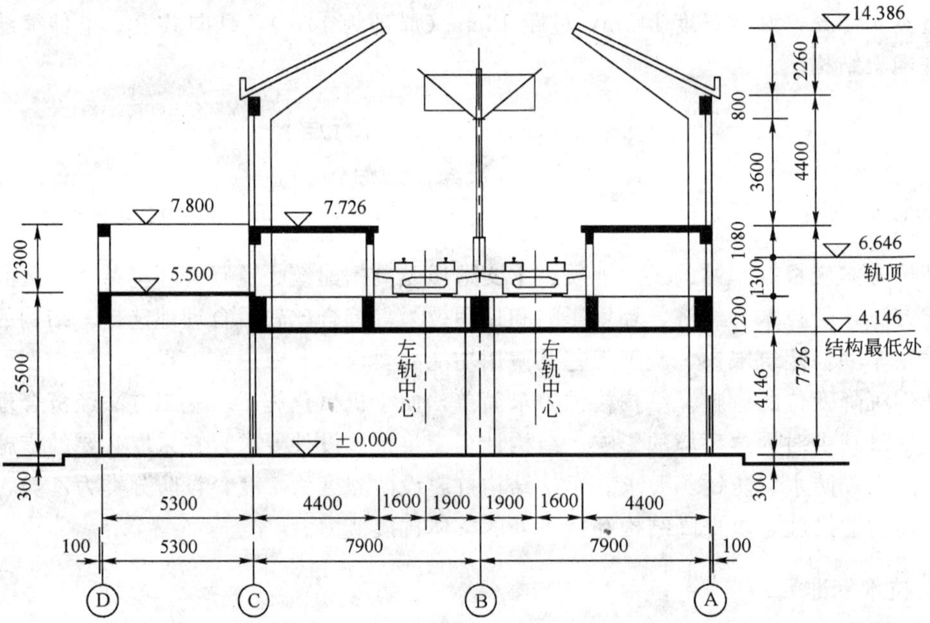

图 6-5-2 车站结构剖面图（单位：高程 m，尺寸 mm）

（2）纵向轨道梁结构形式经多种方案比选，最终确定为单线单跨钢筋混凝土简支箱梁，箱梁的标准跨径为 10m（局部 11m），左右线箱梁并列，但独立分建。

（3）轨道梁构造：轨道梁断面为单箱单室，高 750mm，顶板宽 3630mm，底板宽 2200mm。轨道梁断面简图如图 6-5-3 所示。

（4）轨道梁与主框架的连接构造：轨道梁梁端采用板式橡胶支座简支于主框架横梁之上，纵向各梁间均设置橡胶型钢伸缩缝，缝宽 40mm，以保证简支箱梁自由伸缩；横向两侧于框架横梁上均设置钢筋混凝土挡块，作为简支箱梁抗震措施。

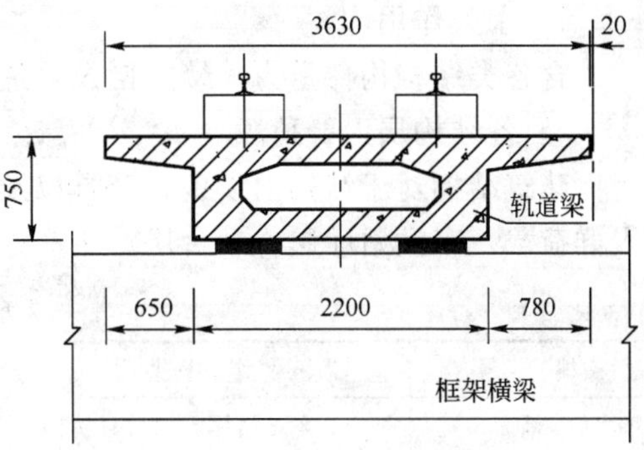

图 6-5-3　轨道梁断面图（尺寸单位：mm）

四、作用类型及作用效应组合

1. 轨道梁的作用类型及作用效应组合

（1）轨道梁的结构设计，应根据结构的特性和验算内容，按表 6-5-1 所列作用分类，以其最不利作用效应组合情况进行设计。

（2）桥梁设计，仅考虑主拉力与一个方向（顺桥向或横桥向）的附加力组合。

（3）偶然作用不与其他附加力组合。

（4）长钢轨纵向力按以下原则组合：

①同一股钢轨的伸缩力、挠曲力、断轨力相互不作叠加。

②伸缩力、挠曲力、断轨力不与同线的竖向活载、离心力、牵引力或制动力组合。

轨道梁作用分类　　表 6-5-1

作用分类		作用名称	作用分类	作用名称
主力	永久作用	梁体结构自重力	附加力	横向风力
		设备自重力		
		二期恒载		列车横向摇摆力
		预加应力		
		混凝土收缩及徐变作用		温度变化作用
	可变作用	列车活载	偶然作用	地震作用
		列车离心力		
		列车冲击力		施工荷载
	其他	墩台沉降		

轨道梁结构内分析计算采用轻轨荷载梁桥力学分析程序。

2. 主体框架结构作用类型

主体框架结构除需考虑各结构层自重力及其人群荷载外，还应需考虑风荷载、地震作用，以及接触网恒载、移动荷载，列车运行时产生的各类作用也通过轨道梁的支座传递给主框架结构横梁。

1）永久作用

含各类结构构件重力、接触网及轨道梁重力等。

2）各结构层人群荷载

建筑结构对于结构内设备、家具以及移动的人群荷载，通常全部折算为不同等级的均布人群荷载。车站站厅层、站台层、生产办公及设备用房等人群荷载取值详见表6-5-2。

人群荷载取值简表 表6-5-2

编　号	作用类别	作用标准值（kN/m^2）	备　注
1	车站站厅、站台、楼梯	4.0	按实际重力确定
2	高低压配电室	5.0	
3	生产办公用房	2.0	
4	其他设备用房	≥3.0	
6	屋面均布荷载	0.7	

3）风荷载

当地基本风压为0.35kN/m^2，体型系数及高度变化系数按实际情况取值。

4）地震作用

本工程属乙类建筑，结构抗震设防烈度为7度，结构抗震等级为三级，采用振型分解反应谱法计算地震力。

5）轨道梁支座荷载

列车运行时产生的竖直荷载和摩阻力通过轨道梁支座传递给主框架结构横梁，经作用效应组合后的轨道梁支座荷载详见表6-5-3。

轨道支座作用分类 表6-5-3

作用分类		作用名称	作用分类		荷载名称
竖向力	永久作用	轨道梁结构自重力及道床自重力	横向力	永久作用	
	可变作用	列车荷载		可变作用	列车横向摇摆附加力
纵向力	永久作用	长钢轨力	横向弯矩	永久作用	轨道梁结构自重力及道床引起的弯矩
	可变作用	制动（或牵引力）附加力或断轨力等		可变作用	列车横向摇摆力引起的弯矩

6）接触网支座荷载

接触网柱底与框架柱刚性连接，其底座作用效应包括竖向力、横向水平力、纵向水平力、横向弯矩及纵向弯矩。

3. 主体框架作用效应组合及计算

由于本工程为侧式车站，左、右线轨道梁支座分别作用在主框架结构的左、右跨，因列车在左右线不同的平面位置及不同的运行状况而引起的作用效应组合，工况有很多种，为能够较真实地反映主框架结构在轨道梁支座荷载不同作用效应组合下的工作状况，以求得主框架结构的各类控制内力，本工程在结构设计时共选择了下列工况进行计算：

工况1：左、右线无车；

工况2：单线重载，单线无车；

工况3：左、右线重载；

工况 4：左、右线重载，摇摆力同向；

工况 5：左、右线重载，摇摆力反向；

工况 6：左、右线重载，制动力同向；

工况 7：左、右线重载，制动力反向；

工况 8：左线重载＋摇摆力，右线重载＋制动力；

本工程采用 PMCAD 系列软件进行结构的内力分析及计算，荷载的输入均在 PMCAD 中“输入荷载信息”项内按对应的作用形式及类别输入完成。对于轨道梁支座处的主框架结构横梁各类作用及附加力，作用效应分项系数均按 1.4 取值。上述 8 种工况下的结构分析计算均分别进行，并按最不利情况配筋。

五、工程地质概况及基础选型

本工程场地属丘岗和岗间冲沟地段，场地岩土体分布变化较大。丘岗近东西走向，基岩岩性单一，埋藏不深或直接裸露；冲沟位于丘岗的南部，近东北到西南展布，分布较厚软弱土体，厚度 1.40～16.20m，下卧基岩埋藏总体自北向南渐深，岩性复杂多变。由象山群砂岩、蚀变岩及粗安质角砾岩组成。

按国家标准《建筑地基基础设计规范》和《建筑抗震设计规范》，根据上层剪切波速和场地覆盖土层厚度，本工程属中软场地土，建筑场地类别为 II 类。

针对地质状况的特殊性，本工程冲沟部位采用桩基础，以中风化岩为桩底持力层；丘岗部位因基岩裸露，直接采用柱下独立基础或墙下条形基础，以中风化岩为桩底持力层；冲沟～丘岗过渡段则视基岩埋深情况确定采用桩基或独立基础。

附录 铰接板荷载横向分布影响线竖标表

FULU

说明：

1. 本表适用于横向铰接的梁或板，各片梁或板的截面是相同的；

2. 表头的两个数字表示所要查的梁或板号，其中第一个数字表示梁或板是属于几片梁或板铰接而成的体系，第二个数字表示该片梁或板在这个体系中自左而右的序号；

3. 横向分布影响线竖标以 η_{ij} 表示，第一个脚标 i 表示所要求的梁或板号，第二个脚标 j 表示受单位荷载作用的那片梁或板号，表中 η_{ij} 下的数字，前者表示 i，后者表示 j，η_{ii} 的竖标应绘在梁或板的中轴线上；

4. 表中的 η_{ii} 值为小数点后的三位数字，例如 278 即为 0.278，006 为 0.006。

铰接板 3-1

γ	η_{ij}			γ	η_{ij}			γ	η_{ij}		
	11	12	13		11	12	13		11	12	13
0.00	333	333	333	0.08	434	325	241	0.40	626	294	080
0.01	348	332	319	0.10	454	323	223	0.60	683	278	040
0.02	363	331	306	0.15	496	317	186	1.00	750	250	000
0.04	389	329	282	0.20	531	313	156	2.00	829	200	−029
0.06	413	327	260	0.30	585	303	112				

铰接板 3-2

γ	η_{ij}			γ	η_{ij}			γ	η_{ij}		
	21	22	23		21	22	23		21	22	23
0.00	333	333	333	0.08	325	351	325	0.40	294	412	294
0.01	332	336	332	0.10	323	355	323	0.60	278	444	278
0.02	331	338	331	0.15	317	365	317	1.00	250	500	250
0.04	329	342	329	0.20	313	375	313	2.00	200	600	200
0.06	327	346	327	0.30	303	394	303				

铰接板 4-1

γ	η_{ij} 11	12	13	14	γ	η_{ij} 11	12	13	14
0.00	250	250	250	250	0.15	484	295	139	082
0.01	276	257	238	229	0.20	524	298	119	060
0.02	300	263	227	210	0.30	583	296	089	033
0.04	341	273	208	178	0.40	625	291	066	018
0.06	375	280	192	153	0.60	682	277	035	005
0.08	405	285	178	132	1.00	750	250	000	000
0.10	431	289	165	114	2.00	828	201	−034	005

铰接板 4-2

γ	η_{ij} 21	22	23	24	γ	η_{ij} 21	22	23	24
0.00	250	250	250	250	0.15	295	327	238	139
0.01	257	257	248	238	0.20	298	345	238	119
0.02	263	264	246	227	0.30	296	375	240	089
0.04	273	276	243	208	0.40	291	400	243	066
0.06	280	287	241	192	0.60	277	441	247	035
0.08	285	298	239	178	1.00	250	500	250	000
0.10	289	307	239	165	2.00	201	593	240	−034

铰接板 5-1

γ	η_{ij} 11	12	13	14	15	γ	η_{ij} 11	12	13	14	15
0.00	200	200	200	200	200	0.15	481	291	130	061	036
0.01	237	216	194	180	173	0.20	523	295	114	045	023
0.02	269	229	188	163	151	0.30	583	296	087	026	010
0.04	321	249	178	136	116	0.40	625	291	066	015	004
0.06	362	263	168	115	092	0.60	682	277	035	004	001
0.08	396	273	158	099	073	1.00	750	250	000	000	000
0.10	425	281	150	085	059	2.00	828	201	−034	006	−001

铰接板 5-2

γ	η_{ij} 21	22	23	24	25	γ	η_{ij} 21	22	23	24	25
0.00	200	200	200	200	200	0.15	291	320	222	105	061
0.01	216	215	202	187	180	0.20	295	341	227	091	045
0.02	229	228	204	176	163	0.30	296	374	235	070	026
0.04	249	249	207	158	136	0.40	291	399	240	055	015
0.06	263	267	211	144	115	0.60	277	440	246	031	004
0.08	273	281	214	133	099	1.00	250	500	250	000	000
0.10	281	294	216	123	085	2.00	201	593	241	−041	006

铰接板 5-3

γ	η_{ij}					γ	η_{ij}				
	31	32	33	34	35		31	32	33	34	35
0.00	200	200	200	200	200	0.15	130	222	295	222	130
0.01	194	202	208	202	194	0.20	114	227	318	227	114
0.02	188	204	215	204	188	0.30	087	235	357	235	087
0.04	178	207	230	207	178	0.40	066	240	389	240	066
0.06	168	211	243	211	168	0.60	035	246	437	246	035
0.08	158	214	256	214	158	1.00	000	250	500	250	000
0.10	150	216	268	216	150	2.00	−034	241	586	241	−034

铰接板 6-1

γ	η_{ij}						γ	η_{ij}					
	11	12	13	14	15	16		11	12	13	14	15	16
0.00	167	167	167	167	167	167	0.15	481	290	129	058	027	016
0.01	214	192	168	151	140	135	0.20	523	295	113	043	010	009
0.02	252	212	168	138	119	110	0.30	583	295	086	025	008	003
0.04	312	239	165	117	090	077	0.40	625	291	065	015	003	001
0.06	358	257	159	101	069	055	0.60	682	277	035	004	001	000
0.08	394	270	152	088	055	041	1.00	750	250	000	000	000	000
0.10	423	278	146	078	044	031	2.00	828	201	−034	006	−001	009

铰接板 6-2

γ	η_{ij}						γ	η_{ij}					
	21	22	23	24	25	26		21	22	23	24	25	26
0.00	167	167	167	167	167	167	0.15	290	319	219	098	046	027
0.01	192	190	175	157	146	140	0.20	295	340	226	087	035	017
0.02	212	209	182	149	129	119	0.30	295	373	234	069	021	008
0.04	239	238	192	137	105	090	0.40	291	399	240	054	012	003
0.06	257	259	200	127	087	069	0.60	277	440	246	031	004	001
0.08	270	276	206	119	074	055	1.00	250	500	250	000	000	000
0.10	278	291	210	112	064	044	2.00	201	593	241	−041	007	−001

铰接板 6-3

γ	η_{ij}						γ	η_{ij}					
	31	32	33	34	35	36		31	32	33	34	35	36
0.00	167	167	167	167	167	167	0.15	129	219	288	208	098	058
0.01	168	175	179	170	157	151	0.20	113	226	314	217	087	043
0.02	168	182	190	173	149	138	0.30	086	234	356	230	069	025
0.04	165	192	210	179	137	117	0.40	065	240	388	238	054	015
0.06	159	200	227	186	127	101	0.60	035	246	437	246	031	004
0.08	152	206	243	191	119	088	1.00	000	250	500	250	000	000
0.10	146	210	257	197	112	078	2.00	−034	241	586	243	−041	006

铰接板 7-1

γ	η_{ij}							γ	η_{ij}						
	11	12	13	14	15	16	17		11	12	13	14	15	16	17
0.00	143	143	143	143	143	143	143	0.15	480	290	128	057	025	012	007
0.01	200	177	152	133	120	111	107	0.20	523	295	113	043	017	007	003
0.02	244	202	157	125	102	088	082	0.30	583	295	086	025	007	002	001
0.04	309	235	159	109	078	059	051	0.40	625	291	065	015	003	001	000
0.06	356	255	156	096	061	042	034	0.60	682	277	035	004	001	000	000
0.08	293	268	151	085	049	031	023	1.00	750	250	000	000	000	000	000
0.10	423	278	144	076	040	023	016	2.00	828	201	−034	006	−001	000	000

铰接板 7-2

γ	η_{ij}							γ	η_{ij}						
	21	22	23	24	25	26	27		21	22	23	24	25	26	27
0.00	143	143	143	143	143	143	143	0.15	290	318	219	097	043	020	012
0.01	177	175	158	139	125	115	111	0.20	295	340	225	086	033	013	007
0.02	202	198	170	135	111	096	088	0.30	295	373	234	068	020	006	002
0.04	235	232	285	127	091	069	059	0.40	291	399	240	054	012	003	001
0.06	255	256	196	121	077	053	042	0.60	277	440	246	031	004	001	000
0.08	268	275	203	115	067	041	031	1.00	250	500	250	000	000	000	000
0.10	278	290	209	109	058	033	023	2.00	201	593	241	−041	007	−001	000

铰接板 7-3

γ	η_{ij}							γ	η_{ij}						
	31	32	33	34	35	36	37		31	32	33	34	35	36	37
0.00	143	143	143	143	143	143	143	0.15	128	219	287	205	092	043	025
0.01	152	158	161	150	134	125	120	0.20	113	225	314	216	083	033	017
0.02	157	170	176	156	128	111	102	0.30	086	234	356	229	067	020	007
0.04	159	185	201	167	119	091	078	0.40	065	240	388	237	053	012	003
0.06	156	196	222	176	112	077	061	0.60	035	246	437	246	031	004	001
0.08	151	203	239	184	107	067	049	1.00	000	250	500	250	000	000	000
0.10	144	209	255	191	102	058	040	2.00	−034	241	586	243	−042	007	−001

铰接板 7-4

γ	η_{ij}							γ	η_{ij}						
	41	42	43	44	45	46	47		41	42	43	44	45	46	47
0.00	143	143	143	143	143	143	143	0.15	057	097	205	282	205	097	057
0.01	133	139	150	157	150	139	133	0.20	043	086	216	310	216	086	043
0.02	125	135	156	169	156	135	125	0.30	025	068	229	354	229	068	025
0.04	109	127	167	193	167	127	109	0.40	015	054	237	387	237	054	015
0.06	096	121	176	213	176	121	096	0.60	004	031	246	436	246	031	004
0.08	085	115	184	231	184	115	085	1.00	000	000	250	500	250	000	000
0.10	076	109	191	248	191	109	076	2.00	006	−041	243	586	243	−041	006

铰接板 8-1

γ	η_{ij}							
	11	12	13	14	15	16	17	18
0.00	125	125	125	125	125	125	125	125
0.01	191	168	142	122	107	096	089	085
0.02	239	197	151	117	093	076	066	061
0.04	307	233	156	106	073	052	040	034
0.06	355	254	155	094	058	037	025	020
0.08	392	268	150	084	048	028	017	013
0.10	423	277	144	075	039	021	012	008
0.15	480	290	128	057	025	011	005	003
0.20	583	295	086	025	007	002	001	000
0.30	583	295	086	025	007	002	001	000
0.40	625	291	065	015	003	001	000	000
0.60	682	277	035	004	001	000	000	000
1.00	750	250	000	000	000	000	000	000
2.00	828	201	—034	006	—001	000	000	000

铰接板 8-2

γ	η_{ij}							
	21	22	23	24	25	26	27	28
0.00	125	125	125	125	125	125	125	125
0.01	168	165	148	127	111	100	092	089
0.02	197	193	163	127	101	083	071	066
0.04	233	230	182	123	085	060	046	040
0.06	254	255	194	119	073	047	032	025
0.08	268	274	202	113	064	037	023	017
0.10	277	290	208	108	057	030	017	012
0.15	290	318	219	097	043	019	009	005
0.20	295	340	225	086	033	013	006	003
0.30	295	373	234	068	020	006	002	001
0.40	291	399	240	054	012	003	001	000
0.60	277	440	246	031	004	001	000	000
1.00	250	500	250	000	000	000	000	000
2.00	201	593	241	—041	007	—001	000	000

铰接板 8-3

γ	η_{ij}							
	31	32	33	34	35	36	37	38
0.00	125	125	125	125	125	125	125	125
0.01	142	148	150	137	120	108	100	096
0.02	151	163	168	147	116	096	083	076
0.04	156	182	197	162	111	079	060	052
0.06	155	194	219	173	107	068	047	037
0.08	150	202	238	182	103	060	037	028
0.10	144	208	254	190	099	053	030	021
0.15	128	219	287	205	091	041	019	011
0.20	113	225	314	215	082	032	013	006
0.30	086	234	356	229	067	020	006	002
0.40	065	240	388	237	053	012	003	001
0.60	035	246	437	246	031	004	001	000
1.00	000	250	500	250	000	000	000	000
2.00	−034	241	586	243	−042	007	−001	000

铰接板 8-4

γ	η_{ij}							
	41	42	43	44	45	46	47	48
0.00	125	125	125	125	125	125	125	125
0.01	122	127	137	143	134	120	111	107
0.02	117	127	147	158	142	116	101	093
0.04	106	123	162	185	156	111	085	073
0.06	094	119	173	208	168	107	073	058
0.08	084	113	182	227	178	103	064	048
0.10	075	108	190	245	186	099	057	039
0.15	057	097	205	281	203	091	043	025
0.20	043	086	215	310	214	082	033	016
0.30	025	068	229	354	229	067	020	007
0.40	015	054	237	387	237	053	012	003
0.60	004	031	246	436	246	031	004	001
1.00	000	000	250	500	250	000	000	000
2.00	006	−041	243	586	243	−042	007	−001

铰接板 9-1

γ	η_{ij}								
	11	12	13	14	15	16	17	18	19
0.00	111	111	111	111	111	111	111	111	111
0.01	185	162	136	115	098	086	077	072	069
0.02	236	194	147	113	088	070	057	049	046
0.04	306	232	155	104	070	048	035	026	023
0.06	355	254	154	094	057	035	023	015	012
0.08	392	268	150	084	047	027	015	010	007
0.10	423	277	144	075	039	020	011	006	004
0.15	480	290	128	057	025	011	005	002	001
0.20	523	295	113	043	016	006	002	001	000
0.30	583	295	086	025	007	002	001	000	000
0.40	625	291	065	015	003	001	000	000	000
0.60	682	277	035	004	001	000	000	000	000
1.00	750	250	000	000	000	000	000	000	000
2.00	828	201	−034	006	−001	000	000	000	000

铰接板 9-2

γ	η_{ij}								
	21	22	23	24	25	26	27	28	29
0.00	111	111	111	111	111	111	111	111	111
0.01	162	158	141	119	102	090	081	075	072
0.02	194	189	160	122	095	075	062	053	049
0.04	232	229	181	121	082	057	040	031	026
0.06	254	255	194	118	072	044	028	019	015
0.08	268	274	202	113	063	036	021	013	010
0.10	277	290	208	108	056	029	016	009	006
0.15	290	318	219	097	043	019	008	004	002
0.20	295	340	225	086	033	013	005	002	001
0.30	295	373	234	068	020	006	002	001	000
0.40	291	399	240	054	012	003	001	000	000
0.60	277	440	246	031	004	001	000	000	000
1.00	250	500	250	000	000	000	000	000	000
2.00	201	593	241	−041	007	−001	000	000	000

铰接板 9-3

γ	η_{i}								
	31	32	33	34	35	36	37	38	39
0.00	111	111	111	111	111	111	111	111	111
0.01	136	141	142	129	111	097	087	081	077
0.02	147	160	164	141	110	087	072	062	057
0.04	155	181	195	159	108	074	053	040	035
0.06	154	194	219	172	105	065	041	028	023
0.08	150	202	237	182	102	058	033	021	015
0.10	144	208	254	190	099	052	028	016	011
0.15	128	219	287	205	090	040	018	008	005
0.20	113	225	314	215	082	031	012	005	002
0.30	086	234	356	229	067	020	006	002	001
0.40	065	240	388	237	053	012	003	001	000
0.60	035	246	431	246	031	004	001	000	000
1.00	000	250	500	250	000	000	000	000	000
2.00	−034	240	586	243	−042	007	−001	000	000

铰接板 9-4

γ	η_{i}								
	41	42	43	44	45	46	47	48	49
0.00	111	111	111	111	111	111	111	111	111
0.01	115	119	129	133	123	108	097	090	086
0.02	113	122	141	152	134	106	087	075	070
0.04	104	121	159	182	151	104	074	057	048
0.06	094	118	172	206	165	102	065	044	035
0.08	084	113	182	226	176	099	058	036	027
0.10	075	108	190	244	185	097	052	029	020
0.15	057	097	205	281	202	089	040	019	011
0.20	043	086	215	310	214	082	031	013	006
0.30	025	068	229	354	229	067	020	006	002
0.40	015	054	237	387	237	053	012	003	001
0.60	004	031	246	436	246	031	004	001	000
1.00	000	000	250	500	250	000	000	000	000
2.00	006	−041	243	586	243	−042	007	−001	000

铰接板 9-5

γ	η_{ij}								
	51	52	53	54	55	56	57	58	59
0.00	111	111	111	111	111	111	111	111	111
0.01	098	102	111	123	131	123	111	102	098
0.02	088	095	110	134	148	134	110	095	088
0.04	070	082	108	151	178	151	108	082	070
0.06	057	072	105	165	203	165	105	072	057
0.08	047	063	102	176	224	176	102	063	047
0.10	039	056	099	185	242	185	099	056	039
0.15	025	043	090	202	280	202	090	043	025
0.20	016	033	082	214	309	214	082	033	016
0.30	007	020	067	229	354	229	067	020	007
0.40	003	012	053	237	387	237	053	012	003
0.60	001	004	031	246	436	246	031	004	001
1.00	000	000	000	250	500	250	000	000	000
2.00	−001	007	−042	243	586	243	−042	007	−001

铰接板 10-1

γ	η_{ij}									
	11	12	13	14	15	16	17	18	19	1，10
0.00	100	100	100	100	100	100	100	100	100	100
0.01	181	158	131	110	093	080	070	063	058	056
0.02	234	192	146	111	085	066	052	043	037	034
0.04	306	232	155	103	069	047	032	023	018	015
0.06	355	254	154	094	057	035	021	014	009	007
0.08	392	268	150	084	047	026	015	009	005	004
0.10	423	277	144	075	039	020	011	006	003	002
0.15	480	290	128	057	025	011	005	002	001	001
0.20	523	295	113	043	016	006	002	001	000	000
0.30	583	295	086	025	007	002	001	000	000	000
0.40	623	291	065	015	003	001	000	000	000	000
0.60	682	277	035	004	001	000	000	000	000	000
1.00	750	250	000	000	000	000	000	000	000	000
2.00	828	201	−034	006	−001	000	000	000	000	000

铰接板 10-2

γ	η_{ij}									
	21	22	23	24	25	26	27	28	29	2，10
0.00	100	100	100	100	100	100	100	100	100	100
0.01	158	154	137	114	097	083	073	065	060	058
0.02	192	188	157	120	092	071	056	046	040	037
0.04	232	229	181	121	081	055	038	027	020	018
0.06	254	255	193	117	071	044	027	017	012	009
0.08	268	274	202	113	063	035	020	012	007	005
0.10	277	290	208	108	056	029	015	008	005	003
0.15	290	318	219	097	043	019	008	004	002	001
0.20	295	340	225	086	033	013	005	002	001	000
0.30	295	373	234	068	020	006	002	001	000	000
0.40	291	399	240	054	012	003	001	000	000	000
0.60	277	440	246	031	004	001	000	000	000	000
1.00	250	500	250	000	000	000	000	000	000	000
2.00	201	593	241	−041	007	−001	000	000	000	000

铰接板 10-3

γ	η_{ij}									
	31	32	33	34	35	36	37	38	39	3，10
0.00	100	100	100	100	100	100	100	100	100	100
0.01	131	137	137	123	104	090	078	070	065	063
0.02	146	157	162	138	106	082	065	054	046	043
0.04	155	181	195	158	106	072	049	035	027	023
0.06	154	193	218	171	104	064	039	025	017	014
0.08	150	202	237	181	101	057	032	019	012	009
0.10	144	208	254	189	098	051	027	014	008	006
0.15	128	219	287	205	090	040	018	008	004	002
0.20	113	225	314	215	082	031	012	005	002	001
0.30	086	234	356	229	067	020	006	002	001	000
0.40	065	240	388	237	053	012	003	001	000	000
0.60	035	240	437	246	031	004	001	000	000	000
1.00	000	250	500	250	000	000	000	000	000	000
2.00	−034	241	586	243	−042	007	−001	000	000	000

铰接板 10-4

γ	η_{ij}									
	41	42	43	44	45	46	47	48	49	4，10
0.00	100	100	100	100	100	100	100	100	100	100
0.01	110	114	123	127	116	100	087	078	073	070
0.02	111	120	138	148	129	100	080	065	056	052
0.04	103	121	158	180	149	101	069	049	038	032
0.06	094	117	171	205	163	100	062	039	027	021
0.08	084	113	181	226	175	098	056	032	020	015
0.10	075	108	189	244	185	096	050	027	015	011
0.15	057	097	205	281	202	089	040	018	008	005
0.20	043	086	215	310	214	082	031	012	005	002
0.30	025	068	229	354	229	067	020	006	002	001
0.40	015	054	237	387	237	053	012	003	001	000
0.60	004	031	246	436	246	031	004	001	000	000
1.00	000	000	250	500	250	000	000	000	000	000
2.00	006	−041	243	586	243	−042	007	−001	000	000

铰接板 10-5

γ	η_{ij}									
	51	52	53	54	55	56	57	58	59	5，10
0.00	100	100	100	100	100	100	100	100	100	100
0.01	093	097	104	116	123	114	100	090	083	080
0.02	085	092	106	129	142	126	100	082	071	066
0.04	069	081	106	149	175	146	101	072	055	047
0.06	057	071	104	163	201	162	100	064	044	035
0.08	047	063	101	175	223	174	098	057	035	026
0.10	039	056	098	185	241	184	096	051	029	020
0.15	025	043	090	202	280	201	089	040	019	011
0.20	016	033	082	214	309	214	082	031	013	006
0.30	007	020	067	229	354	229	067	020	006	002
0.40	003	012	053	237	387	237	053	012	003	001
0.60	001	004	031	246	436	246	031	004	001	000
1.00	000	000	000	250	500	250	000	000	000	000
2.00	−001	007	−042	243	586	243	−042	007	−001	000

参考文献

CANKAOWENXIAN

[1] 中华人民共和国交通部标准．公路桥涵设计通用规范[S](JTG D60—2004)．北京：人民交通出版社，2004

[2] 中华人民共和国交通部标准．公路钢筋混凝土及预应力混凝土桥涵设计规范[S](JTG D62—2004)．北京：人民交通出版社，2004

[3] 中华人民共和国交通部标准．公路圬工桥涵设计规范[S](JTG D6—2005)．北京：人民交通出版社，2005

[4] 中华人民共和国推荐性行业标准．公路桥梁抗风设计规范．[S](JTG/T D60-01—2004)．北京：人民交通出版社，2004

[5] 袁伦一，鲍卫刚．公路钢筋混凝土及预应力混凝土桥涵设计规范(JTG D62—2004)条文应用算例．北京：人民交通出版社，2005

[6] 袁伦一，鲍卫刚，李扬海．公路圬工桥涵设计规范(JTG D61—2005)应用算例．北京：人民交通出版社，2005

[7] 中华人民共和国交通部标准．公路桥涵钢结构及木结构设计规范[S](JTJ 025—86)．北京：人民交通出版社，1986

[8] 中华人民共和国交通部标准．公路桥涵地基与基础设计规范[S](JTJ 024—85)．北京：人民交通出版社，1985

[9] 中华人民共和国交通部标准．高速公路交通安全设施设计及施工技术规范[S](JTJ 074—94)．北京：人民交通出版社，1994

[10] 中华人民共和国交通部标准．公路排水设计规范[S](JTJ 018—97)．北京：人民交通出版社，1998

[11] 中华人民共和国交通部标准．公路桥涵施工技术规范[S](JTJ 041—2000)．北京：人民交通出版社，2000

[12] 中华人民共和国建设部标准．城市道路照明设计标准[S](CJJ 45—91)．北京：中国建筑工业出版社，1991

[13] 中华人民共和国交通部标准．公路沥青路面设计规范[S](JTJ 014—97)．北京：人民交通出版社，1997

[14] 姚玲森．桥梁工程（公路与城市道路工程专业用）．北京：人民交通出版社，1985
[15] 范立础．桥梁工程（上、下册）（第二版）．北京：人民交通出版社，1993
[16] 范立础．桥梁工程（上）．北京：人民交通出版社，2001
[17] 顾安邦．桥梁工程（下）．北京：人民交通出版社，2000
[18] 邵旭东．桥梁工程．北京：人民交通出版社，2004
[19] 王丽荣等．桥梁工程．北京：中国建材工业出版社，2005
[20] 刘夏平．桥梁工程．北京：科学出版社，2005
[21] 张明君等．城市桥梁工程．北京：中国建筑工业出版社，2000
[22] 顾懋清，石绍甫．公路桥涵设计手册—拱桥（上册）．北京：人民交通出版社，1997
[23] 顾安邦，孙国柱．公路桥涵设计手册—拱桥（下册）．北京：人民交通出版社，1997
[24] 王国鼎．拱桥连拱计算（第二版）．北京：人民交通出版社，1998
[25] 金吉寅等．公路桥涵设计手册——桥梁附属构造与支座．北京：人民交通出版社，1999
[26] 张树仁．桥梁设计规范学习与应用讲评．北京：人民交通出版社，2005
[27] 雷俊卿．桥梁悬臂施工与设计．北京：人民交通出版社，2000
[28] 徐岳等．预应力混凝土连续梁桥设计．北京：人民交通出版社，2000
[29] 叶国铮等．道路与桥梁工程概论．北京：人民交通出版社，1999
[30] 范立础．预应力混凝土连续梁桥．北京：人民交通出版社，1999
[31] 郑振飞，吴庆雄．斜、弯桥跨分析的广义梁格法．北京：人民交通出版社，1998
[32] 黄绳武．桥梁施工及组织管理．北京：人民交通出版社，1999
[33] 项海帆，刘光栋．拱结构的稳定与振动．北京：人民交通出版社，1991
[34] 李扬海等．公路桥梁伸缩装置．北京：人民交通出版社，1999
[35] 马尔立．公路桥梁墩台设计与施工．北京：人民交通出版社，1998
[36] 万国坤等．桥梁漫笔．北京：中国铁道出版社，1997
[37] 易建国．桥梁计算实例集——混凝土简支梁（板）桥．北京：人民交通出版社，1991
[38] 范立础．桥梁抗震．上海：同济大学出版社，1997
[39] 夏　淦，邵容光．斜梁结构分析．南京：江苏科学技术出版社，1995
[40] 程翔云．梁桥理论与计算．北京：人民交通出版社，1990
[41] 郭金琼．箱形梁设计理论．北京：人民交通出版社，1991
[42] 黄平明．混凝土斜梁桥．北京：人民交通出版社，1999
[43] 邵容光，夏　淦．混凝土弯梁桥．北京：人民交通出版社，1994
[44] 韩林海，杨有福．现代钢管混凝土结构技术．北京：中国建筑工业出版社，2004
[45] 王连广．钢与混凝土组合结构理论与计算．北京：科学出版社，2005
[46] 黄　侨．桥梁钢—混凝土组合结构设计原理．北京：人民交通出版社，2005
[47] 周明杰．钢—混凝土组合结构设计与工程应用．北京：中国建材工业出版社，2005
[48] 刘玉擎．组合结构桥梁．北京：人民交通出版社，2005
[49] 陈宝春．钢管混凝土拱桥设计与施工．北京：人民交通出版社，1999
[50] 张联燕，程悉芳．桥梁转体施工．北京：人民交通出版社，2002
[51] 周　履，陈永春．收缩徐变．北京：中国铁道出版社，1994
[52] 林同炎著．路湛沁等译．预应力混凝土结构设计．北京：中国铁道出版社，1983

[53] 胡肇兹．桥跨结构简化分析——荷载横向分布．北京：人民交通出版社，1996
[54] 严国敏．现代斜拉桥．成都：西南交通大学出版社，1996
[55] 中国科学技术咨询服务中心预应力技术专家组及联络网．预应力工程实例应用手册(桥梁结构篇)．北京：中国建筑工业出版社，1996
[56] 陈明宪．斜拉桥建造技术．北京：人民交通出版社，2003
[57] 林元培．斜拉桥．北京：人民交通出版社，1995
[58] 李明昭，周竞欧．薄壁杆结构计算．北京：高等教育出版社，1992
[59] 黄剑源．薄壁结构的扭转分析（上）．北京：中国铁道出版社，1983
[60] 贺拴海，谢仁物．公路桥梁荷载横向分布计算方法．北京：人民交通出版社，1999
[61] 程翔云．悬臂施工中的预拱度设置．公路．1995 (7)
[62] 刘士林等．斜拉桥．北京：人民交通出版社，2002
[63] 张庆贺等．地铁与轻轨．北京：人民交通出版社，2002
[64] 刘　钊等．地铁工程设计与施工．北京：人民交通出版社，2005
[65] 周顺华等．城市轨道交通结构工程．上海：同济大学出版社，2004
[66] 尼尔斯J. 吉姆辛著，金增洪译．缆索支撑桥梁——概念与设计（第二版)．北京：人民交通出版社，2002
[67] 席振冲．横向铰接梁（板）桥实用计算方法．北京：人民交通出版社，1990
[68] 张士铎．桥梁设计理论——荷载横向分布、弯桥、有效宽度及剪力滞．北京：人民交通出版社，1984
[69] F. Leonhardt. Aesthetics and Design. The Architectural Press，London，1985
[70] 张士铎，邓小华，王文州．箱形薄壁梁剪力滞效应．北京：人民交通出版社，1998
[71] 叶见曙．结构设计原理．北京：人民交通出版社，2005
[72] 李国豪，石　洞．公路桥梁荷载横向分布计算．北京：人民交通出版社，1990
[73] 杜国华，贺昌时，司徒妙龄．桥梁结构分析．上海：同济大学出版社，1994
[74] 杨文渊，徐　犇．桥梁施工工程师手册．北京：人民交通出版社，2000
[75] 张太雄．走向世界的重庆桥梁．中国土木工程学会桥梁及结构分会第十七届全国桥梁学术会议论文集．北京：人民交通出版社，2006

[illegible]
[illegible] 1991
[illegible]
[illegible]
[illegible]
[illegible]
[illegible] 1998
[illegible]
[illegible]
[illegible]
[illegible] Lombard [illegible] Aesthetics and Design. The Architectural Press, London 19[illegible]
[illegible]
[illegible]
[illegible]
[illegible]